韓國漢文敎育學會 創立 30週年 紀念

韓國漢文敎育硏究叢書 7

한문과 수업론

백광호·엄선용 편

보고사

발간사

韓國漢文教育學會가 1981년 6월 27일 韓國漢文教育研究會라는 이름으로 創立된 지 30년, 어느덧 한 세대의 단위를 넘겼다. 작고하신 李家源(1대: 1981.6~1983.6) 초대 會長으로부터 閔丙秀(2·3대: 1983.7~1987.6), 鄭愚相(4·5대: 1987.7~1991.6), 李箎衡(6대: 1991.7~1993.6), 朴天圭(7대: 1993.7~1995.6), 金容傑(8대: 1995.7~1997.6), 申用浩(9대: 1997.7~1999.6), 金相洪(10대: 1999.7~2001.6), 朴性奎(11대: 2001.7~2003.6), 李明學(12·13대: 2003.7~2007.6), 金呂珠(14대: 2007.7~2010.6) 회장에 이르기까지 14대 11분이 각기 당대의 회장단 및 임원진과 함께 학회를 이끌어주시는 동안, 그 사이 많은 변화가 있었다. 박천규 회장 재임 때인 1994년 6월 25일 학회 회칙이 개정되면서, 학회 명칭이 韓國漢文教育研究會에서 韓國漢文教育學會로 바뀌었다. 학회지 『漢文教育研究』는 閔丙秀 회장 재임 때인 1986년 창간호, 鄭愚相 회장 재임 때인 1988년 제2호 이후 매년 1회 발간에서, 金相洪 회장 재임 때인 2000년 제14호 이후 연간 2회 발간하여, 2012년 6월 현재 제37호까지 발간됐다. 『漢文教育研究』 제1호에는 10편의 논문이 실렸는데 그 중 한문교육 주제를 다룬 논문은 2편에 불과했다. 그러나 『漢文教育研究』 제36호는 14편의 게재 논문 가운데 한문교육 주제를 다루지 않은 논문이 1편이고, 제37호는 21편의 게재 논문 모두가 한문교육 주제를 다룬 논문들이다. 30년 전 한문교육 연구의 불모지대에서 출발한 우리 학회가 어느덧 30년이 경과하는 동안 한문교육 연구의 화려한 꽃들을 피우기 시작했던 것이다. 이 모두가 역대 회장님들을 비롯한 학회의 선배 회원들 및 동학의 여러 회원들이 한문교육에 대해 가진 뜨거운 애정과 관심의 결과가 아닌가 한다.

이번에 간행하는 『韓國漢文敎育學 硏究叢書』는 지난 30년간을 중심으로 그 동안의 한문교육의 성과를 되돌아보고 앞으로의 과제를 전망하는 야심찬 기획이다. 이 기획을 위하여 한국한문교육학회의 이사진 중에서 기획 실무를 전담할 간행위원회를 구성하고, 간행위원회에서 총서의 기획 및 총서의 각 분야별 주편자 섭외를 진행하여, 2011년 3월 19일 고려대학교에서 제1차 한국한문교육학 연구총서 주편자 회의를 개최하였다. 이후 평균 매달 1회씩 주편자 회의를 열어 총서의 구성 및 주제 분류, 논문 선정 원칙, 진행 일정 등을 논의하고 각 총서의 총론 원고 작성 방법 및 그 내용 검토를 진행해 왔다. 그 결과 『韓國漢文敎育學 硏究叢書』를 『한문과 교육과정론』(윤재민·송혁기), 『한문과 교수·학습 방법론』(송병렬·진철용), 『한문과 평가론』(장호성·김경익), 『한문과 교재론』(정재철·심재경), 『한문과 문법론』(이군선·김성중), 『한문교육학 연구방법론』(김왕규·김동규), 『한문과 수업론』(백광호·엄선용), 『한문과 문학교육론』(임완혁·김연수), 『한자 어휘 교육론』(이동재·허철), 『한문교육사』(남궁원·신영주) 등 모두 10권으로 구성하게 되었다.

이 『韓國漢文敎育學 硏究叢書』가 모름지기 한문교육 연구의 새로운 진화의 계기가 되기를 기대하며, 이 기획을 위하여 애써 주신 주편자 여러분들과 간행위원회 위원들, 그리고 옥고를 허락하여 이 연구총서를 갖가지 색깔로 더욱 빛나게 해 주신 각 논문 필자 선생님들께 이 자리를 빌려 거듭 감사의 마음을 전한다. 또한 요즘처럼 어려운 출판 환경 아래에서도 10권이나 되는 총서의 간행을 흔쾌히 수락하고 성심껏 만들어 주신 보고사의 김흥국 사장님과 편집부의 여러분들께도 깊은 감사를 드린다.

2012년 6월
한국한문교육학회 회장 윤재민

차 례

제1부
총론

漢文科 授業 硏究의 動向과 課題

白光鎬 · 嚴璿鎔

Ⅰ. 序言

이 글은 韓國漢文敎育學會 創立 30주년을 기념하여 '한문과 수업'을 대상으로 한 그 간의 硏究 成果를 살펴보고 이를 바탕으로 앞으로의 課題를 點檢하는 것을 目的으로 한다. 1981년 학회가 창립된 이후게재된 한문과 수업에 관한 학술논문을 一覽하는 작업은 有意味하다. 한문교육 관련 양대 학회지인 『漢字漢文敎育』과 『漢文敎育硏究』에실린 논문을 중심으로 한문과 수업 연구에 관련된 논문을 살펴보고, 아울러 두 학회지 외에 관련 학회지에 게재 된 학술논문과 한문교육관련 박사학위논문까지 확대하여 살펴보고자 한다.

漢文科 敎育 硏究에서 수업에 주목해야 하는 이유는 무엇일까?

첫째는, '學生'이다. 漢文科 敎育課程에 관한 연구나 漢文科 評價에 관한 연구도 한문과 수업 연구 못지않게 중요하지만, 수업이야말로 '학생'을 연구의 직접적인 대상으로 삼을 수 있다. 최근 학생의 반응에 관심을 둔 연구 성과가 일부 나오고 있지만, 그동안 생산된 대부분의 연구는 敎師의 敎授 活動에 관심을 두어, 교사의 수업 설계,

교사의 수업 지도안, 교사의 수업 모형, 교사의 수업 사례에 置重되었다고 할 수 있다. 수업을 연구 대상으로 할 때, 학생을 주요 연구 대상으로 우선할 수 있을 것이다. 수업 연구는 매우 실제적이어야 하며 구체적이어야 한다. 즉, 학교 현장으로부터 도출된 실제적인 연구 자료여야 하며, 학교 현장에 쉽게 적용 가능한 구체적인 연구 결과를 보여주어야 한다.

둘째는, '이론과 현장의 交點'이다. 수업 연구 분야야말로 현장과 이론의 의미 있는 만남이 가능한 분야이다. "학교 현장을 기반으로 한 연구는 '理論의 空虛'를 비판하면서 학교 현장의 경험과 토대를 근거로 연구를 수행하는데",[1] 이러한 이론과 실제의 상호 간 거리를 좁힐 수 있는 연구가 '수업 연구'이다. 한문과 수업을 연구 대상으로 삼고자 할 때 가장 우선적으로 고려해야 할 것은 다른 교사들이 해당 연구 성과를 보고 그것을 자신의 수업에 곧바로 적용시킬 수 있어야 한다는 점이다. 이러한 卽時性은 이론과 실제가 절묘하게 조화되어야만 가능한 것이지 연구 배경이 너무 이론적이거나, 연구 범위가 너무 방대하거나, 연구 설계가 너무 복잡하여 실행하기 어려운 연구는 교사들이 적용하기 어렵다. 그 반대로, 실제적인 측면만을 고려하여 이론적 접근이 아예 불가능하거나, 생생한 현장의 모습을 담고는 있지만 체계적이고 논리적으로 진술되지 못한 연구 또한 교사들이 적용하기 어렵다.[2]

이 글은 그 중요성에 비해 아직도 활성화되지 못한 한문과 수업 연구를 활성화시키는 데 관심을 갖고 지금까지의 연구 성과를 설명하고 조망하고자 한다. 이 연구의 구체적인 목적은 첫째, 한문과 수업 관

---

1) 진재교(2010), 「한문교육 연구 방법론의 止揚과 指向」, 『한문교육연구』 제34호, 한국한문교육학회, 45면.
2) 백광호(2011), 164면.

련 연구의 대략적인 범주를 설정하고, 둘째, 한문과 수업 연구의 현재까지 성과를 검토하고 몇몇 주목할 만한 연구 사례를 소개하는 것이며, 셋째, 앞으로 한문과 수업 연구의 방향과 관련하여 한문과 수업 연구 활성화를 위한 앞으로의 과제에 관하여 고려되어야 할 몇 가지 사항을 논의하고자 한다.

Ⅱ. 漢文科 授業 關聯 研究의 範疇 設定 基準

'漢文科'는 한문 과목을 의미한다. 漢文 科目은 2007 개정 교육과정에 따르면 초등학교에서는 재량활동 과목이고, 중·고등학교에서는 선택 재량활동 과목이다. '授業 研究'는 수업을 대상으로 하는 연구를 의미한다. 수업을 대상으로 할 경우, 연구 범위는 수업 모형, 수업 설계, 교수·학습 과정안, 수업 사례, 수업 분석 등으로 잡을 수 있다.3) '한문과 교수·학습 방법'과 일부 논의가 겹칠 수도 있지만, 수입에서 사용되는 부분적인 교수·학습 방법이 아니라 '수업' 자체를 연구 범위로 한다는 점에서 구분할 수 있다. 중요한 것은, 한문을 가르치고 배우는 그 현장을 연구 대상으로 해야만 한다는 것이다. 현장을 벗어나지 않고 '연구'보다는 '교육'에 焦點을 맞추어야만 한다. 학생들을 실험의 대상으로 보는 것을 止揚하고 심오한 이론적 배경을 연구 전면에 내세우는 것 또한 止揚해야 한다. 한문과에서 다루어야 하는 학습 내용이나 학습 요소를 어떻게 학생들에게 효과적으로 안내

---

3) 본고에서는 가르치는 활동이 강조된 '교수·학습 지도안'이라는 용어 대신에, 교사와 학생의 상호 소통을 보다 강조한 '교수·학습 과정안'이라는 용어를 사용하고자 한다.

할 수 있는지에 관한 논의, 교사와 학생이 한문을 통해 만나게 되는 그 어떤 순간을 발견하고 이해하는 것에 관한 논의를 指向해야 한다.

이 글에서 다루는 한문과 수업 연구는 '수업 분석', '수업 사례', '수업 설계', '수업 모형', '교수·학습 과정안' 등을 포함한다. 이 경우 기획도서의 다른 영역과 중복되는 문제가 발생한다. 쟁점이 되는 학술논문 몇 편을 예로 들어 보겠다.

① '교수·학습 방법'과 '수업 사례'에 모두 해당 : 이 경우 '수업 사례'에 보다 가까운 것은 '수업 연구'에서 다루고 방법적인 측면을 보다 강조하여 다룬 것은 '교수·학습 방법'에서 다루기로 한다.4)

② '교수·학습 방법'과 '수업 설계'에 모두 해당 : 이 경우는 모두 '수업 연구'에서 다룬다.5)

③ '지도 방안'과 '교수·학습 과정안'의 문제 : '지도 방안'은 교수학습 방법에 가까운 부분이므로, '교수·학습 방법'에서 다루고, '교수·학습 과정안'은 방법이 아니라 수업을 설계하는 측면이 강하므로, '수업 연구'에서 다룬다.6)

---

4) 전용한(2000), 「'광수생각'으로 한자 한문 익히기」, 『한문교육연구』제15호, 한국한문교육학회.

배원룡(1988), 「효과적인 한문 교육의 방안 -학습 자료 개발을 중심으로-」, 『한문교육연구』제2호, 한국한문교육학회.

이은애(1989), 「한문 교육의 목표와 실제 수업 -한문 교육의 목표가 교육 현장에서 실현되고 있는가-」, 『한문교육연구』제3호, 한국한문교육학회.

변경애(2002), 「현장 교육에서의 한자 병용 학습 적용 방법」, 『한문교육연구』제19호, 한국한문교육학회.

5) 김경수(1989), 「한문과 수업설계에 관하여」, 『한문교육연구』제3호, 한국한문교육학회.

6) 김경수(1986), 「한문교과와 그 지도안」, 『한문교육연구』제1호, 한국한문교육학회.

유수현(1996), 「시청각 자료의 활용을 통한 '한문' 독해 지도 효율화 방안」, 『한자한문교육』제3집, 한국한자한문교육학회.

최성두(2000), 「종합수업에 의한 한자어 효용성 신장에 관한 연구-과학교과를

④ 학교 현장에서의 교육 자료를 분석한 학술논문은 수업과 관련된 연구 성과를 분석한 것이기에 '수업 연구'에서 다룬다.[7]

한문과 수업 연구는 '수업 분석', '수업 사례', '수업 설계', '수업 모형', '교수·학습 과정안' 등으로 범주를 구분할 수 있지만 대부분의 논문들을 이러한 범주로 정확히 구분하여 분류하기 어려운 형편이다. 따라서 여기에서는 대략적인 범주만 제시하고자 한다.

Ⅲ. 漢文科 授業 硏究의 成果

이 글의 분석 대상은 한문교육 관련 주요 학회지에 수록된 학술논문 가운데 漢文科 授業과 관련된 논문이다. 여기에는 수업을 대상으로 한 연구들, 구체적으로 수업 모형, 수업 설계, 교수·학습 과정안, 수업 사례, 수업 분석 등과 관련된 연구물이 포함되는데, 이 가운데 수업 모형은 교수·학습 방법 분야에서 다루기로 하였기에 論外로 한다.

특히 이 글에서는 한문교육 관련 양대 학회지인『漢字漢文敎育』과 『漢文敎育硏究』에 실린 논문을 중심으로 한문과 수업 연구에 관련된 논문을 살펴보고, 아울러 두 학회지 외에 관련 학회지에 게재된 학술

중심으로-」,『한자한문교육』제6집, 한국한자한문교육학회.

　성택영(2000),「멀티미디어를 활용한 효과적인 한자 학습지도 연구 -중학교 1학년 학생을 중심으로-」,『한자한문교육』제6집, 한국한자한문교육학회.

　남수극(2005),「활동중심 초등학교 한자 지도방안」,『한자한문교육』제14집, 한국한자한문교육학회.

　조영호(2008),「한자어의 의미 분석을 통한 어휘 지도 방안-고등학교 한문과 교육과정 개정안과 관련하여」,『한자한문교육』제21집, 한국한자한문교육학회.

7) 정우상(1992),「漢文科 現場敎育硏究 資料分析 Ⅲ -漢字 漢字語의 敎育硏究를 中心으로 ②-」,『한문교육연구』제6집, 한국한문교육학회.

논문과 한문교육 관련 박사학위논문의 최근 성과까지 확대하여 다루고자 한다.

한문교육 관련 학회지에서 나온 학술논문 가운데 한문과 수업 연구와 관련하여 비교적 초기 연구물로 내세울 수 있는 것은 김경수(1986)의 「한문교과와 그 지도안」이다. 그는 당시 성신여대 한문교육과에 재직 중이었는데, "70년대에 한문교육과가 설치되었고 '漢文敎育'을 전공한 사람의 수도 많지 않은 관계로 아직 이 방면에 정설적인 연구가 빈약함"을 인정하면서, "교육과정의 통일은 물론 교육실습지도에 대한 구체적인 방안 마련이 시급한 일"임을 지적하였다. 또한 한문교육을 둘러싼 當時의 상황이 現在의 상황과 크게 다르지 않았는지, "한문교육은 오늘날 우리의 처지로 볼 때 매우 緊切한 국가적 관심사임에도 불구하고 현실적으로 매우 불합리한 채로 운영"되고 있음을 안타깝게 여겼다. 불합리하게 운영된다고 구체적으로 摘示한 사항은 "교육과정에 명시된 최하위 단위인 주당 1시간을 배정"받은 것과 "한문을 전공하지 않은 사람에게 한문 지도를 맡김으로써, 그나마 기대 효과가 반감"되고 있다는 것이다.[8] 이러한 지적 하에 "실제 교안을 제시하여 현장에서 형식적으로 이루어질 수도 있는 교안에 대한 새로운 인식을 갖도록" 하였다고 밝히고 있다.

『한문교과와 그 지도안』에서 특이한 사항은 敎案의 實例를 매우 자세하고 구체적으로 제시하고 있다는 점인데, 논문에 소개된 고등학교 교안은 당시 성신여대 교과 지도 시간에 모범 교안으로 사용되었던 것으로 서울대학교 사범대학 부속고등학교에 근무한 바 있는 교사(허천행)가 실제 현장에서 사용한 교안이며, 중학교 교안은 당시 성신여대

---

8) 김경수(1968), 217~218면.

4학년에 재학 중인 학생(김미화)이 교육 실습 중에 작성한 교안이다.[9)]

이러한 연구는 앞에서 말한 '이론과 현장의 交點'을 충분히 갖춘 연구라 할 수 있다. 연구자인 교사가 새롭게 具案한 교수·학습 과정안을 객관적인 연구 성과로 완성하여 학회에 소개한다면, 다른 교사들이 그것을 자신의 수업에 곧바로 적용시킬 수 있을 것이다. 이때의 연구물은 교수·학습 과정안만 달랑 소개하는 방식은 아닐 것이다. 과정안을 구안하게 된 動機, 과정안을 통해 학습하게 될 학생들의 수준과 학습 태도, 과정안을 구안하는 모든 과정, 과정안을 가지고 수업한 사례, 학생들의 반응, 이를 통해 교사 자신이 받은 피드백 등을 자세하고 체계적으로 논문에 담아야 할 것이다.

정우상(1992)의 연구는 현장교육연구논문 발표대회에서 우수논문으로 당선된 한문 분야의 연구 논문을 수집하여 주제별로 내용에 따라 '한자의 부수선행학습', '한자쓰기 지도', '한자어 학습', '기타'로 나누었고, 현장교육연구논문의 제목-요약-결론으로 그 핵심 내용을 제시하였다.

'현장교육연구대회'는 한국교원단체총연합회에서 주관하는 연구대회이다. 이 기관은 교원의 전문성 신장과 교수·학습 활동의 개선을 위해 현장교육연구운동 사업을 전개하고 있다.[10)] 현장교육연구운동

---

9) 김경수(1968), 223면 참조.
  논문에 수록된 고등학교 교안은 1981년 6월 10일 6교시에 서울 사대부고 2학년 4반에 재학 중인 남학생 64명을 대상으로 작성된 것이다. 중학교 교안은 1986년 4월 30일 4교시에 모 중학교 1학년 2반에 재학 중인 남학생 60명을 대상으로 작성된 것이다. 4월 30일이라는 月日을 미루어 볼 때 교육 실습 기간 중에 연구수업을 실시했던 교안이 아닐까 추측해 본다.
10) 한국교원단체총연합회(2006), 『2007-2008 현장교육연구운동 주제해설집』, 1면.
  백광호(2011)의 논문에 현장교육연구대회에서 1등급과 2등급으로 선정된 연구보고서를 연도 순서로 정리한 것을 참고 바람.

은 두 개의 주요 사업으로 운영되는데, '현장교육연구대회'와 '전국교육자료전'이다.[11] 특히 '현장교육연구대회'에 출품된 성과물들은 대부분 수업을 대상으로 한다. 따라서 수업 연구의 범주에 넣을 수 있다.

변영안(1994)의 연구는 중학교 3학년 학생들을 대상으로 한문 독해력 신장을 위해서는 단계적 문형 지도가 필요하다는 생각을 갖게 되어서 한문 교과서 단원의 과별 문형 학습내용을 추출하고, 문형학습의 단계적 지도 모형 모색과 학습 자료를 개발하여 10개월간에 걸쳐 연구하였다.[12] 그 결과 문형의 유형을 교과서 내에서 계통적으로 추출하여 지도 모형을 만들어 단계적으로 지도하여 독해력을 향상시켰고, 학습지도계획과 지도모형에 따른 反復, 代替, 索出, 創作, 分團協同學習 등 다양한 수업 방법으로 학생들의 흥미 유발에 의한 학습의 지속적 훈련은 독해력 향상에 도움이 되었다는 결론을 얻었다. 독해력 신장을 연구하기 위해 '실험 연구 방법'을 채택하여 연구를 진행하였으나, 초기의 연구라서 연구 설계가 치밀하지 못하다는 제한점이 있다.

백광호(2007)의 연구는 고등학교 한문 수업을 관찰하고, 관찰한 결과를 통해 드러난 '읽기' 영역의 교수·학습 활동을 분석하는 것이다. 수업시간에서 이루어지는 다양한 활동에서 유의미한 읽기 교수·학습 활동을 찾고, 이것을 분석함으로써 읽기 교수·학습 요소를 발굴하였다.

고등학교 한문과 교실 수업의 면밀한 관찰과 기록을 위해 微視文化

---

11) 전국교육자료전에 출품된 한문 교과·교육 자료는 1996년부터 2008년까지 백광호 (2011)의 논문에 성명, 근무학교, 주제로 정리되어 있다.

12) 이 논문은 제37회(1993년) 전국현장교육연구대회 1등급을 받은 논문이다. 현장 교사들이 현장교육연구대회에서 선정된 연구보고서를 보다 많은 연구자나 교사들이 볼 수 있도록 학술지에 투고하고 심사를 받아 게재되는 것은, 학계와 중등학교 현장을 연결해 줄 수 있다는 점에서 유의미하다고 할 수 있다.

記述的 研究 方法을 이용하여 수업을 분석한 결과 '읽기'교수·학습 활동은 1) 본문에 나온 字句 익히기, 2) 허사 등을 학습하여 문장의 구조 파악하기, 3) 문장의 해석을 위해 축자적으로 풀이하기, 4) 바르게 끊어 읽기를 위해 소리 내어 큰 소리로 따라 읽기, 5) 문장을 익숙하게 보기 위해 반복하여 따라 읽기, 6) 문장의 표면에 드러나지 않은 의미까지 파악하기 등이다. 이러한 활동을 통해 찾아낸 '읽기'교수·학습 요소는 字句 學習, 構造 把握, 解析, 聲讀, 復讀, 精讀이다.

이 연구는 읽기 수업 분석에서 최초의 본격적인 논의라는 점과 읽기 이해의 개념과 범위에 대한 논의 전개를 통해 2007년 개정 한문과 교육과정의 읽기와 이해 영역의 학습 요소 개발에 도움을 줄 수 있다는 점에서 그 의의가 있다.

이미애(2008)의 연구는 情意的 領域이 포함된 한문 수업을 통해 정의적 영역이 학생들의 학업성취도에 어느 정도 영향이 있는지를 밝히고자 했다.[13] 실제 수업에 적용한 사례를 소개하고 교수·학습 과정안을 논문에 全載하였다는 점이 한문과 수업 연구 측면에서 일정한 의의를 가진다. 또한 통계집단과 실험집단을 나눠 저지(treatment)한 후 효과를 검증하려 했다는 점이 한문과 연구방법론적인 측면에서 일정 수준의 의의를 가진다. 다만 연구방법 측면을 볼 때, 사전 동등화 검사는 실험 연구에 있어 매우 중요한 요건임에도 불구하고 동등화 검사 도구가 실험 학년의 前 학년 과목 평균 점수로 대체되어 있는

---

13) 자료를 조사하다 보니 2004년에 1등급을 받은 「정의적 영역을 부가한 한문과 수업의 학습효과」(이미애(2004), 「정의적 영역을 부가한 한문과 수업의 학습효과」, 『선택교과(한문)분과 전국현장교육연구대회보고서』, 한국교원단체총연합회.)는 일부 내용이 축소되고, 제목이 「정의적 영역을 부가한 한문과 수업이 학업성취도 및 정의적 영역에 미치는 효과」로 수정되어 2008년에 출간된 『한자한문교육』 제21집에 게재되었다.

것은 본 연구가 가지는 의의를 減殺하는 사항이라 할 수 있다. 또한 수업 연구 측면을 볼 때, 수업 사례를 구체적으로 제시하지 못하고 과정안만을 제시한 것은 연구의 한계점으로 들 수 있다.

김연수(2008)의 연구는 한 고등학교 한문 교사가 한문 수업의 변화를 모색하다가 그 변화의 계기를 논술에서 찾아 한문 과목에 논술을 적용한 사례를 분석한 것이다. 이를 통해 모국어 글쓰기를 훈련하는 논술 수업이 한문 과목을 위한 글쓰기로 변화하게 된 과정을 보여주고 그것이 가지는 의미에 대하여 면밀하게 살펴본 질적 연구이다. 대학 입시에서 한문 과목이 점점 소외되고 있는 현실을 극복하기 위한 대안을 실제 수업을 통해 찾고 있다는 점이 한문과 수업 연구의 측면에서 일정 수준의 의의가 있다. 질적 연구가 胎生的으로 가지고 있는 연구자의 고단함, 연구 자료의 방대함, 자료 분석의 어려움 등을 극복하기 위한 연구자의 꾸준하고 꼼꼼한 노력은 極讚할 만하다. 특히 한문과 수업 연구의 측면을 볼 때 실제 운영된 수업 자체에서 수업의 변화 양상을 捕捉하고 이를 통해 한문과 교육이 나아가야 할 바를 제시한 점은 매우 훌륭하다.

이 논문에서 다른 무엇보다 주목할 부분은 2장 1절에 진술된 '사례 교사와의 만남'이다. 이 논문의 각주 3번에서 "사례 교사와의 운명적인 만남"이라고 표현한 것에서도 알 수 있듯이,[14] 大學에 籍을 두고 있는 理論家는 중등학교 현장에 적을 두고 있는 實踐家를 만나지 못한다면 자신의 연구 문제를 제대로 풀어볼 수가 없다. 실천가인 교사 또한 자신의 수업에 대한 고민을 함께 나누고 덜어줄 수 있는 적절한 이론가를 만나지 못한다면 자신의 고민을 해결하기가 쉽지 않다. 이

---

14) 김연수(2008), 184면.

론과 실제가 서로 어우러져야 하듯이, 한문과 수업 연구에서 중요한 것은 만남이다. 교사 대 교사든, 교수 대 교사든, 교사 대 학생이든, 연구에 참가하게 되면 구성원끼리 서로 자주 만나야만 하는 것이다.

백광호(2008)의 연구는 한문교사인 자신의 수업을 개선하기 위해 본인의 수업을 관찰하고 분석한 경험을 밝힌 것이다. 특히 Flanders 와 Tuckman의 양적 수업 분석 방법을 통해 해당 수업에 대한 데이터 를 수집하고 이를 분석하여 수업 개선을 위한 기초 자료를 얻었고, 수업 분석의 신뢰도를 높이기 위해 수업을 실시한 교사 외에 2명의 교육 실습생이 동일한 수업을 참관한 뒤 수업을 분석한 자료를 덧붙였다. 이상과 같은 수업 분석 방법을 통해 자신의 수업에서 문제점과 개선점을 탐구한 것으로, '한문과 수업'에 관한 새로운 연구 방법과 방향을 제시했다는 점과 실제 현장에서 누구나 자신의 수업을 관찰하고 분석할 수 있는 현장 적용이 가능한 논문이라는 점에 연구의 의의 가 있다.

김동규(2009)의 연구는 현장의 한문 교사가 다른 학교에 근무하는 동료 한문 교사의 수업을 관찰한 후에 수업의 양적인 측면에 초점을 맞춰 분석하고, 이를 통해 수업 개선 방안을 모색한 것이다. 언어상 호작용 분석법, 수업 분위기 분석법, 자리이동 분석법 등 다양한 양 적 수업 분석 방법을 활용하여 연구 참여 교사의 수업을 체계적으로 분석하고 이를 통해 얻어진 자료를 바탕으로 수업 교사에게 개선점을 제공했다는 점이 한문과 수업 연구의 측면에서 일정 수준의 의의가 있다. 다만 이 연구에서 사용된 '언어상호작용 분석법'이나 '수업 분 위기 분석법'은 타 학술논문에서 이미 사용되었기 때문에, 餘他 授業 分析 道具를 이용하여 분석했다면 더 좋았을 것이다. 특히 이 연구에 서 관찰한 수업이 수업 연구를 위해 '연습하고 짜 맞춘 수업'이 아니라 평소에 해오던 모습 그대로의 수업이었다는 점에서 연구 참여 교사에게 제공된 助言[15]은 매우 유의미하다. 이러한 조언은 본인 스스로 자신의 수업을 관찰할 경우에는 발견되기 힘든 요소들이다. 동료 교사에게 자신의 수업을 공개했기에 얻을 수 있는 귀한 조언이다. 수업을 공개하는 것이 매우 중요함을 알 수 있다.

백광호(2009)의 연구는 수업과 관련된 旣存의 연구가 敎師 爲主로 이루어진 것과 달리, 學生 爲主로 연구를 진행했다는 점이 한문과 수업 연구의 측면에서 의의를 찾을 수 있다. 필자는 이 논문을 발표하기 전에 '思考口述'이라는 방법을 사용하여 학습자의 한문 독해 양상을 파악한 학술논문을 발표하였다. 이때 연구 참여자는 大學生이었고, 한문 수업을 대상으로 한 것이 아니라 학생 개인이 공부하는 과정을 살펴보았다. 반면, 이 논문은 연구 참여자를 고등학생으로 했고, 고등학교 한문 수업을 연구 대상으로 하였다는 점에서 보다 진일보한 연구 성과라고 이야기할 수 있다. 특히 이 연구에서 사용한 '수업 코멘터리'는 回想을 통해 수업 당시에 가졌던 학생 개인의 경험을 파악하고, 이를 통해 학생들의 구체적인 학습 경험을 살피기 위해 도입한 방법이다. 연구 방법에 익숙하지 않은 교사 연구자라 하더라도 얼마든지 적용 가능한 방법이라는 점에서 의의를 찾을 수 있다.[16]

---

15) 이 논문에서는 연구 참여 교사에게 다음과 같은 개선점을 제시한다.
   ① 학생들의 창의적 사고를 이끌어 내기 위한 추론적 발문의 개발, ② 질문 후 학생들의 답변을 기다리는 여유와 답변 유도 방식의 변화, ③ 교과 진도보다는 학생의 생각과 적절한 긴장 속의 발표 분위기 조성을 위한 노력, ④ 학생들의 자발적 발표에 대한 인정과 수용 및 칭찬, ⑤ 수업 중 교사의 시야에서 벗어난 학생들에 대한 적절한 조치.
16) 백광호(2009), 96~98면 참조.
   '코멘터리'는 최근 DVD의 보급에 따라 감독이나 출연자들이 영화에 대해 나눈 후일담이나 평론가들의 영화평을 담은 것인데, 학생들이 한문 수업에서 겪은 학습

이명희(2009)의 연구는 중학교와 고등학교의 한문과 수업에서 끊어 읽기의 구체적인 실행 과정과 인식이 어떠한지를 밝히기 위해 질적 연구 방법을 활용하여 연구를 진행하였다. 이 연구는 한문과에서 끊어 읽기가 매우 중요한 한문 학습 전략임을 밝히고, 끊어 읽기 활동을 심층적으로 이해하기 위해 중·고교 현장에서 진행되는 수업을 있는 그대로 관찰하고, 교사를 면담하고 관련 문서를 분석함으로써 학생의 한문 독해 능력을 신장시키는 데 있어 끊어 읽기가 매우 유용한 전략임을 밝혔다는 점이 한문과 수업 연구 측면에서 매우 의의가 높다. 이 논문을 접한 한문교육 연구자들은 마지막 장에서 제시해 둔 후속 연구 과제 −"끊어 읽기에 대한 다각적인 접근으로 실제 수업에서 적용할 만한 다양한 끊어 읽기 방법 및 전략을 체계적으로 마련하고, 한문과 읽기 교육에 대한 실제적인 자료를 제공"−를 注視할 필요가 있다.

윤조현(2010)은 한문 학습자의 誤譯 樣相을 確認하고 原因을 分析하여 이에 대한 敎育的 處方과 효율적인 指導 方案을 현장 수업을 바탕으로 모색하였다. 중학교 2, 3학년, 고등학교 2학년 학생들을 대상으로 실시하였다. 자료의 수집은 수업 관찰, 교사와 학생의 면담, 학습자의 개별 학습지, 문헌 연구 등을 통하여 이루어졌고 수집한 자료를 분석하여 오역의 원인을 6가지로 범주화하였다. 범주화한 내용은 첫째, 현토와 끊어 읽기 미숙, 둘째, 多義語에 대한 혼란, 셋째, 품사에 대한 이해부족, 넷째, 허사의 쓰임에 대한 갈등, 다섯째, 문장 구조 결정의 곤란, 여섯째, 문장의 수사법에 대한 인식 부족이 원인이 되어 오역이 발생하였다. 그리고 오역을 줄일 수 있는 방안을 계획하

경험에 대해 교사와 학생이 함께 이야기를 나누기 위해 도입한 방법이다.

고 수업 현장에 다시 적용하여 교사와 학생이 한문 문장을 교수·학습할 수 있는 효율적인 방안을 모색한 점에서 의의를 찾을 수 있다.

다음은 한문과 수업 연구와 관련하여 한문교육이 이루어지는 수업 현장 속에서 다양하게 전개되는 한문 수업을 관찰·분석하거나, 교육학의 여러 이론들을 수업에 적용하고, 그 결과를 서술한 최근의 박사학위 논문의 최근 성과를 중심으로 살펴보면 다음과 같다.[17]

김연수(2006)는 구성주의(Constructivism) 이론을 바탕으로 학습자 중심의 한시 교수 학습 모형을 설계하고 설계한 모형을 중심으로 현장에서 실제로 적용하여 모형의 적용 양상과 모형적용 수업의 의의를 탐색하고 기술한 성과가 제출되었다.[18] 특히 이 논문은 인지적 도제 이론의 적용을 통하여 중학교 교실에서의 한시 교수 학습 장면에 적용하고, 학습자의 반응 자료를 수집하고 이를 문화기술적 연구 방법을 활용하여 기술, 해석하였다는 데에 의의가 있다.

한은수(2007)는 構成主義 字源 學習法의 原理와 模型을 개발하고, 그 방법을 교실 수업 현장에 실제로 적용하여 교수-학습의 효과와 양상을 탐색함으로써 효율적인 한자 교수-학습 방법을 제공하였다.[19] 초등학교 교실수업과 관련하여 학습자들이 구성주의 자원 학습법을 활용한 한자 학습을 하면서 어떻게 수업을 이해하고 있는지를 알아보기 위해 학습자들의 한자 학습 수행 양상을 참여관찰과 심층 면담을 통하여 밝혔다는 데 의의가 있다.

백광호(2007)는 "漢文科 授業의 讀解 樣相에 관한 觀察 研究"에서

---

17) 엄선용(2008), 218~219면 참조.

18) 김왕규(2007), 「한문교육학의 성격에 대한 몇 가지 쟁점」, 『한문교육연구』 제29호, 한국한문교육학회, 241~242면 참조.

19) 한은수(2007) 참조.

중학교와 인문계 고등학교의 한문 수업을 관찰하여 독해 교수 활동의 特徵的 樣相을 밝히고, 한문 교사의 수업과정에 드러난 讀解 敎授學的 內容 知識을 찾고자 하였다.[20] 질적 연구를 기반으로 하는 이 연구는 두 명의 교사가 하는 수업을 있는 그대로 관찰하고, 연구자가 연구 도구가 되어 관찰한 것을 분석하였다. 두 교사의 수업을 통해 수집된 자료의 분석 결과를 보여주고, 한문수업의 의미를 발견하고자 하였다. 특히 수업은 교수 활동을 중심으로 분석했다. 수업 관찰을 바탕으로 한 이 연구는 교사와 학생의 소통 장소인 교실에서 이루어지는 한문과 수업에 관한 자료를 제공하는 데 큰 의의가 있다.

김재영(2008)은 "漢文科 敎授-學習 模型 研究"를 통하여 기존의 연구 성과를 바탕으로 한문 독해 전략이 반영된 한문과 교수-학습 모형을 텍스트 유형별로 具案하고, 이렇게 구안된 '문제 해결 중심 단문 독해 모형', '집단 탐구 중심 산문 독해 모형', '독자 반응 중심 한시 감상 모형'을 교육 현장에 適用하여 모형의 實行樣相을 전체적으로 고찰함으로써 한문 교과 교육에서 교수-학습 방법에 대한 모형의 완성도를 높였다.[21] 그동안 모형 적용에 관한 연구의 대부분이 학생 활동의 변화 양상에만 주목했지, 실제 모형의 적용과정에 대한 전체적인 양상을 살피는 데 소홀했다고 할 수 있다. 이와 같은 문제점을 개선하기 위해 모형의 실행 양상을 전체적으로 고찰 할 수 있는 질적 연구 방법을 사용하였다.

엄선용(2011)은 고등학교 한문 수업시간에 사용한 學習紙와 학생들의 思考口述 資料를 활용하여 한문 학습자가 사용하는 漢文 讀解 戰略을 알아보고, 이를 바탕으로 한문 텍스트별(短文, 散文, 漢詩) 讀解 戰略

---

20) 백광호(2008) 참조.
21) 김재영(2008b) 참조.

敎材를 具案해 보았다. 그리고 재구성된 교재를 활용해 한문 텍스트별 讀解 戰略 敎授·學習 方法을 고등학교 교실 수업에 적용하여 그 실행 양상을 질적 자료를 통해 분석하고 해석하였다. 이 연구는 漢文 讀解 能力 伸張을 위해 필요한 한문 학습자의 한문 독해 전략과 독해 장애 요인을 학습지와 사고구술 자료를 통해 총체적으로 분석·기술하였으며, 한문 독해 요인과 전략을 바탕으로 교재 구성 방안을 마련하여 텍스트별 독해 전략 교수·학습 방법을 구안하고, 이를 한문 수업에 적용하여 그 양상을 살펴봄으로써 현장 교사들이 학습자 중심의 독해 수업으로 변화할 수 있는 방법을 구체화하였다.[22]

위와 같은 최근의 박사학위 논문의 연구 경향은 수업관찰을 바탕으로 하면서 교사와 학생의 소통 장소인 교실에서 이루어지는 한문과 수업에 관한 자료를 제공하고 있으며, 연구방법 면에 있어서도 질적 연구 방법이 사용되어 한문과 교실 수업을 총체적으로 파악하려는 노력을 볼 수 있다. 이러한 점들은 한문교육관련 연구에서 매우 고무적인 일이라고 생각하며, 이러한 자료를 통해서 한문과 교육에 대한 연구의 밑바탕이 되는 한문과 수업의 실제에 관심이 더욱 높아지길 기대한다.

학술논문이나 학위논문의 성과는 위와 같지만, 학회 주관의 학술대회에서 한문과 수업을 기획주제로 다룬 것은 한국한자한문교육학회에서 2008년 가을에 개최한 학술대회가 唯一하다. 2008년 추계 학술대회에서 〈한문과 수업 연구의 필요성〉이라는 기획주제 아래 한문과 교재 연구의 필요성, 초등학교 한자어 지도방안, 한문교사의 한자 자원 활용 수업, 한문과 수업에 드러난 학습 양상에 관한 연구 등의 발표가 있었는데, 향후 한문과 수업에 관해 보다 다양한 하위 주제를

---

22) 엄선용(2011) 참조.

가지고 학회가 개최되길 기대한다.

Ⅳ. 漢文科 授業 研究 活性化를 위한 課題

1. 漢文教育 研究者를 對象으로 한 授業 現場 公開

Ⅲ장에서 김연수의 논문을 분석하면서 이미 언급했지만, 한문과 수업을 대상으로 한 연구가 활성화되기 위해서는 한문을 가르치고 배우는 공간인 교실이 공개되어야 한다. 교실은 私的인 공간이 아니라 公的인 공간이며, 교사는 자신의 수업을 두려움 없이 보여줄 수 있어야 한다. 이러한 분위기가 조성될 때 비로소 동료 교사나 교사 연구자나 대학에 籍을 두고 있는 학자들이 교실을 자유로이 출입할 수 있고, '한문과 수업' 연구는 활성화될 수 있을 것이다. 한 학교에 漢文教師는 1명 내지 2명이 근무하는 경우가 많기에 수업을 적극적으로 공개하려는 교사의 勇氣가 더욱 切實하다.

再言하거니와, 한문과 수업 연구에서 중요한 것은 교사 대 교사이든, 교수 대 교사이든, 교사 대 학생이든, 서로 얼굴을 마주 보고 이야기를 나누고 자신의 수업에 대한 고민을 털어 놓으며, 동료와 함께 의견을 나누는 것이다. 이때의 의견 교환은 학생들의 반응을 위주로 의견을 교환하고, 학습자의 배움이나 그들의 변화를 중심으로 하는 의견 교환을 의미한다.

2. 教授 中心이 아닌 學習 中心 授業 研究로의 轉換

Ⅲ장에서 살펴본 백광호의 논문에서 다룬 것이지만, 앞으로의 한문

과 수업 연구는 교사의 가르치는 활동에 중심을 두기보다 학생의 배우는 활동에 중심을 둘 필요가 있다. 일본의 유명한 교육학자인 사토 마나부(佐藤 學) 박사는 현재 일본에서 가장 심각한 교육 문제는 아이들의 '배움으로부터의 도주'라고 지적한다.23) 최근 국내 교육 현장에서 종종 들려오는 소식을 접해 보더라도 더 이상 먼 나라의 일만은 아닌 것 같다.

漢文科는 대학 입시에 큰 영향을 주는 과목이 아니다. 실정이 이렇다 보니 학생들로부터 은근히, 때로는 노골적으로 距離感이나 喪失感을 경험하게 된다. 하지만 입시 과목이 아니기 때문에 얻게 되는 利益도 있다. 교사의 노력 여하에 따라 교사 자신이 가졌던 한문 공부의 즐거움을 학생들과 함께 나눌 수도 있고, 새로운 것을 알았을 때 경험하는 喜悅을 학생들에게 맛보게 할 수도 있고, 배움에 대한 生來的인 욕구를 충족시켜 줄 수도 있다. '배움으로부터 도주하는 아이들'을 敎室로 다시 불러 올 수 있다. 이를 위해서는 현재 수준보다 훨씬 더 많이 학생을 이해하려 노력해야 한다. 그들이 왜 漢文을 지겹다고 생각하는지, 왜 漢文을 어렵게 느끼는지, 어떻게 가르쳤을 때 배움의 즐거움을 느끼게 할 수 있는지를 고민해야 한다. 앞으로의 수업 연구는 이러한 것에 초점을 맞춰야 할 것이다.

3. 漢文 敎師 授業 大會 開催

교사라면 대부분 한번 정도는 수업 도중에 학생들이 보여주는 초롱초롱한 눈과 열정적인 반응에 감동받은 경험이 있을 것이다. 또 수업

---

23) 사토 마나부(2003), 손우정·김미란 옮김, 『배움으로부터 도주하는 아이들』, 북코리아, 5~8면.

이 끝난 후 교실 문을 나서면서 '오늘 수업은 정말 완벽했다'고 생각하며 교단에 서 있는 교사로서 가르치는 보람을 느낀 경험이 있을 것이다. 이러한 경험들은 모두 수업 연구의 대상이 될 수 있다. 또한 학생들이 한문을 통해 '배운다'는 행위가 주는 즐거움을 느끼게 되는 순간이나 학생들이 학습 활동을 통해 무언가를 깨닫게 되고 그 경험으로 기쁨을 느끼는 순간도 연구 대상이 될 수 있고, 학생들이 한문을 지겨워하고 힘들어 하는 상황 또한 연구 대상이 될 수 있다. 이처럼 특정한 순간을 포착하고 연구의 대상으로 삼기 위해, '한문 교사 수업 대회' 개최를 제안하는 것이다. 이러한 대회는 직접 모여 각자 수업을 시연하면서 대회를 진행할 수도 있고, 자신의 평소 수업을 있는 그대로 녹화한 자료를 통해 대회를 진행할 수도 있다. 평소 수업을 볼 수 있고, 학생들의 반응까지 볼 수 있다는 점에서 後者의 방법이 보다 나은 방법이라 할 수 있다. 현재 각 시도 교육청에서 실시되고 있는 '수업 실기대회'나 '수업 컨설팅' 등을 예로 들 수 있다.

4. 持續的이고 積極的인 敎科 研究會 參加

교직은 전문직이다. 일정한 자격을 취득하면 敎壇에 설 수 있지만, 정기적인 직무 연수와 지속적인 자기 연찬이 매우 필요한 직업이며, 동료 간 연구 모임이나 교과 협의회에 적극적으로 참가해야 하는 직업이다. 한문 교사는 과목의 특성 상 한 학교에 한두 명이 근무하는 경우가 대부분이다. 이러한 실정이다 보니 교과 협의회가 활성화되기 힘들다. 그래서 가까운 지역에 있는 한문 교사들은 상시로 소통할 수 있는 연락망을 구축하고 정기적으로 모여 교과의 전문적인 내용을 공유하기도 하고 학생들을 보다 잘 가르치기 위한 노하우도 공유할 필요가 있다. 對面 모임이 어렵다면 on-line상에서라도 정보를 공유하며 교과 전문가로 스스로 성장해 나갈 필요가 있다. 전국한문교사모임이나[24] 경기도중등한문과교육연구회와[25] 같은 모임에 관심을 가지고 적극적으로 참가할 필요가 있다.

V. 提言

以上으로 '한문과 수업'을 대상으로 한문과 수업 관련 연구의 대략적인 범주를 설정하고, 한문과 수업 연구의 현재까지 성과를 검토하고 몇몇 주목할 만한 연구 사례를 소개하였으며, 앞으로 한문과 수업 연구의 방향과 관련하여 한문과 수업 연구 활성화를 위한 앞으로의 과제에 관하여 고려되어야 할 몇 가지 사항을 논의하였다. 이를 바탕으로 昨今의 상황을 극복할 수 있는 한문 교육 연구 성과가 쏟아져 나오길 기대한다. 특히 한문 교육을 자신의 연구 분야라 여기는 많은 연구자들 가운데 중·고등학교에 재직하고 있는 교사들의 연구 성과를 기대한다.

실천가로서의 고민과 그에 따른 해결 방안을 자신만의 滿足으로 그치지 않고, 연구 성과물로 완성하여 學界에 발표할 수 있기를 바란다. 현장 교사들의 주된 관심이 학문 공동체의 연구 결과가 아니라

---

24) 전국한문교사모임에 대한 소개는 「實行 硏究' 活性化를 위한 『漢文敎育』 內容 分析」(백광호, 『한문교육연구』 제27호, 2006), 205면 참조.

25) http://www.kghanmun.co.kr 참조.
    2000년에 경기국어교과연구회 분과로 운영되다가 2003년에 경기중등한문과교육연구회로 독립하여 창립된 연구회로 敎育內容과 敎授方法에 대한 공유와 이해를 통해서 학교 현장교육이 발전적으로 이루어질 수 있도록, 교사 상호간의 能力과 資質을 육성하고 공동연구의 활성화로 교실 수업을 개선하는 데 그 목적이 있다.

자신이 몸담고 있는 학교의 여러 가지 사안들일 수밖에 없는 상황도 충분히 이해된다. 다만, 그 관심을 자신의 교과로 조금씩 돌려 한문 교사 모두가 學師가 되기를 희망한다.26) 그래서 입시 과목이 아니기 때문에 가지게 되는 弱點만 생각하며 한숨 쉴 것이 아니라, 입시 과목이 아니기 때문에 상대적으로 학생들에게 다가갈 수 있는 强點을 살리기 위해 어떤 전략이 필요한지, 거기에 집중할 수 있기를 소망한다. 입시 위주, 결과 위주의 교육이 관행적으로 실시되고 있는 현 풍토에서도 漢文科에서 담당할 영역은 분명 있을 것이다. 이러한 전제 하에 현장에 재직 중인 '學師'들이 본인의 수업 경험을 바탕으로 하는 연구 주제를 선정하고자 할 때 도움이 될 만한 몇 가지 연구 주제를 제언하고자 한다.

첫째, 학교 현장에서 학생들을 가르칠 때 본인의 의도대로 진행되지 않거나 학생들이 교사의 기대나 예상과 다른 성취 수준을 보일 때, 왜 그러한지를 분석하는 연구가 필요하다.

둘째, 보다 微視的인 연구 주제로 들 수 있는 것은 자신의 수업을 들은 학생들이 보여주는 다양한 반응을 바탕으로 하여 한문교육에서 기본 또는 필수로 정해야 할 영역이나 학습 요소가 어떤 것이 있을지 설정하고, 그 설정의 타당성을 탐구하는 것도 의미가 있다.

---

26) 學師: '배우는 교사(stucher)'라는 의미로, 새롭게 創案한 용어이다. 「漢文 敎科의 敎授學的 內容 知識 開發을 위한 中學校 漢文 授業 理解」(백광호, 『청람어문교육』 제38집, 2008)에서 처음 사용하였다. 59면 참조.

'學師'는 學生과 敎師를 합친 용어이다. 외국에서 들어온 표현인 '교사 연구자(Teacher as a researcher)'에 사용된 'researcher'는 실천을 보다 중요시하는 현장의 교사들에겐 뭔가 모를 거부감이 있어, 필자가 생각해 낸 新造語이다. 'saladent(샐러던트)'라는 신조어처럼 'stucher(스튜처)'로 표현할 수도 있다. 『두산세계대백과사전』에 따르면, 'saladent'는 '월급 생활자'를 뜻하는 'Salaried man'과 '학생'을 뜻하는 'Student'가 합쳐져서 만들어진 말로 '공부하는 직장인'을 의미한다.

셋째, 자신의 수업을 연구 대상으로 하는 것이다. 자신의 수업을 연구하는 교사는 자신의 수업을 他者化하여 바라볼 수 있어야 한다. 타자화하여 볼 수 있어야 자신의 경험에서 나온 수업 사례를 객관적이고 구체적으로 제시할 수 있게 된다.

넷째, '한문과 교과 현상'을 규명하는 한문과 수업 연구가 필요하다. 한문과 수업 연구는 한문과 교실 상황의 독특한 점을 관찰하여 그 의미를 드러낼 수 있어야 한다.

이제 한문과 수업 연구의 중요성에 대한 현장 연구자들의 인식이 과거에 비해 많이 발전되었고, 교사와 학생이 상호작용하는 교실 수업이 학교 현장에서 가장 중요시 되고 있다. 한문교육과 관련된 중·고등학교의 현장 연구 인력이 더욱 많이 배출되어 앞으로 한문과 수업 관련 연구가 꾸준히 확대 발전될 것이라 기대하며『한문과 수업론』의 總論을 마친다.

제2부

한문과 수업 설계 및 지도 방안 분석

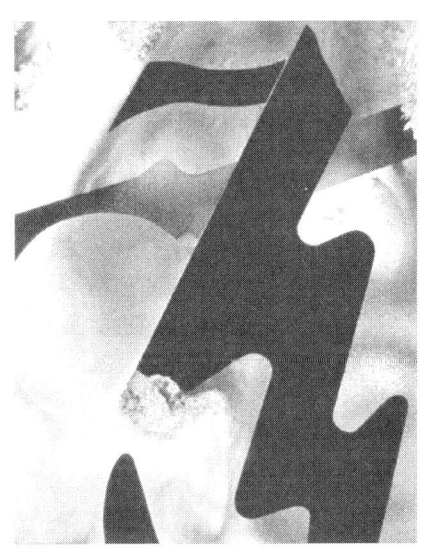

漢文科 授業設計에 관하여

金慶洙

흔히 漢文敎育과 漢文科 敎育을 혼동하는 일이 있다. 漢文敎育이란 말 속에 漢文科 敎育이 포괄되기는 하지만, 이에 대한 區分을 해두어야 漢文科 授業의 특성이 드러나리라 믿는다. 漢文敎育을 漢字로 기록된 모든 기록물의 讀解와 理解力의 伸張을 위해 행하는 일체의 敎育的 努力이라고 한다면 漢文科 敎育은

1. 문교부령으로 공포되는 敎育課程令에 따라

2. 일정한 자격을 지닌 專門家가

3. 심사를 통한 敎材를 가지고 학교의 교육 계획에 따라 일정 기간 지속적으로

4. 피교육자(학생)에게 베푸는 교육이다.

이것은 과거 傳統的으로 행해 오던 書堂 敎育과 學校生活의 차이를 드러내는 한 尺度가 되리라 생각되는데 이 글에서 論議하려는 授業設計에 관한 것은 後者인 學校敎育에 해당하는 것임은 말할 것도 없다.

이렇게 보면 漢文科 授業은 學校 敎育의 일환으로 이루어지는 교육

활동으로서 국가에서 인정한 자격증을 지닌 전문가(교사)에 의해서 敎材, 學習者는 授業行爲의 필수적 요소로서 이 셋의 상호작용으로 授業활동은 이루어진다. 이를 시각적으로 도표화하면 다음과 같이 된다.

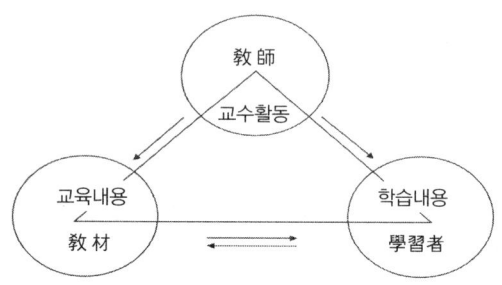

도표에서 보는 바와 같이 이들 세 요소는 서로 유기적인 관계를 지니고 있고 상호 보완적인 측면을 지녔기는 하지만, 授業活動에서의 敎師의 役割은 다른 요소보다 至大한 중요성을 지니고 있다. 그러므로 國家에서도 이를 깊이 認識하고, 師範系列을 지망하는 學生들은 자격요건에 그 入學에서부터 제한을 두며, 또, 大學 四年間 막대한 예산을 투입하여 敎職科目을 이수시키고, 그리고 소정의 實習을 거쳐 敎師로서의 資質이 있다고 인정되는 者에게만 자격증을 발급하는 것이다. 이러한 난관을 극복하고 자격을 취득한 專門家라고 하더라도 부단한 努力과 創意的인 意慾이 없이는 훌륭한 敎授活動이 이루어지기 어려울 것이다. 그럼에도 아직까지 漢文科 敎育에 있어서 非專攻者나 無資格 敎師에 의해서 授業이 이루어지고 있는 現實은 매우 안타까운 일이라 생각된다. 그러면 이러한 敎師에 의해 지도되는 授業의 모형은 어떻게 이루어지는가를 검토해 보자. 어느 敎科를 莫論하고 授業의 기본틀은 ㉠導入 → ㉡展開 → ㉢整理로 이루어진다. 이 세 과정을 효율적으로 학습시키기 위한 계획이 바로 學習指導案으

로 作成되게 되는데 훌륭하고 완벽한 學習指導案의 作成이야말로 授
業活動의 成敗를 가늠하는 관건이라고 할 수 있다.

앞에서 지적했듯이 授業의 가장 중심은 教師에 의해 좌우되는데,
이 指導案 역시 教師의 資質과 能力을 評價하는 尺度임은 말할 것도
없다. 또한 教育은 知識의 傳達만을 그 目標로 삼을 수는 없으나, 적
어도 受業活動의 주요 지표가 되는 지도안은 다른 요소보다도 知的
能力의 함양에 그 초점이 맞추어져야 한다. 그러므로 教師는 훌륭한
授業과 효과적인 指導案을 作成하기 위하여 의도적, 계획적으로 짜
여진 教育課程을 熟知해야 하며, 國家的·社會的 教育理念에 대한
깊은 이해가 필요하다.

다음으로 필요한 節次가 "教材의 파악"이라고 할 수 있다. 教材란
被教育者인 學生들을 지도하기 위한 文教部 檢認인 漢文 教科書로
이해해도 좋다. 이것은 각 출판사에 따라 약간씩 差異는 있으나 대단
원 하나속에 3~5개의 조단원이 포함되고, 각 소단원은 본문, 발전문
제, 익힘문제 등의 구조로 짜여져 있다. 이렇게 이루어진 대단원과
대단원이 합하여 하나의 책을 이루는데, 여기서 중요한 것은 각 단원
이 개별적으로, 독립적으로 존재하는 것이 아니라 전체적이고 유기적
인 관련을 갖고 짜여져 있다는 점이다. 그러면서도 각 소단원은 대단
원의 한 부분이면서 그 나름대로의 학습 주안점을 지니게 되어 있는
데, 이에 대한 파악을 教師가 소홀히 해서도 곤란하다. 다시 말하면
전체로서의 部分, 또 部分으로서의 전체적인 내용 파악이 중요하다.
그렇게 될 때 비로소 부르너가 말한 "基本的 構造의 把握 곧 教材의
構造化"가 가능해질 것이다. 그래야만 學習指導도 어느 특정한 小單
元의 문제 해결에만 급급하지 않고, 발전적으로 다음 단원이나 또는
다음 학기의 내용과 결부되어지며, 그만큼 반복과 복습의 효과를 얻

을 수 있다. 이러한 바탕이라야 單元 設定의 이유 항목에 해당되는 教材面, 兒童의 觀點, 社會的 觀點 등등이 올바로 파악될 것이다.

다음으로 必要한 作業의 學習課題의 分析이다. 여기서는 특정한 小單元의 學習課題가 다음 단계의 학습을 위해 꼭 필요한가, 또 지금 바로 지도해야 할 것인가, 내용이 타당한가 등의 검토를 거쳐 學習要素의 抽出로 진행되어야 한다. 學習課題의 分類도 學者에 따라 그 기준이 다른데, 어떤 이는 知的, 情意的, 身體的으로 분류하고 어떤 이는 情報, 知的 機能, 認知戰略, 運動機能, 態度등으로 가른다. 이를 한국교육개발원에서는 知識, 理解, 適用, 態度, 動的機能으로 분류 제시한 바 있다.

다음으로 고려해야 하는 것이 授業目標의 設定이다. 目標가 設定되면 授業이 진행된 후에 學生들이 반드시 그 目標에 도달했다는 陳述이 나오도록 계획되어야 한다. 이에 대한 유의점으로는 분명한 진술이 나올 수 있도록 해야 하고 教師·學習者·學父母가 이해할 수 있는 목표라야 하고 學校가 達成할만한 가능성이 있는 것이어야 하고 사회적 要求가 있는 것이어야 하며 統一性과 一貫性이 있어야 하며 評價를 할 수 있는 것이어야 한다는 것이 학자들의 일반적인 견해다.

다음으로 學習指導案 作成에 있어서 유념해야 할 사항은 事前診斷이다. 앞으로 지도할 學生들이 어떠한 對象인가, 또 어느 程度의 知的 水準을 지녔는가의 파악은 授業設計에 중요한 자료가 된다. 基礎漢字의 學習은 잘 되어 있는가, 漢文教科에 대한 關心度와 호응도는 어느 程度인가, 學生들의 心理的 特性은 어떠한가 등등이 事前診斷에서 파악되어야 할 事項들이다. 이는 크게 나누어 일반적인 실태와 지도할 단원학습을 위한 診斷으로 구별된다. 실제 현장 수업에서 번거롭거나 또는 여러 가지 이유로 이와 같은 과정을 생략하는 일이 많

은데 학습시킬 내용에 대하여 예견되는 여러 문제점의 사전 발견에는
이보다 효율적인 방법이 없다는 점을 명심할 필요가 있다. 이상과 같
은 절차가 구비되면 이제 실제의 지도안 작성에 임해야 한다. 지도안
은 누구나 알다시피, 大單元으로 짜는 경우와 小單元(細案)으로 作成
하는 두 가지가 있다. 그러나 어느 것을 莫論하고 수업의 흐름은 導入
展開 整理發展의 과정을 지니게 된다.

또 細案이란 사실상 大單元의 번거로움을 간편하게 축약한 것이라
고 할 수 있다. 이 글에서는 大單元의 틀을 中心으로 하여 그 形式을
보임으로써 지도안 작성의 개요를 제시하고자 한다.

　　[教案의 基本形]
　　-漢文科 學習指導案-

　　Ⅰ. 大單元
　　　1. 單元名
　　　2. 單元設定의 理由
　　　3. 單元學習目標
　　　4. 單元의 槪要 및 學習敎授計劃
　　　5. 單元 指導上의 留意點
　　Ⅱ. 小單元
　　　1. 題材名
　　　2. 題材의 設定理由
　　　3. 題材의 學習目標
　　　4. 題材 敎授 學習內容 및 指導上의 留意點
　　　5. 題材 敎授 學習 計劃
　　　6. 敎授 學習過程
　　　7. 評價
　　　8. 參考

이상과 같은 차례로 짜여지는 教案作成에는 各 部分마다 약간의 유의 사항이 있다. 「漢文科學習指導案」이라는 題目 밑에는 日時, 場所, 對象, 指導敎師가 明記되어야 하는데, 지도하는 장소가 敎室인가, 視聽覺室인가 또는 다른 곳인가의 表記를 누락하는 경우가 있고 대상이 남학생인가 여학생인가의 표기, 指導敎師의 성명말 내에 인장이 누락되는 등의 실수가 없어야 한다. 그것은 그만큼 세밀한 관심과 敎育者로서의 자세를 보여 주는 일면이기도 하다.

「單元設定理由」에서 특히 유념해야 할 사항은 敎科書 全體에서 本單元을 설정한 저자의 의도를 살펴야 하고, 또 이는 교육과정과 밀접한 관계에 있음을 염두에 두어야 한다. 그리고 하고자 하는 말의 표현이 명확히 드러나도록 문장을 작성해야 한다. 간혹 주술관계가 불분명한 문장을 대하면, 많은 노력을 했음에도 불구하고 그 빛을 잃는 경우가 있기 때문이다. 「單元學習目標」에서는 4개과나 5개과로 구성된 本單元에서 어떤 교육적 효과를 얻어야 하는가를 제시하는 곳이다. 내용에 맞추어 항목별로 조목조목 드러내는 것이 좋고, 지나친 욕심이나 꼭 세워야할 목표가 빠지는 일이 없도록 재삼 검토해야 한다.

「單元의 槪要 및 學習敎授計劃」은 單元 全體의 설계를 제시하는 부분이다. 여기에는 題材, 소요시수(時數), 敎授學習內容, 敎授學習形態, 敎授學習資料, 他單元과의 관련 등이 세밀하게 計劃, 作成되어야 한다. 특히 他單元과의 관련에 유의하여 반복학습 또는 예습을 위한 자료를 제시해 주는 것은 매우 바람직한 일이다. 또 어느 題材가 本時에 다루어질 것인지를 표시하는 것도 잊어서는 안 된다. 「單元指導上의 留意點」은 그 單元 全體의 계획된 目標를 달성하기 위하여 유념해야 하는 사항들을 제시해야 한다. 가령 지나친 六書 분류에 치중해서는 안 된다라든가 필순이나 획순에 필요 이상의 집중적인 지도를 피한다든가 하는 등 그 단원의 지도에서 너무 치우치거나 소홀히 해서는 안 될 것들을 항목별로 나열한다. 그리고는 이제 本時에서 다루어질 題材를 앞에서 짜여진 형식의 순서에 맞추어 작성해야 한다. 사실 수업의 가장 요체는 시간시간마다 이루어지는 학습 내용에서 이루어지는 것이므로 대단원 설정의 여러 항목보다 이 本時의 敎案이 더욱 중요하다. 여기서 한 가지 꼭 유의할 사항은 主眼點이 分明한 敎案을 작성해야 하고 실제 수업에서도 초점이 드러나는 강의를 해야 한다는 것이다. 여러 가지 중요한 사항이 한꺼번에 나열식으로 진행되었을 때 전부를 학생들이 습득하기도 어려울 뿐더러, 강의 效果도 크게 기대하기가 어렵기 때문이다. 讀解, 文法, 文書, 筆順…… 등등을 한 시간에 모두 강조하기보다는 전체 강의 계획에 따라 한 시간에 한 가지씩 집중적으로 지도해야 한다. 그렇게 해서 한 학기 또는 1년의 과정을 마쳤을 때, 모든 부분 부분이 되살아날 수 있게 해야 한다. 小單元도 역시 大單元과 마찬가지로 앞에 보인 순서에 따라 작성했다. 그 내용상의 차이는 大單元에서는 전체적인 구성에 중점이 있다면 小單元의 내용은 한 구절 한 구절이 모두 실제 수업에서 실천될 내용이므로 더욱 치밀하고 완벽하게 작성해야 한다는 점이다.

다음에 예시한 敎案은 성신여대 졸업생 金美花 양이 在學中에 작성한 것인데 다소 참고가 되었으면 하고 실은 것이다. 漢文敎育分野를 전공하는 사람이 드문 형편이어서 이에 대한 研究가 시급한 상황임을 이 기회를 빌려 강조할까 한다.

〈교안실례〉

[한문과 학습지도안]

日時	1986年 4月 30日 4교시
場所	1학년 2반 교실
對象	1학년 2반(男60名)
指導教師	金美花

Ⅰ. 單元

1. 單元名 : 漢字入門[중학교한문Ⅰ(화학사 刊) 5면~26면 저자 :
   김석하 · 이용완 · 이원강]

   一. 天下

   二. 全心全力

   三. 日月五星

   四. 年月日

   五. 住所

   六. 方位

   七. 色

   八. 數字

   九. 身體

   十. 季節

2. 單元의 設定 理由

漢字는 우리 生活과 밀접한 관련이 있다. 우리 국어 어휘의 반이 넘는 숫자가 漢字語로 된 사실 하나만 보더라도 더욱 그러하다. 그것은 漢字의 發生地인 中國과 우리나라의 오랜 역사적 배경에도 그 요인이 있다. 특히 우리나라에 文字가 없었던 시기에 이 한자가 전래함으로써 우리 조상들의 모든 記錄들을 한자를 빌어 表記한 데서도 그 이유를 찾을 수 있다.

이와 같은 관점에서 이제 갓 중학교에 들어온 학생들에게 漢字와 漢

文을 교육시킨다는 것은 매우 긴요한 일이다. 本 單元은 이러한 학생들에게 쉽고 평이한 생활주변의 어휘를 학습시킴으로써 한자와 한문에 대한 인식을 새롭게 하고, 나아가 한국문화의 바탕을 이해하는 하나의 발판으로 삼기에 적절한 단원이다. 또 하나 우리 주변에 흔히 볼 수 있는 한자와 한자어를 배움으로써, 生活語의 정확한 이해는 물론 옳고 바른 말을 사용할 줄 아는 교양인으로서의 자질을 함양하는 데도 적절한 단원이다.

3. 單元의 學習目標
1) 漢字에 대한 기초지식을 기른다.
2) 敎育用 기초한자를 이해한다.
3) 漢字는 뜻과 음이 있음을 안다.
4) 漢字의 筆順을 안다.
5) 획수가 적은 글자 및 신변의 漢字語를 읽고 쓸 줄 안다.
6) 漢字語의 짜임을 이해한다.

4. 單元의 概要 및 學習計劃

〈총 10시간, 시간을 45분으로〉

題材	時間	敎授學習內容	교수 학습형태	교수 학습자료	비고
一. 天下	1	3획 내외로 自然에 관계되는 漢字語읽기, 쓰기, 漢字의 성립, 대립자	◦낭송 ◦문답법 ◦강술법	◦교과서 ◦괘도	
二. 全心全力	1	5획 내외로 학업과 관계있는 漢字語읽기, 쓰기, 한자의 성립, 상대어	◦낭송 ◦문답법 ◦강의법	◦교과서 ◦카드	
三. 日月五星	1	10획 이내로 요일과 관계있는 漢字읽기, 쓰기, 획구별, 한자의 응용	◦낭송 ◦문답법 ◦강의법	◦교과서 ◦괘도	
四. 年月日	1	10획 이내로 된 時間을 나타내는 漢字·漢字語읽기, 쓰기, 漢字의 짜임, 부수	◦낭송 ◦강술법 ◦토의법	◦교과서 ◦괘도	

五. 住所	1	10획 내외로 된 행정구역을 나타내는 漢字 읽기, 쓰기, 漢字의 짜임, 부수	◦낭송 ◦문답법	◦교과서 ◦카드	
六. 方位	1	10획 내외로 된 方位를 나타내는 漢字, 漢字語읽기, 쓰기, 부수, 대립어	◦낭송 ◦문답법 ◦강술법	◦교과서 (자전) ◦카드 ◦융판	본 시
七. 色	1	색깔에 관한 漢字·漢字語읽기, 쓰기, 한자의 짜임	◦낭송 ◦강술법 ◦문답법	◦교과서 ◦괘도	
八. 數字	1	漢字로 쓴 數字읽기, 쓰기, 漢字의 짜임	◦낭송 ◦문답법 ◦강술법	◦교과서 ◦괘도	
九. 身體	1	身體에 관한 漢字, 漢字語읽기, 쓰기, 漢字의 짜임	◦낭송 ◦문답법 ◦강술법	◦교과서 ◦괘도	
十. 季節	1	季節에 관한 漢字, 漢字語읽기, 쓰기, 漢字의 짜임	◦낭송 ◦문답법 ◦강술법	◦교과서 ◦괘도	

5. 單元 指導上의 留意點

1) 指導는 쉽고 흥미 있게 지도하여 漢字에 대한 관심을 갖게 한다.

2) 필순, 육서 등에 너무 얽매이지 않게 한다.

3) 시청각 교재를 다양하게 활용하여 한자의 유래를 이해하게 한다.

4) 한자가 모여 한자어가 되는 과정을 이해하게 한다.

Ⅱ. 題材

1. 題材名 : 六. 方位

2. 題材의 設定 理由

本 單元은 方位를 나타내는 漢字 및 漢字語를 學習하기에 적절한 單元이다. 동서남북이나 전후좌우는 흔히 우리 주변에서 사용하는 生活語로서 한글로만 익혀온 方位의 表記를 漢字로 지도하여 일상생활에서 더욱 유익하고 보람 있게 언어활동을 할 수 있게 도와주는 데 필요한

단원이다. 또한 각각의 뜻을 지닌 한자를 조합하여 단어를 만든다든지
또는 서로 대립되는 의미가 모여 하나의 단어를 구성하는 한자어의 기
초를 이해시키는 데도 적절한 내용을 담고 있다. 어린학생들에게 새로
운 한자의 세계를 안내하고 보다 심오한 우리 문화를 이해시키는 디딤
돌로서 적합한 단원이라 생각되어 이 제재를 설정하게 되었다.

3. 題材의 學習目標

行動類型	要素	指導事項
知識	漢字	◦ 처음보는 漢字의 음과 뜻을 안다. ◦ 漢字의 기초가 되는 部首를 안다. ◦ 신출한자의 필순을 안다. ◦ 신출한자의 자전 찾는 법을 안다.
	語彙	◦ 한자어의 음·뜻을 안다. ◦ 한자어의 형성과정을 안다. ◦ 생활주변의 쉬운 한자어를 안다.
	構造	◦ 한자어의 구조를 통해 음·뜻을 안다. ◦ 한자어의 짜임을 안다.
機能	讀解	◦ 주어진 한자·한자어를 바르게 낭독한다. ◦ 주어진 한자·한자어를 우리말로 번역한다. ◦ 모양이 비슷한 한자를 조사해 본다.
態度		◦ 方位에 대한 用語를 정확히 안다. ◦ 방위와 관계되는 단어를 찾아 본다.

4. 題材 敎授學習內容 및 指導上의 留意點
1) 敎授學習內容
◦ 新出漢字의 學習
◦ 漢字·漢字語 짜임 理解
◦ 漢字의 筆順 理解
◦ 方位·方向 理解
2) 指導上의 留意點
① 漢字의 뜻은 本文에서 쓰인 뜻을 중심으로 지도한다.
② 左와 右의 필순을 대조시켜 지도한다.

③ 상대가 되는 두 개의 漢字語끼리 짝지어 읽고 풀이한다.

④ 한자 읽기는 現代語로 정확하게 읽는다.

⑤ 지나치게 어려운 글자는 되도록 피한다.

⑥ 학생들이 자발적으로 학습활동을 하도록 유도한다.

5. 題材敎授學習計劃

〈총 1時間, 1시간은 45분으로〉

次時	敎授學習內容	敎授學習形態	敎授學習資料	관련단원
1次時 (本時)	◦本文개관 ◦新出漢字의 理解 ◦漢字의 필순지도 ◦한자어의 음·뜻풀이 ◦한자어의 상대어 이해 ◦方位의 위치 이해 ◦本文 정리요약	◦강술법 ◦문답법 ◦강술법 ◦강술법 ◦문답법 ◦문답법 ◦복창	카드 카드 융판	

6. 敎授學習過程

1) 本時의 學習目標

① 방위·방향 명칭을 읽고 쓸 수 있다.

② 방위의 상대어를 쓸 수 있다.

③ 方位를 나타내는 한자로 한자어를 만들 수 있다.

	학습 내용	교수학습활동		시 간	학습 형태	유의점
		교사	학생			
도 입	전시 복습 확인 학습 목표 제시	◦전시의 학습내용을 환기하 여 확인한다. 본문의 내용을 1~2名 지명 하여 읽힌다. ◦학습할 단원의 목표를 제시 한다.	◦전시학습내용을 상기한다. ◦지명된 학생은 똑똑히 읽는다. ◦방위를 나타내는 한자의 음· 뜻·필순 상대어의 순서로 수 업이 진행됨을 인지한다.	3분	강의법 낭독 강의법	집중
전 개	새로운 한자 학습	◦이 단원을 이해하기 위하여 먼저 신출한자의 음·뜻을 알아 본다.	◦학생들은 듣고 이해한 후 필기 한다.	38분	문답법	

		◦ 준비된 카드로 한자의 구조와 필순을 설명한다.	方:방향방　　제부수 0 位:위치위　　사람인변 5 東:동쪽동　　나무목부 4 西:서쪽서　　제부수(襾) 0 南:남쪽남　　열십머리 7 北:북쪽북　　비수비몸 3 前:앞전　　　칼도(刀) 7 後:뒤후　　　중인변 6 左:왼쪽좌　　장인공부 2 右:오른쪽우　입구부 2 四:넷사　　　에운담 2 面:방면면　　제부수 0 八:여덟팔　　제부수 0 학생들은 그때그때 필기하면서 설명을 듣는다.			질문에 바르게 대답하도록 유도 (노란색이 부수임을 알게 한다.)
전 개	本文 풀이	◦ 판서를 하면서 필순과 부수를 설명한다. ◦ 설명 후 한번 따라 읽게 하고 지명하여 내용을 묻는다.	(*필순 생략했음.)		강술법	
	本文 풀이 한자 구조 풀이	◦ 本文을 읽고 내용을 설명한다. 　–한자는 뜻을 붙이면 말이 이루어지게 됨을 유의한다. ◦ 한자어의 상대자를 학습한다. 　–카드를 제시하여 질문한다. ◦ 본문을 다시 읽고 내용을 이해했는가 질문한다.	◦학생들은 듣고 질문에 대답한다. 方位:방향의 위치 東:동쪽, 西:서쪽 南:남쪽, 北:북쪽 前後:앞과 뒤 左右:왼쪽과 오른쪽 四面:네쪽(방면) 동·서· 　　남·북 八方:여덟방향 　동·서·남·북·북동·남 　동·남서·북서 ◦ 학생들은 카드를 보고 대답한다. 東⇔西　南⇔北 前⇔後　左⇔右 ◦ 학생들은 따라 읽고 이해한 내용을 대답한다.	38분	문답법 당술법 문답· 강술· 질문법	주의집중 바르게 대답하게 유도 카드 (상대자 바르게 알게 한다) :융판 주의집중
정 리	전문의 통합적 이해	◦ 본문내용을 다시 반복 설명하여 방위에 대한 한자어를 확실히 이해시킨다.	◦ 똑똑히 듣고 정리한다.		설명법	방위에 대하여 정확히 이해

	정리 및	◦ 학습내용에서 의심나는 사	◦ 학생들은 질문한다.			
정리	질의 응답 평가	항을 질문한다. ◦ 본문 읽도록 2~3名 지적 한다. ◦ 연습문제는 다음시간에 풀 어오기로 한다. ◦ 차시예고 七色에 대하여 예습할 것을 지시한다.	◦ 지명된 학생은 또박또박 읽 는다. ◦ 학생들은 메모한다. ◦ 확인한다.	4분	질의 응답법	확인

참고문헌

李應百, 國語教育史研究, 新舊文化社, 1975.

李應百外, 國語科 教育, 능력개발사, 1975.

崔昌烈, 國語授業研究, 一志社, 1981.

國語教材編輯會, 國語科教授法, 學文社, 1984.

敎育開發院, 中學校國語科 교사용지도서, 1979.

朴甲洙, 學習指導理論, 능력개발사, 1975.

이 글은 『漢文教育研究』 제3호(韓國漢文教育學會, 1989)에 수록한 논문을 재수록한 것이다.

漢文 讀解力 伸張을 爲한 段階的 文型 指導 方案

卞英安

Ⅰ. 硏究의 槪要

1. 硏究의 必要性

현행 교육현장에서 실시되고 있는 한자 및 한문교육이 중요성을 감안하여 본다면 중학교에서 한문교육을 3년간[1]에 900자의 한자와 성어 및 문장으로 구성 편찬된 지금의 교과서를 주당 1시간의 주어진 시간 내에서 평범한 교수학습 방법으로는 한문학습의 효율적인 지도와 이해가 곤란한 실정이다. 따라서 「한문 독해력 신장을 위한 단계적 문형 지도」가 필요하다는 생각을 가지게 되었다.

일선 행정 관서의 각종 공문은 63%~64%의 한자말이 한글로 표기되어 통용되고 있으나 사회제반서식, 일상의 편지 및 신문보도와 게시는 상당수의 한자와 한문으로 표기되어 있으므로 현재와 같은 한문교육이 소홀히 되어서는 지식인으로서의 사회생활에 불편을 느끼게 된다고 보았다.

---

1) 社團法人 韓國二種敎科書協會:漢文敎師用指導書, 1991.

현재 각 교과 지도 및 각종 유인물이 한글로 전달되며 오직 국어시간에만 약간의 한자와 한문을 병용시켜 지도함으로써 한자, 한문을 대할 기회가 없기 때문에 주어진 한문시간 내에서 완전히 습득하는 방법을 모색하여야 되겠다고 생각되었다.

실례로 교육현장에서 고등학교 진학을 위한 연합고사의 한문영역에 대한 문제가 6문제에 그치므로 학생들이 점수위주의 학습으로 일관하게 되며, 한문학습은 한문시간에나 소극적으로 학습하려 하므로 다른 과목에 비하여 학력이 지극히 저조한 형편에 있다.

위와 같은 실태 면을 감안하여 주어진 시간, 주어진 여건 하에서 한문지도를 좀 더 과학적이고도 체계적으로 흥미롭게 지도할 수 있는 현장지도방법과 자료를 개발하여 효율적인 지도 방안을 탐색하고자 하는 취지에서 본 연구에 착수하게 되었다.

2. 硏究의 目的과 硏究 範圍

학생들에게 한문 해독이 어렵다는 종래의 관념을 해소시키고 한문학습에 흥미를 붙여 스스로 노력하는 태도를 길러 주어 한문독해능력을 신장시키는데 기본목적이 있으며 그 구체적인 목적은 다음과 같다.

① 문형 학습 자료 제작 활용 지도로 한문학습을 위한 흥미유발과 의욕을 제고시킨다.
② 문형 중심 단원을 분석하여 단계적 지도모형을 모색하고 이를 단계적으로 지도한다.
③ 문형의 단계적 지도로 한문의 구조적 원리를 이해시켜 독해력을 향상시킨다.
④ 한자어를 언어생활에 활용할 수 있게 한다.

본 연구를 진행하는 데 있어 다음과 같은 제한을 두었다.

① 본 연구에서 다루고자 하는 내용은 중학교 한문3의 문형을 주로 하되, Ⅰ, Ⅱ, Ⅲ 단원의 문형도 포함시켰다.
② 硏究群과 比較群의 통제는 학습 지도 방법과 교수학습 자료로 하고 그 밖의 요인은 통제하지 않았다.
③ 수업 시간 중 한문 지도 과정은 통제하지 않고 연구군은 45분간의 수업 중 20~25분 동안의 문형 학습 지도 과정만을, 비교군은 종전대로 지도했으며, 연구군은 단계적으로 문형지도를 하였다.
④ 연구 기간이 짧기 때문에 연구군을 교체하여 실험하지는 않았다.
⑤ 중학교 敎育課程 시간 배당 기준에 의한 정상적인 시간 〈주당 1시간〉 내에서 학습지도를 하였다.
⑥ 본 연구는 현장 연구이므로 연구 대상에서 중도 입학생을 제외시키지는 않았다.

3. 基礎 調査

比較班과 硏究班의 한문과에 대한 흥미도를 조사해본 결과는 '싫증이 났었다'와 '아주 싫증이 났었다'의 경우 比較班이 31명으로 58.5%, 硏究班이 32명으로 60.4%를 보이는 반면, '아주 재미있었다'와 '약간 재미있었다'의 경우는 比較群이 10명에 18.9%, 硏究群이 9명에 16.9%로 나타나 비교군과 연구군이 공히 한문에 대한 흥미가 없음을 보여주고 있다.

그리고 한문에 대한 가정 학습 실태를 조사해 본 결과 한문교과 주당 배정시간 1시간보다 많이 하는 학생이 比較班에서는 5명에 9.5%이고 硏究班에서는 4명에 7.6%였으며, 1시간 정도 하는 경우는 比較班이 41.5%, 硏究班이 41.5%로 같았으며, 별로 하지 않는다는 반응을 보인 학생이 比較班에서는 49.1%, 硏究班에서는 50.9%여서 比較班과 硏究班 모두 가정학습을 많이 하지 않았다.

다음으로 한문 교과 담당 교사들의 문형지도에 대한 실태를 조사하였는데, 진주, 사천, 기타 지역 교사에게 설문지 40매를 배부하여 36매를 회수한 후 그 결과를 분석해본 결과 다음과 같았다.

① 문항 1의 시각 자료 자작 사용이 '자주 있었다'가 6명에 16.67%인데 반하여 '거의 없었다'가 19명에 52.78%로 지도교사들이 거의 맨손 수업으로 문형지도를 하고 있었다.

② 문항 2에서 시각자료 사용은 '당국의 지시에 의하여'가 50%로 시각자료의 사용가치를 인식하지 못하고 있었다.

③ 문항 3에서 '문형학습은 해당 단원시간에만 한하여 사용한다'가 24명의 66.67%로 대부분의 교사가 문형단원에서만 문형 학습을 시킨다고 응답하였다.

④ 문항 4의 한문 한자 지도에서 '두 가지 지도가 다 어렵다'가 50%이며, '두 가지 다 쉽다'는 5.56%에 불과하니 결국 한문 문형지도가 대체로 어렵다는 결론을 내리고 있다.

⑤ 문항 5에서 '한문문형지도에 대한 연구간행물을 한번 정도 읽었음'이 대부분으로 문형지도에 관한 관심이 미약하였다.

⑥ 문항 6에서 '한문문형지도는 3학년 1학기부터 시작한다'는 47.22%이나 '2학년 2학기초부터 시작한다'가 36.11%로 조기 문형지도를 주장하는 측면이 엿보인다.

⑦ 문항 7의 한문 문형지도에 '자신 있다'보다는 '자신 없다'가 2.77%로 높았다.

⑧ 문항 8에서 시각 자료 사용이 필요하다고 보나 '마땅한 자료가 없으며 제작이 어렵기 때문이다'라고 본다.

⑨ 문항 9에서 한문 교과 시간 배정은 대부분의 교사들이 '시간이

적다'는 반응이 나왔다.

한문과 기초 학력에 대한 검사를 실시하였는데, 조사 방법으로는 첫째, 한문의 구조를 이해하기 위하여 한자어, 성어 등을 가능한 구별하여 제시하였고,[2] 둘째, 문형 학습의 기초가 되는 成語 問題(2학년 13과–25과) 20문항을 해석력, 분석력, 구성력, 적응력으로 각각 4문항으로 구성해 조사한 결과 다음과 같았다.

① 4개 영역(해석력, 분석력, 구성력, 적응력)에서 두 집단 모두가 평균 41.9~44.8점 사이의 점수 분포를 나타내고 있어 한자어 및 성어의 熟知 狀態가 매우 저조하며 문형 학습의 기초가 미약하다고 본다.
② 比較班과 硏究班의 비교에서 평균의 차이는 0.59%~0.34%이며, 要比는 0.22~0.12로 4개 영역 모두 10%의 留意 水準에서 意義 없는 差를 나타내고 있다.

한문 독해력 실태에 대한 조사에서는 표준화 학력검사지(코리안테스팅)에서 독해력 부분에 해당되는 2학년 교과서 II 對句와 短文에서 편집하여 조사하였다. 조사 결과는 다음과 같다.

① 比較班과 硏究班의 4개 영역에서 36.6~43.9점 사이의 점수 분포를 나타내고 있어 단문의 독해력 실태가 저조하다.
② 比較班과 硏究班의 비교에서 평균차는 0.59~0.76점 사이이며, 要比는 0.21~0.27로 4개 영역이 모두 10% 留意 水準에서 意義 없는 差를 나타내고 있다.

---

2) 한국교육개발원. 상게서.

위의 한자어 및 성어의 숙지 실태 조사와 단문의 독해력 실태 조사
와 단문의 독해력 실태 조사에서 보인 결과를 볼 때

① 한자어 및 성어의 숙지, 문형의 개념 문형의 구조 등 문형 학습
의 기초 학력이 부족하다.
② 한문 독해력이 부족하다.
③ 작문 능력이 부족하다.
④ 부정사 및 허사의 독해 능력이 부족하다.

위의 결과를 요약해 보면 다음과 같다.

① 한문 학습에 대한 흥미와 의욕이 지극히 불량하다.
② 한문과 가정학습을 게을리 하고 있다.
③ 한문과의 기초학력 및 독해 능력이 미약하다.
④ 시각 자료 사용 가치를 중요시하지 않고 있다.
⑤ 한문과 시각 자료가 마땅한 것이 없으며, 자료 제작이 어렵고 사
용 불편으로 맨손 수업을 버리지 못하고 있다.
⑥ 한문 교과 배정 시간의 주당 1시간은 너무 적다.
⑦ 한문 문형 지도에 어려움을 겪고 있다.

4. 硏究 課題와 實踐 目標

중학교 한문과 교육현장에서 연구되어야 할 과제는 다음과 같다.

① 문형 학습의 효율적인 지도 방법을 어떻게 개발할 것인가?
② 한문의 독해력을 어떻게 신장시킬 것인가?
③ 한문 학습에 대한 흥미유발을 어떻게 할 것인가?

이를 해결하기 위한 실천 목표를 다음과 같이 설정하였다.

① 교과서 내 문형의 관계요소 및 단원별, 課別 문형 지도 요소를 추출한다.
② 문형 학습의 단계적 지도모형 모색과 그에 알맞은 학습 자료를 개발 활용한다.

Ⅱ. 理論的 背景 및 先行 研究 考察

1. 理論的 背景 探索

본 연구의 이론적 타당도를 높이기 위하여 다음과 같은 이론적 배경을 고찰하였다.

1) 중학교 한문과 교육과정

(1) 중학교 한문과 교육과정의 편제상의 특징[3]

敎育課程令의 각 교과의 교육과정 편제가 Ⅰ. 목표 Ⅱ. 내용 Ⅲ.지도상의 유의점으로 되어 있음은 주지의 사실이다.

그런데 한문과의 경우는 국어과의 경우처럼 Ⅱ. 내용의 편제가 '지도사항', '중요형식', '제재선정의 기준' 등 三元形式으로 되어 있다.

① 지도 사항
한문 해독의 기능을 신장한다는 점에서 선정된 지도 내용임. 가령 한자의 음과 뜻 알기 등.

---

3) 한국교육개발원. 상게서. .

② 중요 형식

지도 사항을 무엇을 통하여 지도하느냐 하는 '무엇'에 해당하는 것임.
③ 제재 선정의 기준

위 2항의 '무엇'에 해당하는 것 중 외형적인 것이 아닌 내용적인
것. 가령 '나라 사랑', '아름다운 마음' 등 이를 일목요연하게 표로 보
이면 다음과 같다.

지 도 사 항	형 식	제재 선정의 기준
主語, 敍述語로 짜여 지고 성어 알기	성 어	애국심이 담긴 것

※ 성어는 교과서에서 구체화함. 애국심의 소재도 다양함.

(2) 목표

한문과의 목표도 다른 교과의 목표와 마찬가지로 일반 목표와 학년
목표로 나누어 진술한다.

그런데 이들 목표는 상호 연관되어 있음을 알 수 있다. 곧 각 학년
의 목표 (가), (나), (다)의 각 항은 일반목표 (가), (나), (다) 각 항을
각각 상세화한 것임을 엿볼 수 있다.

2) 중학교 한문과 교육의 성격4)

1972년 2월에 교육법시행령을 개정하여 중학교에서 한문과 교과서
를 신설하여 1972년 2학기부터 중학교에서 한문교육을 실시하게 되
었던 것으로 안다.

따라서 국민학교에서 한글로만 교육을 받던 학생들이 처음으로 한
문교육에 접하게 되었다. 그렇기 때문에 한문교육은 한자교육을 벗어

---

4) 한국교육개발원, 상게서.

나지 못한 한문교육의 기초단계로 그 교육의 성격을 정리하여 보면,

① 한문 해독의 기능신장을 처음으로 양성 신장시킴.
② 국어과, 도덕과, 사회과와 더불어 고전문화의 理解, 隘路 그리고 민족문화 창조정신을 誘發시킴.

3) 중학교 3학년 한문과 교과서의 편찬 구조

Ⅰ. 漢字語 Ⅱ. 成語 Ⅲ. 漢詩 Ⅳ. 文型 Ⅴ. 短文
① 한자
　1, 2학년에서 선습한 한자를 반복하고 심화시킬 수 있도록 하였다.
② 허자
　· 한문의 구조를 이해시키기 위하여 허자를 제시하였다.
　· 허자의 기능을 효과적으로 이해시키기 위하여 허자가 포함된 한문을 다양하게 제시하였다.
③ 문형
　· 한문해석에 기본이 되는 한문의 문형을 제시하고 단계적으로 확장된 문형으로 발전시켰다.
　· 전통적 고유문화, 도덕적 가치, 민족의식, 국가관 등을 제시하였다.
④ 短文
　· 한자어, 성어의 짜임을 발전적으로 활용될 수 있는 간이한 한문을 제시하였다.
　· 고유문화, 가치관, 국가관과 관련되는 것으로 제시하였다.

4) 한문의 특징

한문의 특징은 語尾의 活用이나 屈折 없이 다만 어순에 의하여 그 직능과 의미가 달라지며 문장의 성분도 결정되는 것이다.

5) 문형의 개념과 문장의 구조

문장은 일정한 형식에 따라 의사진행이 질서정연해야 한다. 따라서 문장은 문형의 조화 속에 이루어지기를 요구하며 그로 인하여 문형이란 글월의 유형(pattern)을 요약하여 일컫는 말로 언어의 유형을 의미한다.[5)]

문형은 문장 유형(Sentence pattern)의 略語로 '글월의 틀'을 말하며 한문은 고립어이기 때문에 어미활용이나 굴절현상이 없고, 다만 어순에 挿入 文章을 구성하는 기본요소를 '문장의 성분'이라 한다.

모든 나라 문장이 다 그러듯이 한문도 문장이 되려면 '통일된 생각을 독립적으로 드러내야 한다.'

물론 단어의 집합체가 문장이 된다는 것은 再言을 要하지 않거니와 무질서한 집합이어서는 문장이 될 수 없으며, 문장의 구성법칙에 맞아야 한다.

이를테면, '天地人間草木行動'은 단어가 나열돼 있으나 법칙에 맞는 집합이 아니므로 아무리 길더라도 문장이 될 수 없고, '天高', '山高', '水深' 등과 같은 낱말은 비록 짧은 낱말들이지만 충분히 하나의 통일된 생각을 나타내고 있다. 이 문장을 이루는 자료는 單語熟句이다.

이것들이 단일하게 혹은 복잡하게 각각 문장 속에서 임무를 가지고 일정한 구성법칙에 의하여 문장을 구성하고 있다. 따라서 이것들을 문장 속에서의 직능상으로 분류하면 몇 갈래의 요소로 되어 있음을 알 수 있다. 이 요소를 문장의 성분이라 하나니 이 문장의 장단을 불문하고 이 성분이 결여될 수는 없다. 이 문장의 성분은 크게 主成分과 副屬成分의 두 갈래로 나누고 다시 주성분은 主語, 述語, 目的語,

---

5) 대한교육연합회, 문형학습, 1974.

補語로, 부속성분은 形容詞的 修飾語와 副詞的 修飾語로 나눈다. 주
성분은 문장을 구성함에 있어서 불가결의 요소이나 만약 이것이 결여
될 때는 문장이 성립되지 못한다.

부속성분은 불가결의 요소는 아니지만 주성분에 붙어서 문장의 의
의를 더 상세히 하고 혹은 문장을 강조하고 더 흥미 있게 하는 데 도
움을 준다.

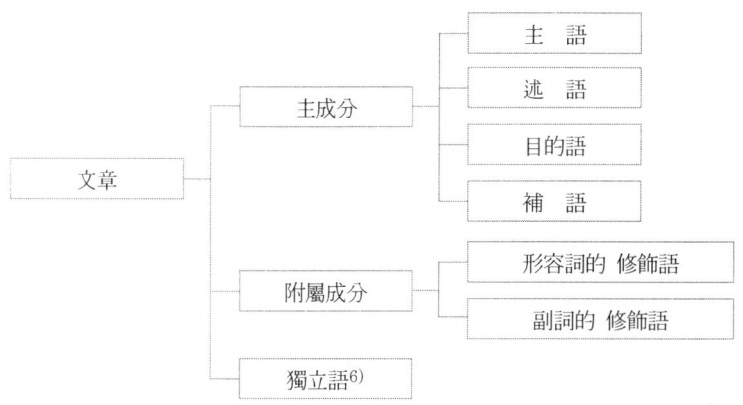

이 밖에도 문장의 그 성질로 보아서 아무데도 속하지 않는 독립어
라는 것이 있어서 독립적으로 의의를 나타내는 수가 있으니 '子曰由
誨汝知之乎'라는 문장에서 由는 공자의 門人 '子由'를 부르는 말로서
독립어이다. 독립어에는 이와 같은 呼格 및 感歎詞가 있다.

6) 文型 學習의 意義[7]

언어의 체계를 정확히 익힌다는 것은 언어의 운용에 있어서 중요한

---

6) 丁南洙, 漢文解釋, 法文社.
7) 한국교육개발원, 전게서.

일이다. 특히 한문은 국어와는 달리 어미의 활용이 없고, 굴절도 없이 어순에 따라 직능과 의미가 달라지므로 언어체계 학습 중 문형을 정확히 익히는 것은 어느 학과보다 중요한 것이 한문 문형이다.

예를 들면, '山高'는 '主語+敍述語'의 문형으로 '산이 높다'의 뜻이 되나, 어순을 바꾸어 '高山'이라고 하면 '冠形語+體言'의 구성이 되므로 한문학습의 효과는 한문의 문형 구성을 정확히 익히는 길이다.

우리나라의 언어 학습에서 이 문형이 도입된 것은 1973년부터 시행한 국민학교 국어과 교육과정에서 부터라고 본다. 문형 학습의 실시로 국민학생들의 국어교육은 많은 빛을 보고 있다.

이과 같이 우리의 한문학습도 문형 학습을 통하여 한문을 좀더 과학적이고, 현대 언어 교육 방법으로 학습하게 함은 가장 적은 시간으로 최대의 효과를 거두게 하는 지름길이 될 것이다. 이렇게 문형학습을 통한 한문 교육은 종래의 어려웠던 학습의 장벽을 무너뜨리고 현대 언어 학습의 방법을 쉽게 학습해 가는데 문형 학습의 의의가 크다고 본다.

2. 先行 研究의 考察

본 연구와 관련된 선행 연구를 분석하여 연구 내용의 중복을 피하고 연구 방법으로 도입하여 발전 연구의 여지를 찾고자 한다.

현장 연구에 발표되었던 南大祐(전남 신안군)와 金忠鍾(인천시)의 연구 결과를 분석 종합해 보면 다음과 같이 요약될 수 있다.

① 단원별 문형 유형 작성 지도
② 문형 학습 지도안 작성

③ 문형 학습 요소 추출 체계표

④ 문형의 구조 원리 분석

⑤ 교육과정 및 교과서 내용 분석

⑥ 학습 자료 제작 활용 등에 중점을 둔 논문이 대부분이었으나 문
형이 색출, 반복, 대체의 단계적 지도 순서가 명확히 나타나 있
지 않으므로 지도의 혼선을 가져와 본 연구에서는 문형을 색출하
고, 반복하면서 대체하는 학습과정으로 단계적 순서를 학습 자
료를 통하여 취미를 붙여 이해시키고자 하였다.

3. 用語의 定義

1) 文型의 定義

문장에는 직접 문장의 구조와 관련짓는 축이 되는 주요 성분과 수
식하는 종속성분이 있는데, 이 문장이 주성분은 행동자(S)와 행동목
표(O)와 행동 내용이 같은 선상에 배열되는 바 S P O의 구성형태가
이루어진다. 이를 기본문형이라 하며, 기본문형은 '행동의 주체', '행
동의 목표', '행동의 내용'의 세 가지만을 대상으로 하여 기술하는 '문
장의 틀'로 잡는다.

예를 들면, 주요성분만으로 된 문형으로는,

- 主述文型(S+P) : 水淸 - 水 淸
- 述目文型(S+P+O) : 少女種花 - 少女 種 花
- 述目文型(S+P+(於)+O) : 日出於東方 - 日 出 於 東方
- 述補文型(S+P+C) : 長幼有序 - 長幼 有 序

2) 擴張文型

의사 전달에서 주요성분은 주어, 서술어, 목적어, 보어만으로 많은 생각을 완전하게 전달하기 불가능하므로 주어, 서술어 앞에서 이를 수식하는 부속성분이 필요하게 된다. 이에 따라 주어를 수식하는 성분은 冠形語, 敍述語를 수식하는 성분은 부사어가 첨가되어 이루어지는 문형이 바로 擴張文型이다.

이 문형은 상당히 많은 종류로 확장될 수 있으나 교과서에 제시된 문형과 관련하여 그 종류를 나열해 보면

① 主述擴張 文型
- 冠形語 + 主語 + 敍述語
- 主語 + 副詞語 + 敍述語
- 冠形語 + 主語 + 副詞語 + 敍述語

② 述目擴張 文型
- 主語 + 敍述語 + 冠形語 + 目的語
- 主語 + 敍述語 + 冠形語 + (於)目的語
- 冠形語 + 主語 + 敍述語 + 目的語
- 冠形語 + 主語 + 副詞語 + 敍述語 + 目的語

③ 述補擴張 文型
- 主語 + 敍述語 + 冠形語 + 補語

3) 단계적 문형 지도

어떤 교과이던 쉬운 내용에서 어려운 내용으로 학습해 가듯이 문형 지도도 쉬운 문형에서 어려운 문형으로 지도해 가는 것이 순서이다. 따라서, 한문 지도는 기본 문형에서 擴張文型으로 간략한 문형에서 복잡한 문형으로 지도하는 것이 타당하다고 본다.

4) 索出[8]

이미 학습한 문형을 응용하여 문장 중에서 찾아내는 방법으로 이 훈련을 하는 과정에서 한문의 구조를 알 수 있다. 색출 방법은 앞에서 익힌 문형과 앞으로 학습할 문형과의 연계성이 있어야 한다. 가령 '主語 + 敍述語'의 문형을 배운 다음에는 '관형어 + 주어 + 부사어 + 서술어'의 문형도 主述文型과 관련 있음을 알아야 한다.

Ⅲ. 硏究의 設計

1. 硏究의 對象 및 期間

1) 對象 : 研究班 (   )중학교 3학년 1반 53명
   比較班 (   )중학교 3학년 2반 53명

2) 기간 : 1992년 10월 1일부터
   1993년 7월 31일까지 (10개월)

---

8) 한국교육개발원, 전게서.

2. 處理 方法

1) 관련 자극 변인 처리

① 研究班 比較班은 본 연구자가 지도한다.
② 교육과정 시간배당을 같게 조정한다.
③ 중도 입퇴학자는 통제하지 않는다.
④ 동일한 평가 자료를 사용한다.

2) 독립 자극 변인의 처리

① 研究班 : 문형의 단계적 지도방법으로 지도
② 比較班 : 전통적 방법에 의한 지도

3. 調査 道具 및 指導 道具

1) 문형 학습을 위한 시지각 자료(活用)

2) 문형의 단계적 지도 자료(自作)

3) 한문 평가 검사지(自作)

Ⅳ. 研究의 實踐

1. 實踐 目標 1의 實踐

목표 1 : 한문 교과서 단원의 과별 문형 학습 내용을 추출한다.

실천내용 1. 문형의 관계 요소의 추출
        2. 단원별 과별 문형의 지도 요소 분석

1) 문형의 관계 요소 추출

문형 학습의 지도 자료를 추출하기 위하여 교과서의 문형 이해의
지름길이 되는 문형 구조 표시 기호와 문장 분류의 약호를 제정하였
으며, 교과서에 수록된 主述文型 및 主述擴張文型, 술목 문형 및 술
목확장 문형, 述補文型 및 술보확장 문형의 순으로 발췌, 구조와 위
치를 이해시킬 문형의 관계요소를 추출한 후 교수학습 자료로 이용할
수 있도록 지도 모형으로 만들어 다음과 같이 제시하였다.

(1) 문형 구조 표시 기호와 약호 제정

문형을 구성하는 주요성분과 주요성분만으로는 부족한 부분을 첨
가반복시켜 주는 종속성분 사이에 연계관계를 맺어 주는 문형 구성의
構造表示記號와 각 문장 성분의 略號를 圖示하면 다음과 같다.

① 문형 구조 표시 기호
‖ : 主述關係 文型記號 (主語＋敍述語)
| : 述目關係 文型記號 (敍述語＋目的語)
/ : 述補關係 文型記號 (敍述語＋補語)
∟↑ : 修飾關係 文型記號 (冠形語＋體言, 副詞語＋用語)
↔ : 代替關係 表示記號
＝ : 類似關係

② 문형의 성분 분류와 약호

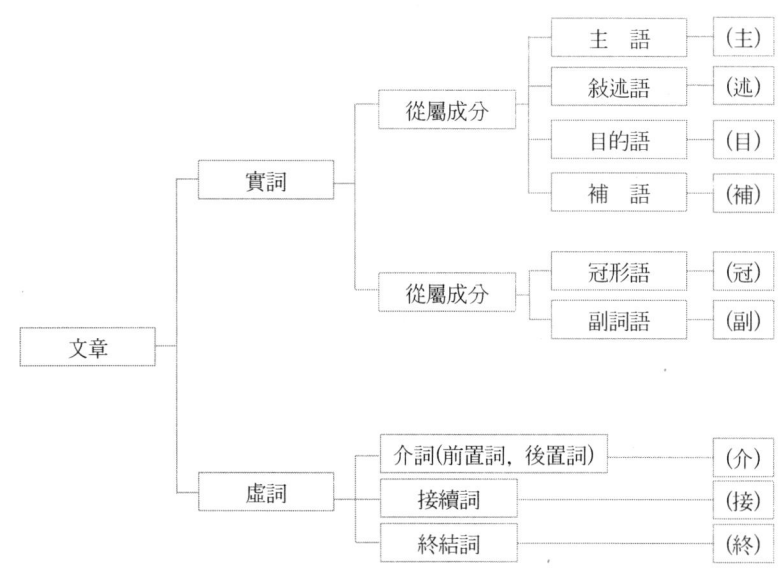

(2) 문형의 유형과 구조 분석

① 문형의 일반유형 구조 분석

㉠ 기본문형 : 主述文型　述目文型　述補文型

㉡ 擴張文型 : 主述擴張文型　述目擴張文型　述補擴張文型

② 한문3 교과서 문형의 유형별 분석

㉠ 主述文型 : 主 + 述

● 서술어가 동사인 경우 : 春 ‖ 來

● 서술어가 형용사인 경우 : 山 ‖ 高

● 서술어가 명사인 경우 : 金庾信 ‖ 將也

㉡ 述目文型 : 主 + 述 + 目 : 學生 ‖ 讀 ∣ 書

㉢ 述補文型 : 主 + 述 + 補 : 父子 ‖ 有 / 親

㉣ 主述擴張文型

- 冠 + 主 + 述 : 陽 春 ‖ 來

- 主 + 副 + 述 : 春 ‖ 方 來

- 冠 + 主 + 副 + 述 : 陽 春 ‖ 方 來

㉢ 述目擴張文型

- 主 + 述 + 冠 + 目 : 學生 ‖ 讀 ㅣ 良 書

- 冠 + 主 + 述 + 目 : 農 夫 ‖ 耕 ㅣ 田

- 主 + 副 + 述 + 目 : 農 夫 ‖ 皆 耕 ㅣ 田

- 主 + 述 + (於)目 : 日 ‖ 出 ㅣ 於 東方

- 冠 + 主 + 述 + 冠 + 目 : 孝 子 ‖ 不 揚 ㅣ 父之 過

㉤ 述補擴張文型

- 主 + 述 + 冠 + 補 : 天 ‖ 無 ／ 二 日

- 冠 + 主 + 副 + 述 + 冠 + 補 : 積善之 家 ‖ 必 有 ／ 餘 慶

2) 單元別 課別 文型의 指導 要素 分析

(1) 지도 요소 분석 목적(관점)

3학년 한문 교과서에서 문형 학습을 위하여 단어 및 한자어의 구성 관계를 분석하였으며, 각종 문형 성분 곧, 主述文型, 述目文型, 述補 文型의 구조 위치를 이해시키고자 전 교과서의 단원별 지도요소를 분 석하였다.

다음은 단원별 과별 문형의 구조와 학습 요소를 나타낸 것이다.

1. 立志 : 敍述語+目的語 : 술목관계의 한자어
2. 衣食住 : 수식어+피수식어 : 수식관계의 한자어
   서술어+목적어 : 술목관계의 한자어
3. 言行 : 대립관계 :
4. 事必歸正 : 주어+서술어+목적어, 서술어+목적어, 서술어+보어
   : 술목관계의 成語와 한자어, 술보 관계의 한자어
5. 燈下不明 : 주어+서술어 : 주술관계의 成語
6. 見利思義 : 수식어+피수식어, 서술어+목적어 : 수식관계의 한자
   어, 술목관계의 성어
7. 先見之明 : 유사관계 : 유사관계의 한자어
8. 四季 : 유사병렬관계, 주어+서술어+목적어, 주어+서술어+보어
   : 유사관계의 한자어, 근대한시의 구조와 문형, 술보관계, 술목
   관계
9. 金剛山 : 주어+부사어+서술어, 주어+서술어 : 주술관계의 문형,
   與의 용법
10. 春來 : 주어+서술어 : 어순에 의하여 주술관계가 수식관계로 변함
11. 鳥飛 : 관형어+주어+서술어, 주어+부사어+서술어, 관형어+주
    어+부사어+서술어 : 주술확장문형
12. 名將 : 주어+부사어+서술어+부사어+서술어 : 체언이 서술어
    가 되며 新羅之가 부사어가 되는 주술확장문형, 也, 之의 용법
13. 耕田 : 주어+서술어+목적어, 주어+부사어+서술어+목적어 :
    술목문형, 술목확장문형, 日, 之, 乎의 용법
14. 五倫 : 주어+有+보어 : 有를 포함하는 술보문형, 之, 也의 용법
15. 天無二日 : 주어+無+관형어+보어 : 無를 포함한 술보문형
16. 四勿 : 補助詞+용언 : 주로 체언을 부정, 非+體言의 구조로 된
    술보문형

17. 不知道 : 관형어+주어+술어+관형어+목적어 : 不, 莫不, 非不
    을 포함한 술목확장문형, 之(주격어기사)의 용법, 허사의 문형
    에서의 역할

18. 見善 : 관형어+주어+서술어+목적어 : 술목확장문형과 如, 莫
    如, 不如, 不若, 莫如의 용법, 술보문형

19. 五十步 : 부사어+서술어+관형어+목적어, 주어+서술어+목적
    어+서술어, 서술어+보어+부사어+서술어 : 以+체언의 문형,
    從, 口의 문형, 有+체언의 문형

20. 晝夜 : 서술어+보어 : 爲를 동반하는 문형, 전치사 於를 동반한
    목적어 문형, 접속사 則을 포함한 문형

2. 實踐目標 2의 實踐

목표2 : 문형학습의 단계적 지도 모형 모색과 학습자료를 개발한다.
실천내용 1. 문형 학습의 단계적 지도 모형 모색
　　　　 2. 문형 학습 지도 자료의 개발 활용
　　　　 3. 단계적 문형 학습 지도의 실제

1) 문형 학습의 단계적 지도 유형 모색

① 문형 학습 지도 과정의 일반 모형

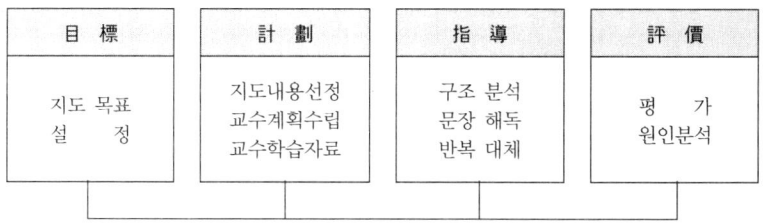

目 標	計 劃	指 導	評 價
지도 목표 설 정	지도내용선정 교수계획수립 교수학습자료	구조 분석 문장 해독 반복 대체	평 가 원인분석

FEED BACK

② 문형 학습 지도 과정의 하위 모형

학습과정	과제지시 파악단계	→	가설착상 단 계	→	반응·대체 훈련단계	→	적용정리 단 계
교 사	학습문제제시 및 내용 해설	→	자료 제시	→	학습지도단계	→	평가 실시
학 생	학습문제인식 및 내용 이해	→	문형의 구조 인 식	→	구조 확인 해설반복대체	→	연습 평가

③ 문형의 지도 단계 설정

'실천목표 2'에서 構案된 지도 모형 및 지도 자료를 토대로 수업에 투입할 문형의 지도단계를 설정하였다.

문형의 지도 단계

지도 단계	지도 내용	유의 사항
제시 단계	學習目標 認知 1 선행학습의 진단 2 학습문형의 제시 3 학습할 문형 齊讀	• 문형학습은 20분 – 25분간 지도 • 齊讀:띄어 읽기 주의
분석 단계	意味 把握 1 문형 유형과 문형구조이해 2 문장 해석(直譯과 意譯) 3 文意 파악 比較 把握 1 선습 문형과 차이점 발견 2 학습 요소 파악 文型 構造 分析 1 문형 분류 2 문형 도해 3 성분별 기능 이해 4 어법의 기능 이해	• 지도의 순서 1 한자 지도는 문형보다 먼저 2 어법지도는 문형지도 내에 포함 　시킴 3 기타 지도는 문형지도 이후에 　한다. • 지도의 단계 1 간단한 문형→복잡한 문형 2 기본문형→확장문형
適 用	活用 深化 訓練 1 反復 훈련　2 代替 훈련 3 索出 훈련　4 創作 훈련 5 分團組別 협동 훈련	• 자석 카드에 의한 반복, 대체, 색출 훈련실시가 가장 무난하다.

	練習 評價	
整 理	1 연습:연습문제 풀이 2 평가:形成總合 評價	• 다음 단계 및 단원으로 넘어감

2) 文型 學習 指導 資料의 開發

(1) 유형별 학습지도 자료의 작성

중학교 한문 교과서에 수록된 문형을 학생들에게 쉽게 이해시키기 위하여 문형 학습 지도 자료로 문형을 유형별, 단계별로 분석하여 작성하였다. 즉, 주술문형에서 주술확장문형으로, 술목문형에서 술목확장문형으로, 술보문형에서 술보확장문형으로, 그리고 쉬운 문형에서 어려운 문형으로, 간단한 문형에서 복잡한 문형으로 지도 자료를 작성하였다.

① 지도 자료 1 : 주술문형 및 주술확장문형

    ㉠ 주어 + 서술어(명사+동사)　：春∥來, 花∥開
    ㉡ 주어 + 서술어(명사+형용사)：山∥高, 水∥淸
    ㉢ 주어 + 서술어(명사+체언)　：金庾信∥名將也, 扶餘∥古都也
    ㉣ 주어 + 부사어 + 서술어 : 金庾信∥新羅之 名將也

주술문형은 '무엇이 어찌하다', '무엇이 어떠하다', '무엇이 무엇이다'등으로 해석되며, '주어+체언'으로 체언이 서술어가 되는 주술문형이 있으며, '주어+也'가 문형으로 '也'는 終結語氣詞(단정, 지정)이다. '之'는 冠形格語氣詞로 쓰이며, '-의 -하는'으로 풀이되며, '之'를 반복 대체 훈련용 카드를 만들어 자석판을 이용하여 훈련시킬 모형을 예로 들면 다음과 같다.

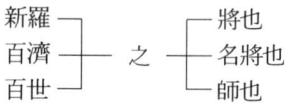

② 지도 자료 2 : 술목문형 및 술목확장문형

    ㉠ 주어 + 서술어 + 목적어 : 汝∥知 | 之乎

    ㉡ 주어 + 부사어 + 서술어 + 목적어 : 學生∥讀 | 良 書

'乎'는 의문의 뜻을 나타내는 종결 어기사이며, 문형 구조 설명 자료로 궤도를 만들어 쓰면 더 좋으며, 다른 글자로 대체하는 모형자료로 자석 카드를 만들어 써도 좋다.

③ 지도 자료 3 : 술보문형 및 술보확장문형

    ㉠ 주어 + 서술어 + 보어 : 父子∥有/親

    ㉡ 주어 + 서술어 + 관형어 + 보어 : 天∥無/二 日

有, 無, 多, 少, 難, 易, 爲, 非는 보어를 동반한다. 有, 無, 非를 다른 글자와 연결시켜 반복 대체 훈련용 카드를 만들어 학습시키면 좋다.

3) 指導方法의 類型

(1) 주술문형의 지도 내용 및 방법

① 반복 학습을 위한 지도 내용

    주어+서술어(동사)의 구조를 가르치기 위한 예문 :

        春∥來, 花∥開, 鳥∥飛, 氷∥解, 雪∥消

    주어+서술어(형용사)의 구조를 가르치기 위한 예문 :

        山∥高, 水∥淸, 月∥明, 雲∥淡, 水∥深

주술문형에서 수식문형으로 변화되는 과정을 보여주기 위한 예문

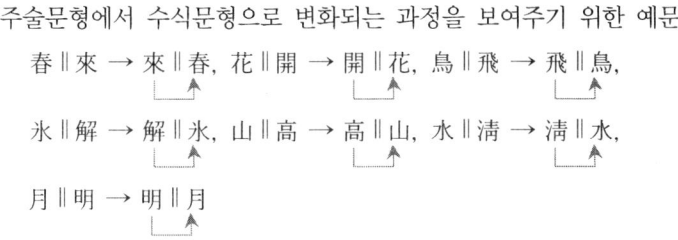

春∥來 → 來∥春, 花∥開 → 開∥花, 鳥∥飛 → 飛∥鳥,

氷∥解 → 解∥氷, 山∥高 → 高∥山, 水∥淸 → 淸∥水,

月∥明 → 明∥月

② 대체 학습을 통한 지도 내용

(2) 주술확장문형의 지도 내용과 방법

여기에 든 문형은 색출 반복 학습을 통한 지도 내용으로 주술관계 문형에서 체언을 수식하는 관형어와 용언을 한정하는 부사어가 첨가되어 이루어진 문형이다.

陽 春∥方 來.　百 花∥滿 發.　衆 鳥∥高 飛.

雪 山∥至 高.　泉 水∥尤 潰.　秋 月∥最 明.

(3) 술목문형의 지도 내용 및 방법

① 대체 훈련을 주로 하는 지도 내용

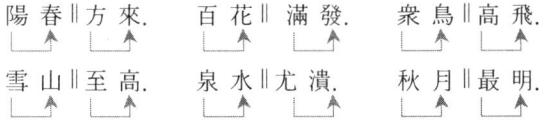

夫∥種│豆 婦∥種│豆 : 夫 → 婦

我∥思│義 余∥思│利 : 我 → 余, 義 → 利

人∥飮│水 人∥飮│酒 : 水 → 酒

兄∥登│山 弟∥登│山 : 兄 → 弟

② 지도 방법 및 자료

궤도를 통하여 설명되는 대체 문형이며, 자석카드를 사용하여 반복 대체 학습하며, 분단별로 협력학습을 통하여 카드를 부착시키며, 허사의 구실을 교사의 판서를 통하여 설명하는 방법으로 한다.

(4) 술목확장문형의 지도 내용 및 방법

대체 훈련을 강화시키는 지도 방법

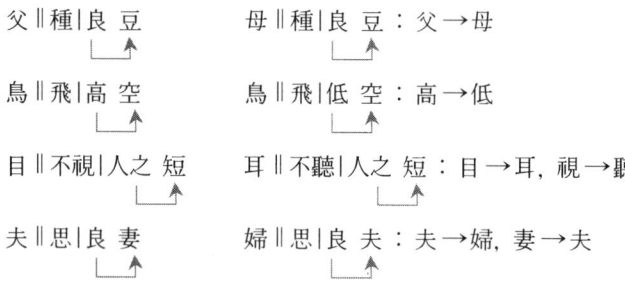

父∥種|良 豆　　母∥種|良 豆 : 父→母

鳥∥飛|高 空　　鳥∥飛|低 空 : 高→低

目∥不視|人之 短　　耳∥不聽|人之 短 : 目→耳, 視→聽

夫∥思|良 妻　　婦∥思|良 夫 : 夫→婦, 妻→夫

(5) 술보문형의 지도 내용과 방법

반복, 대체, 색출방법을 통한 지도 방법

夫婦∥有/別　　夫婦∥無/別 : 有→無

上∥有/天　　下∥有/地　 : 上→下, 天→地

山∥有/鳥　　海∥有/魚　 : 山→海, 鳥→魚

兄∥有/愛　　弟∥有/敬　 : 兄→弟, 愛→敬

(6) 술보확장문형의 지도내용과 방법

天∥無/二 日　　　　土∥無/二 王 : 天→土, 日→王

內∥無/賢 父母　　　外∥無/嚴 師友:內→外, 賢父母→嚴師友

學校 ‖ 有/賢 師友　　　家 ‖ 無/賢 師友: 學校 → 家, 有 → 無

人 ‖ 無/遠 慮　　　人 ‖ 有/近 憂　 : 無 → 有, 遠慮 → 近憂

積善之 家 ‖ 必 有/餘 慶 積惡之 家 ‖ 必 有/餘 殃:善 → 惡, 慶 → 殃

V. 評價 檢證

1. 評價 內容 및 方法

내 용	방 법	도 구	기간	비 고
한문 독해력 기능의 변화	지필검사에 의한(T) 검증	표준화 학력 검사지	93.6.30	표준화 검사지에서 독해력 부분을 추출함
시각자료 흥미도 조사	지필 검사	설문지 (자작)	93.7.5	연구반만 실시

2. 評價의 實際

문형에 대한 학습목표 성취도를 측정하기 위하여 표준화 한문과 학습검사(코리안테스팅센타) 문항지를 입수하여 독해력 부분만을 추출하여 研究班과 比較班의 독해력을 측정 비교해 보았다.

1) 漢文 讀解力 評價

교과서에 수록된 문장을 분석하여 문형의 단계적 지도 모형을 構案한 후, 문형 지도에 시각 자료를 사용하여 문형을 단계적으로 지도한 후 학생들에게 한문 독해력 평가를 한 결과 다음과 같이 사전검사에

비하여 사후검사에서 그 신장도가 크게 향상되었다. 즉,

① 검사전 比較班에의 좌우비교에서 평균의 차(DM)는 0.7이며, 要比 (CR)는 0.24로 10% 留意水準에서 의의 없는 차를 보여 주고 있다. 따라서 比較班과 研究班의 독해력에서 별다른 차이가 없음을 알 수 있다.

② 실험 후 比較班과 研究班의 좌우비교에서 평균의 차(DM)는 21.5 이며, 要比(CR)는 9.62로 0.1%의 유의 수준에서 퍽 의의 있는 차를 나타내고 있다.

③ 比較班과 研究班의 전후비교에서는 比較班의 평균의 차(DM)는 0.5이며 要比(CR)는 0.19로 1%의 유의 수준에 의의 없음을 나타냈으나, 研究班의 평균의 차(DM)는 21.4이며, 要比(CR)는 8.8로 0.1의 유의 수준에서 퍽 의의 있는 향상을 보여주고 있다.

2) 文型 學習 目標 成就度 評價

문형의 학습 목표를 유형별로, 항목별로 설정, 각 항목의 정답율을 측정한 바 研究班의 목표율은 다음과 같다.

문형 유형	평가 측정 사항	목표 도달율
주술 문형	1 문장의 구조를 알고 있다.	92%
	2 문형의 유형을 알고 있다.	92%
	3 주술문형을 우리말로 옮길 수 있다.	94%
	4 문장 성분 및 품사를 안다.	88%
	5 어순변동에 따른 문장 성분을 안다.	91%
	6 우리 말을 한문으로 옮길 수 있다.	61%
주술확장문형	1 문형의 구조를 알고 있다.	87%
	2 문형 분류를 알고 있다.	69%
	3 문장 성분 및 위치를 알고 있다.	70%
	4 한문을 우리 말로 해석할 줄 안다.	85%
	5 우리 말을 한문으로 옮길 수 있다.	51%
	6 허사(也, 之)의 용법을 안다.	72%

술목 문형	1 문장의 구조를 알고 있다.	88%
	2 어순이 우리말과 다름을 알고 있다.	70%
	3 한문을 우리말로 옮길 수 있다.	84%
	4 우리말을 한문으로 옮길 수 있다.	54%
	5 허사(之, 乎)의 용법을 알고 있다.	75%
술목확장문형	1 문형의 구조를 알고 있다.	83%
	2 한문을 우리말로 풀이할 수 있다.	86%
	3 우리 말을 한문으로 옮길 수 있다.	42%
	4 어법(不, 不如, 莫不, 非不)의 용법을 알고 있다.	90%
	5 어법(如, 莫如, 不如, 不若)의 용법을 알고 있다.	89%
	6 어법(以, 從, 自)의 용법을 알고 있다.	78%
	7 어법(不亦 - 乎, 於, 則, 爲)의 쓰임을 안다.	81%
	8 다른 한자로 대체할 능력이 있다.	49%
술보 문형	1 술보문형의 문형 구조를 알고 있다.	86%
	2 술보문형을 동반하는 서술을 알고 있다.	94%
	3 술목문형과 술보문형의 구별점을 알고 있다.	82%
	4 한문을 우리말로 옮길 수 있다.	88%
	5 우리 말을 한문으로 옮길 수 있다.	49%
술보확장문형	1 문형의 구조를 알고 있다.	88%
	2 한문을 우리 말로 풀이할 수 있다.	93%
	3 우리 말을 한문으로 옮길 수 있다.	48%

위의 결과를 보면 다음과 같은 점을 알 수 있다.

1. 주술문형 평균 목표 도달률   86.3%

2. 주술확장문형 평균 목표 도달률   72.6%

3. 술목문형 평균 목표 도달률   72.2%

4. 술목확장 문형 평균 목표 도달률   76.5%

5. 술보문형 평균 목표 도달률   79.8%

6. 술보확장문형 평균 목표 도달률   76.3%

7. '문형의 구조를 알고 있다'의 평균률   88%

8. '한문을 우리말로 옮길 수 있다'의 평균률   87%

9. '우리말을 한문으로 옮길 수 있다'의 평균률   69%

10. 문형 평균 목표 도달률   81.3%

3) 視覺資料 興味 檢査

학습자료로 시각자료를 제작하여 문형지도에 투입하여 지도하였는데 학생들의 시각자료에 대한 흥미도 검사를 실시해본 결과 다음과 같았다.

시각자료는 研究班에만 사용하였으므로 조사도 研究班에만 실시했으며, '시각자료가 흥미 있고 유익하다'는 반응을 보인 학생은 37명으로 70%였다. 한문 문형지도에 시각자료가 필수적임을 알 수 있게 했다.

Ⅵ. 結論 및 提言

본 연구는 중학교 한문과에 배정된 주당 1시간의 적은 수업 시수로 한문의 다양한 문형구조를 익혀 단기간 내에 한문의 독해력을 신장시켜 보겠다는 의도 하에 한문과에 대한 흥미도 조사, 한문과 가정학습 실태, 한문과 독해력 실태 등 기초조사를 실시하였다. 그리고 이에 대한 실천목표를 설정하고 이론적 배경 및 선행 연구 고찰을 통하여 ( )중학교 3학년 106명을 대상으로 1992년 10월 1일부터 1993년 7월 31일까지 10개월간에 걸쳐 연구한 결과는 다음과 같은 결론을 얻을 수 있었다.

1. 문형의 유형을 교과서 내에서 계통적으로 추출하여 지도 모형을 만들어 단계적으로 지도하여 독해력을 향상시켰다.

2. 학습지도계획과 지도모형에 따른 反復, 代替, 素出, 創作, 分團 協同學習 등 다양한 수업 방법으로 학생들의 흥미 유발에 의한 학습의 지속적 훈련은 독해력 향상에 도움이 되었다.

3. 자석카드, 궤도, OHP, TP자료의 제작 활용은 학생들의 한문학습에 주의집중 및 흥미와 의욕을 불러 일으켜 한문 독해력 향상에 도움을 주었다.

4. 교과서 분석, 지도모형작성, 시각자료 제작활용은 지도교사로 하여금 자신 있는 수업에 임하게 되었다.

5. 학습 자료 개발 지도와 단계적 문형 지도로 한문의 기초학력이 정착되어 한문독해력이 현저히 신장되었다.

본 연구를 하면서 다음과 같은 점은 제안하고자 한다.

1. 漢文科 文型學習의 이론과 지도법에 관한 문헌을 널리 보급시켜야겠다.

2. 주당 1시간의 한문시간으로는 한문의 개념형성에 그칠 우려가 있어 주당 2시간의 시간배당이 필요하다.

3. 한문과 담당교사들의 한문에 대한 관심도를 높이고 자질향상을 꾀하는 교원 재교육 실시가 시급하다.

4. 한문 문형 학습의 성취도를 측정할 수 있는 표준화된 평가도구가 개발되어야겠다.

5. 무시험 진학에 따른 성적부진 학생들에게 적용시킬 한문지도방법안이 개발되었으면 한다.

참고문헌

교육부, 고등학교 교육과정(1,2), 1993.
한국교육개발원, 교육개발, 1993.
金時俊, 漢文敎育의 現況과 問題點, 1972.
敎育部, 교육개혁, 1993.
대한교육연합회, 문형학습, 1972.
사단법인한국2종교과서협회, 한문교사용지도서, 1991.

문교부, 한문敎育用基礎漢字, 문교부, 1972.

朴道淳, 교육연구의 통계처리방법, 文鍾書館,

朴智弘, 漢文入門, 乙酉文化社, 1972.

安承德, 敎育漢字의 學習과 指導, 현문사.

梁光錫, 漢文 文法論 品詞 및 文型 分類, 1978.

李家源, 漢文新講, 배영사, 1976.

李熙昇, 國語大辭典, 민중서관, 1961.

丁南洙, 漢文解釋, 법문사.

韓國敎育開發院, 漢文敎師用指導書, 1974.

이 글은 『漢字漢文敎育』 창간호(韓國漢字漢文敎育學會, 1994)에 수록한 논문을 재수록한 것이다.

漢文教科와 그 指導案

金慶洙

Ⅰ. 머리말

현재 전국적으로 漢文學科를 설치한 곳이 14개 大學으로 알려져 있다. 이는 전공에 따라 漢文學科로 이름한 학교와 漢文教育科로 명칭을 붙인 학교로 구별되고 있다. 그러나 大部分 그 性格이 大同小異하며 교육과정도 비슷하다. 이 글에서는 漢文教育科를 中心하여, 그 중「教科指導」시간에 이루어지고 있는 教案에 대한 事例를 제시함으로써 現場教育 및 教育實習生에게 참고가 되고자 한다.

원래 漢文教育科가 설치된 것이 70年代에 접어들어서였고「漢文教育」을 전공한 사람의 數도 그리 많지 않은 관계로 아직 이 方面에 정설적인 研究가 빈약함은 누구나 인정하고 있다. 또한 學科의 명칭을 해석함에도 異說이 있을 수 있어, 教育過程의 統一은 물론 教育實習指導에 대한 具體的인 方案 마련이 時急한 일이다. 그런 점에서 이러한 面에 대한 論議는 잦을수록 또 많을수록 바람직한 일이라 생각된다. 또한 漢文教育은 오늘날 우리의 처지로 볼 때 매우 緊切한 國家的 관심사임에도 불구하고 現實的으로 매우 불합리한 채로 운영되어

오고 있어 매우 안타깝다. 漢文敎育은 비단 漢文學習에만 국한되는
것이 아니고 전체 교과를 학습하고 이해하는데 가장 요체가 되는 것
임은 누구도 부인하지 못할 것이다.

그럼에도 교육과정에 명시된 최하위 단위인 주당 1시간을 배정하여
漢字와 漢文學習을 하게 함은, 전혀 文字 政策이 결여된 처사라고 할
수밖에 없다. 여기에다 漢文을 專攻하지 않은 사람에게 漢文指導를
맡김으로써, 그나마의 기대효과가 반감하는 경우도 예상된다. 또한
漢文專攻者에게 他敎科, 예를 들면 國語科의 수업을 맡김으로써 생
기는 부작용도 클 것이다. 이는 敎育行政家들의 敎科에 대한 깊은 認
識을 要하는 매우 중요한 일이다.

이 글에서는 이러한 것을 염두에 두고 漢文科敎育의 特性을 살피
고, 이와 같은 특성에 따른 漢文敎科의 敎案의 性格을 밝혀 이 방면
에 보다 깊은 관심을 갖게 하고자 한다. 또한 실제 敎案을 제시하여
현장에서 형식적으로 이루어질 수도 있는 敎案에 대한 새로운 인식을
갖도록 하고자 한다.

Ⅱ. 漢文科 敎育의 特性

1. 漢文科의 性格

앞에서 잠깐 말한 바와 같이 현재 각 대학에 설치된 漢文科는 漢文
學科와 漢文敎育科로 나눌 수 있다. 이를 다시 구분한다면 師範系냐
아니냐의 差異로 해석할 수 있는데, 이는 學科 설치 목적이 순수한
文을 추구하느냐 아니면 二世 敎育을 위한 교사의 양성을 목적으로
하느냐에 달려 있다고 하겠다. 그러나 현실적으로 볼 때 이 두 명칭

의 학과들은 교육학 계열의 학점 취득을 제외한다면 거의 구별이 없을 정도로 그 교육 내용이 유사하다.

사실 漢文學科라고 할 때도 그 내용을 여러 측면으로 풀이할 수 있다. 곧 漢文+學의 성격으로 볼 때와 漢+文學의 성격으로 볼 때의 경우이다.

사실 '漢'이라는 글자도 중국의 고대에서부터 근대에 이르기까지를 지칭할 수도 있고 역사적으로 漢나라를 지칭할 수도 있다. 그러나 漢文 또는 漢文學이라고 할 때의 漢은 전자의 경우로 생각해야 한다. 단지 중국 역사 연대기 중의 한 부분이 漢나라의 文이나 文學만을 배우고자 함은 아니기 때문이다. 漢文이라고 할 때도 그 범위가 매우 광대하다. 곧 어느 특정한 분야가 아닌 전반적인 文이라는 의미가 된다. 흔히 文·史·哲이라고 하거니와, 이 외에도 漢文으로 기록된 모든 것이 다 포함되는 것이다. 그것이 낙서로 된 잡문이든, 만화글이든 또는 광고문이든 모든 것을 포괄하는 개념이 된다. 이렇게 되면 漢文學科의 교육 과정도 자연히 여기에 합당하게 짜여져야 한다.

漢+文學의 경우를 보면 그 범위가 비교석 압축된다. 漢字 노는 漢文으로 기록된 文學이라는 개념이 되기 때문이다. 勿論 이외에도 文學의 개념을 어떻게 정의하느냐에 따라 그 범위나 폭이 결정되겠으나 文·史·哲 중에서 보다 文에 가까운 내용을 가르치는 학과로 해석할 수 있다. 英文學科나 佛文學科를 볼 때 英文+學이나 佛文+學의 개념보다 英+文學, 佛+文學의 해석이 일반적인 것을 볼 때 漢+文學科로의 규정이 비교적 현실적이라 하겠다. 실제 각 대학의 교육과정을 검토해 보면 보다 文에 치중하고 있음을 쉽게 발견할 수 있다.

그러나 漢文學科는 다른 外國文學을 전공하는 學科들과는 그 性格이 꼭 같지는 않다. 그만큼 漢文學은 우리와 깊은 관계를 오래도록

맺어 왔기 때문이며 우리와 生活을 같이 해왔기 때문이다. 그러므로
漢文學科의 특성은 위의 두 가지를 모두 포괄할 수 있는 내용이 가장
이상적이라 할 수 있다. 그렇게 보면 漢文教育科의 특성은 저절로 파
악할 수 있다. 곧 위의 漢文學의 성격에 대한 教育的인 측면을 보태
면 될 것이다. 하긴 教育的인 측면이 무엇이며 教育學이 어떤 것이냐
를 따지면 복잡해지겠지만 말이다.

2. 漢文教科 教育의 性格

漢文科 教育도 어느 다른 教科와 마찬가지로 學校教育의 一部로 진
행되고 있다. 이 學校教育을 흔히 教授(teaching)란 用語로 사용되고
있거니와 이것은 教師와 學生 사이에 이루어지는 意圖的·合目的的인
授業(instruction)으로 이루어진다. 그뿐 아니라 授業 이외에 이루어지
는 教育效果의 一切를 포괄하는 것이라고 할 수 있다. 이것을 잠재
교육과정이라고 하거니와 가정과 사회와 학교에서 구성원 사이에서
이루어지는 訓練이라든가 자극 등 모든 것이 여기에 포함된다.

그러면 이런 내용의 漢文教育을 어떻게 定義할 것인가, 이를 위하
여 우선 인접 학문분야인 國語教育의 定義를 살피면 대체로 그 윤곽
이 잡히리라 생각된다. 곧 國語教育學者들은 國語教育을 다음과 같
이 定義하고 있다.

"國語教育은 言語인 韓國語를 教育하는 것이다." 또는 "國語教育이
란 母國語의 教育이다."

위의 정의를 보면 國語를 일반 언어학의 한 분야로서의 인식과 특
수 언어인 한국어에 대한 인식, 그리고 이를 教育한다는 인식 등을
내포하고 있음을 알 수 있다.

그러나 漢文敎育은 이렇게 간단히 정리하기가 어렵다. 왜냐하면 國語는 言語와 文字를 포괄할 수가 있고 그러므로 읽기, 쓰기, 듣기, 말하기의 덕목으로 분류할 수 있으나 漢文敎育의 경우는 讀解와 作文에 치중해야 하기 때문이다. 또 國語는 오늘날 生活語이지만 漢文은 死語 곧 라틴어와 같이, 현대어의 語源(Etymology)이 될 뿐 生活語가 아니기 때문이다. 그러므로 漢文敎育은 言語인 漢文을 敎育하는 것이라고 하기 어렵다.

그리하여 "漢文敎育은 表意文學인 漢字와 漢文을 敎育하는 것" 쯤으로 할 수 있다. 이렇게 되면 表意文學인 漢字와 漢文은 中國文學科의 敎育과 중복될 수 있다. 이것을 염두에 두고 다시 좁혀서 정의하면 "漢文敎育은 表意文字인 漢字와 漢文 및 우리 祖上이 남긴 漢文文章을 敎育하는 것이다"라고 할 수 있겠다.

그러면 이렇게 정의되는 漢文科 敎育의 특성은 무엇이며 他敎科와 어떻게 관련되고 있는가. 이 點은 우선 漢字 및 漢文의 特性과 우리의 現實을 이해함으로써 가능하리라 생각된다.

新學問이 도입되기 전, 우리는 오랫동안 漢字 또는 漢文文化圈에서 生活해 왔다. 동시에 漢字나 漢文의 敎育도 書堂이라고 불리는 교육기관에 의하여 전수되어 온 것이 사실이다. 이에 대한 구체적 검토는 다음 기회로 미루거니와, 이렇게 수 천 년에 걸쳐 이루어진 漢文文化는 곧 우리의 言語와 文字에 결정적 영향을 미치게 되었고, 이것이 오늘날 우리의 國語에 융해되어 우리의 말을 만들고 單語를 만들었다. 國語單語만 그런 것이 아니라 모든 學問分野의 學術語는 勿論 심지어 外來語까지 漢字 또는 漢文으로 이루어지게 된 것이다. 그러므로, 現代를 살아가는 오늘의 사람들도 漢字와 漢文의 認識이 없이는 정확한 言語表現은 勿論 生活語 사용에도 심각한 어려움을 느끼게 될 것임은 분명한 사실이다.

이렇게 볼 때 漢文敎育은 단지 漢字나 漢文의 學習만이 아니라 全敎科의 基礎敎科 또는 道具敎科로서의 性格을 지니는 것이다.

또 하나 漢文敎育에서 잊을 수 없는 것은 全人敎育, 德性敎育이 저절로 성취된다는 것이다. 오늘날처럼 價値觀의 혼란이 오고, 서구 문물이 분별없이 도입된 상황에서 우리는 가끔 우리의 뿌리와 과거를 회상하게 한다. 우리의 자취는 人爲的이 아니오, 天來的으로 주어진 여건이었다. 수천 년 간 뿌리박아 이어온 우리의 정신사는 결국 東洋 그것이지, 西洋이 될 수는 없다. 더구나 자라나는 二世들은 우리의 이 전통적 정신사에 대한 인식 부족으로 기성세대와의 갈등을 빚을 우려도 있다. 이러한 二世들에게 다른 敎科에서 찾기 힘든 옛 성현의 말씀과 우리 先人들의 깨끗한 삶의 자취를 보임으로써, 不知不識間에 마음이 순화되고 人生觀이 확립되며 삶의 意味를 찾을 수 있으리라 여겨진다. 이러한 點에서도 漢文科 敎育의 특징을 살필 수 있다.

Ⅲ. 漢文科 指導案

1. 指導案의 性格

敎育課程에 있어서 가장 주요한 요소는 敎育目標, 敎育內容, 敎授-學習過程 및 評價이다. 이 중 敎案에 관한 문제는 敎授-學習過程에 속하는 것으로 授業設計와 授業展開에 대한 計劃이라고 할 수 있다. 이는 敎育學 쪽에서 부단히 硏究되고 있고, 여러 가지 具體案이 마련되어 있다. 그러나 여기서는 漢文科 敎案을 어떻게 作成할 것인가가 문제이기 때문에 다른 잡다한 요소는 論外로 한다.

그런데, 여기서 문제가 되는 것은 漢文教科는 다른 教科와는 달리 傳統的 教育方法이 있다는 點이다. 이것은 곧 달리 말하면 在來의 書堂式 教育方法인데, 이는 어떤 내용의 분석적 이해를 목표로 한 것보다는 전체적, 주입적 방법으로 시행되어 온 것이 사실이다. 곧 일정한 단계의 책을 그 순서에 따라 암송함으로써, 文字解得은 勿論 學問 全般을 學習하는 方法이었다. 이것을 수백 년에 걸쳐, 되풀이해 온 것을 보면 그것은 그 나름의 훌륭한 장점이 있었다고 보인다. 실제로 오늘날 대다수의 漢文學者들은 이 方法에 依하여 공부한 분들임도 사실이다.

그러나 오늘날 學校教育에서 이러한 方法으로 돌아간다는 것은 不可能할 뿐 아니라, 그럴 必要도 없다. 단지 在來의 方法에서 取할 點은 取해야 한다. 곧 조직적, 분석적인 현대 학습이론을 적용하되 部分的으로는 어떤 한 단락 또는 문장을 암송시킴으로써 전체적인 파악에서 오는 학습효과를 얻을 수 있도록 지도하는 것이 漢文教科 지도의 특성이라고 할 수 있다.

現代學習理論에서 教育目標를 설정하고 分類한 것은 예상 외로 많다. 그만큼 教育目標가 중요하고, 관심이 깊다는 뜻이다. 그 중 가장 널리 알려진 것이 B.S. Bloom이 분류한 3단계다. 곧 그는 教育目標를 첫째 知的 領域(Cognitive domain), 둘째 情意的 領域(affective domain), 셋째 運動機能的 領域(psycho-motor domain)으로 分類하고 있다. 이 중 특히 漢文教科에 적용되는 것은 첫째와 둘째로 知的, 情意的 領域이 그에 해당되는데 여기에 포함되는 많은 下位分類를 이해함으로써 가르칠 目標와 方法이 確定될 것이며 따라서 學習指導案 作成도 그 大部分을 이에 근거하여 作成할 수 있을 것이다.

이 중 知的 領域에 대한 下位分類를 예시하면 다음과 같은 것이 될 수 있다.

1.00 知識

　1.10 特殊事項에 關한 知識

　　1.11 用語

　　　① 學術語 ② 單語 ③ 單語의 常用意味

　　1.12 特殊事實

　　　① 주요 사실 ② 특정 시대 ③ 주요 인물과 관련된 故事

　1.20 特殊事項을 다루는 方法과 手段

　　1.21 形式

　　　① 作品形式 ② 作文 및 用法 ③ 言語用例 ④ 정확한 독음

　　　⑤ 句讀法

　　1.22 傾向과 順序

　　1.23 分類와 類目

　　1.24 準據

　　　① 作品을 읽는 目的 ② 作品 판단의 요소

　　1.25 方法論

　　　① 詩의 종류 ② 散文의 종류

　1.30 普遍的 및 抽象的 事象

　　1.31 原理와 通則

　　1.32 學說과 構造

　이상과 같은 知的 領域의 내용을 검토함으로써 보다 바람직한 敎育目標를 세울 수 있을 것이며, 또한 學習指導案 作成에 결정적 도움을 얻을 수 있을 것이다.

2. 指導案의 實例

　위에서 설명한 바와 같은 이론적 배경을 바탕에 깔고 실제 敎案의 내용을 예시하고자 한다. 먼저 밝혀 둘 것은 이 敎案은 서울대학교

사범대학 부속고등학교에 근무한 바 있는 許川行 님이 作成한 것으로, 현재 誠信女大 教科指導 시간에 모범 교안으로 사용되었던 것이다.

두 번째 교안은 성신여대 4학년에 재학 중인 金美花 양이 작성한 것으로 실제 교육 실습시간에 사용한 것이다.

〈教案實例 ①〉

漢文科 學習 指導案

日時	1981년 6월 10일 6교시
場所	2학년 4반 교실
對象	2학년 4반 (男 64명)
指導教師	許川行

Ⅰ. 單元

1. 單元名 : 四. 웃음 속의 教訓 -故事와 寓話-

(人文系 高等學校 漢文 Ⅰ 51~64면)

    1. 守株待兎

    2. 矛盾

    3. 二牛何者爲勝

    4. 我將東徙

    5. 狐假虎威

2. 單元의 設定 理由

본 단원의 故事와 寓話(1. 守株待兎, 2. 矛盾, 3. 我將東徙, 4. 狐假虎威), 逸話(3. 二牛何者爲勝) 등의 短文으로 구성된 재미나는 이야기이다.

본 단원이 設定된 理由는 첫째, 재미난 이야기를 학습함으로써 漢文에 흥미를 붙이도록 하고, 둘째, 옛 사람들의 생활체험에서 우러난 슬기와 教訓을 이해하여 본받도록 하고, 셋째, 故事成語를 숙지하도록 하려는 데에 있다.

다시 말하면, 漢文에 대해 있을 수 있는 편견-漢文이라 하면 근엄
하신 할아버지의 모습을 연상하거나 그저 딱딱하고 재미없는 것이다
라는 따위-과 이같은 편견에서 오는 拒否反應을 다소라도 除去하고
漢文學習을 보다 부드럽게 유도하려는 의도에서 본 단원이 설정되었
다. 漢文이라고 해서 꼭 딱딱한 內容을 딱딱하게만 表現하자는 言語는
결코 아닌 것이며, 이런 종류의 言語란 결코 존재하지도 않을 것이기
때문이다. 漢文 역시 人生生活의 多面과 全般을 抱括하려는 言語이다.
그래서, 다소 딱딱한 內容을 담고 있는가 하면, 근엄한 表情을 풀어주
는 웃음을 담은 것도 얼마든지 있는 것이다.

이런 意味에서 볼 때, 웃음 어린 內容을 담은 본 단원의 故事와 寓話
는 漢文學習을 보다 흥미롭게 유도하여, 지금까지 學習해 온 漢文의
簡單한 構造(漢字→漢字語→句→節→文)보다 進步된, 다소 展開
된 構造를 가진 漢文 文章을 負擔感없이 對할 수 있게 할 것이며, 나
아가서는 이를 흥미있게 消化하면서 그것이 지니고 있는 敎訓的 內容
에 接하게 함으로써 옛 사람들의 생활체험에서 우러난 슬기와 敎訓을
이해하여 본받도록 할 것이다. 즉, 본단원은 학생들에게 漢文學習에
의 關心과 興味를 북돋우고, 故事와 寓話를 숙지하여 이들이 담고 있
는 敎訓的인 意味를 가장 자연스럽게 吟味하고 思索하는 습관과 태도
를 기르는 데 가장 적절한 단원인 것이다.

3. 單元의 學習 目標
1) 敎育用 基礎漢字를 擴充하여 기억한다.
2) 주어진 漢文 文章을 그 形式과 內容에 알맞게 效果的으로 朗讀
   할 수 있다.
3) 漢字·漢文을 흥미롭게 學習하여 보다 展開된 文章의 構造를
   理解한다.
4) 주어진 漢文 文章을 解讀할 수 있다.

5) 故事와 寓話에 담긴 人生의 敎訓을 吟味하여 體得하는 태도를 지닌다.

4. 單元의 槪要 및 學習 敎授 計劃
   - 총 7시간, 1시간은: 50분으로-

제재	시간	교수학습 내용	교수학습 형태	교수학습 자료	관련	비고
1. 守株待兎	1	故事 「守株待兎」의 由來와 敎訓	◦낭송 ◦문답법 ◦토의법 ◦강술법	◦교과서 ◦녹음기 ◦諸子精選 ◦韓非子	◦漢文 I 二.生活의 智慧 ◦漢文 II 二.古人의 슬기와 웃음	
2. 矛盾	1	故事「矛盾」의 由來와 敎訓	◦낭송 ◦문답법 ◦토의법 ◦강술법	◦교과서 ◦녹음기 ◦諸子精選 ◦韓非子	◦漢文 I 二.生活의 智慧 ◦漢文 II 二.古人의 슬기와 웃음	
3. 二牛何者爲勝	2	黃喜에 관한 逸話와 敎訓	◦낭송 ◦문답법 ◦토의법 ◦강술법	◦교과서 ◦녹음기 ◦괘도 ◦芝峰類說	◦漢文 I 二.生活의 智慧 ◦漢文 II 二.古人의 슬기와 웃음	
4. 我將東徙	1	寓話 「我將東徙」의 對話에 담긴 敎訓	◦낭송 ◦문답법 ◦토의법 ◦강술법	◦교과서 ◦녹음기 ◦괘도 ◦說苑	◦漢文 I 二.生活의 智慧 ◦漢文 II 二.古人의 슬기와 웃음	
5. 狐假虎威	2	寓話 「狐假虎威」의 由來와 敎訓	◦낭송 ◦문답법 ◦토의법 ◦강술법	◦교과서 ◦녹음기 ◦카드 ◦諸子精選 ◦韓非子	◦漢文 I 二.生活의 智慧 ◦漢文 II 二.古人의 슬기와 웃음	1차시 (본시)

5. 單元 指導上의 留意點

1) 讀解指導는 일단 句와 節과 文으로 단위화하여 인식시키고, 그 연결 관계를 모색하게 한다.

2) 吐를 활용하되 현토에 너무 구애되지 않게 한다.

3) 웃음을 주는 內容의 文章을 그냥 우스운 이야기로 흘려버리지 않게 하고, 그 文章의 構造理解를 통하여 內容上의 意味를 진

지하게 생각할 수 있도록 한다.

4) 故事와 寓話를 그 배경이 되는 시대상황과 관련하여 理解하도록 한다.

5) 常用되고 있는 다른 故事와 成語를 적절히 선정하여 지도한다.

Ⅱ. 單元

1. 제재名 : 狐假虎威

2. 제재의 設定 理由

학생들은 지금까지 '1. 守株待兎 ~ 4. 我將東徙'의 웃음어린 內容에 담긴 敎訓과 간단한 構造의 漢文 文章을 학습하였다. 본 단원은 戰國時代의 楚나라 조정을 배경으로 하여 생겨난 寓話다. 길이로 보면 全體의 文章은 짧지만 語法的으로 요긴한 대목이 많으며, 漢文 散文의 가장 일반적인 準據가 될 만한 틀을 보여 주는 文章으로 구성되어 있다. 따라서, 재미난 이야기를 學習하는 가운데 보다 發展된 漢文 文章의 讀解能力을 기르게 하여 效果的인 漢文學習을 할 수 있도록 할 것이며, 나아가서는 우리 國語生活에 도움을 받을 수 있을 것이다.

또 다른 한편에서, 여우가 호랑이의 위엄을 빌어 제 위엄으로 삼는다는, 寓話 속에 나타난 敎訓을 人間社會에 비추어 理解하게 함으로써, 아무 실력도 없으면서 배경만을 믿고 勢道를 부리는 현대판 '狐假虎威'의 非理와 不條理를 自行함도 없는 公明正大한 民主市民으로서의 資質과 實力을 기르도록 하는 데 가장 적절한 단원이다.

3. 제재의 學習 目標

행동유형	요소	지도사항
知識 (理解)	漢字	◦新出 漢字의 음과 뜻을 안다. ◦한자의 기초가 되는 部首 글자를 안다. ◦한자의 구조를 통하여 음과 뜻을 안다. ◦形聲字의 部首와 義部를 구분하여 한자의 음과 뜻을 유추하게 한다. ◦類似字·同音異義字·同字異音字의 음과 뜻을 안다. ◦新出 漢字의 획순을 안다.

知識 (理解)	語彙	◦ 漢字語의 構造를 안다. ◦ 漢字語를 國語의 어휘와 관련시켜 이해한다.
	文章構造	◦ 寓話의 形式을 이해한다. ◦ 각 문형을 구분하여 이해한다. ◦ 虛字의 用法을 안다.
機能 (讀解)	讀解 (解釋) (朗讀)	◦ 內容展開를 의식하며 주어진 문장을 바르게 낭독할 수 있다. ◦ 주어진 글의 줄거리를 말할 수 있다. ◦ 주어진 글의 주제를 파악하여 기술할 수 있다. ◦ 문형을 정확하게 구분하여 글의 뜻을 파악할 수 있다. ◦ 주어진 글을 현대 감각에 맞는 우리말로 번역할 수 있다. ◦ 寓言에 담긴 속뜻을 파악하여 말할 수 있다.
態度	(寓話의 知的 內容)	◦ 寓言 속에 담긴 인생관과 처세술을 정확히 비판하여 바르게 음미하는 태도를 가진다. ◦ 옛 사람의 생활 체험에서 우러난 슬기와 멋을 본받는다. ◦ 寓話가 지닌 寓意的 敎訓을 받아들인다. ◦ 常用되고 있는 寓話나 故事를 많이 읽는 습관을 기른다.

4. 제재 敎授 學習 內容 및 指導上의 留意點

1) 敎授 學習 內容
◦ 基礎 漢字의 學習　　◦ 文章의 讀解
◦ 文章의 效果的인 朗讀　◦ 寓話의 敎訓性 吟味
◦ 文章의 構造 理解

2) 指導上의 留意點
① 漢字의 쓰기와 音·義의 學習에서 기계적인 암기를 지양하도록 한다.
② 文法的 知識에 지나친 부담을 주지 말고, 내용 이해를 위주로 한다.
③ 讀解 指導는 너무 현토에 구애되지 않고, 일단 句와 節과 文으로 單位化하여 인식시키고 그 연결 관계를 모색하게 한다.
④ 寓話의 내용을 그냥 우스운 이야기로 흘려버리지 않도록 지도한다.
⑤ 寓話가 본래 의도한 초점이 흐려지지 않도록 지도한다. (호랑

이의 막강한 힘으로부터 목숨을 보존한 여우의 꾀와 행동이 정
당시 될 가능성이 있으니, 우화의 배경이 되는 시대상황과 관
련하여 이해시킨다)

⑥ 연습 문제의 풀이는 학생들의 자발적인 모색을 우선으로 한다.

5. 제재 教授 學習 計劃(총 2시간 1시간은 50분으로)

차시	교수 학습 내용	교수 학습 형태	교수 학습 자료	관련 단원	참고문헌
1차시 (본시)	◦소단원 개관 ◦기초한자의 학습 ◦文章의 朗讀 ◦文章의 構造理解 ◦文章의 讀解 ◦寓話의 教訓性 吟味	◦강술법 ◦문답법 ◦토의법 ◦낭송	◦교과서 ◦괘도 ◦녹음기 ◦참고문헌 (戰國策) ◦카드	◦高等 漢文 I 一.入門 二.生活의 智慧 ◦高等 漢文 II 二.古人의 슬기와 웃음	◦戰國策 ◦諸子精選 ◦漢文新講 (李家源) ◦字源圖解字 典(權智庸)
2차시	◦〈補充〉란 학습 ◦〈練習〉문제 풀이 ◦單元의 정리 및 評價	◦문답법 ◦토의법 ◦강술법	◦교과서 ◦녹음기 ◦고사성어 사전		◦說文解字(許愼) ◦故事成語事 典(車相轅外) ◦春秋左傳 ◦二十五史

6. 教授 學習 過程

1) 本時의 學習 目標

◦ 漢文을 內容 展開에 따라 효과적으로 낭독할 수 있다.

◦ 다소 展開된 文章의 構造를 이해한다.

◦ 寓話의 內容을 解讀할 수 있다.

◦ 寓話 속에 나타난 古代人의 人生觀과 處世術을 바르게 이해한다.

◦ 寓話가 담고 있는 教訓的 意味를 吟味하여 받아들인다.

2) 敎育 學習 活動의 展開

학습단계	학습내용	교수 학습 활동		시간	학습형태	유의점
		교사	학생			
도입	전시학습확인	◦전시의 학습 내용을 환기하여 확인한다. 1) '我將東徙'의 줄거리를 생각하며 녹음된 낭독을 듣는다. 2) 비둘기와 올빼미의 대화로 된 寓話가 의도한 敎訓은?	◦전시의 학습 내용을 상기한다. 1) 對話의 始終 관계를 구분짓고, 줄거리를 생각하며 듣는다. 2) 지명된 학생은 대답한다.:'自己反省'의 중요성(자기 자신의 그릇된 행동을 고치지 않으면 어디를 가도 비난을 받게 됨)	6분	문답법 강술법	제목판서 녹음기
	학습동기유발	◦이 시간에는 '狐假虎威'를 학습한다. 이 제목의 풀이는? ◦여우의 속성을 아는 대로 발표할 사람은?	◦지명된 학생은 개방된 심정으로 발표한다. :여우가 호랑이의 위세를 빌다 ◦'민첩·교활·간교(사)함'(奸智로 欺世盜名하는 詐欺의 術數를 부리는 奸巧한 人間에 비유됨)			
	낭독	◦그럼, 본과에서는 여우가 어떤 속성으로 이야기 되었는지, 그 줄거리를 생각하며 독음된 낭독을 책을 보며 듣도록 하자.	◦본문의 줄거리를 생각하며 녹음된 낭독을 듣는다.			
	학습목표제시	◦본시 학습 목표 제시	◦新出漢字, 語法, 句·節의 構造파악, 文章의 讀解, 寓話의 敎訓性 吟味順으로 수업이 진행됨을 인지한다.			
전개	출전	◦이 글의 出典과 지은이는? (본문이 진국시대 楚나리 종정을 배경으로 한 우화임)	◦'戰國策(戰國時代 諸國의 記事 특히 遊說家들의 謀策을 各國別로 모은 책, 모두 33권, 漢의 劉向이 編했다 하나 불확실함)		문답법 강술법	괘도 (지도)
	敎材의背景	◦(春秋) 戰國時代에 대하여 알고 있는 바를 이야기 할 사람은?(발표 후 교사의 종합 정리)	◦지명된 학생은 아는 바를 자유롭게 발표한다.			
	소단원개관→주지의암시	◦소단원을 개관하고 主旨를 암시한다. → '전국책 楚策'의 記事 설명:江乙이 楚宣王에게 昭奚恤을 빗대어 말한 우화다.	〈정리〉周의 변천 西周(鎬京)←(犬戌의 東周(洛陽) - 침입) ◦春秋時代(770~403 B.C):尊王攘夷의 時代:五覇의 出現(齊桓公, 晉文公, 楚莊王, 吳王夫差, 越王句踐), cf. 臥薪嘗膽 ◦戰國時代(403~221 B.C):弱肉強食의 時代:實力 위주의 사회로 각종 사상과 학술가, 정치가 출현(諸子百家)·戰國七雄(秦·楚·燕·齊·韓·魏·趙)→秦의 통일			

				교수법	자료
전개		 춘추전국시대의 중국	。예습해 온 내용을 토대로 하여 字形·字義·部首·筆順 등에 유의하며 다음의 新出漢字를 익힌다.	문답법 강술법	괘도 괘도
	新出漢字의 形·音·義·筆順部首學習	。新出 漢字를 괘도에 제시하여 음과 뜻을 지도 한다. (학생들은 주어진 질문에 답을 하고, 필요한 사항은 수시로 필기하게 한다)	· 隨-隋, 欺-期, 掠-涼, 妨-放 　恣-姿, 脣-唇, 弄-弁, 狐-孤 　詐-昨 · 黨=党, 戰=戰, 鼓=皷 · 畏(畏×), 　　策(策×) 　術(術×), 　　盜(盜×) · 姦, 舌, 汗, 搖	낭독 강술법	
	全文 읽기	。내용 파악을 위한 준비단계로 全文을 또박또박 읽는다. 。다시 句節 단위로 읽고 학생들이 따라 읽게 한다.	。全文의 내용을 생각하며 心讀을 한다. 。소리 내어 읽으면서 難解한 句節을 추출한다.		
	文章의 讀解	。教材의 讀解 절차와 방법을 밝힌다.	。주어진 문장을 문답, 강술 등에 의하여 解讀해 나가면서, 필요한 곳의 어휘·어구 풀이, 構文에 대한 文法的인 설명, 기타 내용의 이해를 돕는 사항을 簡明하게 학습할 것임을 확인한다.		
	어휘	。'狐假虎威'에 '假'의 뜻은?	。'빌다' ①빌다(假借) 　　　　②거짓(眞假) [진가] 　　　　cf. 眞價[진까]	문답 및 강술법	괘도
	어휘·어법, 構文독해	。'虎求百獸而食之'에서 1) '而'의 쓰임은? 2) '食'의 음과 뜻은? 3) '之'가 지시하는 바는? 4) '虎~之'를 풀이하면?	。지명된 학생은 질문에 답한다. 1) '~고, ~해서' 　(순접:용언+而+용언) 2) [식]먹다 　①먹다[식]:子能食教以右手 　②밥(먹이다)[사]:飯蔬食飲水 3) '百獸' 　①그것(대명사):愛人者則人愛之 　②가다(동사):子將安之 　③~의(관형격):三歲之習至于八十 　④~이,~가(주격):人之報我 唯視~ 4) '호랑이는 모든 동물을 구해서 그것을 먹는다.' 즉 '호랑이는 모든 동물을 잡아(서) 먹는다.'		

전개	생략된 構文 어휘 · 어법. 構文 독해	◦'得虎'에서 생략된 말과 '得'의 뜻을 지적하라. ◦'子無敢食我也'에서 1) '子'의 쓰임은? 2) '無敢'의 쓰임은? 3) '也'의 쓰임은? 4) '子~也'의 풀이는?	◦'虎得狐'의 생략형으로, '得'의 뜻은 '얻 으니→잡으니'임. ◦지명된 학생은 질문에 답한다. 1) 그대(당신):대명사 2) '無'는 '毋·勿'[말다]의 뜻으로, '無敢'은 '감히 ~하지 말라(못한다)'로 풀이하는 '명령 금지령'임. (예: 公無渡河 公竟渡河) 3) '단정'(종결사) 4) '그대(당신)는 감히 나를 잡아 먹지 말라 (잡아 먹지 못할 것이다.)'	문답법 문 답 강 술 법	카드
		◦'天帝使我長百獸'에서 '天帝'의 뜻은? 2) '使'의 쓰임은? 3) '長'의 쓰임은? 4) '天~獸'의 풀이는?	◦지명된 학생은 질문에 답한다. 1) '하느님' 2) ~로 하여금 ~하게 하다.(사역형) ①~로 하여금~하게 한다:使牛聞之 ②하여금(부사):設使, 假使(使=令) ③사신[사]·[시]:使臣, 使者[사 시자] 3) '(우두머리)→우두머리 노릇하다'(품 사전성) ①우두머리:長百獸 ②어른·우두머리:長幼有序, 社長 ③길다:天長地久 ④낫다:長點 ⑤자라다:成長 4) '하느님께서 나를 모든 짐승들의 우두머 리 노릇을 하게 하였다'		괘 도 카 드
	지시어 및 構文 讀解 語法 및 構文 讀解	◦'是逆天帝命也'에서 1) '是'가 시시하는 바는? 2) '是~也'의 풀이는? ◦'子以我爲不信'에서 1)'以A爲B'구조의 구문풀이 2) '子~信'의 풀이는? ◦'吾爲子先行'에서 1) '爲子'의 '위'의 쓰임은? 2) '吾~行'을 현대 감각에 맞게 풀이 하면?	◦지명된 학생은 질문에 답한다 1) '今子食我'.이것(내명사) ①이것(대명사):是逆天帝命也 ②옳다(형용사):是非 ③~이다(지정동사):何日是歸年 2) '이는 하느님의 명을 거역하는 것이다.' ◦설명을 듣고 질문에 답한다. 1) *B가 체언일 때:'A를 B로 삼다, A를 B라고 말하다.(예:民以食爲天) *B가 용언일 때:'A를 B로 생각하다' (예:鮑叔不以管仲爲愚) 2) '그대가 나를 믿을 수 없다고 생각하다.' ◦설명을 듣고 질문에 답한다. 1) '위하여':'보다(於)'의 기능에 가 까움 2) '내가 그대를 위하여 앞서 가리니:내가 그대보다 앞서 가리니~'	문 답 법 강 술 법	괘 도 카 드 괘 도

전개	語法 및 構文 讀解	◦'觀百獸之見我而敢不走乎'에서 1) '之'의 쓰임은? 2) '乎'의 쓰임은? 3) '觀'과 '百獸~乎'의 관계는? 4) '觀~乎'에서 생략된 성분은? 5) '觀~乎'의 풀이는?	◦지명된 학생은 질문에 답한다. 1) '주격' 2) 'ㄴ가, ~는가'(예:使牛聞之寧無不平之 心乎'(의문형 종결 조사:반문) 3) '百獸~乎'는 타동사 '觀'의 목적절임. 4) '주어인 「子」(∴이 구문은 복문임) 5) '(그대는) 모든 짐승들이 나를 보고서 달아나지 않는가를 보아라.'			
	語法 지시어 및 語法	◦'虎以爲然'에서 '以爲'의 쓰임은? ◦'遂與之行'에서 1) '之'가 지시하는 바는? 2) '與'의 쓰임은?	◦'~라고 생각하다.':'以(A) 爲(B)' (~B라고 생각하다) ◦지명된 학생은 질문에 답한다 1) '여우(狐)' 2) '더불어, ~와 함께' ①더불어:與民同樂 ②~와(과):生與死(체언+여+체언) ③주다:倒其銃而與之 ④참여하다:參與	3 7분	문답법 강술법	카드
	지시어 構文의 갈래 構文 研究 全文의 통합적 이해	◦'獸見之皆走'에서 '之'가 지시하는 바는? ◦'虎不知獸畏己而走也'의 구문의 갈래는? ◦'以爲畏狐也'에서 생략된 문장 성분을 지적한다면? ◦(全文을 풀이하고) 이 글의 줄거리는?	◦문장상(외형상)으로는 '여우(狐)'지만, 실상은 '호랑이(虎)'일 것임 ◦'虎(주어)+不知(술어)+獸畏己而走也(목적절)'(복문):호랑이가 짐승들이 자기를 두려워해서 도망가는 것을 모른다. ◦'(虎)以爲 (獸)畏狐 (而走)也' : (호랑이는)(짐승들이) 여우를 두려워한다(두려워해서 도망간다)고 생각했다. ◦'아무 위력도 없는 여우가 호랑이의 위엄을 제 위엄인 것처럼 하여 호랑이를 간사한 꾀로 속이고 살아남'			괘도 카드
정리	정리 및 요약	◦이 寓話를 當時의 時代的 背景을 염두에 두고 생각할 때, 1) 여우로 상징된 대상은? 2) 호랑이로 상징된 대상은? 3) 그렇다면, '狐假虎威'는 인간 사회의 어떤 일을 비유한 것인가?	◦展開部에 설명한 '敎材의 배경'과 '소단원 개관'(戰國 時代 楚나라 조정을 배경으로 하여 생겨난 寓話라는 점)을 想起하여 답한다. 1) '奸巧한 臣下나 部下'(昭奚恤) 2) '강력한 힘을 가지고 지도자적 위치에 있지만 자기가 어떤 위치에 있는가를 깨닫지 못하는 어리석은 王이나 지도자'(楚宣王) 3) 원래는 '신하가 왕의 권위를 남용하여 왕 이상의 위세로 다른 뭇사람을 위협하는 것'을 비유했으나, 확대되어 '아무런 힘이나 실력도 없으면서 남의 권위를 배경삼아 세도를 부리거나 세상 사람들을 핍박함'을 비유함.	7분	문답법	

낭독 (정리독)	○녹음된 내용을 듣게 한다.	○心讀을 하며 학습한 내용을 정리한다.	낭독	녹음기
소감 발표	○학생들에게 이 우화에 대한 소감을 발표하게 한다.	○지명된 학생은 발표하고 나머지 학생들은 타당성 여부를 생각하여 듣는다.	발표	
우화 의 교훈	○(학생들의 발표가 끝나면 종합하여 강평하고) ○'狐假虎威'가 의도한 교훈을 묻는다.	○'奸巧한 術數로 欺世盜名하는 자를 경계하라.'(欺世盜名을 自行함을 容納함도 없는 公明正大한 民主市民으로서의 資質과 實力을 기를 것)		
정리 및 질의 응답	○의심난 사항을 질문하게 한다.	○정리(필기)하면서 의심난 곳을 질문한다.		질 의 응 답
차시 예고 및 과제 제시	○차시예고 〈補充〉과 〈練習〉난을 풀어오도록 한다.	○확인한다.		

(정리)

※ 참고 : 戰國策

欽定四庫全書

戰國策卷十四

漢 高誘 注

宋 姚宏 續注

楚一

齊楚搆難宋請中立齊急宋宋許之子象為楚謂宋王(一作楚王)

(劉作楚王)王曰楚以緩失宋將法齊之急也齊以急得宋

後將常急矣是從齊而攻楚未必利也齊戰勝楚勢必

危宋不勝是以弱宋干強楚也而令兩萬乘之國常以(戰國策)

欽定四庫全書(戰國策)

急求所欲國必危矣

五國約(約秦)呂伐齊昭陽謂楚王曰五國呂破齊秦必

南圖楚王曰然則奈何對曰韓氏輔國(錢集韓國也)好利而

惡難好利可營也惡難可懼也彼懼我彼厚賂之呂利其

必營我悉兵呂臨之其心必懼我雖勿與地可楚王曰

五國之事必可敗也約之後難勿與地可楚王曰善

乃命太公事之韓見公仲曰夫牛闌之事馬陵之難

王之所見也王苟無呂五國用兵請効列城五請悉楚

※ 참고 : 高等 學校의 漢文 敎育

1) 일반 목표

고등학교 한문과 교육 과정의 일반 목표

1. 한문 해독의 기능을 신장시켜서 전적 이해의 바탕을 마련하게 한다.
2. 한문에 나타난 선인들의 생활 사상, 감정 등을 이해하게 하여 그 좋은 점을 계승 발전시키도록 한다.
3. 한문으로 표현된 우리 문화와 동양 문화를 이해하게 하여 민족 문화 발전에 기여하게 한다.

고등학교의 한문 교과는 다음과 같이 나뉘어 있다.

漢文 I ······인문계 고등학교 전체 학생이 이수하는 한문(실업계 고등 학교 학생도 인문계와 단위 수에 차이를 두어 이수하는 한문).
漢文 II ······인문계 고등학교의 인문 과정(이른바 文科班) 학생이 이 수하는 한문.

2) 漢文 I 의 교육과정

漢文 I 은 우리나라 고등학교 학생 일반을 전제로 한 것이고, 漢文 II보다 하위 단계의 기초적인 수준이다. 아래에 漢文 I 의 교육 과정 을 해설해 보임으로써 그 성격이 뚜렷이 드러나게 될 것이다.

[1] 목표
1. 간단한 구조의 한문을 학습하게 하여 한문 해독의 초보적인 기능 을 발전시킨다.
2. 각종 형식의 우리나라의 간이한 한문을 고루 학습하게 하여 선인 의 생활, 사상, 감정 등을 이해하게 한다.

3. 우리나라 및 동양의 한문 고전을 균형 있게 학습하게 하여 우리
   문화와 동양 문화에 대한 이해를 가지게 한다.

漢文Ⅰ의 지도 목표는 곧 위의 「일반 목표」를 구체화한 것이다. 그
해설을 다음에 간략히 도표로 제시한다.

항	요소		설명
	과정(수단)	도달점(목적)	
[가]	간단한 구조의 한문 학습	한문 해독의 초보적 기능의 발전	① 일반 목표 제 1항을 구현하기 위한 것이다. ② '간단한 구조'란 구체적인 기준을 제시하기는 곤란하나, 대체로 한문 문장의 기본 형식 및 그 변형과 전개의 정도가 비교적 낮은 구조의 문장을 가리킨다.
[나]	각종 형식의 우리나라의 간이한 한문을 고루 학습	선인의 생활, 사상, 감정 등을 이해	① 일반 목표의 제 2항을 구현하기 위한 것이다. ② '각종 형식'이란 格言·俗談 및 詩·隨筆·論說 등 各體의 한문을 가리킨다.
[다]	우리나라 및 동양의 한문 고전을 균형 있게 학습	우리 문화와 동양 문화의 이해	① 일반 목표 제 3항을 구현하기 위한 것이다. ② '동양의 한문 고전'이란 주로 중국의 經典·史書·詩文을 가리킨다.

〈漢文Ⅰ의 지도 내용〉

[2] 내용		
항	교육과정	설명
(1)	한자의 음, 구조, 뜻	① 여기서의 한자는 '한문 교육용 기초 한자(특히 고등학교용)'를 그 범위로 한다. ② 한문의 각 글자가 가지고 있는 음가와 그 의미, 그 글자의 모양을 학습한다. ③ 한문 교육의 기초이다.
(2)	한문의 구조	위 목표 [가] 항에서 지적된 '간단한 구조'를 가리킨다.
(3)	한자어로 된 격언, 고사, 숙어	널리 알려진, 주로 중국 고전이 출전인 격언·고사·숙어가 된 것이나, '격언'에는 우리 속담도 포함될 수 있고, '숙어'는 주로 短文의 성격을 띠는 成語 일반으로 간주할 수 있다.

(4)	우리 선조가 남긴 문학, 역사, 철학 등에서 평이한 문장	'문학, 역사, 철학 등'이라고 했듯이 꼭 이 세 가지 분야에만 국한시켜 볼 것은 없다. 목표 [나] 항의 '선인의 생활, 사상, 감정 등을 이해하게 한다'라고 규정되었듯, 선인들의 세계를 이해할 수 있는 평이한 문장들을 말하는 것이다. 따라서 이 세 분야의 외연의 성격을 갖거나 또한 독자적인 분야로 설정됨직한 다른 제재들, 이를테면 설화, 지리, 종족, 사회, 경제 등에 관한 것도 다 지도 사항이 될 수 있다.
(5)	중국의 경전, 문학, 역사, 철학 등에서 평이한 문장	이는 중국 문화의 특질을 잘 보여 주는 것, 동양인의 보편적 교양이 되어 왔거나 됨직한 것, 그리고, 가급적 우리 전통 문화와 관계가 깊은 것이 바람직할 것이다.

〈敎案實例 ②〉

漢文科 學習 指導案

日時	1986年 4月 30日 4교시
場所	1학년 2반 교실
對象	1학년 2반(男60名)
指導 敎師	元仁愛 先生님
指導 敎生	金 美 花

I. 單元

1. 單元名 : 漢字入門 [中學校 漢文 I (화학사 刊) p.5~p.26 저자 : 김석하·이용완·이원강]

一. 天下
二. 全心全力
三. 日月五星
四. 年月日
五. 住所
六. 方位
七. 色
八. 數字
九. 身體

十. 季節

2. 單元의 設定 理由

우리나라는 먼 옛날부터 中國과 이웃하여 頻繁한 往來와 交流가 있어 왔다.

우리 祖上들은 이러한 地理的 緊密關係를 通하여 自然히 中國으로부터 여러 가지 生活樣式과 文化를 받아들이게 되었는데 그 가운데 가장 큰 것이 文字(漢字)였다.

그리하여 우리의 祖上들은 文字生活의 大部分을 漢文에 依存하게 되었고, 우리의 國語 또한 漢文을 背景으로 成長하여 왔다.

이와 같이 漢文은 우리 祖上들의 文化生活과 密接한 關係를 가지고 있으므로 우리들은 漢文에 對한 基礎學力을 갖추지 아니하고서는 祖上들이 남겨 놓은 文化遺産을 理解할 수 없게 된다.

中學校 漢文敎科의 目標는 中學校에서 敎育을 通하여 意圖的으로 漢文을 讀解할 수 있는 能力을 기르며, 歷史觀과 主人精神을 불어 넣어 줌으로써 傳統文化를 아끼고 繼承發展시키려는 態度를 가지게 하려는 데 있다.

이와 같이 中學 漢文科 目標를 通하여 學生은 大單元의 漢字·漢文의 構造 및 形式을 익혀서 讀解機能을 伸張하고, 나아가서 傳統文化의 理解와 새로운 文化의 創造發展의 契機로 삼아 健全한 價値觀 및 國家觀을 定立하게 하고자 한다.

3. 單元의 學習目標

1) 漢字는 뜻 글자임을 理解한다.
2) 漢字는 뜻과 음이 있음을 안다.
3) 획수가 적은 글자 및 신변의 漢字語를 읽고 쓸 줄 안다.
4) 漢字의 筆順을 안다.
5) 漢字語의 뜻을 안다
6) 漢字語의 짜임을 이해한다.

4. 單元의 槪要 및 學習計劃 -총1時間, 1時間을 45分으로-

題材	時間	敎授學習內容	교수학습형태	교수학습자료	비고
一. 天下	1	3획 내외로 自然에 관계되는 漢字語 읽기, 쓰기, 漢字의 성립, 대립자	◦낭송 ◦문답법 ◦강술법	◦교과서 ◦괘도	
二. 全心全力	1	5획 내외에 관계되는 학업에 대한 漢字語읽기, 쓰기, 한자의 성립, 상대어	◦낭송 ◦문답법 ◦강의법	◦교과서 ◦카드	
三. 日月五星	1	10획 이내의 요일의 漢字읽기, 쓰기, 획구별, 한자의 응용	◦낭송 ◦문답법 ◦강의법	◦교과서 ◦괘도	
四. 年月日	1	10획 이내의 時間적인 漢字·漢字語 읽기, 쓰기, 漢字의 짜임, 부수	◦낭송 ◦강술법 ◦토의법	◦교과서 ◦괘도	
五. 住所	1	10획 내외의 行政區域의 나타내는 漢字 읽기, 쓰기, 漢字의 짜임, 부수	◦낭송 ◦문답법	◦교과서 ◦카드	
六. 方位	1	10획 내외의 方位의 漢字, 漢字語읽기, 쓰기, 부수, 대립어	◦낭송 ◦문답법 ◦강술법	◦교과서(자전) ◦카드 ◦융판	
七. 色	1	빛에 관한 漢字·漢字語읽기, 쓰기, 한자의 짜임	◦낭송 ◦강술법 ◦문답법	◦교과서 ◦괘도	
八. 數字	1	漢字 數字읽기, 쓰기, 漢字의 짜임	◦낭송 ◦문답법 ◦강술법	◦교과서 ◦카드	
九. 身體	1	身體에 관한 漢字, 漢字語읽기, 쓰기, 漢字의 짜임	◦낭송 ◦문답법 ◦강술법	◦교과서 ◦괘도	
十. 季節	1	季節에 관한 漢字, 漢字語읽기, 쓰기, 漢字의 짜임	◦낭송 ◦문답법 ◦강술법	◦교과서 ◦괘도	

5. 單元 指導上의 留意點

1) 漢字 學習을 필요 중심·흥미 중심으로 이끌어야 하겠다.

2) 科學的인 方法으로 신선감을 주도록 指導하여야겠다.

3) 漢字의 짜임은 글자를 구조적으로 理解·暗記하는데 그치고, 전문적인 내용에 들어가지 않는다.

4) 漢字의 성립은 어디까지나 흥미 본위로 다루고, 六書의 전문적 用語는 使用하지 않는다.

Ⅱ. 題材

1. 題材名 : 六. 方位

2. 題材의 設定 理由

學生들은 지금까지 一. 天下~五. 住所의 지극히 간단한 漢字·漢字語로 構成되어 있는 單元을 學習하였다.

本 單元은 方位에 관한 內容을 學習한다.

方位에 대한 用語를 정확히 알아서 실생활에 活用할 수 있도록 한다.

즉, 方位는 學生 신변 가까이 있는 글자들이므로 앞뒤를 '前後' 왼쪽 오른쪽을 '左右'라고 하는 말의 뜻을 漢字를 앎으로써 분명하여 질 수 있도록 한다.

이와 같이 生活과 결부시켜 學習하여 學生들의 學習 의욕을 높이며 社會에서 요구하는 民主市民의 자질을 함양시키는 데 設定理由가 있다.

3. 題材의 學習目標

行動類型	要素	指導事項
知識	漢字	∘漢字의 基礎가 되는 部首를 안다. ∘新出 漢字의 筆順을 안다.
	語彙	∘漢字語의 음·뜻을 안다.
	構造	∘漢字의 構造 통해 음·뜻 안다. ∘漢字語의 짜임 안다.
機能	讀解	∘주어진 漢字·漢字語를 바르게 낭독한다. ∘주어진 漢字·漢字語를 우리말로 번역한다.
態度		∘方位에 대한 用語를 정확히 안다.

4. 題材 教授學習內容 및 指導上의 留意點

1) 敎授學習內容

  ◦ 新出 漢字의 學習

  ◦ 漢字・漢字語 짜임 理解

  ◦ 漢字語의 상대어 理解

  ◦ 漢字의 筆順 理解

  ◦ 方位・方向 理解

2) 指導上의 留意點

  ① 漢字의 뜻은 本文에서 쓰인 뜻을 中心으로 하고 다른 뜻도 있다는 것을 2次的으로 가르친다.

  (예) 面 : 방면 그리고 '얼굴'

  ② 左와 右의 筆順을 대조시켜 指導한다.

  ③ 상대가 되는 두 개의 漢字語끼리 짝지어 읽고 풀이한다.

  ④ 한자 읽기는 재래의 습관대로 옛말을 읽지 말고 現代語로 읽는다.

5. 題材敎授學習計劃 (총1時間, 1時間은 45分으로)

次時	敎授學習內容	敎授學習形態	敎授學習資料	관련단원
1次時 (本時)	◦本文개관 ◦新出 漢字의 理解 ◦漢字의 筆順 理解 ◦漢字語의 音・뜻풀이 ◦漢字語의 상대어 理解 ◦方位의 위치 理解 ◦本文 정리요약	◦복창 ◦문답법 ◦강술법 ◦강술법 ◦문답법 ◦문답법 ◦복창	카드 카드 융판	

6. 敎授學習過程

1) 本時의 學習 目標

  ① 方位・方向 名稱의 漢字를 쓸 줄 안다.

  ② 漢字의 상대어 안다.

  ③ 方位 표시할 줄 안다.

2) 敎授學習 活動 展開

학습 단계	학습내용	교수학습활동		시간	학습 형태	유의점
		교사	학생			
도 입	전시복습 확인 학습목표 제시	◦ 전시의 학습내용을 환기 하여 확인한다. 本文의 내 용을 1~2名 지적하여 읽 힌다. ◦ 학습할 단원의 목표를 제 시한다.	◦ 전시 학습 내용 상기한다. ◦ 지명된 학생은 똑똑히 읽 는다. ◦ 한자의 음·뜻·필순·상대 어·方位 표시의 순서로 수 업이 진행됨을 인지한다.	3분	강의법 낭독 강의법	집중
전 개	새로운 한자학습 本文 풀이	◦ 이 단원을 공부하기에 앞 서 먼저 漢字의 음·뜻을 알아 본다. ◦ 제시된 카드의 漢字 筆順 을 안다. – 주의할 점은 그때그때 학습시킨다 –	◦ 학생들은 듣고 이해한 후 필 기한다. 方:방향방 제부수 0 位:위치위 사람인변 5 東:동쪽동 나무목부 4 西:서쪽서 제부수(襾) 0 南:남쪽남 열십머리 7 北:북쪽북 비수비몸 3 前:앞전 칼도(刀)부 7 後:뒤후 중인변 6 左:왼쪽좌 장인공부 2 右:오른쪽우 입구부 2 四:넷사 에운담 2 面:방면면 제부수 0 八:여덟팔 제부수 0 ◦ 학생들은 그때그때 필기하 면서 설명을 듣는다. 東 西 南 北 前 後 左 右 四 面 八 方	38분	문답법 강술법	질문에 바르게 대답하도 록 유도 (노란색이 부수임을 알게 한다 주의집중

전개	本文풀이	○本文을 학습한 것을 질문시키면서 풀이한다. - 한자는 뜻을 붙이면 말이 이루어지게 됨을 유의한다.	○학생들은 필기하면서 대답한다. 方位:방향의 위치 東:동쪽, 西:서쪽 南:남쪽, 北:북쪽 前後:앞과 뒤 左右:왼쪽과 오른쪽 四面:네쪽(방면) 동·서·남·북 八方:여덟방향 동·서·남·북·북동·남동·남서·북서	38분	문답법 강술법	바르게 대답하게 유도
	한자구조풀이	○한자어의 상대자를 학습한다. -카드를 제시하여 질문한다. ○오늘 배운 것을 다시 상기시키면서 방위의 표시를 학습시킨다. -학생 2~3명 시킨다-	○학생들은 카드를 보고 대답한다. 東⇔西 南⇔北 前⇔後 左⇔右 ○학생들은 方向을 자세히 안다. -질문에 응할 수 있도록 한다-		문답·강술법 질문법	카드 (상대자 바르게 알게 한다) 용판주의 집중
정리	전문의 통합적 이해	○단원을 마치고 位方에 대하여 정확히 알 수 있도록 유도한다.			설명법	방위에 대하여 정확히 이해
	정리 및 질의응답 평가 과제예시 차시예시	○이번 학습에서 의심나는 사항 질문한다. ○본문 읽도록 2~3名 지적한다. ○연습문제는 각자가 푼다. ○차시예고 七. 色에 대하여 예습할 것을 지시한다.	○학생들은 질문한다. ○지명된 학생은 또박또박 읽는다. ○학생들은 메모한다. ○확인한다.	4분	질의응답법	확인

7. 評價 計劃

1. 漢字의 음·뜻 알고 있는가?

2. 漢字의 筆順 알고 있는가?

3. 漢字의 상대자 알고 있는가?

4. 漢字로 方位표시 할 수 있는가?

Ⅳ. 마무리

지금까지 한문과 교육의 특성과 한문과 학습지도안을 제시하였다. 이는 앞으로 계속 논의되고, 개선해 나가야 할 과제이기도 하다. 특히 위의 두 교안을 게재토록 해준 작성자에게 고마움을 표하며, 초창기에 있는 한문교육은 앞으로 두고두고 갈고 닦아야 할 것이다.

이 글은 『漢文敎育硏究』 제1호(韓國漢文敎育學會, 1986)에 수록한 논문을 재수록한 것이다.

제3부
한문과 수업 사례 분석

漢文科 '끊어 읽기' 授業 事例 硏究

李明熙

I. 서론

현재 중·고등학교 한문 수업에서 사용되고 있는 한문 교과서에는 한문 문장들이 吐를 붙이거나 標點을 하여 수록되어 있다. 이는 우리 조상들의 한문 학습 방법인 懸吐와 句讀 표기를 한문 교과서에 관습적으로 적용한 것이라고 할 수 있다. 그러나 한문과 교육과정에는 제7차 교육과정에 이르기까지 현토와 구두 표기에 대한 제시 이유나 원리 등에 대한 구체적인 설명이 실려 있지 않았다. 2007년 2월에 개정 고시된 한문과 교육과정(이하 2007년 개정 한문과 교육과정)에 이르러서야 '끊어 읽기'로 통칭하여 하나의 학습 내용으로 제시되어 있다. '끊어 읽기'는 한문 문장을 바르게 끊어서 현토하여 읽거나 문장 부호를 사용하여 표기하는 것으로,[1] 문장의 뜻을 어느 정도 풀어줄 뿐만 아니라 문법의 기능도 부분적으로 밝혀주어 학습자가 한문 학습에 보다 쉽게 접근할 수 있도록 하며, 한문 독해 능력의 신장에 도움을 주

---

1) 교육과학기술부(2008), 165면.

게 된다. 따라서 끊어 읽기는 현재 한문 교육 현장의 한문 문장 수업의 활성화와 학습자의 한문 독해 능력 향상에 매우 효과적인 학습 방법이 될 수 있을 것이다. 그러나 지금까지 끊어 읽기에 대한 실제적인 자료나 연구 성과가 미흡한 실정이다. 2007년 개정 한문과 교육과정의 시행을 앞둔 시점에서 한문과의 끊어 읽기에 대한 심층적인 이해가 필요하다고 본다.

이에 본 연구는 질적 사례 연구 방법을 활용하여 실제 중학교와 고등학교 한문 문장 수업 현장을 관찰하여 끊어 읽기의 구체적 실행 과정과 끊어 읽기에 관한 인식이 어떠한가를 밝힘으로써 한문과에서의 끊어 읽기를 총체적으로 이해하고자 하는 데 목적이 있다. 또한 이는 2007년 개정 한문과 교육과정의 내용과 관련된 하나의 수업 사례 연구로서 개정 한문과 교육과정의 실행 방안 논의의 바탕 자료가 될 수 있으리라 기대한다.

II. 한문과의 끊어 읽기

한문은 고대 중국의 문법의식과 그의 언어체계에 의해 이루어진 문장으로, 우리말과 語順이 다를 뿐만 아니라 어미가 없으므로 글을 읽고 이해하기가 매우 어렵다. 그러므로 우리 조상들은 한문을 쉽게 익히기 위해 끊어 읽는 곳을 표시하며 읽어 왔다. 한문의 끊어 읽기를 표시하는 방법에는 '圈點', '띄어쓰기', '口訣', '懸吐', '句讀法' 등 여러 가지가 있으나, 오늘날 우리나라에서 주로 사용되는 방법은 '懸吐'와 '句讀法'이다. 현토와 구두법은 우리 조상들이 오랜 세월 연구하고 다듬어 온 한문 학습 방법으로 현재의 한문 교육에서도 한문 문장을 읽고 해석하는 데에 활용하고 있다.

한문으로 된 옛글들은 대부분 단어, 구절, 문장을 구분하지 않고 모두 붙여 쓰는 게 일반적이었다. 우리 조상들은 한문을 학습할 때 가능한 한 우리의 언어방식에 접근시켜 쉽게 익히려는 방법을 개발하였으니, 한문에 吐를 붙이는 것이 그 중의 하나였다. 우리말로 된 조사나 어미를 吐라고 하고, 토를 다는 것을 懸吐라고 한다.[2] 이와 같이 사용된 구두법은 문장과 문장 사이 및 문장 내의 구절과 구절들 사이를 적당하게 끊어서 읽는 것을 말한다. 원래 '句'는 문장과 문장 사이 休止가 필요한 곳을 끊어 읽는 것이니, 곧 하나의 문장이 완결되는 자리를 끊어 읽는 것을 가리키는 말이고, '讀'는 하나의 문장 내에서 구절과 구절들 사이에 停頓이 필요한 곳을 끊어 읽는 것을 가리키는 말이다. 오늘날 문장 부호 사용법을 이르는 句讀法이라는 용어는 여기에서 유래한 것이다.[3] 현토와 구두법은 우리나라에서 관습적으로 한문을 바르게 읽고 우리말로 이해하기 위해 사용했던 방법으로 한문의 뜻을 어느 정도 풀어줄 뿐만 아니라 문법의 기능도 부분적으로 밝혀주는 역할을 하고 있나. 곧 한문과의 끊어 읽기는 '한문을 이루는 구절, 문장을 바르게 끊어서 현토하여 읽거나 문장 부호를 사용하여 표기하여, 한문을 우리말로 바르게 풀이하고 이해하기 위해 활용하는 방법'으로 규정할 수 있을 것이다.

한문은 文語로서 우리나라와 중국 모두 현대 실생활 언어와는 동떨어진 글이다. 따라서 한문에 담긴 의미를 이해하기 위해 우리는 현토와 문장 부호 사용법을 병행하고 있는 것이다. 개정 중학교 한문과 교육과정 해설서에 한문 문장 끊어 읽기에 자주 사용하는 문장 부호

---

2) 백원철(2000), 112면.
3) 교육과학기술부(2008), 164~166면.

의 예를 들고 있다. 문장이 끝날 때는 온점(.), 물음표(?), 느낌표(!)
등의 마침표(終止符), 문장 내의 구절과 구절 사이 끊어 읽는 자리에
쉼표(休止符) 곧 반점(,), 인용 문장의 경우 인용하는 말이나 대화를
표시하는 '日', '云' 등의 뒤에는 쉼표로 쌍점(:), 인용하는 말이나 대
화는 큰따옴표(" "), 작은따옴표(' ') 등의 따옴표(引用符)를 제시하고
있다. 국어에서 사용하는 문장 부호를 원용하여 한문의 특성에 맞게
구절이나 문장을 끊어 읽어야 할 자리에 적절하게 사용하고, 아울러
띄어쓰기를 함께 할 것을 설명하고 있다.4) 우리나라 한문 학습에서
는 문장의 토와 함께 문장 부호, 띄어쓰기를 적절히 사용하여 문장의
구조나 의미를 파악할 수 있는 것이다. 2007년 개정 한문과 교육과정
에 학습 내용으로 제시하여, 현토와 문장 부호 사용을 통한 끊어 읽
기의 유용성을 재인식시키려 하고 있다. 한문 문장 끊어 읽기를 문장
풀이에 앞서 제시하고 있는데, 이는 문장의 끊어 읽기가 문장 풀이에
효과적임을 강조하고 있는 것이라 본다.

 개정 한문과 교육과정에서 끊어 읽기는 중·고등학교 공통적으로
한문 단문, 산문, 한시의 끊어 읽기를 주요 학습 내용으로 제시하고
있다. 한문의 끊어 읽기를 현토와 구두법을 중심으로 각각 텍스트의
특징에 맞게 활용하되 현토와 표점의 원리를 지나치게 따지지 않고,
학습자가 자연스럽게 體得하도록 하는 것에 중점을 두어 기술하고 있
다. 현토하여 읽기는 현토를 이용하여 읽는 데 중점을 두어, 이미 현
토되어 있는 한문 문장을 토의 구실에 유의하면서 읽을 수 있도록 한
다. 특히, 토의 종류는 워낙 많고 또 현대 국어에서는 잘 사용되지 않
는 조사나 어미가 토로 사용되는 경우도 있으므로 한문 문장에서 실

---

 4) 교육과학기술부(2008), 165면 참조.

제로 사용된 토에 대해서만 그 구실을 이해하도록 하는 것이다. 문장 부호를 사용하여 표기하는 구두법은 이미 현토되어 있는 한문 문장을 토 대신에 문장 부호가 사용된 문장으로 바꾸어 표기할 수 있도록 하고 있다.5) 개정 교육과정의 끊어 읽기에서 각 텍스트별로 끊어 읽기와 현토와 구두법에 대한 내용이 제시되어 있지만, 보다 구체적이고 실질적인 내용 보충이 필요하다고 본다. 곧 한문 교사와 학습자들에게 현대의 한문 교육에서 끊어 읽기의 유용성을 인지시켜 줄 수 있는 實例와 학습자가 자연스럽게 끊어 읽기를 체득하고, 문장 해석에 적절히 활용할 수 있도록 유도하는 다양한 끊어 읽기 방법 및 전략의 제시가 요구된다.

이에 연구자는 실제 중학교 한문 단문 풀이 수업과 고등학교 한문 산문 풀이 수업에서의 끊어 읽기를 개정 한문과 교육과정 내용에 근간을 두어 관찰하고 교사와 학생을 면담하여, 본 연구에 필요한 자료들을 수집하여 실질적인 자료를 제시하고자 한다.

Ⅲ. 끊어 읽기 수업 분석

1. 연구 방법 및 절차

본 연구에서는 수업 사례 연구를 통한 질적 접근을 하였다. 사례 연구는 하나의 보기, 현상 혹은 사회적 단위에 대한 철저하고 총체적인 서술과 분석을 말하며, 주요 관심을 "맥락 안에서의 해석"에 두고 있다.6) 곧 실제 한문 수업에서 끊어 읽기의 구체적 실행 과정과 그 내면에

---

5) 교육과학기술부(2008), 164~168면 참조.
6) Sharan B. Merriam 저, 허미화 옮김(1997), 45면 참조.

어떠한 인식들이 내재되어 있는가를 심층적으로 서술하고 분석하여 한문과 끊어 읽기에 대한 총체적인 이해를 도모하고자 하는 것이다.

이를 위해 경기도 이천시의 A중학교에 근무하는 L교사와 B고등학교에 근무하는 Y교사의 교실 수업을 끊어 읽기에 초점을 맞추어 관찰하고 심층 면담을 실시하여, 한문과 끊어 읽기 수업에 관련된 자료들을 수집하고, 질적으로 분석하고자 하였다.

연구는 학교 관리자와 해당 교사, 학생의 연구 허락을 받은 후 2008년 9월 초부터 시작하여 12월 초까지 진행되었다. A중학교 L교사와는 전화 및 전자메일 면담을 통하여 연구 허락을 받은 후에 수업 관찰을 위한 세부 일정을 잡았다. 연구자와 같은 학교에 근무하는 Y교사와는 면담을 통하여 연구 허락을 받고, 수업 관찰 학급 및 교과 단원을 선정하는 등 수업 관찰 세부 일정 등을 잡았다. 수업 관찰은 2008년 10월 중 수업 교사가 지정해준 날짜에 연구자가 직접 방문하여 중·고등학교 각각 1차시의 수업을 녹화하였다.

A중학교 L교사는 30대 후반의 남교사로 약 12년의 교육 경력을 가진 한문 교사이다. 현재 1학년 6개 학급 주당 2시간의 한문 수업과 1학년 1개 학급 주당 1시간의 창의적 재량활동 수업, 3학년 한문 선택 3학급의 주당 2시간의 수업을 맡아 주당 총 9학급 19시간의 수업을 담당하고 있다. L교사는 특히 현재 담당하고 있는 중학교 1학년 학생들이 한문을 교과목으로 처음 접하게 된다는 데에 긍정적인 의미를 두고, 학생들에게 한문 교과에 대한 좋은 인상을 심어주기 위해 노력한다고 한다.[7] 재미있고 학생 눈높이에 맞춘 한문 수업을 위해 연구

---

7) "교: 1학년 때 한문을 잘 가르쳐야 돼요. 1학년 때 재밌게 가르치고 잘 했으면, 아이들이 위에 가서 선택을 해요. 한문은 공부하는 과목이다. 노는 과목이 아니고, 그러면은 충분히 게임해 볼만해요. 제가 3학년 수업을 안보여 드린 이유가 아무것

를 하고 있는데, 교과서 내용을 근간으로 재구성하여 1학기 수업은 한자의 자원과 성어의 학습에 초점을 둔 수업을 하였고, 2학기 수업은 한자 자원과 성어 부분은 줄이고, 한문의 해석을 주제로 잡고 학생들이 스스로 단문 해석을 할 수 있도록 다양한 학습 활동과 다양한 매체들을 활용하여 지도하고 있다고 한다. L교사는 본인의 수업을 종종 동영상으로 촬영하여 자기 수업을 분석하고, 수업 자료를 개발하는 데에도 지속적인 관심을 갖고 중학교 한문 수업 개선을 위한 실질적인 방법들을 모색하고 있었다. 전반적으로 L교사에게서 교사 연구자(teacher researcher)[8]로서의 면모를 엿볼 수 있었다. 수업 관찰 학급은 36명으로 구성된 1학년 6반이었는데, 대부분의 학생들은 수업 시간 내내 교사의 말과 행동에 집중하고 있었으며, 교사의 발문에 대한 반응이 즉각적이었고 분명하였다. 수업은 전체적으로 정돈되고 진지한 분위기였다.

B고등학교 Y교사는 20대 후반의 여교사로 약 5년의 교육 경력을 가진 한문교사로서, 2학년 자연계열 6학급 주당 3시간씩의 주당 총 18시간의 수업을 담당하고 있다. 평소 학생들의 흥미에 부합하는 수업으로 학생들의 참여도가 높고 밀도 있는 수업을 실천하고 있다. 현재 일반계 고등학교의 자연계열 학급의 한문 수업만을 맡고 있는데, 학생들의 한문 과목에 대한 흥미를 높이고, 한문 문장 해석 능력 향

도 선택 안한 아이들, 공부 안하는 아이들만 모아 놨어요. 그런 생각을 해요. 그래서 1학년 수업을 더 열심히 해야겠다. 그래야지 3학년 때 내가 아이들을 더 편하게 가르치겠다."[A중학교 K교사 면담 자료 中]

8) 교사 연구자(teacher researcher)는 연구하는 교사로서, 자신의 수업을 대상으로 연구하고 그 결과를 다음 수업 개선에 활용하고자 하는 교사를 뜻한다. 이런 교사는 항상 자신의 직무 수행과 관련되는 전문 서적을 읽으며, 수업에서 학생들을 예민하게 관찰하고, 다른 교사를 연구하고, 다른 교사들과 직무에 대한 지식과 경험을 공유하기를 좋아한다. 노명완(2001), 59면 참조.

상에 중점을 둔 수업을 한다고 한다. 학생들의 인문 과목에 대한 지루함을 해소시켜 주기 위해 교과서의 내용을 적절히 안배하여 재구성하기도 하고, 학생들의 학습 활동을 증가시키는 다양한 교수·학습 방법들을 마련하기 위해 여러 문헌 및 교과 연구회, 연수 등을 통하여 연구하고, 나름대로 방법들을 구안·적용해 보고 있다고 한다. 수업 관찰 학급은 36명으로 구성된 2학년 12반이었다. 대부분의 학생이 수업에 집중도가 높았으며, Y교사의 설명에 많은 흥미를 보였다. 수업은 전체적으로 차분하지만 명랑한 분위기였다.[9]

수업 관찰 종료 후 녹화된 테이프와 파일을 수거하여 정리하고, 수업 중에 실시된 형성 평가 자료도 바로 수거하였다. 연구 참여 교사와 학생들과의 면담은 수업에 대한 이해를 돕기 위해 수업 종료 후 바로 실시하였다. 면담을 녹화한 테이프와 녹음 자료도 즉시 수거하였다. 이 자료들은 그 즉시 전사하고 분석하였다. 2008년 11월 초부터 수집된 자료 정리 작업을 하고, 종합적인 분석 작업을 하였다.

자료 수집은 수업 관찰, 수업 녹화, 교사 면담, 학생 면담을 통해 이루어졌고, 그 외에 문서 자료 수집 등의 방법을 병행하였다. 수집된 자료는 전사 작업을 통해 컴퓨터 자료로 변환하여 분석하였다. 전사한 자료를 처음부터 끝까지 반복하여 읽으면서 교사와 학생의 수업 활동 가운데 끊어 읽기와 관련된 내용을 찾고자 하였다. 분석하는 중

---

9) 수업이 시작되기 전, 연구자가 수업 관찰을 하기 위해 교실 뒤편에 비디오 카메라를 설치하고 교실 앞 편의 캠코더를 점검하고 있는 사이 몇 명의 학생들이 뒤편 카메라 앞에 모여 떠들며 이야기하기도 하고, 춤을 추어 보기도 하며 녹화가 되고 있는지를 물어오기도 하였다. 평소 수업 시간의 분위기가 다른 학급에 비하여 웃음도 많고 활발하다고 한 Y교사가 사전 면담에 한 이야기를 실감할 수 있었다. 대체로 관찰 학급 학생들의 성향은 명랑하였고, 교사의 말에 순응하는 편이었다.[B고등학교 Y교사 수업관찰 자료 中]

에 관련된 내용이 드러나면 끊어 읽기 실행 과정에 대한 개념적인 범주를 메모하면서 주제별로 분류하였다. 이러한 자료들을 통해 전체 연구에 중요하게 작용할 수 있는 의미를 발견하고자 노력하였다.

2. 끊어 읽기의 구체적 실행 과정

A중학교 L교사와 B고등학교 Y교사는 모두 수업의 중점을 학생의 한문 해석 능력 향상에 두고 있음을 수업 관찰 전 사전 면담과 연구자에게 제출한 교수·학습 과정안을 통해 확인할 수 있었다. 두 교사와 학생들의 수업 활동을 끊어 읽기에 초점을 맞추어 관찰하였고, 수업 활동 이면에 담긴 의미는 수업 후 심층 면담을 통해 확인하였다. 이를 토대로 수업에서 끊어 읽기의 실행 과정을 발견할 수 있었는데, 문장 제시하기, 의미 단위에 맞게 끊어 읽기, 평가하기 순으로 실행되고 있었다.

1) 문장 제시하기

두 교사는 평소 수업에 각 학교에서 선정한 한문 교과서의 내용을 근간으로 한다고 한다. 제7차 한문과 교육과정의 내용이 반영된 교과서를 교수·학습 자료로 활용하고 있는 것이다. 제7차 교육과정이나 교과서에는 끊어 읽기에 관한 내용이 구체화되어 명시되어 있지 않지만, 교과서에 수록된 문장에는 현토와 문장 부호, 띄어쓰기가 되어 있다. 따라서 연구자는 두 교사가 현재 교과서의 문장을 제시하는 과정에서부터 끊어 읽기를 실행하고 있는 것으로 보았다.

A중학교 L교사는 새한교과서에서 출간한 중학교 2학년 『漢文』교과

서의 〈十三. 孝行〉단원을 수업하였다. A중학교에서는 1학년에 한문을
선택하여 배우게 되는 데, 1학년 1학기에는 중학교 1학년 『漢文』교과
서를, 2학기에 들어와서는 중학교 2학년 『漢文』교과서를 가르친다고
한다. L교사는 교과서의 내용을 근간으로 수업을 하되, 한자→한자어
→한문 순으로 지도하기보다 적절히 재구성하여 지도한다고 한다.10)
L교사는 평소에 교과서 내용을 바탕으로 재구성한 개인별 학습 활동
지를 제작하여 활용한다고 한다. 연구자가 관찰한 수업에서도 활동지
가 수업 시작과 동시에 학생들에게 배부되었다.

　개인별 활동지의 구성을 살펴보면, 1면 상반부는 교과서 '원문'과
'한자 읽기'로 학습할 단문 문장이 차례대로 제시되어 있고, 후반부와
2면 상반부에 걸쳐 제시된 '풀이와 이해'는 문장별로 풀이순서, 문장,
한자 뜻·음, 해석, 풀이와 주요 한자의 쓰임이 표 안에 나열되어 있
다. 풀이 순서와 한자 뜻·음, 해석과 풀이 부분을 빈 칸으로 제시하
여 문장 해석 시간에 개인별 또는 모둠별 협의를 통해 빈칸을 채워
넣게 된다. 2면의 하반부는 '형성 평가' 3문제가 나열되어 있다. 이는
수업 정리 단계에 개별적으로 풀이하여 기록하게 한다고 한다. L교사
가 사용한 개인별 활동지를 제시해 보면 다음과 같다.

---

10) "교: 그러니까 저의 근간은 교과서예요. 교과서의 내용을 펼치기 위해서 다양한
　　방법을 쓰죠. 아까 교과서를 덮으라고 한 이유는 아이들한테 본인들이 해석할 수
　　있는 능력을 키우기 위해서 교과서를 덮으라고 한 거지 내용은 교과서예요. 그것
　　도 교과서 본문에 충실하려고 해요. 단, 교과서 재구성은 해요. 한자, 한자어, 한
　　문으로 그대로 가지 않고, 한자 했다 한자어 갔다 한문 갔다 다시 한자어 갔다 한
　　문 갔다. 순서도 좀 바꾸고, 안에 있는 내용도 다른 교과랑 섞어서 할 때도 있어요.
　　단, 본문 선정은 교과서. 교과서 그거 괜히 만들어진 거 아니잖아요."[A중학교 L교
　　사 면담 자료 中]

〈그림 1〉 A중학교 수업에 활용된 개인별 활동지

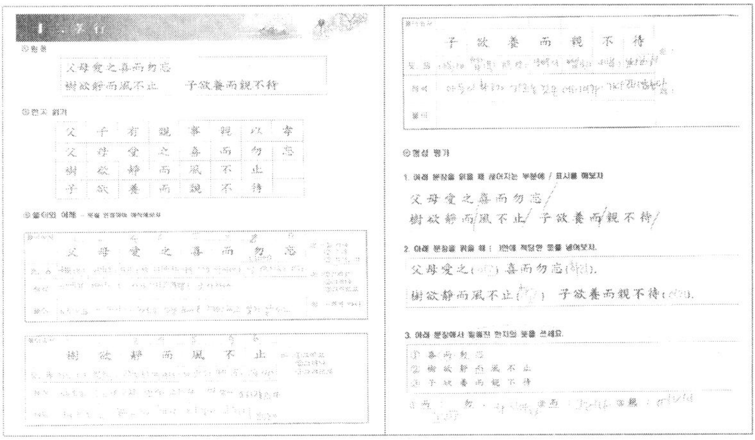

－ 활동지 1면 －　　　　　　　　　　－ 활동지 2면 －

　L교사는 평소 수업에서는 토를 교과서에 있는 그대로 작은 크기의 글씨로 적어 놓는데, 일부 학생들은 제시된 구절 끝의 토를 각자 문장 풀이에 활용하기도 한다고 한다.

　　교11): 오늘 볼 때 풀이와 이해 부분 있잖아요. 그 부분이 저의 원래
　　　　활동지고, 거기서 빠진 거는 그 아래다가 한자 옆에 보면 토
　　　　도 넣어줘요. 현토해서 넣어줘요. (활동지의 '풀이와 이해' 부
　　　　분 문장을 가리키며) 이 부분에 '는', '라'하고 옆에 조그맣게
　　　　넣어줘요. 그러면 못하는 아이들은 못하지만, 하는 아이들은
　　　　문장 풀이에 활용하는 아이들은 활용해서 풀이도 해요.
　　　　　　　　　　　　　　　　　　[A중학교 L교사 면담 자료 中]

---

11) 수업 관찰 기록에서 '교'는 연구 참여 교사, '학'은 학생 한 명이나 소수의 학생들
이 수업 시 발문한 것을 의미하고, 학생들이 일제히 발문하거나 교사의 질문에 답
을 한 경우에는 '학학'으로 하였다. 면담 기록에서도 '교'는 연구 참여 교사, '학1,
학2, 학3, 학4'는 면담 대상 학생으로 면담 전 연구자가 정해놓은 순서에 따라 번
호를 부여하였고, 학생들이 동시에 답을 한 경우에는 '학학'으로 하고, '연'은 연구
자를 의미한다.

〈그림 2〉 L교사 수업의 판서 장면

  L교사는 학습할 문장을 칠판에 판서를 통해서도 제시하고 있다. 평
소에 판서는 교과서와 동일하게 토와 문장 부호를 표기하고 띄어쓰기
도 해준다고 한다. 연구자가 관찰한 수업에서는 처음에 구절 간 띄어
쓰기만을 하고 현토나 문장 부호를 표기하지 않다가 문장 해석 정리
과정에서 단계적으로 현토와 쉼표, 마침표와 같은 문장 부호를 띄어
놓은 부분에 교과서에 제시된 그대로 적어 넣어갔다. 이러한 과정에는
학생이 문장을 읽거나 해석할 때에 이들을 인식하여 활용하도록 하기
위한 교사의 의도가 숨겨져 있었다.12)

  B고등학교 Y교사는 천재교육에서 출간한 고등학교『漢文』교과서
의 〈38. 論語〉 단원을 수업하였다. Y교사는 학생들의 수준과 흥미를
고려하여 교과서의 단원 전체를 순차적으로 지도하기보다 학생들이
스스로 해석이 어느 정도 용이한 단원을 선정하여 지도한다고 한다.

---

12) "교: 문장을 칠판에 쓸 때도 띄어서 써요. 눈에 띄게 띄어 써요, 그
쪽에서 쉬라고, 띄어만 써줘도 아이들은 쉬어요. 그러면 그 부분은 쉬어요."[A중학교
L교사 면담 자료 中]

〈그림 3〉 Y교사 수업의 TV 화면

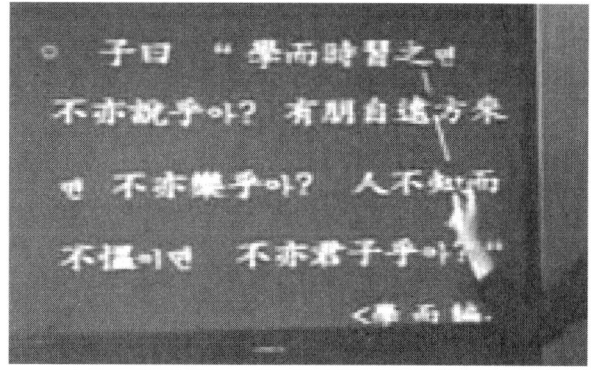

　Y교사는 학습할 문장을 파워포인트 프로그램으로 만들어 교실의 프로젝션 TV화면으로 제시하고 있었다. 관찰 수업은 교과서에 제시된 세 문장을 읽고 해석해 보는 수업이었는데, 교사는 수업 시작 전에 미리 학습할 문장들을 TV화면으로 제시하였다. 교과서 그대로 띄어쓰기가 되어 있었고, 현토와 문장 부호도 교과서 그대로 표기되어 있다. 학습할 세 문장을 각각 한 화면으로 제시하고, 한 문장의 학습이 끝나면, 다음 화면으로 넘기는 식으로 진행된다. 수업 시간에 교사와 학생들의 시선은 대부분 TV화면에 집중되어 있었다.

　Y교사는 문장 수업 시 학생 스스로 문장을 해석해 보고 이해하고 감상할 수 있도록 하는 데에 중점을 둔다고 한다.13) 따라서 교과서의 현토는 학생들이 스스로 문장을 해석하는 데 적합한지를 고려하여 제시한다고 한다. 곧 교과서에 제시된 현토 중에서 너무 古語體라 현대 언어생활과 맞지 않는 것은 적합한 것으로 바꾸어 제시하기도 하

---

13) "교: 산문을 배울 때는 독해력을 키우는 거죠. 한 번 한자 음 뜻을 찾고 자기가 해석을 하고, 자기가 감상을 나름대로 할 수 있는 해석과 자기만의 느낀 점, 감상을 중점으로 하고 있습니다."[B고등학교 Y교사 면담 자료 中]

고,14) 학생 스스로 문장을 읽고 해석하는 데에 어색하다고 판단될 때
에는 해석 과정에서 융통성 있게 자연스러운 토로 바꾸어 활용할 것
도 가능함을 일러준다.

> 교: 현토를 교과서 그대로 사용하는 것도 있죠. 괜찮게 된 거는. 이
> 해가 안가고 이어지지가 않는다 하면, "이건 이렇게 고쳐. 고쳐
> 서 이렇게 해도 돼, 너희들이 편한 대로 하면 되는 거야."라고
> 해요. 이거다 정해놓지 않고, 융통성 있게 "말만 만들면 돼. 말
> 이 통하면 되는 거지. 이게 꼭 정답은 아니야."라고 하죠.
>
> [B고등학교 Y교사 면담 자료 中]

한문은 토 단 대로 해석하고 해석하는 대로 토를 달기도 한다. 교사는
이때에 한문 학습에 도움을 주지 못하고 이중 부담만 주는 형식적인
토 달기는 무의미15)하다는 것을 인지하고, 한문의 문법적인 관계를
우리말로 쉽게 연결시켜주는 토의 기능을 살려 학생들이 이를 문장을
읽거나 해석할 때에 활용할 수 있도록 기회를 마련해 주는 것이다.
  두 교사가 문장에 현토를 제시하는 의도는 이미 학생들에게 인지되
어 있었다.

> 연: 우리 교과서에도 그런 거 한글 이런 거 다 빠져도 풀이가 될 거
>   같아?
> 학1,2: 그건 좀······.
> 학4: 있는 게 나은 거 같아요. 풀이할 때도.
>
> [A중학교 학생 면담 자료 中]

---

14) "교: 제가 봐도 토가 너무 고전틱하고, 지금 현실하고는 맞지 않는 말이 있는 거
   같더라고요. 그런 걸 고치면 괜찮을 거 같아요. 저는 그래서 제 나름대로 그걸 무
   시하고, 제가 나름대로 쉽게 설명해요."[B고등학교 Y교사 면담 자료 中]
15) 이병혁(2000), 10면 참조.

> 연: 지금, 교과서에 한글로 '~ 면, ~ 가' 써 있잖아. 그런 거 왜 있는
>   거 같아?
>
> 학1,3: 어디요?
>
> 연: 오늘 배운 문장 같으면 '학이시습지(學而時習之)면' 할 때 '면' 이
>   런 거.
>
> 학2: 아~ 구분 잘되고 해석하기 쉬우라고 있는 거 아니에요?
>
> 학1,2,3: 있으면 해석할 때 훨씬 도움 되는 거 같아요.
>
> [B고등학교 학생 면담 자료 中]

자신의 문장 해석에 제시되어 있는 현토를 활용하여 보다 쉽게 해석할 수 있게 된다는 것이다. 따라서 교사들은 의도적으로 더 많은 수의 학생들이 현토나 문장 부호를 한문 문장 해석에 자연스럽게 활용할 수 있는 기회를 제공해 주고자 눈에 띄게 표시해 주고 있는 것이다.

수업 후 면담에서 끊어 읽기를 실제 수업에서 실행하고 있는 교사로서 추후 등장할 한문 교과서의 끊어 읽기 관련 내용이 어떻게 제시되어야 좋을지에 대해 질문하였다. 교사들은 개정 교육과정의 내용을 반영한 한문 교과서에도 현토나 문장 부호 등은 현행대로 제시되기를 바라고 있었다.

먼저 L교사는 중학교 한문 교사의 입장에서 견해를 밝혔다. 현재 교과서와 마찬가지로 새 교과서에도 현토는 되어있어야 한다고 한다. Y교사와 같이 기존의 古語體의 토에 대해서는 L교사도 학습자들의 눈높이에 맞게 현대적으로 바뀌어야 한다고 생각하고 있었다.[16) 또

---

16) "교: 제 생각은 현토는 있어야 된다고 생각해요. 현토를 고증해서 붙이냐 안 붙이냐 이것 또한 논의의 대상이겠지만, 현토가 고어체잖아요. 현대적으로 붙여도 상관없다고 생각을 해요. 교과서 개발자들은 그것까지 신경 쓰겠죠."[A중학교 L교사 면담 자료 中]

한 중학교 교과서에 문장은 길지 않은 단문이 될 것이므로 문장에 현토는 있어야 한다는 것이다.

> 교: 저는 개인적으로 새로 나오는 개정 교육과정의 교과서가 글쎄 고등학교만큼 산문의 양이 그렇게 길어질지 안 길어질지 열어봐야 알겠지만, 웬만한 문장의 길이가 될 거라구요. 중학교는 제 생각에 60에서 80자 정도, 산문 길이가 단문은 그렇게 안 길 테니까, 그 정도면 현토가 들어가야 되지 않을까.
>
> [A중학교 L교사 면담 자료 中]

Y교사는 고등학교 한문 교사의 입장에서 새 고등학교 한문 교과서의 문장의 토나 띄어쓰기는 학습자의 수준에 따라 단계적으로 제시되는 것이 학생의 한문 해석 연습에 효과적이라는 것이다.

> 교: 제 생각으로는 좀 다르게 되어야 한다고 생각해요. 지금은 다 끊어져 있고 현토도 되어있지만, 레벨로 나누는 거죠. 제시를 두 가지 정도로 하는 거예요. 지금 현행대로 되는 거, 뒷부분으로 가면 없는 거죠. 처음에는 할 수 없죠. 처음부터 잘 할 수 없잖아요. 우선 익힌 다음에, 연습을 한 다음에, 서너 달이 지나면 할 수 있을 거란 말이죠. 조금씩. 그 시점에서 조금씩 빼는 거죠. 현토 빼고. 교과서 맨 뒷부분에는 고급용으로 아예 문장을 붙여 놓기도 하고, 원전만 딱 놓기도 하고. 교과서 부록 부분에 현토나 띄어쓰기가 또 잘 실려 있는 게 나오기도 하고, 이렇게 된다면 교과서가 좀 두꺼워 지기도 하겠죠.
>
> [B고등학교 Y교사 면담 자료 中]

두 교사의 견해가 부분적으로 차이는 있지만, 새 한문 교과서의 현토, 문장 부호, 띄어쓰기 등의 제시는 학습자가 이를 활용할 수 있는 기회를 제공해 주는 것이라는 근본적인 생각은 같았다.

2) 의미 단위에 맞게 끊어 읽기

우리 조상들은 한문 학습에서 문장을 붙이고 띄는 곳을 알고 정확한 토를 달아 읽는 방법을 문장 해석과 暗誦에 활용하였다. 한 글자 한 구절이 눈에 선하게 떠올라 매우 효과적[17]이라 한다. 글을 효과적으로 읽는 독자는 미숙한 독자보다 눈의 고정 횟수가 적으며, 한 번 고정할 때마다 몇 개의 단어들로 구성된 의미 단위를 한꺼번에 받아들인다. 즉, 전체 텍스트를 몇 개의 큰 의미 덩어리로 뭉뚱그려 읽으면서 머릿속에서 각 덩어리들의 의미를 조합하여 이해하는 것이다.[18] 곧 우리 조상들은 문장 끊어 읽기를 통해 문장을 의미 단위로 나누어 받아들이고, 문장의 구조를 분석하여 문장에 담긴 의미를 제대로 이해할 수 있었던 것이다.

한문 문장을 의미 단위로 나누고 끊어 읽는 활동은 두 교사의 문장 해석 과정에서 공통적으로 실행되고 있었다. 의미 단위에 맞게 끊어 읽기 과정은 의미 단위 구분하기, 반복하여 끊어 읽기로 나누어 살펴볼 수 있다.

1) 의미 단위 구분하기

가) A중학교 L교사의 수업

L교사는 활동지에 학생 나름대로 1차 해석을 적어보게 한 다음, 이를 토대로 교사가 학생들의 잘못된 해석을 바로잡아 주며 문장에 담

---

17) 허호구(1997), 182면 참조.
18) 문수정(2008), 34~37면 참조.

긴 의미를 정리해 주고 있었다. 첫째 문장 '父母愛之 喜而勿忘.'의 해
석 정리에 앞서 끊어 읽었던 대로 해석할 것을 강조하고 있다. 한 학
생이 문장 해석을 틀리게 한 이유가 문장 해석 전에 함께 끊어 읽었던
대로 해석하지 못했기 때문이라고 설명한다.

> 교: 선생님이 잠깐만, 이쪽 모둠 꺼 하나 갖고 왔는데, 해석이 어떻
>   게 됐냐면,(칠판에 문장 '父-母-之-愛-喜-而-忘-勿' 순서로
>   짚으며) 부모의 사랑은 기쁘다. 그러나 잊지 마라. 우리말로 틀
>   리진 않았는데.('而'를 가리킨다.)
> 학학: 그러므로, 그러니까, 그래서(학생들 각자 생각나는 대로 뜻을
>   이야기 한다.)
> 교: 알았어, 알았어. 뜻과 뜻은 연결 잘했는데, 해석은 틀렸어 왜 그
>   러냐? 우리 아까 읽을 때도 봤지만, 선생님이 일부러 여기서 끊
>   었지.('之'와 '喜'사이 " +"표시하며)
> 학학: 네.
> 교: 두 개 문장이 이어진 겁니다. 이게 이 쪽 끊고, 이 쪽 끊어 읽는
>   거야. 그래서 아까 선생님이 끊어 읽어 준 거야.
>   [A중학교 L교사 수업 관찰 자료 中]

L교사는 문장을 의도적으로 끊어 읽는 데, 학생들에게 교사가 끊어
준 대로 끊어 읽고 그 단위대로 끊어 해석을 하면 올바른 해석을 하게
된다는 것을 본격적인 문장 해석 전에 짚어주고 있는 것이다. 이후
교사는 학생들과의 문답을 통해 의미 단위에 맞게 끊어 읽어 가며 해
석을 정리해 주고 있다.

A중학교 학생들은 대부분 수업 시간에 교사의 손동작과 설명에 집
중하며 경청하고 있었다. L교사는 학생들에게 의미 단위를 더욱 확연

히 구분시켜 주고, 이를 문장을 읽으며 자연스럽게 체득할 수 있도록
手信號를 활용한다고 한다. 문장의 休止 부분과 懸吐하는 부분을 자
신의 손동작에 따라 의도적으로 구분해 주고 있는 것이다.

> 교: 음 뜻은 아이들이 읽고, 다만 쉬는 부분. 끊어 읽기죠. 끊어 읽
> 기 부분은 제가 손으로 체크를 해줘요. 아까 보시면, 펜으로 **제
> 손이 가는 속도에서 한 박자 쉬면 아이들이 쉬어요. 휴지 부분
> 은 올리고, 현토 붙이는 부분은 손가락을 내려요.** 그러면 이게
> 뭐라고 아이들한테 설명한 적은 없지만 이렇게 계속 수업을 해
> 왔기 때문에, '아. 이 부분은 쉬었다 읽는게 바른 거구나.'라고
> 그냥 내면화되어 있다고 그럴까. 그렇게 의도적으로 수업을 해
> 요.(밑줄 필자)
>
> [A중학교 L교사 면담 자료 中]

L교사의 손가락이 올라가면 쉬었다가 읽는 휴지 부분이고, 손가락
이 내려가면 현토하여 읽는 부분인 것이다. L교사의 수업에서 문장
읽기는 이 수신호에 의해 시작되고, 제시된 문장을 읽을 때마다 등장
한다. 학생들은 이미 교사의 수신호에 단련이 되어 있어 망설임 없이
교사의 수신호에 맞추어 읽는데, 목소리의 높낮이도 수신호에 따라
달라졌다.

> 교: 한문의 기초 뭐라고 했습니까? 선생님이.
> 학: 음뜻.
> 학학: 읽기요. 읽기.
> 교: (칠판에 첫 문장 '父'가리키며) 읽어 보겠습니다.
> 학학: 아비 부.
> 교: (교실 뒤 편 모둠 중 읽지 않는 학생 응시하며) 이쪽 모둠 경고

하나야. 다시.(한자 한 자씩 손으로 짚어주며, 시선은 학생들 쪽에 고정되어 있다.)

학학: (교사가 짚는 순서대로 일제히 큰 소리로 맞추어 읽는다.) 아비 부 어미 모 사랑 애 어조사 지 기쁠 희 말이을 이 말 물 잊을 망.

교: (다시 첫 문장 '父'를 가리킨다.)

학학: (일제히 자동적으로 한자의 음만 읽는다.) 부모

교: ('父母' 다음 분필든 손을 들어 올리며 멈춘다.)

학학: 부모애…지…(읽다 얼버무리며 멈춘다.)

교: (다시 '父'를 가리키고 '母'에서 손을 들어 올리고, '之' 다음에는 손을 내린다.)

학학: 부모~애지. ('之'에서 소리를 낮춘다. 다음 교사 손짓을 응시한다.)

교: ('而'다음 손을 조금 더 높이 올린다.)

학학: 희이

교: ('勿忘'을 차례로 짚는다.)

학학 : 물..망.

교: 따라 읽어. 부모 애지 희이 물망 ('忘'을 소리 낮추어 읽는다.)

학학: 부모 애지 희이 물망

교: 앤드 (두 번째 문장 가리킨다.)

학학: 나무 수 하고자할 욕 고요할 정 말이을 이 바람 풍 아니불 그칠 지

- 중략 -

교: 그렇치. 다시 (차례로 짚다가 '而'다음에 손을 올린다.)

학학: 수욕정이

교: ('風' 다음에도 손을 올린다.)

학학: 풍

교: (잠시 멈칫한다.)

학학 : (교사 손짓 보다 조금 앞서며) 불지

〈그림 4〉 L교사의 휴지(休止) 부분 수신호

교: 불지 노(No)

학학: 부지

교: 불지 노 ('不' 밑에 '부'라 고쳐 적는다.)

학: 바람이 그친다.

교: 부지, 뒤에 지읒이니까

학: 지읒

교: 왜 이렇게 성급해. 오늘. 천천히 해. (다시 '樹'를 가리키며) 선
생님 따라 읽어봐. 수욕정이('이'를 소리 높여 읽는다.)

학학:(성급하게)수욕정이

교: (멈추라고 왼 손을 아래로 내리고, 손으로 가슴을 두드리며) 수
욕정이

일부 학학: (성급하게)수욕정…….

나머지 학학: 아~아우~

교: 야~ 1학기 생각난다. 너네 맨 날 이랬거든 (다시 가리키며 '而'
에서 손 올리고, '風'에서도 손올린다.) **수욕정이 풍부지**

학학: (큰 소리로) **수욕정이 풍부지**[19]

[A중학교 L교사 수업 관찰 자료 中]

---

19) 교사와 학생들은 해당 문장을 읽을 때, 현토 부분과 휴지 부분에 따라 목소리
높이를 높이거나 내리거나 한다. 곧 뒤에 현토해야 하는 부분에서는 소리를 낮추

학습할 세 문장 중 두 문장을 읽는 장면이다. L교사는 학기 초에 학생들에게 자신의 수신호에 익숙하게 만들기 위해 문장을 읽을 때마다 연습시켰다고 한다. 현토해야 할 부분에서 교사가 손을 내리면 학생들은 목소리를 낮추어 한자 뒤에 토를 읽고, 휴지 부분에서는 교사가 손을 들어 올리면 학생들은 목소리를 높여 한자의 음을 읽어 간다. 종종 학생들이 교사의 수신호에 집중하지 않거나 수신호를 제대로 이해하지 못한 때에는 교사가 그때마다 지적하고 자신이 시범적으로 읽어 준 후 따라 읽게 한다. 관찰한 수업에서 L교사는 몇 차례 교사의 수신호에 집중하지 않는 학생들을 지적하거나 그 학생이 속한 모둠 전체에게 경고를 주기도 하였다. 교사로부터 지적이나 경고를 받은 이후에는 교사의 수신호에 주의 집중하며 소리를 맞추어 읽는 모습을 볼 수 있었다.[20] 곧 이 수신호는 학습자로 하여금 한문 문장은 해석에 앞서 의미 단위를 바르게 구분하고, 의미 단위대로 끊어 읽어야 한다는 것을 인지시키는 동시에 체득시키기 위해 마련한 하나의 약속 신호인 것이다.

L교사는 문장을 실제 소리 내어 읽을 때는 수신호를 통해 의미 단위를 구분하여 주고, 해석을 정리하거나 설명할 때에는 두 구절이 이어지는 부분과 접속사 '而' 위에 '+' 표시를 하여 의미 단위를 구분해 주고 있었다.

어 읽고(해당 한자의 음을 굵고 작은 글씨로 표기), 휴지 부분에서는 소리를 높여 읽는다(해당 한자의 음을 굵고 큰 글씨로 표기).

20) L교사와의 수업 관찰 일정 조율을 위한 전화 통화에서 1학년의 다른 학급을 보여 주고 싶었다고 하였다. 바로 옆 학급이라고 하는데, 그 학급의 한문 수업에서는 관찰 학급보다 교사의 수신호에 따른 끊어 읽기가 더욱 일사불란(一絲不亂)하게 이루어지기 때문이라고 한다.[연구자의 연구 일지 中]

〈그림 5〉 L교사의 '+'표시 장면

교: 자, 그리고 ('之'가리키며) 이걸 해결하려고 보면, 이것 때문에 지금 해석이 잘 안 돼. 지(之)자를 대부분 뜻 뭘로 했습니까?

학학: 의 지, 잇(it)지[21](여러 학생들이 생각되는 대로이야기 한다.)

교: 잠깐만, 우리나라 말로 '뭐뭐의'면 뒤에 뭐가 와야 되죠?

교: (칠판 오른편 상단에 '~의~'라 적는다.) 무엇의 무엇이죠. 그러면 지가 여기에 왔으면 앞뒤로 뭐가 (~) 있어줘야 되죠. 근데, 이 친구거 보면 부모의 사랑은 기쁘다. ('父母-之-愛' 순으로 짚으며)부모의 사랑은 이렇게 왔습니다. 잘못됐지? 이렇게 하면 안 된다고 했죠. 선생님이. 여러분들이 많이 미스한 게 '~의'로 하면은 해석이 잘 안 됐을 거야. **여기서 끊어졌기 때문에** ('之' 옆에 '+' 표시를 덧칠하며)뭐가 맞을 거 같아?

학: 잇.

교: ('之' 아래 'it'이라 적는다.) 잇으로 넣어 줘야지. 부모애지. 이어 보세요.

---

21) L교사는 어조사 '之'의 쓰임을 "① go, ② ~의, ③ it"으로 정리하고 설명한다. 학생들은 '之'의 쓰임을 '고지 의지 잇지'로 학생들이 외우고 있을 만큼 이미 익숙해 보였다.[A중학교 수업 현장 일지 中]

학학: 그 사랑.

교: 그 사랑? 거꾸로인데? 사랑한다, 그것.

학학: 그것을 사랑한다.

교: 그렇지.

– 중략 –

교: 다음 희이애지. **이(而)자 나오면 접속사라고 했죠. 이거 나오면 플러스라고 했지.(‘而’ 위에 ‘+’ 표시한다.) 앞에 따로 뒤에 따로.** 희(喜)는?

학학: 기쁘다.

교: (‘喜’ 위에 ‘5’라고 적으며) 기쁘다

(‘而’ 위에 ‘6’라고 적으며) **플러스.** 뭔지 몰라 아직. 물망.

학학: 잊지 마라.

교: 잊지 마라. (‘而’를 가리키며) 뭐가 나을까 이거?

학학: 그러므로, 그러나.

교: 부모님이 그를 사랑한다. 기뻤다. 으응 잊지 마라.

학학: 그래서, 그러므로

교: 기뻐하고 그리고 잊지 마라. 기뻐해서 그래서 잊지 마라. 이 말이야.

[A중학교 L교사 수업 관찰 자료 中]

L교사는 두 구절이 이어지는 곳과 ‘而’ 위에 각각 ‘+’ 표시를 한다. L교사의 ‘+’ 표시에 담긴 의미가 정확히 무엇인지 궁금하여 현장 일지에 기록하였다가 수업 후 면담에서 질문하였다.

교: 말이을 이(而)자. 접속사가 나오면 플러스로 표시해 줘요. 문법 설명할 때도, 문법 설명이라 문법 강조 잘 안하거든요. 비교형 할 때도 뭐뭐만 못하다. ‘如’는 이꼴(equal, =), ‘不如’는 이꼴 아니면 부등호 아니냐. 이거 자체가 비교다.’ 그런 식으로 쓰는. 저

만의 부호예요. 공통된 부호는 아니고. 끊어 읽기에서 문장 두
개가. 한 문장을 두 문장으로 나눌 수 있잖아요. 그 때도 플러스
(＋) 표시해요.

교: 나눌 수 있다. 플러스. 보통 사선(/) 표시로도 많이 하는데, 플러
스로 해요. 말이을 이자 위에 플러스는 아이들 해석 연결시키려
고, 접속사니까 플러스다 이거예요. 문장 부호가 아니라 문장 설
명하기 위해서 쓰는 기호예요.

[A중학교 L교사 면담 자료 中]

먼저 두 구절이 이어지는 부분에 '＋' 표시는 앞 구절과 뒷 구절을
의미 단위로 나누어 끊어 읽어야 하고, 그 자리에 토를 달아야 함을
의미하는 것이다. '而' 위에 '＋'는 '而'가 접속사임을 설명하고, 학생이
문장 해석할 때 접속사로 연결하여 해석할 수 있게 하기 위한 것이다.
L교사의 '＋' 표시는 의미 단위를 시각적으로 명확하게 구분할 수 있
도록 돕는 효과가 있다. '＋' 표시 또한 학생들은 여러 번 익숙하게
보아왔던 것이다. 개인 활동지에 나름대로 1차 문장 해석에 활용하고
있었다. 개인별 해석 후 교사와 같이 세 문징의 해석을 점검해 보는
과정에서 교사가 '而' 위에 '＋' 표시를 가리키면, 학생들은 자동적으
로 매번 접속사 '而'의 쓰임 중 문맥에 적합하다고 생각하는 것을 각
자 이야기하며, 앞뒤 구절의 뜻을 연결하여 해석하는 모습을 볼 수
있었다.

L교사는 수신호, '＋' 표시와 더불어 현토하여 읽기를 통해 문장의
의미 단위를 더욱 명확하게 구분해 주고 있었다. 한 문장의 해석과
설명이 완성되면, 구절이나 문장 끝에 토와 문장 부호를 표기하고,
토를 붙여 가며 끊어 읽게 한다. 토는 달아도 되고 안달아도 되지만,
문장의 해석을 유연하게 해주기 위해 필요한 것이라 설명하고, 어색

한 토에 대해서는 문장 읽기에 적합한 것으로 바꾸어 주기도 한다.
학생들은 교사의 수신호에 맞추어 목소리 높낮이를 달리하며 읽는 중
에 제시된 토는 목소리를 낮추어 읽고 있었다.

> 교: (해석 순서대로 한자를 짚으며) 부모님이 그를 사랑했다. 기쁘
> 다 그리고 잊지 않는다. **조금 더 유연하게 해석하려면,** 부모님
> 이 자식을 사랑
>
> 학: 하고
>
> 교: **하거든, 그러거든, 하거든** ('之' 옆에 '하거든'을 적는다.)(다시
> 풀이순서대로 짚으며) **기뻐하고 잊지는 마~라.** 이렇게 해줘야
> 되지?('忘' 옆에 '라'를 적는다.) 우리가 문장에서 종종 봤죠. 이
> 런 말?
>
> 학학: 네
>
> 교: 한자 다음에 이렇게 한글로 써놓았죠? 이런 걸 우리는 토라고
> 합니다. 토.(칠판 왼편 중간에 '吐(토)'라고 적는다.) 우웰 토가
> 아니야.
>
> 학: 토 단다.
>
> 교: 맞어. **토 단다. 토 달지 마라. 이런 말 하죠.**
>
> 학: **아아~**
>
> 교: 토 달면 돼? 안 돼?
>
> 학학: 안돼요. 돼요.
>
> 교: 달아도 되고 안 달아도 되지. 이거 있어도 되고 없어도 돼. 그러
> 나 해석하다 보면, 이런 말들이 들어가거든. 그래서 **읽을 때 뜻
> 이 통하도록 이렇게 토를 달아 주는 것이야.** 이거 넣어서 읽어
> 봅시다.(한자와 토를 순서대로 짚으며 읽어준다.) **부모애지 어
> 든 희이물망 하라.**
>
> 학학: **부모애지 어든 희이물망 하라.**
>
> 교: **아까 망. 해석할 땐 '라'가 좋았는데 읽을 땐 '하라'가 낫겠다.**

('忘' 옆에 적었던 '라'를 "하라"로 고치며 읽는다.) **부모애지 어든 희이물망 하라.**(학생 편에 읽으라고 손짓한다.)

학학: **부모애지 어든 희이물망 하라.**

[A중학교 L교사 수업 관찰 자료 中]

문장의 현토도 역시 학생들에게 익숙한 것이었다. 학생들은 수업 시간에 학습한 대로 문장의 의미나 토를 달아야 하는 부분의 앞 글자의 음에 따라 토를 바꾸거나 문장 풀이에 맞게 붙여 읽으면 된다는 정도까지 알고 있었다. 현토하여 읽기를 통해서도 의미 단위를 구분하고 있는 것이다.

연: 그럼 만약에 문장에 띄어쓰기만 되어 있어. 그런 문장 풀이할 때는 '하면' 이런 거는 어떻게 할거야? 뒤에 말 넣어 주는 거.

학2: 그거는 한자 말이을 이, 어조사 같은 걸로 하고.

연: 문장 마지막에는?

학2: 그런 거는 음에 맞는 거 '이라'나 '하면' 그런 거니까. 맞는 걸로

학4: 맞는 걸로 집어넣어서.

[A중학교 학생 면담 자료 中]

L교사의 평상시 수업에서는 수업 시간 관계상 의미 단위를 구분해 주는 활동들이 동시에 이루어진다고도 한다.[22) 수신호에 따라 끊어 읽어 가며, '+' 표시를 익히고, 동시에 문장의 토도 함께 읽는 것이다. 이를 통해 학생들은 문장을 의미 단위로 구분하여 문장의 구조를

---

22) "교: 보통 때는 끊어 읽기와 현토 읽기를 같이 해요. 아이들이 그렇게 습관화 되어 있어요. 제가 수업 들어가는 아이들은. 끊어 읽기 따로 현토 읽기 따로 시간 안돼요. 보통 때는 한 과를 다 설명하려면 시간 안돼요."[A중학교 L교사 면담 자료 中]

보다 수월하게 파악할 수 있는 것이다.

나) B고등학교 Y교사의 수업

Y교사는 교과서에 있는 대로 문장의 구절을 나누고 토를 함께 제시한다. 학생들은 제시된 대로 현토하여 문장을 끊어 읽고 있었다. Y교사는 교과서에 제시된 대로 의미 단위를 나누다가, 구절의 길이가 긴 경우에는 L교사와 마찬가지로 접속사 '而'를 기점으로 의미 단위를 나누어 구분해주고 있었다. L교사처럼 눈에 띄는 신호나 부호 표시는 없었다.

> 교: 그렇치, 여기 할 때 ('與朋友交而不信乎아?' 문장을 가리키며)**여
> 붕우교이까지 하고 쉬는 거야. 그 다음 불신호아. 너무 길잖아.
> 숨 좀 쉬어 주어야지. 다시 해봐.** 시작.
> 학학: 증자왈 오일삼성오신하니 위인모이불충호아?
> 교: (함께 읽으며, 아에서 억양을 조금 더 높여 읽는다.) 불충호아?
> **(다음 문장의 '而'에서 멈칫 해준다.)**
> 학학: 여붕우교 이불신호아?, 여붕우교이 불신호아? (학생들 띄어
> 읽는 부분을 두 가지로 겹치게 읽고 있다.)
> 교: 어렵구나.
>
> [B고등학교 Y교사 수업 관찰 자료 中]

문장 '與朋友交而不信乎아?'에서는 학생들의 읽는 소리가 일치되지 않고, 얼버무리며 정확하게 읽지 못하자, 교사는 '而' 다음에 숨을 쉬어가며 읽을 것을 지시하고, 잠시 짚어가던 동작을 멈칫해 주기도 한다. 이는 긴 문장을 제시된 대로 읽거나 해석하고자 할 때 생기는 심적 부담감을 줄여주고,23) 특히 학습자 스스로 문장 해석을 복습할 때에

의미 단위를 구분하여 문장의 구조를 파악할 수 있도록 하는 것이다.

> 학1: 선생님이 '而'할 때, 접속사로 가르쳐 주셨으니까, 그 기억이 나
> 니까 그 쪽에서 끊고 하죠.
>
> 학3: 같이 선생님하고 읽으면서 한 문장씩 끊고, 어법 같은 거 있을
> 때는 짚어 주시고, 이거는 뜻이 여러 개인데 그 중에 어떤 걸로
> 해석 한다하고 도와주시는 게 많으니까요. 혼자 할 때 그런 거
> 체크하면서 하면 정확하게 하는 거 같아요.
>
> [B고등학교 학생 면담 자료 中]

Y교사는 이와 더불어 끊어 읽는 부분을 설명할 때에 간단한 영어 문법이나 단어를 예로 들어 비교하여 설명한다고 한다. 영어를 접목하여 설명함으로써 한문 학습에 대한 학생들의 관심을 유발하고 문장의 의미 단위 구분과 구조 파악을 쉽게 할 수 있도록 돕기 위한 것이다.

> 교: 아이들 코드에 맞게 설명을 하고, 문장 같은 거 긴 것이 나오면,
> 접속사에서 끊어 읽는 다던가 전치사 앞에서 끊어 읽는 다던가
> 영어랑 비슷하게 설명해요. 그런 식으로. 영어와 접목해서 해
> 요. 약간씩. 영어랑 어순 비슷하다. 영어 독해 잘하면 이것도 잘
> 할 수 있는 거다. 맞는 부분이 있거든요. 제가 공부해 보니까.
> 그렇게 달래면서, 설득하기도 하죠.
>
> [B고등학교 Y교사 면담 자료 中]

또한 Y교사는 문장을 읽는 억양을 달리하여 의미 단위 및 문장을

---

23) "교: 끊어 읽기의 궁극적인 이유는 해석을 하기 위한 거죠. 해석을 하기 위해서 너무 길고 그러니까, 여기에서 딱 끊어 읽으면, 일단 여기까지 끊어서 우선 해석하고, 뒤에 거 해석하는 거죠. 아이들이 이렇게 죽 놓으면 정신을 못 차리거든요."[B고등학교 Y교사 면담 자료 中]

구분할 수 있도록 하고 있었다. 학생들에게 문장을 읽힐 때, 문장의 토도 분명히 짚어가며 같이 붙여 읽도록 하고 있었다. 처음부터 현토하여 읽으며 의미 단위를 구분해 주고 있는 것이다. Y교사는 문장 끝에 제시된 현토들 중 특히 문장의 형식이 反語形이나 疑問形임을 나타내는 '아'는 억양을 높여 가며 먼저 읽어 준다. 학생들은 교사와 같이 억양을 높여 읽고 있었다.24) '아'의 억양들을 모두 높여 읽는 모습이 연구자에게는 물음표(?)도 함께 읽어주는 것처럼 보였다.

> 교: 자, 첫 번째(화면의 문장을 짚어간다. 화면과 학생을 번갈아 보며)
> 학학: 자왈 학이시습지면 불역 열, 설호**아?**(목소리가 점점 커지고 높아지다가 '아?' 에서 더 높아지고 커진다.)
> 교: 아직도 설호**아?** 하는데 기쁠 열 열호**아?** 그 다음.
> 학학: 유붕자원방래면 불역락호**아?**('아?'에서 억양을 높여 읽는다.)
> 교: 잘했어.
> 학학: 인부지이불온이면 불역군자호**아?**('아?'를 더욱 높여 읽는다.)
> [B고등학교 Y교사 수업 관찰 자료 中]

교사는 억양에 변화를 주어 읽어 주며, 문장의 토인 '아'와 문장 부호 '?'의 구실을 강조하고 있는 것이다. 곧 학생들에게 한 문장의 전반적인 語氣를 파악하여 의미를 정리할 것을 일러주는 것이다. Y교사는 간단한 말과 영어 학습, 억양 조절 방법을 적절히 활용하며 문장의 의미 단위를 구분하여 주고 있었다. 이를 통해 학생들은 문장을

---

24) "교: 학생들은 한자를 다 찾아 왔기 때문에 음·뜻을 다 알아요. 음을 알아서 바로 파워포인트 화면을 켜놓고 시키는 거예요. 같이 읽어보자. 하면서 읽어봐요. 그러고 나서 그 다음에 제가 한 번 끊어서 읽기를 해주면서 이런 억양으로 읽어라. 너희들 어색하다. 한 번 지도를 해준 다음에 다시 읽어보자. 또 한 번 읽어보자."[B고등학교 Y교사 면담 자료 中]

의미 단위로 나누어 끊어 읽을 수 있고, 자연스럽게 문장의 구조 및 의미를 파악할 수 있는 것이다.

두 교사는 학생들에게 문장 해석을 위해서는 먼저 문장을 의미 단위로 구분해 끊어 읽어야 함을 인지시키고, 이를 해석에 활용할 것을 유도하는 것이다. 학생들은 교사가 제시한 수신호, '＋'표시, 억양 조절 등의 방법으로 문장을 의미 단위로 자연스럽게 구분하고, 문장 해석에도 활용하게 되는 것이다. 이를 통해 학습자 스스로가 문장을 의미 단위로 구분할 수 있어 해석에 보다 쉽게 접근할 수 있을 것이다.

2) 반복하여 끊어 읽기

두 교사는 공통적으로 문장의 의미 단위 구분하기와 반복하여 끊어 읽는 활동을 병행하고 있다. 앞서 살펴본 문장의 의미 단위를 구분할 수 있도록 도와주는 각각의 방법들과 의미 단위를 학생들이 능숙하게 해석에 활용할 수 있도록 끊어 읽기를 반복하여 실행하고 있었다. 또한 의미 단위로 끊어 읽으며 해석하는 과정도 반복된다. 한 시간의 수업에서 보통 3~4번 이상 반복하여 읽는다고 한다. 이 과정을 정리하면 다음과 같다.

〈표 1〉 반복하여 끊어 읽기 과정

관찰수업	문장 해석	반복하여 끊어 읽기 과정	
		교 사	학 생
A중학교 L교사의 수업	문장 해석 전	·의미 단위로 끊어 읽어야 할 부분을 구분해 주며 반복하여 읽게 한다. ·학생들이 오독(誤讀)한 부분은 수정하여 끊어 읽어준다.	·일제히 교사의 지시에 따라 끊어 읽는다. ·교사를 따라 수정하여 끊어 읽는다.
	문장 해석 중	·끊어 읽는 부분을 상기시키며 읽도록 한다. ·끊어 읽는 부분을 활용하여 해석한다.	·끊어 읽기에 유의하여 일제히 읽는다. ·끊어 읽는 부분을 인지하며 경청한다.

	문장 해석 후	· 문장에 토와 문장 부호를 표기하 며 의미를 정리한다. · 끊어 읽는 부분과 토를 함께 읽도 록 한다. · 문장의 해석에 유념하며, 일제히 읽도록 한다.	· 문장의 토를 정리한다. · 끊어 읽는 부분과 토에 유의 하며 읽는다. · 문장의 해석을 정리하며, 일 제히 읽는다.
B고등 학교 Y교사의 수업	문장 해석 전	· 한자의 음에 유의하며, 구절 단위 로 끊으며, 제시된 토를 함께 읽 도록 한다. · 긴 문장의 경우 의미 단위로 나누 어 끊어 읽어 준다.	· 일제히 구절 단위로 끊으며, 토를 붙여 읽는다. · 긴 문장은 교사를 따라 의미 단위로 끊어 읽는다.
	문장 해석 중	· 학생을 지명하여 한 구절씩 끊어 읽고, 해석하도록 한다.	· 지명된 학생은 한 구절씩 끊 어 읽으며 해석한다.
	문장 해석 후	· 교사가 문장을 끊어 읽어가며, 문 장에 담긴 의미를 정리한다.	· 교사에게 집중하며 의미를 정리한다.

L교사의 수업에서 학생들은 교사의 先讀 없이 교사의 수신호에 따라 휴지 부분과 현토 부분을 구별하여 의미 단위로 끊어 읽는다. 문장 해석 전에는 교사의 수신호나 '+'표시에 의존하여 의미 단위로 끊어 읽는다. 문장 해석 후에는 문장에 담긴 의미를 정리하며 의미 단위로 끊어 읽고, 문장의 해석과 토를 함께 읽어 준다. 문장에 적절한 토를 달아 의미를 정리하며 읽도록 하는데, 학생들이 보다 능숙하게 문장을 끊어 읽는 것을 관찰할 수 있었다.

> 교: 휴지부분 쉬는 거랑, 끊어 읽기 부분 쉬는 거. 그거는 한 번에 안돼요. 몇 번 해줘야 해요. 근데 아이들은 그 의미보다 해석을 더 신경 쓰기 때문에 그게 꼭 중요하다고 알게 될지는 또한 연구해 봐야겠죠. 학생 입장에서. 그러나 저는 계속 반복해주면, '아. 직감적으로 이 부분에서 끊어지는구나!' 라고 알고 있을 것 같다는 생각은 들어요.　　　[A중학교 L교사 면담 자료 中]

연구자는 L교사와의 수업 관찰 일정 조율을 위한 면담에서 중학교 1학년 수업을 공개하기로 했음을 알렸다. 순간 연구자는 L교사가 본 연구의 계획을 잘못 이해하고, 문장 수업이 아닌 한자나 성어를 제재로 한 수업을 보여주려 하는 것이 아닌가 하는 疑懼心[25]이 들었다. 그러나 수업 관찰에서 A중학교 학생들은 대부분 문장 해석에 대한 부담보다는 자신감을 보이고 있었다. 또한 일부 학생들은 개별 활동지의 1차 해석 부분에 문장을 의미 단위로 구분하여 해석하고 있었다. 이러한 모습들에서 연구자의 의구심은 바로 해소되었다. 학생들이 이러한 수준에 이른 데에는 L교사의 끊어 읽기 수업의 효과를 간과할 수 없다고 본다.

〈그림 6〉 A중학교 학생의 1차 문장 해석

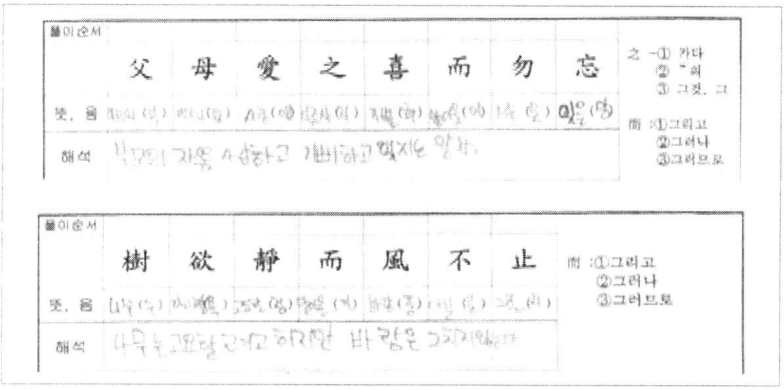

---

25) 연구자는 연구 참여 교사를 섭외하는 과정에서 중학교 한문 교사 두 명에게 부탁하였지만, 비슷한 이유로 허락을 받을 수 없었다. 중학교 교사 두 명 중 한 명은 "현재 1학년 수업과 3학년 수업을 담당하고 있는데, 모두 고사성어 중심의 수업을 하고 있어 문장 수업을 해 본 적이 없는 상태라 수업 공개가 곤란하다."고 하였다. 다른 한 명의 교사는 "1학년 수업을 담당하고 있는데, 주당 1시간의 수업으로 교과 진도 맞추기도 힘든 상황이고, 여러 학급을 맡고 있다 보니 학습 자료 만들기에도 바쁜 상황이라 연구 참여가 힘들겠다."는 의사를 밝혔다.([연구자의 연구 일지 中]) 현재 중학교 1학년 한문 수업의 실태를 자세히 듣고 난 후라 더욱 의구심이 생겼던 것이다.

Y교사의 수업에서 TV화면의 문장들을 순서대로 짚어가며 읽고, 문장 끝에서는 문장의 형식에 맞추어 억양을 높여 세 번 정도 반복하여 따라 읽도록 한다. B고등학교 학생들은 이러한 반복하여 끊어 읽기는 특히 스스로 문장 해석을 해야 할 때, 끊어 읽었던 부분을 기억하게 하여 문장의 바른 해석을 도와주고, 특히 시험 공부할 때에는 학습 시간 절약에 효과적이라고 한다.

> 학1: 제가 해석해보고 나서 하면 자기가 했던 게 떠오를 수도 있고, 중간에 막힌 게 있을 때, 선생님이 여러 번 읽어 주시잖아요. 계속 못 읽었다가 두세 번 따라하면 눈에도 익고, 기억에도 남게 되니까.
>
> 학3: 선생님이 계속 반복해서 공책보고 한번 해보고, 칠판보고 해보고 하니까. 그냥 더 자연스럽게 외워지는 거 같고요. 시험 공부할 때 다시 보면, 오늘 계속 읽었잖아요. 그러면 시험 볼 때나 공부할 때 뜻은 자세하게 몰라도 읽을 수도 있고 해석이 되니까 굳이 따로 외울 시간에는 혼자 할 때보다 좀 더 적은 시간 안에 외울 수 있어요.
>
> [B고등학교 학생 면담 자료 中]

두 교사의 문장을 의미 단위로 구분하여 주고, 이를 반복하여 끊어 읽게 하는 과정은 학습자의 정확한 문장 해석과 이해에 실질적인 도움을 주고 있었다. 끊어 읽기가 학습자 스스로 문장의 의미 단위를 구분하게 하여 문장의 구조를 파악하게 하고, 의미를 조합하여 바르게 해석할 수 있도록 도와주는 것이다. 연구자는 수업 후 면담에 참여한 학생들의 대답과 표정 속에서 한문 문장 해석에 대한 자신감을 관찰할 수 있었다. 이는 문장을 정확하게 해석해 본 경험에서 나온

자신감이라고 본다. 곧 끊어 읽기를 통해 이러한 긍정적인 경험들이
쌓이게 되면, 학습자 주도의 능동적인 한문 문장 학습도 가능할 수
있을 것이다.

3) 평가하기

연구자는 두 교사와의 사전 면담에서 형성 평가를 실시해 줄 것을
부탁하였다. 두 교사의 수업은 학습자들이 학습 내용으로 제시된 한
문 단문과 산문을 각각 바르게 풀이하는 것에 목표를 두고 있다. 따
라서 학습자가 문장을 얼마나 정확히 해석할 수 있는지에 관련된 문
항들로 평가 문항을 구성하였다고 한다. 수업의 정리 단계에서 학습
자가 평가지에 답을 기입하는 전형적인 형성 평가 방식으로 실시되
었고, 수업 종료 후 바로 회수하였다. 형성 평가 문제지에서 끊어 읽
기와 관련된 문항을 중심으로 분석하였는데, 평가 결과를 수치화하
거나 계량화하지 않았다. 연구자는 두 교사의 형성 평가 내용이 수
업의 微視的인 내용26)들을 다루는 質的 평가에 해당된다고 보고,
교사의 문항 제작 및 학습자의 끊어 읽기 관련 문제 풀이 과정을 파
악하고자 질적으로 분석하였다. 수업 후 수거한 형성 평가 문제지들
을 일차적으로 검토하고, 교사와 학생과의 면담에서 각각 형성 평가
에 대한 의문 사항을 질문하여 교사의 문항 제작 의도 및 학습자의
문제 풀이 과정에 대한 정보를 얻을 수 있었다.

A중학교 L교사는 이제껏 지도했던 끊어 읽기 내용들이 학생들에게

---

26) 미시적인 내용이란 피상적으로 파악되는 한문 독해 과정이나 문장 독해 과정에
쓰이는 한자의 다양한 쓰임, 허자의 쓰임, 기타 수업 내용과 연관된 교사의 다양한
發話 등을 포함하는 것이다. 한문 교과의 특성상 교사는 교재에 제시된 내용 외에
도 다양한 내용을 다루는 것이 일반적이다. 김경익(2008), 115면 각주5) 참조.

어느 정도 학습되었는지 확인하기 위하여 의도적으로 끊어 읽기 관련 문항을 만들어 본 것이라 한다.[27] 수업 관찰 전 L교사로부터 전해 받은 학생 개인별 활동지 2면의 형성 평가 문항을 먼저 살펴보았다. 끊어 읽기와 관련된 문제는 1번과 2번 문항만이 해당되었다. 문장을 읽을 때 끊어지는 부분을 사선(/)으로 표시하는 문제를 1번 문항으로, 괄호 안에 적당한 토를 적어 넣는 문제를 2번 문항으로 제시해 놓았다. 실제 문항은 다음과 같다.

〈그림 7〉 A중학교 학생의 형성 평가 문제 풀이

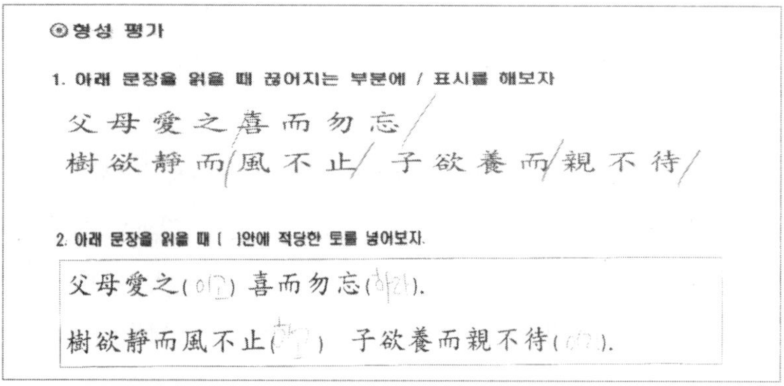
⊙형성 평가

1. 아래 문장을 읽을 때 끊어지는 부분에 / 표시를 해보자

父母愛之喜而勿忘/
樹欲靜而/風不止/ 子欲養而/親不待/

2. 아래 문장을 읽을 때 ( )안에 적당한 토를 넣어보자.

父母愛之( ) 喜而勿忘( ).
樹欲靜而風不止( ) 子欲養而親不待( ).

수업 종료 후 바로 수거하여 검토해 보니, 형성 평가 문제를 풀다가 말거나 전혀 풀지 않은 것도 눈에 띄었다. 연구자는 수업 관찰 시에 형성 평가 풀이 시간에 활동지 1면의 빈칸들을 채우느라 바쁜 몇몇 학생들을 볼 수 있었다. 이 학생들의 활동지와 수업 시간의 정황을 통해 '풀이와 이해' 부분을 채워 넣기에 바빠 형성 평가 문제 풀이 시간이

27) L교사는 본 연구를 위한 수업을 계획하면서, 자신이 평상시에도 하고 있는 끊어 읽기 활동을 제대로 보여주고자 하였다고 한다. Y교사와 다르게 형성 평가에 끊어 읽기 관련 문항이 제시된 이유도 L교사의 수업 계획 의도에 근거한 것이라 볼 수 있겠다.

부족했던 것임을 재확인할 수 있었다. 형성 평가 문항에 응답한 학생들의 답을 분석해 본 결과 학생들은 끊어 읽는 부분을 표시하는 1번 문항에서 대부분의 학생이 수업 시간에 교사가 끊어 읽을 것을 강조한 '而' 다음에 사선(/) 표시를 하였고, 몇몇 학생은 '而' 다음 곧 휴지 부분에는 'V' 표시, 현토 부분에 '/' 표시를 하여 구분하여 표기하기도 하였다. 교사의 수신호 중 손을 올리면 소리를 높여 읽는 휴지 부분을 기억하여 표기해 넣은 것이라고 본다. 끊어 읽지 않은 부분, 곧 의미 단위로 나누어지지 않는 부분에 사선 표시를 한 학생은 없었다. 2번 문항에서도 대부분의 학생들이 교사를 따라 문장을 현토하여 읽었던 대로 적어 넣었는데, 위 그림처럼 '어든(하거든)' 대신에, '이고'나 '는'을 적어 넣은 모습도 볼 수 있었다.

이와 관련하여 A중학교 학생들에게 형성 평가 문제에 끊어 읽기와 관련된 현토나 띄어쓰기 등이 되어 있지 않을 경우에는 문장의 해석 및 문제 풀이가 가능하겠는지 물어 보았다. 학생들은 시험 볼 때쯤 되면 이미 복습을 통하여 외우고 있는 부분이 많아 현토나 띄어쓰기가 없어도 해석할 수 있지만, 실제 시험에서는 이를 기억해 내어 정확하게 문제를 풀어야 하므로 필요하다는 것이다.[28] 이는 학생들이 스스로 문장을 해석하여 문제를 풀어야 하는 상황에서 현토와 띄어쓰기에 의존하고 있음을 알 수 있다.

L교사는 평소 학습할 문장에 현토나 띄어쓰기를 반드시 하고, 평가 문항에도 학생들이 문제를 더 잘 풀게 하기 위해 반드시 현토를 한다고 한다.

---

28) "학2,3: 그거는 있어야 될 거 같아요." "학1: 있어야 될 거 같아요. 이어주는 거"
"학2: 평소에 읽을 때도."[A중학교 학생 면담 자료 中]

연: 평가 문제를 낼 때는 어떻게 하시나요?

교: 토를 꼭 붙여 줘요. 그래야 조금 더 잘 풀어요. 그렇게 생각해요, 저는.

연: 면담에서 아이들이 시험 볼 때쯤 되면 토 없이도 풀이가 가능하다고도 하던데요.

교: 아까 토는 달아도 되고 안 달아도 된다고 그랬잖아요. 강조를 안했기 때문에, 해석하는 아이들은 토 없이도 되죠.

[A중학교 L교사 면담 자료 中]

B고등학교 수업에서도 정리 단계에 Y교사가 제작한 형성 평가 문제지를 배부하여 준 후 남은 시간 동안 풀어보게 하였다. 문제지에는 세 문항이 제시되어 있는데, 본 수업에서 학습한 문장의 주요 내용 파악과 해석, 자신의 의견 및 감상을 적어 넣는 문항들로 구성되어 있었다. 1번과 2번 문항에 제시된 문장에는 현토나 문장 부호는 없고, 띄어쓰기만 되어 있었다. 1번 문항은 문장의 빈칸에 알맞은 한자어를 적어 넣는 문제로, 끊어 읽기와 관련이 적다고 보고, 2번 문항에 대한 학생들의 반응을 분석하였다. 실제 2번 문항은 다음과 같다.

〈그림 8〉 B고등학교 학생의 형성 평가 문제 풀이

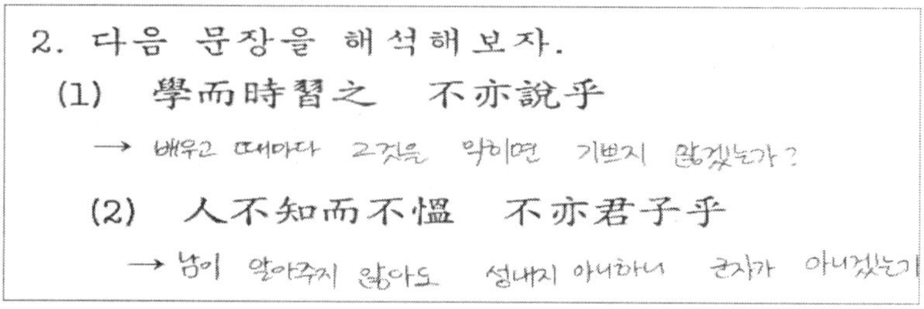
2. 다음 문장을 해석해보자.
(1) 學而時習之 不亦說乎
→ 배우고 때때마다 그것을 익히면 기쁘지 않겠는가?
(2) 人不知而不慍 不亦君子乎
→ 남이 알아주지 않아도 성내지 아니하니 군자가 아니겠는가

대부분의 학생들이 현토와 문장 부호가 없는 점에 구애받지 않고,

수업 시간에 학습한 대로 문장의 토나 부호를 활용하여 해석하고 있었다. 문장 사이에 생략된 토인 '면'을 해석에 그대로 적어 놓았고, 일부 학생들은 토를 응용하여 문장의 의미를 재구성하기도 하였다. 문장 부호인 '?'를 3명의 학생을 제외한 모든 학생들은 제시된 문장의 해석 끝에 일제히 적어 놓고 있었다. 이는 수업시간 내내 Y교사와 같이 억양을 높여 연이어 읽은 반어형 문장의 현토와 물음표('아?')를 각자 문제 풀이 해석에 적용해 '가?'를 붙이며 반어의 의미로 해석한 것을 볼 수 있다. B고등학교 학생들은 형성 평가 문제 풀이에 대한 면담에서 이미 수업 시간에 학습한 문장의 경우, 형성 평가든 총괄 평가 문제이든 간에 문장에 현토는 없어도 무방하고 띄어쓰기 정도만 되어 있어도 해석이 가능하다고 한다.

> 연: 아까 형성 평가 문제 중 1번, 2번 해석할 때처럼 띄어쓰기만 되어 있고 토는 없어도 문장 풀이가 가능할까?
> 학학: 네. 없어도 될 거 같은데요.
> 연: 그럼 시험문제에 토가 없는 것은 그렇게 불편하진 않아? 지문에 거의 생략되어 있잖아.
> 학3: 시험 볼 때, 굳이 생각 안 나도 이렇게 끊잖아요. 띄어쓰기는 해주시잖아요. 그러면 한 글자를 몰라도 그 전체적인 뜻은 아니까, 해석할 때는 그렇게 신경 안 쓰는 거 같아요.
> 연: 그게 눈에 보이는 거구나.
> 학2: 네. 수업 시간에 많이 반복을 했으니까요.
> [B고등학교 학생 면담 자료 中]

Y교사는 형성 평가와 총괄 평가에 제시되는 문장들에 현토는 생략하고 문장 부호 표기와 띄어쓰기는 해 준다고 한다. 평가 후에 평가

결과를 분석해 보면, 현토를 생략하는 것이 별다른 문제가 되지 않음을 알 수 있다고 한다. 학생들이 여러 차례 읽어보고 해석하며 익힌 문장들은 시험 볼 때 쯤 되면, 이미 문장과 함께 토와 풀이까지 암기가 되어 있고 띄어쓰기가 되어 있는 부분과 문장 부호를 통해 문장의 해석이 가능한 것이라 볼 수 있다.

L교사는 평가 문항 제작 시에 현토나 띄어쓰기를 교과서 그대로 표기하여 학생들이 한문 문장을 원활하고 올바르게 풀이하는 데 도움을 주고자 하는 반면, Y교사는 이미 학습된 문장이므로 학습자 스스로 풀이해 보라는 의미에서 평가 문항에는 현토는 생략하고 띄어쓰기와 문장 부호만을 제시해 주고 있었다. 이에 대해 학생들도 각 교사의 의도와 일치된 견해를 갖고 있었다. A중학교 학생들은 평가 문항에 현토나 띄어쓰기, 문장 부호가 모두 표기되어 있으면, 오히려 더 정확하게 문장을 해석해 낼 수 있다고 한다. 반면 B고등학교 학생들은 이미 학습한 내용일 경우 현토는 없어도 풀이에 큰 문제가 되지 않았음을 확인할 수 있었다.

두 교사는 끊어 읽기를 학생들의 평가지에 제시한 문장들의 원활한 해석을 위해 활용하고, 학생들은 현토나 문장 부호 등 끊어 읽기를 문장 해석 방법으로 활용하는 것이다. 평가에서 끊어 읽기는 특히 한문 문장의 誤譯을 방지하여 평가 문항의 정답률을 높이는 데 매우 유용한 수단이 되고 있음을 볼 수 있다.

두 교사는 학습할 문장을 제시하고, 의미 단위에 맞게 끊어 읽고 해석하며, 평가하는 과정에까지 끊어 읽기를 실행하고 있다. 이러한 끊어 읽기 실행 과정은 학습자에게 문장 해석에 대한 흥미를 유발하여 쉽게 접근할 수 있도록 하고, 스스로 해석을 바르게 해 낼 수 있도록 돕고 있었다. 곧 실제 한문 문장 수업에서 끊어 읽기는 학습자의

한문 학습에 대한 능동적인 참여와 문장 해석 능력 향상에 실질적인
효과가 있다고 볼 수 있다.

3. 끊어 읽기에 관한 인식

수업은 교육의 목적을 달성하기 위해서 교사와 학습자가 교육 내용
을 가지고 상호작용하는 교육의 핵심적 활동으로, 교사의 수업은 곧
학생의 학습으로 이어진다고 할 수 있다. 이때에 교사와 학생의 활동
이면에 내재된 인식들도 상호작용하게 될 것이다. 연구자는 수업 관
찰과 면담을 통하여 교사의 끊어 읽기에 관한 인식이 학생의 인식에
도 영향을 주고 있음을 확인할 수 있었다.

1) 두 교사의 끊어 읽기에 관한 인식

두 교사는 공통적으로 한문 문장 해석을 위하여 끊어 읽기를 실행
하고 있었다. 이는 학습자의 문장의 구조 파악 및 해석을 효율적으로
돕고 있었다. 이렇게 끊어 읽기가 수업에서 구체적으로 실행되고 있
었지만, 교사의 끊어 읽기, 현토, 문장 부호 등의 원리나 의미에 대한
구체적인 설명은 없었다.

> 교: (칠판 왼편 상단에 판서한 '한문의 해석'가리키며) 오늘의 우리
>   학습 목표는 한문의?
> 학학: 해석~
> 교: 해석이지, 요즘 계속 선생님이 목표로 잡는 거. 해석을 어떻게
>   하는지 봅시다. 해석의 기초는?
> 학학: 뜻과 뜻을 연결하는 것

교: **뜻과 뜻 연결하려면 일단 읽을 줄 알아야 돼.** 읽고 시작합시다. 자, 읽어보세요. (첫 문장의 한자를 하나씩 짚으며, 학생 편을 바라본다.)

학학: (교사의 손동작을 따라가며 한자의 음뜻을 읽는다.)아비 부 어미 모 사랑 애 어조사 지 기쁠 희 말이을 이 말 물 잊을 망

교: ('之'에서 손을 앞으로 내린다. 잠시 멈추고, '而'에서 손을 위로 들어 올린다. '忘'에서 다시 손을 내린다.)

학학: (음뜻 읽기가 끝난 후, 자동적으로 한자의 음만을 읽는데, **교 사의 손동작에 따라 읽는다. '之'는 소리를 낮추어 읽고, '而'는 높여 읽는다.**) **부모애지 희이물망.**

[A중학교 L교사 수업 관찰 자료 中]

L교사는 한문 해석을 하려면 일단 읽기가 가능하여야 한다는 것[29] 을 학생들에게 주지시키고 있다. 읽기라고만 강조하고 수신호나 '+' 표시, 현토 등을 함께 제시하고, 끊어 읽어 가며 해석하는 과정을 반 복하기만 한다.

Y교사의 수업에서도 끊어 읽기에 대한 구체적인 설명은 찾을 수 없 었다.

교: 그렇지, 여기 할 때, ('與朋友交而不信乎아?' 문장을 가리키며) **여붕우교이까지 하고 쉬는 거야, 그 다음 불신호아. 너무 길잖 아. 숨 좀 쉬어 주어야지. 다시 해봐.** 시작.

학학: 증자왈 오일삼성오신하니 위인모이불충호**아?**

---

[29] "교: 현장 교사의 입장에서는 아이들이 어느 부분에서 쉬어 줄 때, 좀 더 해석이 연하게 가겠냐. 읽기 다음에 이해잖아요. 지금, 풀이 다음에 이해로 이어지겠는데, 풀이가 가능하도록 읽기가 해줘야 된다는 게 제 생각이에요."[A중학교 L교사 면담 자료 中].

교: (함께 읽으며, 아에서 억양을 조금 더 높여 읽는다.) 불충호아?
　　(다음 문장의 '而'에서 멈칫 해준다.)
학학: **여붕우교 이불신호아? 여붕우교이 불신호아?** (학생들 띄어
　　읽는 부분을 두 가지로 겹치게 읽고 있다.)
교: 어렵구나.

　　　　　　　　　　　　　　[B고등학교 Y교사 수업 관찰 자료 中]

　Y교사는 평상시 다른 한문 문법을 설명할 때에도 되도록이면 학생
들에게 친숙한 단어들을 사용하여 쉽게 이해시키려고 한다고 한다.
끊어 읽기에 대해서도 긴 문장은 중간에 숨을 쉬어 주어야 한다는 식
으로 간단히 설명하며 먼저 읽어주고 따라 읽게 한다. 간혹 교과서의
현토에 대한 질문에 한문을 우리말로 해석하기 위해 필요한 것이라고
만 설명한다고 한다.30) 주로 끊어 읽기는 친숙한 단어나 반복하여 읽
는 활동 속에 내포되어 있다.

교: 다만 드러내놓고는 안하죠. 아이들한테 끊어 읽기가 무엇인지.
　　띄어 읽기가 무엇인지, 아까 잠깐 제가 쉬었다 읽었는데, 휴지
　　가 뭔지 이런 거 설명 안 해요. 얘들한테. 다만 읽기가 중요하다
　　는 거는 심어줘요. 한문의 기초라고. 이번 수업 때문에 그런 게
　　아니라, 원래 한 3년 전부터 많이 강조한 부분이죠.
　　　　　　　　　　　　　　－ 중 략 －
　　휴지부분 쉬는 거랑, 끊어 읽기 부분 쉬는 거. 그거는 한 번에
　　안돼요. 몇 번 해줘야 해요. 근데 아이들은 그 의미보다 해석을

---

30) "교: 처음에 짧은 거 배울 때는 쉬는 게 휴지가 별로 없으니까 교과서에 있는
　　대로 하죠. 종종 아이들이 '여기에 한글이 왜 달려있어요?' 하고 물어봐요. 그러면
　　'이게 토라는 거야. 우리식으로 해석을 원활하게 하기 위해서 말을 단 거야.' 라고
　　말해줘요."[B고등학교 Y교사 면담 자료 中]

더 신경 쓰기 때문에 그게 꼭 중요하다고 알게 될지는 또한 연구해 봐야겠죠. 학생 입장에서. 그러나 저는 계속 반복해주면, '아. 직감적으로 이 부분에서 끊어지는 구나!' 라고 알고 있을 것 같다는 생각은 들어요.

[A중학교 L교사 면담 자료 中]

교: 끊어 읽기의 궁극적인 이유는 해석을 하기 위한 거죠. 해석을 하기 위해서 너무 길고 그러니까, 여기에서 딱 끊어 읽으면, 일단 여기까지 끊어서 우선 해석하고, 뒤에 거 해석하는 거죠. 아이들이 이렇게 쭉 놓으면 정신을 못 차리거든요.

[B고등학교 Y교사 면담 자료 中]

두 교사에게 연구 계획을 간단히 설명하는 사전 면담 과정에서, 두 교사는 끊어 읽기라는 용어의 의미를 연구자에게 물어 재확인한다거나 구체적인 개념 정리를 요구하지 않았다. 교사 나름대로 끊어 읽기에 관한 인식이 정립되어 있었던 것이다. 학생들도 문장 수업의 중점을 문장의 바른 해석 및 이해에 두고 있으므로, 끊어 읽기의 의미나 원리에 대한 교사의 설명은 오히려 학습 부담을 줄 수 있다고 생각한 것이다. 구체적인 설명보다 학생들에게 익숙한 읽기 활동과 해석 과정에 포함시켜 끊어 읽기의 유용성을 자연스럽게 인지시키고 있는 것이다. 읽기 속에 끊어 읽기의 의미까지 함축해 놓고 있는 것이었다. 이를 통해 두 교사는 읽기의 한 방법으로서 끊어 읽기를 실행하며, 학생의 문장 해석을 유연하게 해주기 위한 필수 방법으로 인식하고 있음을 확인할 수 있었다.

2) 학생들의 끊어 읽기에 관한 인식

학생들의 끊어 읽기에 관한 인식은 주로 수업 후 면담에서 살펴볼 수 있었다. 면담에 선정된 학생들은 두 교사에게 의뢰하여 한문 성적이 중상위권인 학생 4명을 각각 선정하였다. A중학교 학생들은 중학교 1학년이지만, 이미 단문 문장 수업을 여러 차례 해보았다고 한다. 단번에 정답에 가까운 해석을 할 수는 없지만, 문장 해석에 대한 부담감이나 거부감은 없어 보였다. B고등학교 학생들은 고등학교에 들어와서 문장을 반복해 읽고 스스로 해석해 보는 과정 속에서 문장 해석 실력이 많이 향상되었다고 한다.

연구자는 두 교사 모두 끊어 읽기라는 용어를 수업 시간에 정식으로 사용하지 않는 점을 감안하여, 끊어 읽기를 읽기로 대신하여 부르고, 현토에 대해서는 문장 속의 한글이라고 하는 등 학생들에게 익숙한 단어로 바꾸어 질문하였다.

> 연: 우리 교과서에도 그런 거 한글 이런 거 다 빠져도 풀이가 될 거 같아?
> 학1, 2: 그건 좀…….
> 학4: 있는 게 나은 거 같아요. 풀이할 때도.
> [A중학교 학생 면담 자료 中]

> 연: 지금, 교과서에 한글로 '~면, ~가' 써있잖아. 그런 거 왜 있는 거 같아?
> 학1, 3: 어디요?
> 연: 오늘 배운 문장 같으면 '학이시습지(學而時習之)면' 할 때 '면' 이런 거.
> 학2: 아~ 구분 잘되고 해석하기 쉬우라고 있는 거 아니에요?

학1,2,3: 있으면 해석할 때 훨씬 도움 되는 거 같아요.

-중략-

연: 만약 우리 교과서에 한글이 빠져 없고 띄어쓰기만 되어 있어. 그런 문장 본 적 있어?

학1,2: 아직 없어요.

연: 아니면 배웠던 문장을 선생님이 아까 형성 평가 문제도 보니까 그렇던데. 빼 놓았는데, 그럴 때는 어때?

학1: 가르쳐주시고 푸는 거기 때문에 괜찮긴 한데, 아예 정말 없었다면 앞에 첫 문장에서 주어 이렇게 배우긴 했는데요. 저흰 익숙하지 않으니까, 뺀다면 배우지 않은 문장에서 한다면 정말 이상한 해석이 나올 거 같아요.

[B고등학교 학생 면담 자료 中]

학생들은 수업 시간에 끊어 읽기나 현토라는 용어를 들어 본 적은 없지만, 문장 해석에 이 방법들을 적절히 활용하여 문장을 읽고, 해석하고 있음을 살펴볼 수 있다. 이는 교사가 한문 수업에 끊어 읽기를 실제 수업에서 구체적으로 실행하고 있는 이유, 곧 교사의 끊어 읽기에 관한 인식이 학생들에게 학습되어진 것이라 본다.

연구자는 실제 한문 수업에서 끊어 읽기가 학생의 한문 문장 학습에 대한 자연스런 접근과 자발적인 참여를 유도하고 있음을 살펴볼 수 있었다. 이를 통한 학습자의 바른 문장 해석 경험은 간혹 이상한 해석을 하게 되더라도 문장의 의미 단위, 현토 등을 재점검하여 재해석하면 바로잡을 수 있다는 긍정적인 인식을 갖게 하는 것이다. 곧 끊어 읽기가 학습자의 한문 문장 학습에 대한 흥미 및 학습 동기, 독해 능력을 함께 향상시켜 주는 매우 유용한 한문 문장 학습 방법임을 재확인 할 수 있었다.

Ⅳ. 결론

본 연구가 질적 사례 연구 방법을 활용하여 현장의 중·고등학교 한문 수업을 끊어 읽기에 초점을 두고 관찰하게 된 것은 끊어 읽기가 학습자의 한문 독해 능력 향상에 매우 유용한 방법이라 판단해서이다. 곧 한문과의 끊어 읽기는 한문을 이루는 구절, 문장을 바르게 끊어서 현토하여 읽거나 문장 부호를 사용하여 표기하는 것으로 한문 문장을 우리말로 바르게 해석하고 제대로 이해하기 위해 활용하는 방법인 것이다.

현재 한문 교과서에는 토나 문장 부호들을 사용하여 한문 문장을 제시하고 있지만, 교육과정이나 교과서, 교사용 지도서 등에 현토나 구두법에 대한 구체적인 설명이 없었다. 2007년 개정 한문과 교육과정에 와서야 비로소 하나의 학습 내용으로 제시되어 있다. 이에 연구자는 개정 한문과 교육과정의 실행에 앞서 끊어 읽기에 대한 실제적인 연구가 필요하다고 보고, 현재 중학교 한문 교사 1명과 고등학교 한문 교사 1명의 수업에서 끊어 읽기의 구체적인 실행 과정과 끊어 읽기에 관한 인식이 어떠한지를 살펴보고, 이를 총체적으로 분석하였다.

두 교사의 수업에서 끊어 읽기는 공통적으로 한문 문장 해석을 위해 실행되고 있었다. 끊어 읽기의 구체적인 실행 과정은 문장 제시하기, 의미 단위에 맞게 끊어 읽기, 평가하기 순으로 진행된다. 먼저 학습할 문장에 현토나 문장 부호 등을 표기해 이를 문장 해석에 활용할 수 있는 기회를 제공하고, 이후 문장 해석 과정에서는 문장을 의미 단위에 맞게 끊어 읽는 활동이 반복되고 있다. 교사마다 수신호, '+' 표시, 현토, 억양 조절 등의 방법을 활용하여, 학습자 스스로 문장을 의미 단위로 끊어 읽을 수 있게 하고, 이를 문장 구조 파악 및 해석에 활용하도록 유도하고 있었다. 평가에서는 문항에 현토와 문장 부호 등을 제시하여 학습자의 문장 독해 및 문제 풀이를 도와주고 있었다. 이를 통해 학생들은 문장 해석에 대한 흥미와 자신감이 향상되어 있었다.

두 교사는 읽기의 한 방법으로서 끊어 읽기를 실행하며, 학생의 문장 해석 능력 향상에 매우 유용하다는 인식을 바탕으로, 실제 문장 수업에서 학생의 문장 해석을 유연하게 도와주기 위해 구체적으로 실행하고 있었다. 학생들은 교사와 같이 끊어 읽기의 유용성을 인지하며, 수업 시간 및 스스로 문장을 읽거나 해석해야 할 때에 이들을 실질적으로 활용하고 있음을 볼 수 있었다. 따라서 한문 수업에서 끊어 읽기의 실행은 학생의 다양한 한문 학습 수준 및 경험으로 한문 문장 수업이 부담이 되고 있는 현 상황에서 학습자의 한문 문장 학습에 대한 흥미 및 학습 동기 부여, 한문 독해 능력 향상에 매우 유용한 방법이 될 수 있다고 본다.

본 연구는 실제 중·고등학교 한문 수업에서의 끊어 읽기의 구체적 실행 과정과 끊어 읽기에 관한 인식을 제시하여 학습자의 한문 독해 능력 향상 및 한문 문장 수업의 활성화를 위한 실질적인 자료를 제공하고, 추후 시행될 개정 한문과 교육과정의 실행 방안 논의에 기초 자료가 될 수 있다는 점에서 의의를 찾을 수 있겠다. 그러나 보다 많은 교사의 수업을 대상으로 하지 못했다는 점과 수업 관찰 기간이 짧았다는 점 등에서 연구 결과를 일반화하는데 어려움이 있다. 이후 끊어 읽기에 대한 다각적인 접근으로 실제 수업에서 적용할 만한 다양한 끊어 읽기 방법 및 전략을 체계적으로 마련하고, 한문과 읽기 교육에 대한 실제적인 자료를 제공해 줄 수 있는 후속 연구가 이어지기를 기대해 본다.

참고문헌

1. 자료

교육인적자원부(2007), 『한문, 교양 선택과정 교육과정』, 교육인적자원부 고시 제 2007-79호[별책 17], 교육인적자원부.

교육인적자원부(2007), 『외국어과 교육과정(Ⅱ)』, 교육인적자원부 고시 제2007-79 호 [별책 14], 교육인적자원부.

교육과학기술부(2008), 『교육인적자원부 고시 제2006-75호 및 제2007-79호에 따 른 중학교 교육과정해설(Ⅴ)-외국어(영어), 재량 활동, 한문, 정보, 환경, 생활 외국어』, 교육과학기술부.

2. 단행본

Geoffrey E. Mills, 강성우 외 옮김(2005), 『교사를 위한 실행연구』, 우리교육.

Sharan B. Merriam 저, 허미화 옮김(1997), 『질적 사례연구법』, 양서원.

3. 논문

김경익(2008), 「한문 수업 내실화를 위한 수업 중 평가의 필요성」, 『한문과 수업 연 구의 필요성』(한국한자한문교육학회 2008년 추계학술대회 자료집).

김왕규(2003), 「한문교육학의 학문적 정립을 위한 서설-한문 교육 연구의 동향과 과제」, 『대동한문학』제19집, 대동한문학회.

김왕규(2006), 「한문교육학 연구 방법론의 현황과 과제」, 『한문교육연구』제27호, 한국한문교육학회.

김왕규(2008a), 「한문 교과서 단원 구성의 원리와 방안」, 『한문교육연구』제31호, 한 국한문교육학회.

김왕규(2008b), 「한문교육학 연구자로서의 교사와 교수, 그 변화와 성찰의 한 국면-대 학원 '한문교육원론'수업 비평」, 『한자한문교육』제21집, 한국한자한문교육학회.

남궁원(2008), 「고등학교 한문과 읽기 교육의 문제」, 『한자한문교육』제21집, 한국한 자한문교육학회.

노명완(2001), 「중등교육과 교사의 수업 전문성; 읽기 전략 활용 수업을 지향하며」 『한국교사연구』제18권 제1호, 한국교원교육학회.

문수정(2008), 「의미단위(Sense Group)별 끊어 읽기를 통한 영문독해능력 향상 지 도 방안」, 한국교원대학교교육대학원 석사논문.

백광호(2006), 「실행연구 활성화를 위한 『한문교육』내용 분석」, 『한문교육연구』제 27호, 한국한문교육학회.

백광호(2007a), 「한문과 교육과정의 '읽기' 영역에 관한 고등학교 교실 수업 분석」, 『한자한문교육』제19집, 한국한자한문교육학회.

백광호(2007b), 「한문과 수업의 독해 양상에 관한 관찰 연구」, 고려대학교 대학원 박사학위 논문.

백원철(1997), 「한문과 학습의 전통적 낭독법에 대하여 -한문과 학습의 효과적 일방안의 모색」, 『한문교육연구』 제11호, 한국한문교육학회.

백원철(2000), 「중·고교 한문교과서 문장의 현토와 해석에 관한 연구」, 『교육연구』 제16집, 공주대학교교육연구소.

송병렬(1999), 「현토교육의 유용성과 토의 문법적 성격」, 『한문교육연구』제13호, 한국한문교육학회.

원용석(2004), 「한문과 교육과정 내용체계 고찰」, 『한문교육연구』제22호, 한국한문교육학회.

윤재민(2008), 「2007년 개정 한문과 교육과정의 '읽기'영역 분석 」, 『한자한문교육』 제21집, 한국한자한문교육학회.

이병혁(2000), 「전통 한문 교육-한문 현토를 중심으로-」, 『한자한문교육』제6집, 한국한자한문교육학회.

이상하(2006), 「한문학습 및 번역에 있어서 현토의 문제」, 『현대사회에서의 한문교육 제도 및 학습 방법에 대하여: 2006년도 정기학술회의 자료집』, 민족문화추진회.

임명호(2003), 「한문 끊어 읽기 교육에 관한 연구-허사를 중심으로」, 『한자한문교육』제11집, 한국한자한문교육학회.

정만호(2005), 「고등학교 한문 교과서 현토의 문제점」, 『한자한문교육』제15집, 한국한자한문교육학회.

허호구(1997), 「漢文聲讀考」, 『국문학논집』제15집, 단국대학교.

이 글은 『漢文敎育硏究』 제32호(韓國漢文敎育學會, 2009)에 수록한 논문을 재수록한 것이다.

授業 改善을 위한 高等學校 漢文 敎師의 自己 授業 分析

白光鎬

Ⅰ. 序論

이 연구의 목적은 '自己 授業 觀察 및 分析'을 통해 자신의 수업을
되돌아보기 위한 방법 및 절차를 밝히는 것이다. 이러한 연구는 자신
의 수업을 변화시키기 위한 방안 중의 하나이다. 교사 스스로 자신의
교수 행동을 분석하여 개선점을 찾을 수 있다는 점, 자기 수업 변화
를 위한 기초 자료를 얻을 수 있다는 점에서 연구의 의의를 찾을 수
있다.

그동안 漢文科 敎育에 대한 연구 성과는 질적·양적으로 많이 축적
되었다. 그렇지만 실제 한문 수업 현장에 대한 경험적이면서 실제적
인 연구는 그다지 많지 않았다는 점을 自認하지 않을 수 없다. 한문
과 교육이 실행되는 敎室 現場에 대한 硏究는 한문과 교육의 기본이
라고 할 수 있다. 따라서 교사와 학생의 소통이 이루어지는 교실에서
한문 과목이 어떻게 교수되고 학습되는지 연구하는 것은 현행 한문과
교육이 가지고 있는 문제점을 진단하고 해결 방안을 모색하기 위한

礎石이 되는 작업이다.

이와 같은 연구는 '한문과 수업에서 무엇을 어떻게 가르쳐야 하는 가?'라는 문제와 관련된다. 한문과 교육 분야의 연구 성과를 살펴보면, 漢文科가 가진 特徵的인 面, 이를테면 '한문과 내용으로 무엇을 다룰지', '성취해야 할 목표와 그에 따른 학습 내용의 전개가 적절한지' 등을 상대적으로 소홀하게 다룬 것은 아닌지 고민할 필요가 있다. 예를 들어 한자의 造字 理論을 통해 한자 학습의 효과를 높이기 위한 연구라면, 한자의 조자 이론에 대한 소개에서 그치는 것보다 교사가 어떻게 교실 수업에 적용할 수 있을지에 관한 내용이 이론 소개와 동등한 비중으로 제시되는 것이 보다 실제적인 연구라 할 수 있다. 즉 조자 이론에 대한 이론이나 설명하는 방법을 제시하는 수준에서 그치는 것이 아니라, 학생들이 조자 이론을 한자 학습에 어떻게 적용해야 하는지 시범 보이는 교수 활동을 구체적으로 제시하고, 학생들이 조자 이론을 통해 실제로 어떤 방식으로 한자를 배우는지 면밀히 분석하는 것을 연구 내용으로 한다면, 연구 성과를 현장에서 적용하기가 보다 수월할 것이다.

그러나 지금까지 나온 한문과 교육의 연구 성과 가운데 한문과 내용에 관련된 지식이나 활동이 구체적인 장면에서 어떻게 적용되는지를 보여주는 연구는 그다지 많지 않다고 할 수 있다. 반면 타 교과 영역에서는 이러한 연구가 비교적 풍성하다. 특히 최근에는 질적 연구 방법을 통해 수업을 관찰하거나 분석한 후 유의미한 의미를 발견하려는 각 교과의 연구 성과가 많이 있다.

우선 각 교과에서 질적 연구 방법을 통해 수행된 연구가 있다.[1] 다

---

1) 이러한 연구는 곽영순·김주훈(2003)의 연구와 같이 '좋은' 과학 수업에 대해 범주화하고 이를 통해 실제 수업을 분석한 점, 박종원(2006)의 연구와 같이 영어 교

음으로 각 교과에서 수업을 관찰·분석한 후, 유의미한 의미를 찾는
연구가 있다.[2] 각 교과별로 大同小異한 목적을 가지고 있지만, 해당
교과의 수업을 최대한 객관적으로 자세히 관찰하고 기록한 뒤 면밀한
분석을 시도했다는 점을 공통점으로 삼을 수 있다. 이처럼 다양한 교
과에서의 연구 사례들은 모두 교실에서 일어나고 있는 일들을 있는
그대로 연구하는 현장 지향의 연구이며 자연주의적 연구(naturalistic
research)이다. 자연주의적 연구에서 가장 많이 활용되는 것이 관찰

육 연구의 특성에 맞는 질적 연구의 필요성과 논문 평가 기준을 찾으려 한 점, 이
혁규(1996)의 연구와 같이 질적 연구 방법을 통해 교육과정, 교과서, 교실 수업,
평가 등의 다양한 사회과 교육 현상을 밝힌 점 등에서 한문과 교육 연구에 유의미
한 시사점을 제공한다.

2) 이러한 연구는 다음과 같이 분류할 수 있다.

① 필자에 따라 글쓰기의 방식을 달리 한 연구: 서근원(1997), 「初等學校 "討議式
授業"의 文化記述的 硏究」, 서울대 석사논문. / 류현종(2004), 「사회과 수업비평:
예술비평적 접근」, 한국교원대 박사논문.

② 연구 목적에 따라 교수법이나 교수학적 변환 내지 교수학적 내용 지식의 발견을
목표로 한 연구: 이경화(1996), 「확률 개념의 교수학적 변환에 관한 연구」, 서울대
박사논문. / 권순희(2002), 「수업 분석을 통한 한국어 교수법 연구」, 『先淸語文』
제30호, 서울대 국어교육과, 223~256면. / 민윤(2003), 「사회과 역사 수업에서
초등 교사의 교수내용지식에 대한 이해」, 한국교원대 박사논문. / 박재원(2006),
「물속에서의 무게와 압력 단원에서 초등 교사의 교수내용지식에 따른 수업 분석」,
한국교원대 박사논문.

③ 수업 양상이나 교수학습 과정을 밝히거나 좋은 수업 방법을 찾는 것을 목적으
로 한 연구: 김경주(2004), 「읽기 교수 학습 과정에 대한 연구」, 서울대 박사논문.
/ 유은경(2006), 「교사의 교과 내용 지식 구조화에 관한 수업 분석 연구」, 이화여
대 박사논문.

④ 수업 자체를 관찰하여 그 수업의 의미를 발견하는 연구: 한지영(2003), 「중학
교 국어과 수업 양상 연구」, 한국교원대 석사논문. / 조재윤(2005), 「초등학교 쓰
기 수업 관찰 연구」, 『한국초등국어교육』 제28집, 한국초등국어교육학회,
339~369면. / 천호성(2005), 「사회과 교실 수업 분석의 방법과 과제-관찰, 수업
기록, 분석시점을 중심으로」, 『시민교육연구』 제37권 제3호, 한국사회과교육학
회, 231~253면. / 함희주(2005), 「초등학교 음악수업 관찰 방법 적용 연구」, 『음
악교육연구』 제29집, 한국음악교육학회, 185~214면.

연구이다. 관찰 연구는 필자가 실제 수업에 참여하여 교사와 학습자들의 상호 작용을 관찰하고 이를 해석하는 연구이다. 한문과 교육 분야에서도 이처럼 현상을 정확히 관찰하고, 가공되지 않은 본래의 자료를 이용하여 귀납적으로 자료를 분석하는 연구가 많이 이루어져야 하겠다. 한문과 교육 관련 연구자들의 관심과 활발한 연구가 필요한 분야이다.

이 연구의 내용은 다음과 같다.

첫째, 본 연구에서는 전문계 고등학교에 근무하는 한문 교사의 수업을 캠코더로 녹화하고 이를 관찰하여 자신의 수업을 반성한 경험을 밝힌다. 특히 Flanders의 언어상호작용분석법과 Tuckman의 수업분위기분석법과 같은 양적인 분석 방법을 통해 해당 수업에 관한 객관적인 데이터를 수집하고 이를 분석하여 수업 개선을 위한 기초 자료를 얻고자 한다.

둘째, 수업 분석의 신뢰도를 높이기 위해 수업을 실시한 교사 외에 2명의 교육 실습생의 참여 관찰을 통해 수업을 분석한 결과를 소개하고, 필자는 이를 분석하여 수업 개선을 위한 시사점을 찾고자 한다.

Ⅱ. 理論的 背景 및 硏究 方法

1. 수업 분석

수업을 연구하는 것은 교사들의 수업 전문성 향상뿐만 아니라 학생 지도에 관한 전문성 향상에도 기여할 수 있다는 점에서 교사들에게 필수적이라 할 수 있다. 이러한 수업 연구에 가장 기본적인 것이 교

실 수업에 대한 직접적인 관찰과 분석이다.3)

授業 分析은 관찰한 것을 기초로 관찰자가 알게 된 것을 타인들도 알게 하는 작업이다. 수업 분석은 크게 '授業 記述'과 '授業 解釋'으로 구분할 수 있다. '수업 기술'은 있는 그대로의 사실에 대해 최대한 상세하고 구체적으로 기록하는 것이다. 이때 피해야 할 것은 관찰한 것에 대한 주관적인 판단이나 요약이다. 수업을 분석할 때는 '수업 분석을 왜 하는가?'를 파악한 후, 이에 따라 특히 강조해야 할 점이나 수업의 어떤 점에 초점을 맞출 것인지 구체적으로 결정한 후 분석에 들어가는 것이 바람직하다. 왜냐하면 수업 시간에는 한 번에 관찰하기 어려운 수많은 일이 동시다발적으로 발생되고 진행되기 때문이다.

'수업 해석'은 관찰자가 수업을 이해한 방식과 같이 타인들도 이해할 수 있도록 안내하는 작업이다. 교실 수업을 관찰하고 기록한 자료는 관찰한 사실의 기록 외에 어떤 것도 말해 주지 않는다. 물론 기록된 자료를 통해 행간에 숨어 있는 의미를 발견할 수 있지만, 이 때 발견된 의미는 발견자에 따라 저마다 다를 수 있다. 즉 '수업 기술'엔 수업을 기록한 사람의 발견이나 해석은 드러나지 않는다. 이 때문에 '수업 해석'이 필요하다. 수업 해석은 다양한 수업 분석 방법에 따라4) 수업을 관찰하고, 관찰한 결과를 기록한 자료를 대상으로 해당 수업을 분석하며, 이를 통해 관찰한 수업의 의미를 발견하고 가치를 확인하는 작업이다.

---

3) 한국교육과정평가원(2005), 17면.
4) 다양한 수업 분석 방법은 주삼환 외의 책 47~87면에 자세히 소개되어 있다.

2. 언어상호작용분석법

수업을 관찰하고 분석하는 방법을 다양한 기준에 따라 분류할 수 있는데,[5] 크게 양적 분석 방법과 질적 분석 방법으로 분류할 수 있다. 양적 분석 방법은 수업 중 도출되는 의미 있는 정보를 수치나 도표를 사용하여 나타내는 것으로, 수업에서 수행되는 개별 행위의 발생 빈도를 기록하는 방법이다. 양적 분석은 수업의 내용 보다는 형태를 분석하는 데 적절하기 때문에 형태적 분석이라고도 한다. 질적 분석은 개별 행위의 발생 빈도 보다는 행위의 이면에 담긴 원인을 찾으려는 것으로, 전개된 수업 활동이 교과나 단원의 목적에 비추어 과연 타당한가를 분석하는 데 적절하다.

수업의 양적 분석 방법은 교사와 학생의 언어상호작용분석(verbal interaction analysis), 비언어상호작용분석(non-verbal interaction analysis), 작업 분석(work analysis)의 세 가지로 대략 구분할 수 있다.

---

5) 변영계·김경현(2007), 133면 참조.

〈표 1〉 수업 관찰 방법

관찰 방법	주요 내용
관찰된 내용을 서술식으로 기록하는 방법	· 전체적인 기록: 교사와 학생의 모든 상호작용을 기록 · 부분적인 기록: 특정한 형태의 상호작용만 기록(예: 교사의 발문, 학생에 대한 피드백 방법, 교사의 지시와 구조적인 진술 등)
관찰된 사항을 약어나 부호를 사용하여 그 빈도를 기록하는 방법	· 학생들의 과업집중도 기록법: 학생들의 과업 집중 형태를 기록 · 교사와 학생 간의 언어흐름 기록법: 교사와 학생들 간의 언어적 상호작용 형태를 기록 · 교사와 학생들의 이동 기록법: 교사와 학생들의 수업 중 이동 양식을 기록 · Flanders의 상호작용 분석법: 교사와 학생들 간의 언어적 상호작용 형태를 기록·분석 · 필터식 수업관찰법: 교사의 발문, 아동의 발언, 아동 행동, 학습자료 활용, 판서 등을 구분하여 체계적으로 관찰 기록
관찰된 사항을 체크리스트를 사용하여 기록하는 방법	· 학교 또는 개인별로 자체 개발한 다양한 체크리스트를 사용하여 수업 관찰 결과를 기록 · 수업 분위기 분석법: 수업 분위기를 창의성, 활기성, 치밀성, 온화성의 네 가지 범주로 관찰 분석

이 가운데 비교적 널리 소개된 방법이 Flanders의 언어상호작용분석법 (Flanders Interaction Analysis System)이다. 이 방법은 교사의 언어 작용을 수업의 전반적인 분위기를 결정하는 중요한 요인으로 한다. 그래서 교사와 학생의 언어상호작용에 초점을 두어 교사의 수업 행동을 분석하는 방법이다.

플랜더즈의 언어상호작용분석법의 특징은 다음과 같다.[6] 첫째, 비언어상호작용은 분석하지 않고 언어상호작용만 분석해도 수업의 형태적 측면을 분석하기엔 충분하다. 둘째, 언어상호작용분석이 비언어상호작용분석보다 신뢰롭다.[7] 셋째, 수업 결과가 수업자에게 확인된다는 점에서 수업자의 수업 행동을 고치는 데 도움을 준다.[8] 넷째, 수업분석의 결과는 과학적인 방법으로 분석되고 해석된다. 다섯째, 언어상호작용만 한정적으로 분석한다. 여섯째, 분석의 방법은 간단하고 실용적인 목적에 부합된다. 일곱째, 주로 교사 중심의 일제식 수업을 대상으로 적용시킬 수 있다. 여덟째, 분석 결과가 상대적으로 바람직하게 나왔다고 해서 그 수업이 곧 잘된 수업이라는 결론을 내릴 수 없다.

이 가장 주요한 특징은 관찰자가 수업 중에 발생하는 사건을 매 3초마다 기록한다는 것이다. 플랜더즈는 언어의 특성에 따라 교사와 학생의 상호작용을 10개의 범주 체계(Flanders Interaction Analysis Categories: FIAC)로 구분하여 수업을 분석하는 기준으로 삼는다. 이

---

6) 플랜더즈분석법의 보다 자세한 내용은 위의 책 참조.

7) '신뢰롭다'의 의미는 수업 관찰자의 의견 일치도가 높다는 것이다(위의 책, 180면).

8) 플랜더즈 분석법에서 가장 이상적인 형태는 수업자 스스로 자기의 수업을 녹음하였다가 분석하는 것이며, 이것이 여의치 않으면 동료교사에게 분석을 요청하고 분석표를 되돌려 받아서 그 표를 중심으로 자기 수업을 평가해 보는 것이다(위의 책, 181면).

범주 체계는 '교사의 발언', '학생의 발언', '기타'의 세 가지 범주로 크게 구분할 수 있다. 특히 교사의 발언은 교사가 반응적 논평을 하느냐 교사가 주도하는 언어적 상호 교환을 하느냐에 따라 다시 두 가지 형태로 크게 구분된다. 반응적 논평을 주로 보이는 비지시적 스타일은 통합적, 민주적, 학생 중심적, 포괄적인 의사소통의 방식을 취하는 것(〈표 2〉의 ①, ②, ③번)이고, 교사 주도의 지시적 스타일은 전제적, 교사 중심적, 제한적인 의사소통의 방식을 취하는 것(〈표 2〉의 ⑤, ⑥, ⑦번의 경우)이다.[9]

---

9) 위의 책, 185면 참조.

〈표 2〉 Flanders의 언어상호작용분석에서 나타난 10가지 범주

교사의 발언	비지시적 발언 (간접적 영향)	① 감정의 수용:학생들의 감정 상태를 비위협적인 방법으로 수용하거나 명확히 한다. 감정은 긍정적이거나 부정적일 수 있다. 감정을 예견하거나 회상하는 것도 포함된다. ② 칭찬 또는 격려:학생을 칭찬하거나 격려한다. 고개를 끄덕이거나, '으흠', '그렇지', '계속 하세요', '틀려도 좋으니 자신의 생각을 말해 봐요' 등이라고 말한다. 학생의 행위, 행동에 대해 학생의 기분을 상하지 않는 범위에서 긴장을 해소하는 농담 등을 하는 것도 여기에 포함된다. ③ 학생의 아이디어를 수용 또는 사용:학생의 말을 인정한다. 학생의 아이디어를 기반으로 하여 학생의 질문을 요약하여 명료화하거나 재구성하여 묻는 것도 포함된다. ④ 질문:교사의 아이디어를 기반으로 하여 학생이 대답하리라는 의도 아래 수업 내용 또는 절차에 대해 묻는다.
	지시적 발언 (직접적 영향)	⑤ 강의:내용 또는 절차에 대해 사실이나 의견을 제시하며, 교사 자신의 견해를 표현하고 내용을 설명한다. '오늘은 속담에 관해 배우겠어요.', '다음 시간까지 〈더 읽어보기〉를 읽어 오면 좋겠어요.' 등의 수업 진행과 관련된 교사의 발언도 여기에 포함된다. ⑥ 지시:학생의 순종을 기대하거나 학생에게 벌을 줄 의도로 특정 행동을 요구하거나 명령하는 수업자의 언어이다. ⑦ 학생을 비평 또는 교사의 권위를 정당화:좋지 못한 학생의 행동에 대해 꾸짖거나 교사가 왜 그렇게 해야만 하는가에 대한 이유 등을 설명한다. 극단적인 교사의 자기 자랑도 여기에 포함된다.
학생의 발언		⑧ 학생의 반응적인 말:교사의 단순한 질문에 대한 학생의 단순한 답변이다. 교사가 학생이 답변하도록 먼저 유도한 경우도 여기에 포함된다. ⑨ 학생의 주도적인 말:학생 자발적으로 또는 교사 발문에 대해 학생 자신의 아이디어를 중심으로 표현한 답변이다. 학생들의 자발적 질문이나 아이디어 발표도 여기에 포함된다.
기타		⑩ 침묵 또는 혼란:실험, 실습, 책 읽기, 머뭇거리는 것, 짧은 동안의 침묵이다. 관찰자가 이해할 수 없는 수준의 혼란스러운 의사소통도 여기에 포함된다.

3. 수업분위기분석법

수업분위기는 교사와 학생이 수업 중에 서로에 대해 가지는 전반적인 태도를 의미한다. 수업분위기에 의해 수업의 효과나 학업성취가 달라질 수 있기 때문에 긍정적인 수업분위기를 조성하는 것이 무엇보다 중요하다. 수업분위기 분석법은 수업분위기를 관찰하고 분석하여 수업의 효과를 높이고 학업 성취도를 높이기 위한 분석 자료를 제공하는 데 도움이 될 수 있다. 본 연구는 Tuckman의 수업분위기분석법을 이용한다. 이 방법은 수업분위기를 구성하는 주요한 요인 가운데 특히 교사 요인에 초점을 맞춰서 교사의 교수 행동에 따른 수업분위기를 분석한다.

이 방법의 특징은 다음과 같다.[10] 첫째, 수업분위기를 좌우하는 네가지 핵심적 요소에 초점을 둔다. 둘째, 배우고 사용하기 쉽다. 셋째, 수업분위기 관찰지와 수업분위기 관찰 분석지를 사용한다. 넷째, 약 40~45분간 수업을 관찰하면서 결과를 기록한다. 가장 주요한 특징은 총 28쌍의 상호대립적인 형용사들로 이루어진 관찰지이다. 수업분위기 관찰지는 28쌍의 상반된 의미를 가진 형용사로 이루어진다. 어떤 쌍은 긍정적인 형용사가 오른쪽에 배치되어 있고, 어떤 쌍은 왼쪽에 배치되어 있다(〈표 3〉 참조). 관찰자는 事前에 28쌍의 형용사들을 충분히 읽어 숙지하고, 수업을 관찰하는 동안 마음속에 이 형용사

---

10) 위의 책, 233~234면 참조. 터크만의 네 가지 핵심적 요소와 특징은 다음과 같다.
　① 창의성 있는 수업분위기 : 독창적, 창의적, 개방적, 융통성, 자율성, 모험성, 대담성.
　② 활기성 있는 수업분위기 : 능동적, 진취적, 활기참, 자신감, 적극적, 활동적, 외향적.
　③ 치밀성 있는 수업분위기 : 체계적, 계획적, 객관성, 일관성, 신중함.
　④ 온화성 있는 수업분위기 : 수용적, 공정함, 우호적.

들을 계속 떠올린다. 수업 관찰이 마무리되는 시점에 이르렀을 때, 관찰한 교사의 행동을 가장 정확히 묘사한 형용사를 골라 해당하는 척도를 표시한다. 척도는 5첨 척도이다. 관찰 분석지에는 네 가지 특성을 종합한 결과가 하나의 사분면에 마름모꼴로 표시된다.

4. 研究 方法

본 연구는 자기 수업 관찰 방법을 통해 필자의 수업 장면을 분석한 것이다. 고등학교 1학년 한 학급에서 실시한 한 차시 한문 수업을 대상으로 교수 행동을 분석한다. 수업의 형태적인 면을 분석하고 자신의 수업 형태에 대한 개선 방안을 찾기 위한 것이기에 한 차시 수업을 분석하는 것만으로도 충분하다.

본 연구에 참여한 사람은 총 3명이다. 먼저 필자는 ○○고등학교에 근무하는 교사로 수업을 실시한 1명의 한문교사(이하 A 교사)이다. 그리고 수업 분석의 신뢰도를 위한 연구 참여자는 ○○고등학교에 교육

〈표 3〉 수업분위기 관찰지

관찰일시:○○년 ○월 ○일							수업자 :						
관찰자:													
	5	4	3	2	1			5	4	3	2	1	
1. 독창적인						상투적인	15. 소극적인						적극적인
2. 참을성 있는						성미가 급한	16. 융통적인						획일적인
3. 냉정한						온화한	17. 산만한						체계적인
4. 권위적인						상냥한	18. 능동적인						수동적인
5. 창의적인						모방적인	19. 수용적인						비판적인
6. 통제가 많은						자율성이 많은	20. 조용한						시끄러운
7. 개방적인						폐쇄적인	21. 진취적인						보수적인
8. 부드러운						딱딱한	22. 계획적인						즉흥적인
9. 불공정한						공정한	23. 경솔한						신중한
10. 변덕스러운						일관성 있는	24. 활기찬						무기력한
11. 겁이 많은						모험적인	25. 객관적인						주관적인
12. 엉성한						치밀한	26. 내성적이						외향적인
13. 고립적인						우호적인	27. 자신감 있는						망설이는
14. 확실한						애매한	28. 소심한						대담한

실습을 나온 2명의 교육 실습생(이하 B 교생, C 교생)이다.

교육 실습 기간의 마지막 주차에 연구를 실시했다. 연구에 참여한 교육 실습생들은 실습 첫 주에 A 교사에게 본 연구의 참여 안내를 받고 연구 참여에 동의하였다. B 교생과 C 교생은 교육 실습 기간 중 자신의 실습 교과뿐만 아니라 타 교과 수업을 참관하면서 관찰 방법을 익혔고, 세 번째 주와 네 번째 주에는 실제 수업 실습을 진행하는 한편, A 교사의 수업을 참여 관찰하고, 관찰 후 A 교사와 참관한 수업에 관해 '수업 나눔' 시간을 가졌다.

교실 수업을 아주 상세히 분석하고자 한다면 수업의 일부분을 녹음하여 녹취록을 만들거나 수업 전체를 녹화하는 작업이 필요하다. 수업 내용을 녹음하여 녹취록을 작성하는 것은 시간이 많이 걸리기도 하고 비음성적 측면을 놓치는 일이기는 하지만, 교실에서 일어난 사건·사태를 자세히 분석할 수 있는 길을 제공한다. 수업 종료 후 가능한 빨리 녹취록을 만들면 관찰자는 수업시간에 발생한 사건·사태를 회상할 수 있고 교실 상호 작용의 중요한 측면에 대해 토의할 수 있다. 녹음보다 도움이 되는 것은 수업 녹화이다. 수업 녹화가 가능한 환경이라면 물론 수업 녹화를 해야 할 것이다. 수업 녹화는 녹음이 가진 장점 외에 교사의 제스처나 귀로 들리지는 않지만 눈으로 확인할 수 있는 수업 분위기 등을 비교적 용이하게 파악할 수 있는 장점이 있다.

연구 대상 수업에 참여한 학생은 고등학교 1학년 3반 30명이다. 1학년 3반은 특성화학과로 지정된 학급으로, 일반 계열 학급에 비해 학습 의욕이 높고 대부분의 학생이 모든 교과에 대해 고른 관심을 보이는 학급이다. 수업에 사용한 교과서는 대학서림에서 나온『고등학교 漢文』이다. 수업에서 다룬 단원은 'Ⅱ. 선인의 지혜'의 '3. 속담' 단원이다. 본 연구는 수업의 형태에 초점을 맞춰 분석하는 것을 목적으로 한다. 그러므로 교재 분석을 포함하여 수업의 내용과 관련된 질적인 분석은 하지 않는다.

수업 분석 절차는 다음과 같다.

1) 수업을 실시한다. 이때 두 명의 교육 실습생은 수업을 참관한다.
2) 녹화한 수업을 다시 보면서 필자인 A 교사는 수업 전사를 하고 컴퓨터 프로그램을 통해 자신의 수업을 분석한다. 연구 참여자인 B 교생과 C 교생은 수업 분석을 하고 참관 소감문을 작성한다.
3) 서로의 기록과 경험을 공유한 뒤, 이를 바탕으로 수업 당사자의 수업 변화를 꾀한다.

Ⅲ. 研究 結果

1. A 교사의 자기 수업 분석

아래 내용은 필자가 본인의 수업을 분석한 것이다. 컴퓨터 프로그램을 사용하여 양적인 분석을 하였다. 사용한 프로그램은 변영계·김경현 공동 개발의 '수업분석(Ver. 3.0)'이다(〈그림 1〉 참조). 이 프로그램은 플랜더즈의 언어상호작용분석법, 터크만의 수업분위기분석법 외에 자리이동 분석법, 과업집중 분석법을 통해 양적인 수업 분석 및 과학적인 데이터 도출이 가능하도록 되어 있다. 프로그램에 포함된 다양한 방법으로 본 수업을 분석하면 연구의 논의가 보다 풍성해지겠지만; 한정된 지면 분량 상 이번 연구에는 두 가지 방법만을 사용하여 수업을 분석해 보겠다.

〈그림 1〉 분석 프로그램 메인 화면　　　　〈그림 2〉 언어상호작용분석법 화면

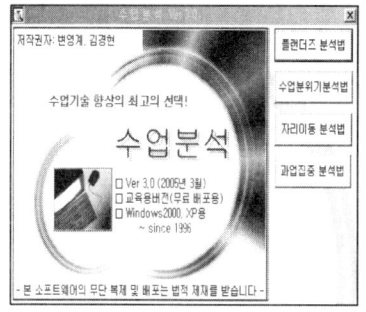 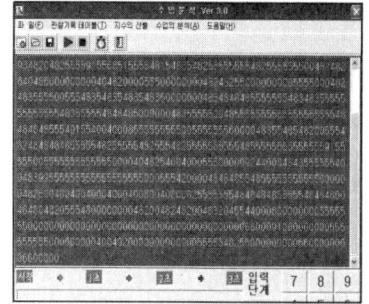

1) 언어상호작용분석법

언어상호작용분석 프로그램을 사용하려는 사람은 입력에 앞서 10가지 범주에 해당하는 특징을 명확하게 숙지해야 한다. 필자 또한 '수업분석' 프로그램에 포함되어 있는 〈연습〉 메뉴를 통해 10가지 범주를 미리 익혔다. 수업 시작과 함께 항목 설정창의 버튼을 통해 3초 단위로 자료를 입력했다(〈그림 2〉 참조). 자료를 모두 입력하고 나니 입력 횟수가 대략 1,000개 정도가 되었다. 〈그림 3〉과 〈그림 4〉는 이러한 과정을 통해 연구 대상 수업을 분석한 결과이다.

〈그림 3〉 분류 항목별 빈도수　　　　〈그림 4〉 빈도에 따른 행렬표

분류항목별 빈도수의 계산
분류항목별 빈 도 수

분류항목	빈 도	백분율
1	7	.70 %
2	33	3.30 %
3	24	2.40 %
4	123	12.30 %
5	351	35.10 %
6	24	2.40 %
7	1	.10 %
8	100	10.00 %
9	19	1.90 %
10	318	31.80 %
계	1000	100 %

확 인

백분율 행렬표의 산출
빈도에 따른 행렬표

행/열	1	2	3	4	5	6	7	8	9	10	계
1	0	0	0	5	0	0	0	0	0	2	7
2	0	0	0	6	15	2	0	0	0	10	33
3	0	1	0	4	18	0	0	0	1	0	24
4	0	1	1	5	1	0	0	88	7	20	123
5	1	0	0	45	277	6	0	1	5	16	351
6	0	0	0	2	1	4	0	3	0	14	24
7	0	0	0	0	1	0	0	1	0	0	1
8	2	27	16	22	15	5	0	1	0	12	100
9	4	3	7	0	1	0	0	0	1	3	19
10	0	1	0	39	18	7	1	6	5	241	318
계	7	33	24	123	351	24	1	100	19	318	1000

인 쇄　　　확 인

〈그림 3〉과 같은 1번부터 10번까지의 분류항목별 빈도수를 통해 어떤 유형의 교사 발언과 학생 발언이 많았는지를 파악할 수 있었다. 분석 수업의 경우, '강의'가 가장 높은 빈도를 보였다. 기타로 분류된 경우를 제외하면, 그 다음으로 '교사의 질문과 학생의 단순 답변'이 높은 빈도를 보였다.

〈그림 4〉는 관찰 기록된 전체 항목을 대상으로 두 개씩 짝을 지어 가장 빈번하게 도출되는 유형을 나타낸 결과이다. 행렬표를 통해 교사와 학생의 언어상호작용이 100가지 유형으로 분류된다. 이때 行은 선행 행동이고 列은 뒤이어 일어난 후속 행동을 의미한다. 예를 들면 〈그림 4〉에서 8행 2열의 빈도수가 27회인데, 이것은 학생의 단순 답변(8)에 교사의 칭찬이나 격려(2)가 3초를 기준으로 27회 있었음을 의미한다. 또한 4행 8열은 교사의 질문에 학생의 단순 답변이 있었던 회수를 나타내고, 5행 5열은 3초 이상 이어진 강의가 얼마나 되는지를 의미한다.

특히 〈그림 4〉에서 (1, 1), (2, 2), … (9, 9), (10, 10)은 어떤 행동이든 변동하지 않고 3초 이상 지속될 경우 기록되는 칸으로, 불변동상태칸(steady state cell)이다. 이 불변동상태칸을 제외한 모든 칸들은 두 가지 서로 다른 특성이 연결되어 발생한 모습으로 수업의 주된 흐름이 어떤 것이었는지 파악하는 준거가 된다. 이에 따르면, 가장 빈번하게 보이는 유형이 88회 보인 '4 → 8' 유형이었다. 즉 A 교사의 수업은 수업 전반에 걸쳐 학생들의 반응을 확인하는 질문을 많이 던지고 있음을 파악할 수 있었다.

〈그림 5〉에 나온 '교사의 질문비', '학생의 발언비', '비지시비', '수정 비지시비', '8행 및 9행의 비지시비' 등의 지수는 수업분석 프로그램에 의해 산출된 각종 지수이다. 이 지수들을 통해 수업의 형태적

특징을 파악할 수 있었다. 특히
분석 결과로 나온 수업의 '주 흐
름'과 '부 흐름'은 해당 교사의
고정적인 수업 패턴이나 특성
을 쉽게 파악할 수 있어서 수업
개선 방향을 보다 용이하게 찾
을 수 있었다. 몇 가지 경우만
살펴보겠다.

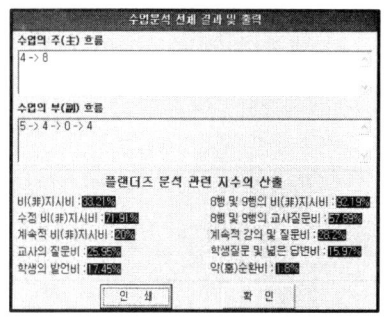

〈그림 5〉 수업분석 전체 결과

① 비지시비 : 비지시비는 어느 정도 비지시적인 수업을 하였느냐
를 보여주는 것으로, 일반적으로 50% 이상이면 비지시적인 영향의
수업이라고 할 수 있다. 분석 대상 수업은 33.21%로 비지시적이라고
판단하기 힘든 수업이라고 분석할 수 있다.

② 수정 비지시비 : 수정 비지시비는 지시적이냐 비지시적이냐는
기준에서 다소 중립적이라 할 수 있는 4번(교사의 질문)과 5번(강의)을
비지시비의 계산 과정에서 제외한 수치이다. 보다 정확한 비지시적인
득성을 파악하려는 의도이나. 이에 따르면 분석 대상 수업은 71.91%
의 수치를 보여, 매우 비지시적인 수업이라고 분석할 수 있다.

③ 8행 및 9행의 비지시비 : 학생의 발언(8번, 9번)에 대해 교사가
어떻게 반응하는지를 보여주는 것으로, 이 지수 또한 50% 이상이면
교사의 수업 행동이 학생의 발언에 대해 허용적이고 격려하는 반응을
보인 것이라 분석할 수 있다. 분석 대상 수업의 경우 92.19%로 학생
들에 대해 많이 격려하고 매우 허용적인 반응을 보이고 있음을 알 수
있다.

④ 학생 질문 및 넓은 답변비 : 학생의 발언(8번, 9번) 중에서 상대
적으로 사고력을 요하는 발언이 얼마인지를 나타내는 지수이다. '넓

다'는 의미는 넓게 생각해야 답을 구할 수 있다는 의미로 판단된다. 분석 대상 수업의 경우 15.97%로 학생의 발언은 단순 질문에 대한 답변 비중이 보다 고차원적인 사고를 요하는 답변에 비해 높다는 것을 알 수 있다.

⑤ 악순환비 : 교사의 지시적인 발언이 계속되거나 반복되는 빈도를 나타내는 지수이다. 이 수치는 낮을수록 좋은 수업이며, 0%가 가장 이상적인 악순환비라고 할 수 있다.

이상에서 살펴본 Flanders분석법은 수업의 형태만을 대상으로 하여 분석하는 방법이므로 수업의 내용적 측면을 분석하진 않는다. 따라서 보다 완전한 수업 분석을 위해서는 수업 내용을 분석할 수 있는 질적인 방법을 통한 보완이 필요하다고 할 수 있다. 또한 언어상호작용에 한해서만 분석할 수 있으므로, 실험이나 실습을 위주로 하는 수업이나 협동학습 등의 수업에는 적용하기 힘들다. 하지만 강의를 위주로 하는 一齊式 授業 등을 분석하는 데 매우 효과적인 수업 분석 방법임을 알 수 있다.

2) 수업분위기분석법

수업분위기분석법은 Ⅱ장에서 살펴본 것처럼 교사에 의해 주도되는 수업분위기를 주요 지표로 내세운다. 그래서 수업분위기를 파악할 수 있는 28쌍의 상호대립적인 형용사를 통해 수업분위기를 분석하는 방식이다.

언어상호작용분석법과 마찬가지로 '수업분석' 프로그램을 활용했다. 수업관찰자는 수업 관찰 중 내내 창의성, 활기성, 치밀성, 온화성의 네 가지 범주와 관련된 28쌍의 형용사를 머릿속에 떠올리며, 수업 종료 즈음에 수업분위기를 가장 近似하게 묘사한 형용사를 고른 후 연속선상에 배치된 5단계 숫자 평정척도를 클릭했다(〈그림 6〉 참조).

〈그림 6〉 수업분위기분석 입력화면

〈그림 7〉 수업분위기분석 결과

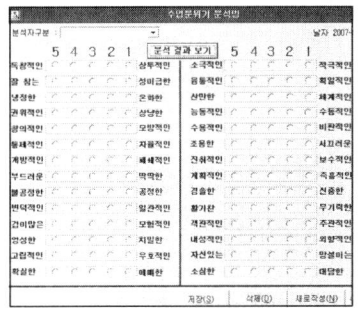

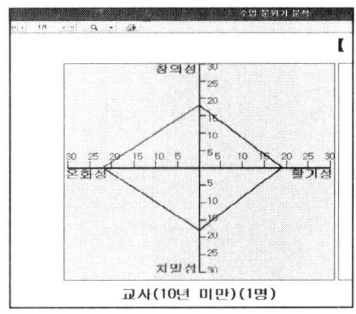

〈그림 7〉은 이 방법을 통해 연구 대상 수업을 분석한 결과이다. 점수가 높을수록 긍정적이며 점수가 낮을수록 개선할 필요가 있다. 이상적인 형태는 사분면 위의 도형이 마름모 형태를 갖추면서 마름모의 넓이가 넓은 경우이다. 연구 대상 수업은 어느 한쪽으로 치우치거나 어느 한쪽이 상대적으로 부족하지 않고 대체적으로 무난한 형태를 보인다. 하지만 '온화성' 영역을 뺀 나머지 세 영역은 20을 넘지 않는 수치를 보이므로, 창의성이나 치밀성 영역에 관한 수업 기술을 연구할 필요가 있음을 알 수 있었다. 이러한 결과에 따라 다음과 같은 수업 개선 계획을 세울 수 있다.

〈표 4〉 수업분위기분석법을 통한 수업 개선 계획

유지 및 증가해야 할 특징	◦우호적, 공정성, 적극성 −수업 교사는 학생과의 관계가 우호적이면서도, 때로 엄격한 모습을 보여준다. 공정성을 바탕으로 한 평가를 하여 학생들에게 신뢰를 얻는 분위기였다. −학생과 교사간의 질의·응답을 바탕으로 한 적극적 학습태도를 유지하려 노력한다.

		○주관성
개선 방향		-교사의 주관적인 판단 아래 학생들을 평가하는 모습을 볼 수 있었다. 평가 방식이 미리 알려지지 않아서인지 학생들의 불만이 표출되었다. -학생들의 자기 주도적인 학습을 이끌어 내는 것도 중요하지만, 학생들이 모두 공감할 수 있는 평가 방법을 사전에 미리 고지하고 운영하는 것이 무엇보다 중요하다는 것을 알 수 있었다.

2. B 교생의 참관 수업 분석

B 교생은 언어상호작용분석법을 사용하여 연구 대상인 수업을 분석하고 참관 소감문을 작성했다. 결과는 다음과 같다.[11]

1) 수업 분석지

발언 형태		범주	발언 빈도
교사 발언	비지시적 발언	1. 느낌을 받아들이는 것	20
		2. 칭찬이나 권장	29
		3. 학생의 생각 수용 또는 사용	21
		4. 질문	84
	지시적 발언	5. 강의	394
		6. 지시	3
		7. 학생을 비평, 또는 권위 정당화	1
학생 발언		8. 학생의 단순 반응적인 말	35
		9. 학생의 주도적인 말	103
기타		10. 작업, 침묵이나 혼란	310
계			1,000

11) 교육 실습생인 B 교생이나 C 교생은 이와 같은 연구 작업이 현장의 교사보다 능숙하지 않을 수도 있다. 그러나 4주라는 실습 기간 동안 필자의 안내에 따라 수업 관찰 및 분석법을 익혔고, 다양한 교과의 수업을 참관했기에 검토할만하다고 생각된다. 두 연구 참여자의 자료는 필자의 의도대로 수정되거나 가감되지 않고 서툴게 표현된 곳은 서툰 대로, 잘못된 곳은 잘못된 대로 수록된 것임을 밝힌다.

2) 전체적인 분석 경향

항목	내용
전체적인 경향	수업의 주 형태는 '4→8→5→4→8'로 교사와 학생간의 질의·응답이 주를 이루며 교사는 학생의 의견을 적극 수렴하는 모습을 볼 수 있다. 교사의 질문에 학생들의 적극적인 참여와 답변이 이루어졌으며 형성평가를 함으로써 학생들의 실력을 점검할 수 있는 기회를 제공하였다.
형태 측면	시각적인 자료와 교사의 청각적인 이야기를 학생들에게 들려줌으로써 학생들의 활발한 학습 참여를 이끌어 내는 모습을 볼 수 있었으며, 중간고사 출제된 시험문제와 관련된 정보를 수업 중간 중간에 이야기함으로써 학생들의 수업 집중도를 유지시키는 모습을 볼 수 있었다.
구체적인 장면	학생들의 자기 주도적인 학습을 유도하기 위해 교사는 학생들의 태도 점수 가산점을 언급하면서 학생들의 학습 참여율을 높이는 모습을 보여주었다. 그리고 교사는 수업 도중이나 정리 부분에서 형성평가를 제시하여 학생들의 수업 이해도 점검을 함으로써 학습의 마무리를 짓는 모습을 볼 수 있었다. 더불어 학생들이 이해하기 어려운 부분은 반복하여 설명함으로써 학생들의 이해도를 증진시켰다.
개선할 점	특별한 개선사항은 눈에 띄지 않았지만 PPT 제작 과정의 기본이라 할 수 있는 학습 내용 배치가 복잡하고, 한눈에 들어오지 않았으며 글자가 작아 뒷자리에 앉은 학생들이 보기에 불편했다.

3) 세부 영역별 분석

자칫 지루해지기 쉬운 한문 시간에 무조건 외워야 하는 것이 아니라 실생활과 관련이 있는 속담의 의미 파악과 한문으로 이루어진 속담을 읽는 능력에 초점을 두었다. 또한 수업과 관련된 재미있는 문제를 만들어 학생들의 집중력을 잃지 않게 하는 데 초점을 맞추었다.

항목	시도한 점	개선할 점	일반화 방안
수업 설계	-단원명, 단원목표 제시 -시각자료 활용 -형성평가 문제	-수업설계서 작성	-평가 기준 및 계획 수립
수업 기술	-보상과 체벌을 적절히 활용: 선생님 질문에 대답을 잘하고 수업에 잘 참여한 학생은 사탕 이든 상점이든 그에 따른 보상 을 주었고, 늦게 온 학생은 그 에 따른 벌(손들기)을 주었다. -읽고 따라 읽기 -속담과 관련된 재미있는 문 제 제시 -시험에 나온다면, 학생들 순 간 집중력향상 -선질문→학생 질문 유도→ 보충 설명 -반복된 학습 -형성평가 수시 사용	-손 안든 학생에게도 질문을 하고, 대답 을 안 하더라도 정 답이 나오도록 유도 하는 방법이 필요 -보상 없이 학생들의 자발적인 수업 참 여를 유도	
교사 발문	-시험에 나올 법한 문제에 대한 발문:이때의 지(之)는 무슨 뜻 일까?	-너무 시험에 치중한 것이 아닌지 고민할 필요가 있다.	-계속 반복해서 강조 하는 수밖에 없을 것 같다.
학습 분위기 조성	-늦게 들어온 학생은 그만큼 벌 을 받음 -학생들의 자발적인 참여를 위 해서 보상을 주는 방법(사탕을 주거나 상점을 부여)을 사용 -학생들과 가끔 농담 비슷한 이 야기도 함	-너무 보상만을 바라 고 수업을 하는 것은 아닌가 생각한다.	-학생들이 수업에 집 중할 수 있는 방법 제 시 -학생들이 공감할 만 한 관련된 이야기도 하기
수업 매체의 활용	-PPT 자료를 제작 -교과서 읽기	-자료가 보이지 않는 학생들을 배려할 수 있는 방법이 필요	-시각자료를 활용하 되, 눈이 나쁘거나 TV 시야각이 좁아 자리 배치 상 TV를 보지 못 하는 학생을 위해 유 인물 제작 및 배부가 필요하다고 생각됨.
평가	-형성평가 문제 제작 활용	-참여하는 학생만 참 여하는 것을 방지	-수업이 끝나고 형성 평가를 일일이 실시

4) 소감

우선 1학년 학급 담임 실습 학급인 자동차시스템과의 교과 수업을 참관하다가, 자동차시스템과와 다른 학과인 1학년 3반에 들어갔을 때, 상대적으로 조용한 분위기-무조건 조용한 것이 좋은 수업 분위기는 아니지만, 너무나 대조적인 모습에 조금은 당황했다-에 '여기야 말로 교실 같구나.'라는 첫 인상을 가졌다. 전 시간에 했던 걸 복습하고 이번 시간에 배울 내용을 학습하고 형성평가로 마무리를 한 수업 과정은 모범적인 수업을 본 것 같다. 적절한 보상과 벌은 학생들의 주의를 집중시킬 수 있었다. 흥미를 유발할 수 있는 문제나 '재미'만으로 수업을 진행할 순 없겠지만 그 정도의 짧은 문제는 자칫 지루하다고 느낄 수 있는 수업에 학생들이 계속 참여할 수 있게 하는 좋은 방법이라고 생각한다. 내가 고등학교 때는 무조건 그 한자를 외워야 했었다. 시험에 쓰기 시험이 나오니까 당연한 거라 생각하며 어쩔 수 없이 외웠는데, 관찰한 수업은 읽기와 뜻풀이가 중심이 된 수업이라서, 학생들이 비교적 편하게 속담과 격언에 다가갈 수 있지 않았나 생각한다.

학생들에게 너무 많은 것을 요구하면 안 될 것 같다. 그리고 항상 손 든 학생만 시키고 그런 학생만 선호하는 것은-수업 시간에 적극적으로 참여하는 학생을 선호하는 것은 당연한 것이지만-수업에 집중하지 않고 딴 짓하는 학생들에게도 관심을 많이 가지는 것이 중요하다고 생각한다. 학생들은 발표하라고 시키는 것을 싫어 하지만, 훌륭한 교사라면 그런 것까지 신경을 써 주어야 할 것이다. 어쨌든 관찰한 수업의 교사는 준비를 정말 많이 한 것 같고, 학생들과의 호흡이 잘 맞는 것 같다. 이것은 학생들의 능력도 필요하지만 가르치는 교사의 몫이 더욱 크다는 걸 느꼈다.

결론적으로 좋은 수업을 하기 위해서는 좋은 수업을 많이 보는 것 보다 내가 직접 그런 수업을 해 보고 부딪쳐야 하는 것이 아니냐는 생각이 들었다. 백번 봐도 결국에는 이런 수업을 내가 직접 한번 해보는 것이 더욱 도움이 될 것 같다. 혹시 내가 선생님이 된다면 이런 수업을 계속 해보고 싶다. 교사가 바뀌어야 학생이 바뀌고, 학교가 바뀐다는 그런 말들이, 교육학이나 일반 교직 책에 있는 말이지만, 실감하는 그런 수업이었다.

3. C 교생의 참관 수업 분석

C 교생은 수업분위기분석법을 사용하여 연구 대상인 수업을 분석하고 다음과 같은 참관 보고서를 작성했다.

1) 수업분위기 관찰지

〈표 5〉 C 교생의 수업분위기 관찰지

	5	4	3	2	1			5	4	3	2	1	
1. 독창적인	●					상투적인	15. 소극적인					●	적극적인
2. 참을성 있는			●			성미가 급한	16. 융통적인			●			획일적인
3. 냉정한		●				온화한	17. 산만한				●		체계적인
4. 권위적인				●		상냥한	18. 능동적인	●					수동적인
5. 창의적인		●				모방적인	19. 수용적인			●			비판적인
6. 통제가 많은				●		자율성이 많은	20. 조용한	●					시끄러운
7. 개방적인	●					폐쇄적인	21. 진취적인		●				보수적인
8. 부드러운			●			딱딱한	22. 계획적인	●					즉흥적인
9. 불공정한				●		공정한	23. 경솔한				●		신중한
10. 변덕스러운			●			일관성 있는	24. 활기찬	●					무기력한
11. 겁이 많은			●			모험적인	25. 객관적인				●		주관적인
12. 엉성한				●		치밀한	26. 내성적이					●	외향적인
13. 고립적인				●		우호적인	27. 자신감 있는	●					망설이는
14. 확실한	●					애매한	28. 소심한					●	대담한

2) 소감

수업 초반에 속담, 우화를 제시함으로써 학생들의 동기를 쉽게 유발 시켜 수업을 흥미롭게 이끌어 가는 것을 볼 수 있었다. 수업 시 늦게 들어온 학생들에게는 가벼운 벌을 내려서 자기의 잘못을 반성하는 시간을 갖게 하였다. 반성하는 학생들의 얼굴 표정은 그다지 좋지 않은 표정이었다. 수업이 진행될수록 학생들의 수업 집중도가 확연히 떨어지는 모습을 볼 수 있었는데,

그때마다 선생님이 주시는 자극제는 매우 효과가 있는 것을 확인할 수 있었다. 개인적으로 발표 학생에게 가산점을 주는 것을 별로 타당하지 않다고 생각해왔다. 하지만 이보다 효과적인 방법은 없을 것 같다는 생각을 이 수업을 통해서 다시 한 번 하게 되었다. 그리고 학생들과의 호흡 면에서는 학생 입장에서 먼저 생각하는 젊은 생각을 소유한 것 같은 느낌을 강하게 받았다.

수업 참여 관찰 후, 세 명이서 가진 '수업 나눔' 시간에 학생들이 거부감을 가질 수 있는 교사보다는 학생 편에 가깝고 싶다는 말을 듣고 그러한 마인드를 배워야 하겠다는 생각이 들었다.

4주 간의 실습 동안 다양한 수업을 봤지만, 이번 수업을 통해서 개인적으로 많은 것을 얻을 수 있는 계기가 되었다. 이런 보고서를 작성하는 경험 또한 남다른 경험이 될 것 같고, 향후 교사가 되었을 때 많은 도움이 될 것 같은 생각이 든다.

교생의 참관 수업 분석을 통해 필자 자신의 수업을 보다 객관적으로 바라볼 수 있었다. 두 교생은 각기 다른 분석법으로 필자의 수업을 분석했지만, 두 교생이 수업자에게 던져주는 메시지는 유사했다. 참여 관찰 후 함께 모여 이야기를 나눌 때, 교육 실습생들은 수업에서 그들이 발견한 수업자의 수업에 대한 생각을 솔직하게 말해 주었다. 그들이 말하길, 필자의 수업은 '학생들이 교사와 자신들 사이에 넘지 못할 벽이 있다고 느끼게 하는 것보다, 학생의 눈높이에 맞춰 학생의 편에 보다 가깝게 서서 진행하는 수업'이란 생각이 들었다고 했다. 필자 또한 수업을 준비하거나 수업할 때, 이러한 생각을 가지려고 노력한다. 수업을 한 사람과 수업을 본 사람이 수업에 대해 동일한 것을 발견하고 공유한 경험은 매우 새로웠다.

자기 수업 관찰 및 분석은 자신의 수업 행동을 개선하는 데 도움이 된다. 교사는 자신의 수업을 자신의 눈으로 직접 관찰함으로써 자주 사용하는 어투나 반복되는 표현, 성량, 말의 속도 등 자신의 교수 언행과 관련된 사항뿐만 아니라 학생과의 상호 소통 정도, 학습목표의 도달 여부, 피드백 유무 등을 객관적으로 관찰할 수 있으며, 이를 통해 자기 수업의 잘못된 부분이나 부족한 부분을 발견할 수 있다. 수업을 개선하기 위한 첫 번째 작업은 무엇이 잘못되었는지를 찾는 것이다. 따라서 수업 개선을 원하는 교사라면, 자기수업관찰에 대해 개방적인 마음을 가지고 접근할 필요가 있다.

Ⅳ. 結論

이상으로 전문계 고등학교에서 실시한 매우 평범한 한문 수업을 대상으로 하여, 수업을 실시한 교사가 직접 자신의 수업의 형태적인 면에 초점을 맞춰 분석한 결과를 살펴보았다.

본 연구의 목적은 자기 수업 관찰 방법을 통해 고등학교 한문과 수업을 관찰하고 분석하여 자신의 수업을 개선할 수 있는 기초 자료를 얻고, 개선의 기회로 삼으며 이러한 경험을 타인과 공유하는 것이다.

수업 활동은 '학습 내용'과 '학습 구조'가 상호 작용하여 이루어진다. '학습 내용'은 1장에서 이야기한 '한문과 수업에서 무엇을 어떻게 가르쳐야 하는가?'라는 문제에서 '무엇(WHAT)'과 관련된 것으로, 가르쳐야 할 내용을 가리킨다. '학습 구조'는 '어떻게(HOW)'와 관련된 것으로 교사와 학생의 상호작용 방식을 가리킨다.

학습 구조와 유사한 개념으로 '수업 방법'을 이야기할 수도 있다. '학습 구조'는 교사와 학생이 어떤 작용을 거쳐 가르치고 배우는가에 관련된 것으로 '수업의 틀'에 가깝다면, '수업 방법'은 교사가 학생들에게 학습 내용을 어떻게 전달할 것인가에 관련된 것으로 '수업 기법'에 가깝다고 볼 수 있다. 따라서 본 논문은 수업 활동과 관련된 다양한 연구 영역 가운데 '수업 방법'보다는 '학습 구조'를 다룬 것이라 할 수 있다.

본 논문의 연구 결과는 타율적인 장학 활동의 부담을 최소화하면서 자신의 수업을 객관적으로 살펴보는 자율적인 장학 활동의 한 방법이 될 수도 있다. 또한 자율적인 자기 평가를 통해 수업을 개선할 수 있는 기초 자료를 얻을 수 있다는 점에서 연구의 의의를 찾을 수 있다. 연구 결과에 따른 논의를 정리하면서 본 논문을 마치겠다.

필자는 언어상호작용분석을 통해 필자의 수업이 비지시적 경향을 보이는 수업 유형임을 알 수 있었다. 또한 주로 보이는 언어상호작용은 '4→8' 유형, 즉 학생의 대답을 유도하는 교사의 질문과 그에 따른 학생들의 짧은 반응임을 알 수 있었다. 다음으로 빈번하게 보이는 언어상호작용은 '5→4→0→4' 유형, 즉 교사의 강의에 이은 확인 질문과 짧은 休止, 그리고 보다 쉽거나 구체적인 교사의 확인 질문이 다시 이어지는 유형임을 알 수 있었다. 분석 결과, 필자는 현재의 수업 형태를 유지하되, 다만 학생의 고차원적인 반응을 보다 적극적으로 유도할 수 있는 수업 기술을 연구할 필요가 있음을 알 수 있었다.

다음으로 수업분위기분석을 통해 필자의 수업분위기가 창의성, 온화성, 활기성, 치밀성의 어느 한쪽으로 치우치거나, 어느 한쪽이 상대적으로 부족하지 않음을 알 수 있었다. 다만 '온화성' 영역을 뺀 나머지 세 영역은 20을 넘지 않은 수치를 나타내므로 이에 관한 보완책을 연구할 필요가 있음을 알 수 있었다. 이를 통해 다음과 같은 수업 개선 계획을 구체적으로 세울 수 있었다.

1) 목표 : 보다 치밀하고 창의적인 수업분위기를 창조할 수 있다.

2) 유지·증가해야 할 특징 :

첫째, 수업분위기를 부드럽고 온화하게 유지한다. 이를 위해 수업을 하기 전에 교사 자신의 기분 상태를 항상 높은 수준의 즐거움으로 채울 수 있도록 노력한다.

둘째, 수업을 진행하는 중에 나타나는 학생들의 작은 반응에 대해서도 즉각적인 피드백을 제공한다.

3) 보완할 활동 :

첫째, 교사가 설명을 하기 전에 질문에 대한 학생들의 자유로운 의견을 청취한다. 이를 위해 예습 중심의 과제를 각 단원의 특성에 맞게 철저히 계획하여 학생들에게 전달한다.

둘째, 학생들이 보다 적극적으로 학습 활동에 참여하며 자신의 아이디어가 담긴 답변을 자주 할 수 있도록 한다. 이를 위해 예습을 충실히 수행할 수 있도록 유도하는 방안을 마련한다.

셋째, 수업 시간에 던질 많은 질문 가운데 짧지 않은 시간 동안의 思考를 필요로 하거나 해당 차시의 핵심 내용에 해당하는 질문을 수업 전에 미리 칠판에 판서하여 질문에 대한 답을 충분히 생각할 수 있는 기회를 학생들에게 제공한다. 아울러 수업 중에 학생들이 던지는 질문 가운데 참신한 아이디어가 담긴 질문에 대해 적절히 보상해 줄 수 있는 방안을 모색한다.

참고문헌

곽영순·김주훈, 「좋은 수업 방법에 대한 질적 연구−중등 과학 수업을 중심으로」, 『한국과학교육학회지』제23권 제2호, 한국과학교육학회, 2003. 144∼154면.
김경희 외(2006), 『좋은 수업 바라보기』, 교실수업개선 장학자료, 인천광역시 교육청.
박종원(2006), 『영어 교육과 질적 연구』, 한국문화사.

변영계·김경현(2007), 『수업장학과 수업분석』, 학지사.

이혁규(1996), 「중학교 사회과 교실 수업에 대한 일상생활기술적 사례 연구」, 서울대학교 박사학위논문.

주삼환 외(1999), 『수업관찰과 분석』, 원미사.

한국교육과정평가원(2005), 『비디오 관찰을 통한 수업 분석 및 수업방법 개선 워크숍 자료집』, 연구자료ORM2005-47-2.

E. C. Wragg 저, 박승배 외 옮김(2003), 『교실수업관찰』(An introduction to classroom observation), 교육과학사.

Gary D. Borich 저, 설양환 외 옮김(2005), 『효과적인 수업 관찰』(Observation skills for effective teaching), 아카데미프레스.

이 글은 『漢文敎育硏究』 제30호(韓國漢文敎育學會, 2008)에 수록한 논문을 재수록한 것이다.

수업 관찰과 분석을 통한
중학교 한문 교사의 수업 개선 연구

김동규

Ⅰ. 서론

최근 들어 교육현장의 교사들 사이에서 수업 관찰과 분석에 대해 많은 관심을 갖고, 이에 대한 연구가 활발히 이루어지고 있다. 특히 한국교육과정평가원과 각 시·도 교육청에서는 교사들의 수업 분석을 통해 문제점을 진단하고 개선점을 찾아주는 수업컨설팅이 이루어지고 있다. 또한 학계에서는 많은 연구자들에 의해 그것과 관련된 논문들이 양산되고 있다.

학교 현장의 수업 관찰과 분석이 필요한 까닭을 살펴보면, 첫째, 수업에 임하는 교사는 자신의 수업을 관찰할 수 없다. 교사는 자기 수업에서 일어나는 다양한 양상을 객관적으로 알기 어렵기 때문에 좋은 수업을 하고 있는지, 그렇지 않은지를 스스로 판단하기 힘들다. 둘째, 다른 교사의 눈(관찰자)을 통해 자기의 수업을 객관적으로 분석해봄으로써, 자기 수업에 대한 문제점을 찾아보고, 좋은 수업을 위한 개선점을 얻을 수 있다.

주삼환(1998)은 수업 관찰의 필요성에 대해,

> 수업관찰이 필요한 이유는 교수방법과 학습방법에 내한 연구의 기
> 초자료를 제공하는데 많은 비중을 담고 있다. 특히 교사의 교수 행위
> 는 기술적인 데 그치는 것이 아니라, 진단적이고 처방적인 기능을 지
> 닌다. 보다 나은 수업기술의 향상은 주관적이고 인상적인 관찰보다는
> 어떤 모형에 입각한 과학적인 방법을 통하여 진단되고 처방될 때 그
> 효과가 있음을 감안한다면, 수업관찰에 의한 자료 수집은 수업개선을
> 위해 필수적이라고 하겠다.[1]

고 언급하였다.

최근에는 한문교육 분야에서도 한문교육이 실제 이루어지는 현장
곧, '한문과 수업'에 관한 관찰과 분석이 활발히 진행되고 있으며, 그
연구 성과들이 '한국한문교육학회'와 '한국한자한문교육학회' 등을 통
해 보고되고 있다. 그동안 몇몇의 연구자들에 의해서 '한문과 교육과
정'에 관한 연구, '한문과 교수-학습 방법'에 관한 연구, '한문과 교육
평가'에 대한 연구 등 다양한 성과들이 있어 왔다. 이러한 연구들은
교과교육의 관점에서 한문교육을 바라보고, 교육연구방법과 절차 등
을 통해 한문교육을 진지하게 성찰하고, 한문교육을 교과교육의 관점
에서 분석하여 반성과 개선의 계기를 마련해줌은 물론 교육연구방법
을 통해 한문교육의 정체성의 확보와 위상을 높이는데 큰 힘이 되었
다. 그러나 그 많은 연구 가운데 실제 수업을 관찰하고 분석한 연구
성과는 다른 연구 성과에 비해 비교적 적은 편이다. 또한 '한문과 수
업'에 관한 연구자들의 노력에도 불구하고, 그 연구 성과는 타 교과에
비해 걸음마 단계에 있으며, 그 수량적 차원에서도 부족함을 인정하

---

1) 주삼환(1998).

지 않을 수 없다.[2]

최근에 발표된 '한문과 수업'에 관한 연구 성과들은 어떤 것들이 있는가? 한문과의 수업에 관한 연구 성과로는 백광호의 「사고구술을 통한 한문과 독해양상 연구」(2007a), 「한문과 교육과정의 '읽기' 영역에 관한 고등학교 교실 수업분석」(2007b), 「授業 改善을 위한 高等學校 漢文 教師의 自己 授業 分析」(2008), 김연수의 「한시 교육에서의 구성주의 교수·학습 방법 연구」(2007), 김재영의 「한문과 교수 −학습 모형 연구」(2008)등이 있다. 이 연구들은 한문교육이 이루어지는 수업 현장 속에서 다양하게 전개되는 한문 수업을 관찰·분석하거나, 교육학의 여러 이론들을 수업에 적용하고, 그 결과를 서술한 것으로, 한문교과교육의 연구 방향과 질적 연구의 다양한 방법을 제시하여 주었다.

본 연구의 선행연구인 백광호의 「授業 改善을 위한 高等學校 漢文 教師의 自己 授業 分析」(2008)은 본격적인 수업 관찰·분석 연구로서, 한문 교사의 실제 수업을 관찰하고 분석하여 수업의 문제점과 개선점을 탐구한 것으로, '한문과 수업'에 관한 새로운 연구 방법과 방향을 제시했다는 점과 실제 현장에서 누구나 자신의 수업을 관찰하고 분석할 수 있는, 그리고 현장 적용이 가능한 논문이라는 점에서 연구 성과

---

2) 백광호(2007b)는 '그러나 지금까지 나온 한문과 교육의 연구 성과 가운데 한문과 내용에 관련된 지식이나 활동이 구체적인 장면에서 어떻게 적용되는지를 보여주는 연구는 그다지 많지 않다고 할 수 있다. 반면 타 교과 영역에서는 이러한 연구가 비교적 풍성하다. 최근에는 질적 연구 방법을 통해 수업을 관찰하거나 분석한 후 유의미한 의미를 발견하려는 각 교과의 연구 성과가 많다.'고 말하였는데, 이 말은 한문과 '내용'을 가지고 다양한 '방법'과 '적용' 등이 이루어지고 있는 '한문과 수업'에 관한 연구가 한문교과교육의 한 분야임에도 불구하고 그 성과가 다른 교과에 비해 많지 않음을 지적하고 수업연구에 대한 연구자들의 관심을 촉구한 것이라 할 수 있다.

가 크다고 할 수 있다. 교육연구는 교육 상황을 기술하고, 예언하며, 개선하는 것이다. 위 논문은 한문교사의 수업분석을 통해 한문교육이 일어나고 있는 상황을 기술하고, 예언하며, 개선을 담고 있다.

본 연구는 백광호(2008)의「授業 改善을 위한 高等學校 漢文 敎師의 自己 授業 分析」과 유사한 연구로 볼 수 있다. 그러나 백광호의 논문은 '자기 수업 분석'이며, 연구자의 논문은 '다른 교사의 수업 분석'이라는 것에 차이가 있다. 연구자는 위 논문에서 밝힌 수업 분석 방법을 연구자의 수업에 실제 적용하여 연구자의 수업을 관찰하고 분석하여, 수업에서의 개선점을 찾아보았다. 그 과정에서 '분석항목 판단의 어려움', '교사의 자위적 판단', '분석 내용의 사전 경험으로 인한 수업왜곡' 등 몇 가지 문제점을 발견할 수 있었다. 따라서 연구자는 앞서 언급한 여러 문제점들을 해결하고, 연구자가 관찰자로서 중학교 한문교사의 수업을 관찰하고 분석해보고자 하였다.

연구자는 본 연구에서 연구 참여 교사의 수업을 관찰하고 분석하여 수업의 문제점과 개선점을 찾아보고(1차 연구), 한 걸음 더 나아가 그 결과를 연구 참여 교사에게 제공하여, 연구 참여 교사와 수업에 어떤 변화가 있는가를 관찰해보고자 한다.(2차 연구) 본 논문은 그 1차 연구 결과에 해당한다. 또한 수업 관찰 및 분석을 위해 EASY 수업분석 Ver 3.2 베타버전을 사용하였다.

II. 이론적 배경

1. Flanders의 언어상호작용 분석법

수업 관찰 및 분석은 교사의 교수 능력 발달을 돕는 효과적인 도구3)이며, 좋은 수업 관찰은 전문적인 교직을 이해하고, 그것의 질을 향상시키는 데 초석이 될 수 있다.

교실 수업 관찰의 목적, 사용하는 모습, 장소 등이 다양하고, 관찰의 초점을 어디에 둘 것인가에 따라서 그 관찰 방법이 달라지기 때문에4) 지난 몇 년간 수업관찰에 대해 다양한 방법이 개발되었다.

수업 관찰과 분석을 위해서는 교실수업의 상황을 가장 사실적이고 세밀하게 나타낼 수 있는 수업 관찰과 분석 방법의 선정이 무엇보다도 중요하다. 또한 수업 분석을 위한 계획을 치밀하게 수립하여야 한다. '관찰대상', '관찰방법', '분석방법'을 먼저 결정해야 한다. 수업분석과 관찰은 수업자의 특징적인 수업형태나 수업행동을 정확하게 기록하여 제시되어야 한다. 계획성 없는 수업 관찰은 관찰의 목적과 초점이 무의미해질 수 있으며, 또한 얻어진 결과가 수업 개선에 도움을 주지 못한다.

수업 분석 활동은 크게 2가지로 나눌 수 있다. 질적 분석과 형태적 분석이다. 질적 분석은 교과전문가에 의해 이루어지는 내용적 분석을 의미하며, 형태적 분석은 양직 분식으로 수입 중 도출되는 의미 있는 정보를 수치나 도표를 사용하여 양적으로 나타내는 분석법이다. 우리나라에서는 질적 연구방법이 널리 사용되었다가 최근에는 명확한 분석 근거의 부족과 전문성의 문제로 그 사용빈도가 줄고 있다.5)

형태적 분석은 교사와 학생의 언어상호작용분석(verbal interaction analysis), 비언어상호작용분석(non-verbal interaction analysis), 작업분석(work analysis) 등으로 나눌 수 있다. 이 중에서 널리

---

3) 이화진(2007).

4) 한국교육과정평가원(2005).

5) 허병기(1997).

사용되는 것이 Flanders의 언어상호작용 분석법이다.

Flanders의 언어상호작용 분석법의 특징은 다음과 같다.[6]

첫째, 관찰 범주는 수업상황에서 교사와 학생 사이에 생기는 모든 언어상호작용을 기록하고 있다. 그러므로 비언어상호작용의 분석이 필요 없다.

둘째, 결과 분석에 있어서 과학적인 방법으로 정리되고 해석됨으로써 그 결과의 해석이 명확하다고 볼 수 있다.

셋째. 수업결과를 교사 스스로가 확인을 하고 스스로의 행동을 제고해 보는 데 도움을 줄 수 있다.

넷째, 분석방법이 간단하고 실용적인 목적에 부합된다.

다섯째, 언어상호작용에 한정하여 분석한다.

여섯째, 수업관찰자의 의견일치도가 높기 때문에 비언어상호작용 분석보다 신뢰롭다.

일곱째, 교과서를 중심으로 하는 교사의 일제 수업 분석에 적합하다[7].

여덟째, 결과가 바람직하게 나왔다고 해서 그 수업이 곧 잘된 수업이라고 단정할 수 없다.

Flanders의 언어상호작용 분석법은 관찰자가 수업 중에 일어나는 모든 사건을 3초마다 기록해야한다. 이때 기록을 구분하는 범주(Flanders Interaction Analysis Categories : FIAC)는 크게 10가지로 나누는데 〈표 1〉과 같다.

---

6) 변영계 · 김경현(2007).

7) 한문교과의 경우 교과서를 위주로 하는 수업 형태가 대부분임을 감안한다면, Flanders의 언어상호분석법의 적용이 적합하다고 볼 수 있다. 협동학습이나 모둠학습 등 학생들의 활동이 수업의 대부분을 차지하는 경우에는 적합하지 않다.

⟨표 1⟩ Flanders Interaction Analysis Categories : FIAC

항목			분류항목 (수업상황)	내용
교사의 발언	비지시적 발언	항목1	감정의 수용	비위협적인 방법으로 학생의 감정적 색조나 태도를 수용하거나 명료화한다. 감정을 예측하고 회상하는 것도 이 항목에 포함된다.
		항목2	칭찬이나 격려	학생을 칭찬하거나 격려한다. '으흠', '그렇지'라고 하는 교사의 말 등이다. 긴장을 완화시키는 농담을 한다. 학생을 무시하는 것은 아니다.
		항목3	학생의 아이디어 수용 또는 사용	학생의 말을 인정한다. 학생의 아이디어에 기반을 두어 질문을 명료화한다.
		항목4	질문	학생이 대답할 것을 기대하는 의도로 교사의 생각에 기반을 두고 질문한다.
	지시적 발언	항목5	강의	내용이나 절차에 대하여 사실이나 의견을 제시한다. 교사 자신의 아이디어를 표현하고, 자기 자신의 설명을 한다.
		항목6	지시	학생이 응낙할 것을 기대하는 지시, 명령, 명령을 한다.
		항목7	학생을 비평 또는 권위를 정당화 함	학생의 대답을 독단적으로 정정하거나 야단친다. 교사가 하고 있는 것을 왜 하고 있는지 말한다. 극단적인 자기 참여를 한다.
학생의 발언		항목8	학생의 말-반응	상황을 구조화하거나 제한하는 교사의 접촉에 대한 반응으로 학생이 말한다. 자신의 생각을 표현할 자유가 제한된다.
		항목9	학생의 말-주도	학생 자발적으로 또는 교사의 유도에 의한 반응으로 학생 자신의 의견을 말한다.
		항목10	침묵, 혼란, 작업	관찰자가 의사소통을 이해할 수 없는 정지, 잠깐 사이의 침묵, 혼란, 노작활동 시간

2. 수업분위기 분석

수업분위기 분석에는 Tuckman의 수업분위기 분석이 이용된다. 이 분석법은 수업의 주요 변인 가운데 교사요인에 초점을 맞추어 교사의 발언과 행동에 따른 수업 분위기를 분석하게 된다.

　Tuckman의 수업 분위기 분석법의 특징은,

　첫째, 수업의 4가지 중요한 요소에 초점을 둔다.

　둘째, 수업분위기 분석법은 배우고 사용하기 쉽다.

　셋째, 수업분위기 관찰지와 수업분위기 분석지를 이용한다.[8]

　넷째, 40~45분간 수업을 관찰하면서 그 결과를 기록한다는 특징
이 있다.

　관찰지 양식은 〈표 2〉와 같다.

〈표 2〉 수업분위기 관찰지

	5　4　3　2　1	
1. 독창적인		상투적인
2. 참을성 있는		성미가 급한
3. 냉정한		온화한
4. 권위적인		상냥한
5. 창의적인		모방적인
6. 통제가 많은		자율성이 많은
7. 개방적인		폐쇄적인
8. 부드러운		딱딱한
9. 불공정한		공정한
10. 변덕스러운		일관성 있는
11. 겁이 많은		모험적인
12. 엉성한		치밀한
13. 고립적인		우호적인
14. 확실한		애매한
15. 소극적인		적극적인

---

8) 본 논문에서는 수업분위기 분석 프로그램을 활용하였다. 이에 관한 내용은 뒤에
서 언급하였다.

16. 융통적인			획일적인
17. 산만한			체계적인
18. 능동적인			수동적인
19. 수용적인			비판적인
20. 조용한			시끄러운
21. 진취적인			보수적인
22. 계획적인			즉흥적인
23. 경솔한			신중한
24. 활기찬			무기력한
25. 객관적인			주관적인
26. 내성적인			외향적인
27. 자신감 있는			망설이는
28. 소심한			대담한

관찰자는 관찰에 앞서 28쌍의 형용사를 숙지하고 있어야 하며, 40~50분 정도의 수업을 계획하고, 28쌍의 형용사를 마음속에 되새겨 가면서 수업을 관찰하고, 관찰자가 느끼는 수업 분위기의 정도를 해당하는 평적척도에 표시하여 분석한다.

3. 자리이동 분석법

자리이동 분석법은 수업 중 교사의 이동을 관찰하는 방법으로, 연구자는 연구 참여 교사가 수업 중 어떻게 움직이며, 어느 위치에서 주로 수업이 이루어지는가를 관찰하여 분석한다.

지나치게 한 위치에서 수업이 이루어질 경우 연구 참여 교사의 시야의 사각지대에 놓인 학생은 그렇지 않은 학생에 비해 수업의 집중도가 떨어지게 되며, 지나치게 편파적인 수업이 이루어지게 된다. 그러므로 이 방법을 통해 연구 참여 교사의 수업 중 이루어지는 불필요한 움직임이나 편파적인 움직임을 개선할 수 있다.

본 연구에 앞서 연구자는 연구 방법에 따라 연구자의 수업을 녹화한 후 이를 Flanders의 언어상호작용 분석법과 Tuckman의 수업분위기 분석법, 그리고 자리이동 분석법을 통해 연구자 본인의 수업을 분석해보았다. 그 과정은 자기 수업을 들여다보고 어떤 문제점과 개선점이 있는지를 찾는데 유용하였으며, 의미가 있는 것이었다. 그러나 이 연구 과정에서 몇 가지 주의해야 할 점이 발견되었다.

① Flanders의 언어상호작용 분석법에서는
첫째, 언어상호작용 항목분류의 정확한 판단의 곤란과 자위적9) 판단에 의한 해석 오류

Flanders의 언어상호작용 분석법은 교사의 발언에 초점이 맞춰져 있다. 그러므로 교사의 발언을 항목별로 분류하는 것이 핵심이다. 그러나 항목에 따라 교사발언을 명확하게 구분하는 것이 매우 힘들다. 보완책으로 '준칙'이 있으나, 실제 수업 현장에서 예측할 수 없거나 분류하기 힘든 상황이 발생되고, 그것을 적절하게 분류하는 것이 매우 곤란하다. 또한 교사는 항목 판단에 있어서 곤란을 겪게 되는 경우 자위적 판단으로 흐르게 된다.

교사가 자기 수업을 분석하는 과정에서 교사는 판단이 곤란한 발언은 분류 항목에서 긍정적인 쪽으로 자위적 판단과 해석을 하게 된다. 이는 수업 분석에서 중요한 객관성과 신뢰도를 잃게 되는 원인이 된다. 예를 들면, 7항목보다는 2항목, 8항목과 9항목으로 분류하려는 경향을 갖는다. 이러한 경향은 수업분석에서 신뢰도를 잃게 됨은 물

---

9) 여기서 自衛的이라고 한 것은 '교사가 스스로 자신을 방어하고자 하는 방향'으로 해석을 한다는 것을 의미한다.

론 분석 자료의 해석에 치명적인 오류를 범할 가능성 갖게 된다.

둘째, 수업 분석 방법의 사전인지로 인한 수업 현상의 인위적 변화

교사는 분석 프로그램에 대한 사전인지로 인해 수업 중 발언 형식과 내용을 인위적으로 조작하게 되어 수업이 평소와는 다른 모습을 보이게 된다. 학습자 또한 교사의 달라진 발언과 교수 태도에 대해 평소와는 다른 태도를 보인다. 교사와 학습자간에 언어상호작용에서 왜곡된 현상과 예측하지 못한 반응이 발생되며, 기존의 수업에서 개선점을 찾고자 했던 의도와는 다른 결과를 얻게 된다. 곧 수업 분석에서 중요한 현장의 사실성 유지가 어렵게 된다.

셋째, 분석프로그램 사용에 관한 문제

수업장학 프로그램은 자료기록지에 교실 상호작용 상황을 표시해야 하는 것을 컴퓨터 소프트웨어로 제작하여 코드를 입력하게 한 것이다. 자료 기록지에 직접 항목을 기록하는 번거로움을 해결하고, 입력의 편리함을 갖춘 장점은 있으나, 프로그램을 사용하기 위해 많은 시간과 훈련이 요구된다. 분석프로그램은 교사의 발언과 학생의 발언(반응)에 맞춰서 분류 항목 코드를 입력해야 한다.

Flanders 언어상호작용 분석법을 통해 정확하고 객관적으로 수업을 분석하기 위해서는 위 몇 가지 문제점에 유의하여야 한다. 그러나 Flanders의 분석법은 위 몇 가지 주의점을 갖고 있음에도 불구하고, 수업의 주요 변인인 교사와 학생의 언어적 행동에 초점을 맞추었다는 것과 객관적 분류체계에 따라 기록하고 분석하는 것이라는 점에서 수업 분석에 유용한 분석법으로 이용되는 도구[10]라고 할 수 있으며, 수업의 문제점과 개선점을 찾아내어 좋은 수업을 하기 위한 자료를 제

---

10) 변영계, 김경현(2007).

시할 수 있는 장점을 가지고 있다.

② Tuckman의 수업분위기 분석법

수업분위기는 수업 중에 일어나는 교사와 학생간의 상황이며 태도를 의미한다. 곧 수업 분위기가 긍정적이라면 교사와 학생간의 태도가 긍정적이라는 것을 뜻하며, 이 의미는 학생들의 학업성취도를 향상시키는 데 긍정적이라는 것을 의미한다.[11]

Tuckman의 수업분위기 분석법의 양적체계화의 답지는 비교적 객관성과 신뢰성을 얻을 수 있는 형식으로 이루어져 있다. 수업분위기의 정도는 서로 상대되는 측정항목을 배치하고, 그 정도를 5단계의 숫자 평정척도를 통해 측정한다.

이 측정법에서는 다음의 주의점이 발견되었다.

첫째, 녹화장면은 실질 수업의 모습을 완벽하게 재연할 수 없다. 녹화를 통한 평정은 수업 현장에서의 평정과 달라질 확률이 높으며, 현장과 다른 분위기의 평정은 결과 해석에서 오류를 갖는다. 그러므로 수업분위기 분석법은 관찰자가 수업을 녹화하여 분석하기 보다는 관찰대상이 되는 수업 현장에 직접 적용하여 분석하는 것이 바람직하다.

둘째, 자기 수업을 분석하는 데 있어 객관성을 잃기 쉽다. 이점은 Flanders의 언어상호작용 분석법의 주의점과 비슷하다. 자기 수업을 분석하려는 교사는 수업분위기를 나타내는 형용사 선택에서 자신의 수업분위기를 좋은 방향으로 인식하려는 경향을 갖게 되므로 결과적으로 평정을 신뢰하기 어렵다.

셋째, 수업분위기 관찰항목에 대해 사전에 인지하게 되면 교사는

---

11) Hyman(1975)은 일반적으로 긍정적인 분위기 속에서 수행된 교육이 바람직하다는 연구 결과를 제시하였다.(변영계·김경현, 2007, 재인용)

의도적으로 평소의 수업에서 벗어난 수업을 하게 된다. 그러므로 평소의 수업분위기를 분석하기 어렵다.

Ⅲ. 연구 방법과 결과

1. 연구 설계와 방법

본 연구 참여 교사는 경력 12년차의 남교사로, 10년간 전문계 고등학교에서 근무하다 안산의 S중학교로 전근하여 2년간 중학교 학생들을 가르치고 있다. 교직경력 12년 중에서 중학교 근무 경력은 2년이다. 교육대학원에서 석사학위를 취득하였으며, 한문교육에 많은 관심과 열정을 가진 교사로, 특히 교수-학습 방법과 자료 개발에 많은 관심을 가지고 있다.

연구 참여 교사가 근무하는 중학교는 아파트 단지 내의 학교이며, 관찰 대상 학급이 속한 1학년은 다른 학년에 비해 학업이나 학습 분위기가 비교적 좋은 편[12]이다. 관찰 대상 학급의 선정은 어떤 특별한 통제나 조작이 없이 연구 참여 교사가 원하는 학급으로 선정하였다. 연구자가 직접 연구 참여 교사와 통화하여 연구 계획과 목적 및 과정을 설명하여 승낙을 얻었다.

본 연구는 연구 참여 교사의 수업을 관찰하여 수업의 문제점과 개선점을 찾아보는 것을 '1차 연구'로, 분석된 결과를 가지고 연구 참여 교사와 함께 논의한 후 연구 참여교사의 수업이 실제로 어떻게 변화

---

12) 좋은 편이라는 것은 본 연구에서 시도하는 '좋은 수업'과는 의미가 다른 것으로, 교사의 일방적 입장에서 바라보는 수업하기 편하다는 의미로 교실 분위기나 학생들의 수업 태도가 다른 학년에 비하여 '좋다'는 것을 의미한다.

되었는지를 관찰하고 분석하는 것을 '2차 연구'로 계획하였다. 본 논
문은 '1차 연구'의 결과이며, '1차 연구'는 10월 30일 목요일 1교시 1
학년 2반 수업이었다.[13)]

1차 연구를 수행하기 위해 연구 참여 교사에게 연구의 취지와 목적
외에는 수업 분석 이론과 도구에 관하여 어떠한 자료도 제시하지 않
았으며, 최대한 평상시 수업 모습을 보여줄 것을 당부하였다. 이는
수업분석 항목을 사전에 인식할 경우 연구 참여 교사가 인위적이건
아니건 간에 수업이 변화되어 분석 결과가 왜곡될 수 있음을 방지하
기 위해서이다. 오직 연구 참여 교사에게는 연구자가 수업을 녹화하
고, 교사의 수업 내용을 녹취한다는 점과 녹화된 자료를 분석을 통해
'좋은 수업'을 위한 개선점을 찾고자 한다는 것 등의 연구 계획과 목
적만을 제시하였다.

수업 분석 자료 수집을 위해 캠코더 1대와 음성녹음용 MP3 2대를
준비하였고, 수업 촬영 중 관찰 효과[14)]를 고려하여 연구자의 불필요
한 행동을 줄였으며, 캠코더는 학생들의 모습을 최대한 담을 수 있는
위치에 설치하고, 연구 참여 교사의 발언을 녹취하기 위해 MP3 2대
를 교탁에 설치하였다. 또한 수업 분위기 분석을 위해 수업 관찰지를
미리 출력하여 관찰[15)]에 임하였다.

---

13) 연구 참여 교사의 말에 의하면, S중학교 전체 학년 중에서 이번 년도 1학년 자원
   이 좋다고 하며, 특히 1학년 2반 학생들의 성향이 가장 좋고, 한문 수업을 가장
   잘하고 좋아한다고 하였다. -면담내용인용-
14) '교실에 낯선 관찰자가 들어오면 그로 인해 학급에서 일어나는 일이 달라진다.
   … 학생들은 그 관찰자의 성별에 따라 달리 반응할 것이며, 교사는 관찰자가 지켜
   볼 때에는 칭찬을 많이 하고 학생들의 아이디어를 보다 잘 수용할 것이다.' 「비디
   오 관찰을 통한 수업 분석 및 수업방법 개선 연수」, 한국교육과정평가원, 2005.
15) 수업을 관찰하기 위해서는 1. 수업관찰은 사전에 준비된 계획에 따라 합리적으
   로 이루어져야 한다. 2. 객관적이고 사실적인 태도로 관찰해야 한다. 3. 수업관

수업 녹화 당시 연구 참여 교사는 학생들에게 연구자가 녹화를 하는 이유에 대해 '고등학교 선생님인데, 여러분들의 수업을 녹화해서 수업 분석을 통해, 여러분들이 잘하고 있는지 아닌지를 살펴보고 싶어 한다.'고 간단한 소개를 하여 학생들이 낯선 환경에 긴장하지 않도록 친절한 설명을 곁들여 주었다.

수업 관찰 후 객관적이고 명확한 수업 분석을 위해 연구 참여 교사와 몇 가지 사항을 가지고 간담한 면담을 실시하였다.

면담 내용은

> 질문: 이 반을 선택하게 된 까닭은 무엇인가?
> 답변: 다른 해에 비해 이번 1학년들의 자원이 좋습니다. 특히 1학년 2반이 1학년들 중에서 가장 수업이 좋습니다.[16)

> 질문: 강의식 수업을 주로 하는 것 같습니다. 특별한 이유가 있나요?
> 답변: 특별한 이유라고 할 것은 없습니다. 학생들의 읽기에 중점을 두고 수업을 하기 때문에 아무래도 강의식 수업이 이루어지는 것 같습니다.

> 질문: 별도로 학생들의 수업 동기 유발 방법이 있습니까?
> 답변: 선행학습을 시킵니다. 미리 과제를 제시하고, 수업 전에 과제를 확인 후 수업을 진행하여 학생들이 수업이 참여할 수 있도록 합니다.[17)

찰은 수업분위기에 영향을 주는 언행을 해서는 안 된다. 4. 관찰자는 수업을 냉정한 자세로 관찰해야지 수업자나 학습자의 입장이 되어 수업 상황에 몰입되어서는 안 된다. : 주삼환(1998).

16) 가장 수업이 좋다는 의미는 수업을 진행하는 교사의 입장에서의 좋다는 의미로, 학생들의 발달과정과 학업성취여부 등, 수업에 활용할 수 있는 여러 교구재들의 적절한 활용을 통한 수업 등의 의미와는 다르다.

17) 연구 참여 교사는 학생들을 수업에 적극적이면서 용이하게 수업에 참여시키기

면담을 진행 한 후 Tuckman의 수업 분위기 관찰지를 제시하여 연구 참여 교사 스스로 느끼는 자신의 수업 분위기를 기록하게 하였다. 처음 대하는 수업 관찰지임을 감안하여 연구자는 연구 참여 교사에게 평정척도의 28쌍 형용사에 대해 간단히 설명을 하였다.

이 방법을 시행한 것은 연구자가 느끼는 수업분위기와 연구 참여 교사가 느끼는 수업 분위기를 비교하여 수업분위기 기록에서 생길 수 있는 오류를 최소화하기 위해서였다.

본 연구의 수업 분석에 활용한 도구는 EASY 수업분석 Ver 3.2 베타버전[18])이다. 이 프로그램은 Flanders의 언어상호작용 분석법과 Tuckman의 수업분위기 분석법 및 자리 이동분석법 등을 할 수 있도록 제작된 소프트웨어이다.

2. 연구 결과

1) Flanders의 언어상호작용 분석법

먼저 언어상호작용의 항목을 분류하기 위해 녹화된 영상을 반복 청취하고, 수업 내용을 전사하였다. 수업을 전사한 까닭은 동영상에서 분류하기 힘든 부분과 혼선이 빚어지는 항목에 대해 명확성을 확보하기 위함이다.

그 다음 Flanders의 언어상호작용 분석법 프로그램 〈그림 1〉을 활용하여 교사와 학생 간에 이루어지는 모든 언어상호작용을 분석항목

위해 본 차시에서 배우게 될 내용과 관련하여 과제를 제시하였고, 시작과 동시에 과제 검사를 시행하여 적절한 긴장감을 유지하게 하였다.

18) 김경현 교수(원광대학교)의 공식 홈페이지인 http://www.edusugar.com/에서 얻을 수 있다.

에 따라 분류하였다.

〈그림 1〉 EASY 수업분석 Ver 3.2 베타버전

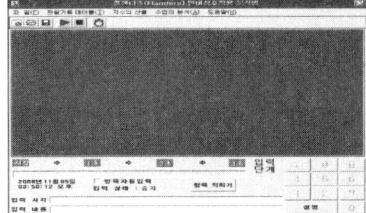

분류가 모호한 것은 분류 준칙을 따랐다.[19]

각 항목을 입력 내용은 〈그림 2〉와 같고, 총 1019개의 항목이 분류 입력되었다.

〈그림 2〉 수업분석결과 항목 입력화면

---

19) 부록 참조.

분류항목별 빈도수를 살펴보면 〈표 3〉과 같다.

〈표 3〉 분류항목별 빈도수

분류항목	빈도	백분율
1	0	.00%
2	16	1.57%
3	81	7.95%
4	39	3.83%
5	454	44.55%
6	57	5.59%
7	29	2.85%
8	117	11.48%
9	4	.39%
10	222	21.79%
계	1019	100%

위 표에서 보면 대체적으로 교사의 강의(5)와 학생들의 답변에 대한 반응(3), 질문(4)과 지시(6), 학생들의 답변 항목(8)과 읽고 따라 읽기(10)에 빈도가 집중되어 있는 것을 볼 수 있다.

빈도에 따른 행렬표를 살펴보면

〈그림 3〉 빈도에 따른 행렬표

백분율 행렬표의 산출

빈도에 따른 행렬표

행/열	1	2	3	4	5	6	7	8	9	10	계
1	0	0	0	0	0	0	0	0	0	0	0
2	0	2	0	0	3	3	1	1	0	6	16
3	0	1	3	7	49	3	1	14	0	3	81
4	0	0	4	3	4	4	1	19	0	4	39
5	0	4	0	11	334	12	5	66	3	19	454
6	0	1	0	5	8	16	2	9	1	15	57
7	0	0	1	3	8	2	4	2	0	9	29
8	0	2	73	3	22	4	8	3	0	2	117
9	0	1	0	0	3	0	0	0	0	0	4
10	0	5	0	7	23	13	7	3	0	164	222
계	0	16	81	39	454	57	29	117	4	222	1019

인 쇄 확 인

점선 안에 빈도 중 교사의 3, 4, 5항목에 빈도가 집중되어 있다. 이것은 교사의 발언이 학생들로 하여금 발언하도록 자극을 주고 있음을 나타낸다. 그러나 9열보다는 8열에 집중되어 있는 것을 볼 수 있다. 이를 통해 연구 참여 교사는 학생들의 반응을 이끌어내는 형태의 수업을 하고 있음을 알 수 있다.

연구 참여 교사와 학생 간의 언어상호작용을 살펴보면 다음과 같다.

> 교사: 역시 병렬관계 서로 대등한 관계지! 그다음에 남녀노소 남 뜻이 뭐에요?
> 학생: 사내 남.
> 교사: 사내 남 남자, 여는?
> 학생: 여자 녀.
> 교사: 여자 계집 여자, 노는?
> 학생: 늙을 노.
> 교사: 늙을 노, 소는?
> 학생: 젊을 소,
> 교사: 젊을 소 하나하나가 나 명사에요. 하나하나가 나 대등한 관계에 놓여 있어. 그럼 풀이 어떻게 하면 될까?
> 학생(전체): 남자 여자 늙은이 젊은이.
> 교사: 오케이, 잘했어! 남자 여자 늙은이 젊은이, 노인해도 되 노인, 청소년 또는 젊은이, 속뜻 쓰라 그러면 어떻게 쓸까?
> 학생: 모두 다, 사람.

연구 참여 교사의 수업을 살펴보면, 연구 참여교사의 단순 질문과 그에 대한 학생들의 단순 답변, 그리고 연구 참여 교사의 학생들의 답변에 대한 반응이 반복적으로 일어나고 있다. 이때 연구 참여 교사의 반응은 학생들의 답변을 명확하게 해주거나 도와주는 역할을 한다. 8행의 3열은 이와 같이 연구 참여 교사가 학생들의 발언에 대해 어떻게 대응하는지를 나타낸다.

연구 참여 교사의 수업 분석 결과를 살펴보면 다음과 같다.

•수업의 주 흐름 : 5 → 8 → 3 → 5
〈표 4〉 Flanders 분석 관련 지수 산출표

비지시비	20.12%
수정 비지시비	53.01%
계속적 비지시비	20%
교사의 질문비	7.91%
학생의 발언비	15.18%
8행 및 9행의 비지시비	86.36%
8행과 9행의 교사 질문비	10.71%
계속적 강의 및 질문비	33.07%
학생질문 및 넓은 답변비	3.31%
악순환비	4.71%

수업의 주 흐름은 교사의 강의와 학생의 반응, 그것에 대한 수용, 그리고 강의로 이어지는 수업 형태를 보이고 있다.

각 지수의 산출 결과에 대해 살펴보면,

첫째, 연구 참여 교사의 비지시비는 20.12%이며, 수정비지시비[20]는 53.01%이다. 비지시비는 비지시적인 수업의 정도를 나타낸다. 즉 연구 참여 교사는 비지시적 수업을 하려는 경향보이고 있다.

둘째, 8행 및 9행의 비지시비는 학생의 발언에 대한 연구 참여 교

---

20) 비지시적 수치에서 4번과 5번의 항목의 수치를 제외한 수치로 좀 더 정확한 비지시적인 영향을 알 수 있다. 이 지수가 50% 이상일 때 비지시적 수업이라고 말할 수 있다.

사의 태도를 나타내는데, 연구 참여 교사는 86.36%로, 학생들의 발언에 대해 매우 온정적, 격려적인 태도를 보이고 있음을 알 수 있다.

셋째, 학생질문 및 넓은 답변비는 학생의 발언 중에서 사고력을 요하는 발언이 얼마인지를 나타내는 지수이다. 이 수업의 경우 3.31%로 단순 질문에 대한 답변이 비교적 많았던 수업임을 알 수 있다.

넷째, 악순환비는 다음과 같은 언어상호작용으로 지시적인 발언의 반복을 나타낸다.

> 학생: 시시비비!
> 교사: 시시비비! 기억나 안나?
> 학생: 아~~
> 교사: 이제 기억나? 첩어가 뭔데?

이 수치가 낮을수록 좋은 수업이다. 연구 참여 교사의 악순환비는 4.71%로 나타났다.

교사의 질문에 대해 학생들이 올바른 답을 하지 못하거나 침묵을 한 경우, 지시를 하고, 그 후에도 학생의 답변이 올바르지 않거나 침묵을 한 경우 더 강한 지시를 한 경우가 있었음을 나타낸다.

이상으로 Flanders의 언어상호작용 분석법을 통해 연구 참여 교사의 수업을 살펴보았다. 이 분석법은 외형적 수업의 분석에 머물고, 수업의 내용을 분석하지는 않는다. 또한 Flanders의 언어상호작용 분석법은 교사의 발언비와 학생들의 발언비에 대한 지수에 의존한다.

위와 같은 분석을 통해 연구 참여 교사의 수업에서 몇 가지 개선점을 찾을 수 있다.

첫째, 교사의 질문비와 학생질문 및 넓은 답변비를 높이는 것이 필요하다. 연구 참여 교사의 질문비는 7.91%, 학생질문 및 넓은 답변비는 3.31%이다. '이 한자의 뜻은?', '이게 뭐지?'라는 단순 재생적 발문보다는 '이 한자는 이 성어에서 어떻게 풀이하면 좋을까?' '문장에서 이 한자와 이 한자의 공통점은 무엇일까?'와 같이 학생들이 추론을 통해 답변을 할 수 있는 추론적 발문의 비율을 높일 필요가 있다.

둘째, 악순환비는 0%일 때 가장 좋은 수업이라고 한다. 연구 참여 교사의 악순환비는 4.71%이다. 이 지수는 교사의 학생 개개인에 대한 질문이나 지시가 있을 때나, 학생의 즉각적인 답변이 있지 않을 경우에 교사는 학생의 답을 기다리기 보다는 해당 학생을 다그치거나 비난하는 등의 더 강한 지시를 하고, 학생은 답변을 제대로 하지 못한 경우의 지수이다. 이상적인 수업을 위해서 연구 참여 교사는 학생의 답변을 기다리는 여유와 답변을 유도하기 위한 질문 방식의 변화가 필요하다.

셋째, 연구 참여 교사가 비지시적 수업을 하기 위해서는 교사의 발언비와 지시비를 좀 더 낮추고, 상대적으로 학생의 발언비와 답변비의 비율을 높이기 위한 수업설계가 필요하다. 이를 위해서는 교과진도에 대한 지나친 의식을 삼가고, 학생이 충분히 생각하고 자유롭게 말할 수 있는 분위기와 시간적 여유를 갖도록 하는 수업 변화가 요구된다.

2) Tuckman의 수업분위기 분석법

연구자는 연구 참여 교사의 수업을 평정척도 항목 28쌍의 형용사를 떠올리며 참관하였다. 수업분석 프로그램의 수업분위기 평정척도 관찰지〈그림 4〉를 출력하여 수업 관찰 후 수업 마무리 부분에 평정을 하였다. 물론 중간에 정확하게 평정이 가능한 항목을 관찰 중간에 평

〈그림 4〉 수업분위기 분석법 입력 화면

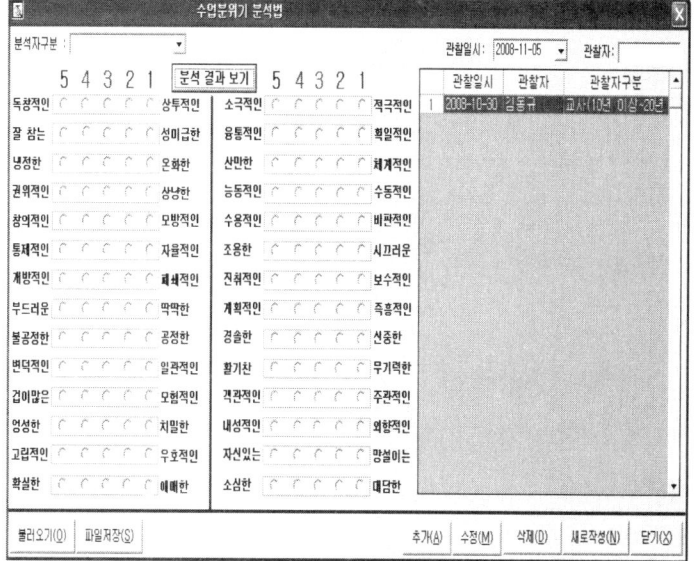

정을 하였다.

평정 후 프로그램을 활용하여 연구자가 평정한 것을 입력하여 〈그림 5〉와 같은 결과를 얻었다.

Tuckman의 수업분위기 분석법은 교사의 주도의 수업분위기를 온화성, 창의성, 활기성, 치밀성으로 구분하여 평정한 것이다. 일반적으로 점수가 높을수록 긍정적인 수업이고, 반대로 낮을수록 개선해야할 사항이 많은 수업을 뜻한다.

〈그림 5〉를 보면 연구 참여 교사의 수업분위기는 전체적으로 20을 넘고 있다. 창의성이 온화성, 활기성, 치밀성에 비해 낮게 나타나고 있다. 즉, 수업분위기에서 창의성을 높일 수 있는 수업기술을 연구해야 함을 의미한다. 〈그림 6〉은 연구자와 연구 참여 교사가 분석한 수업분위기를 종합한 것이다.

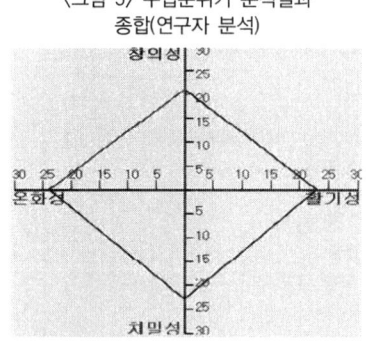

〈그림 5〉 수업분위기 분석결과
종합(연구자 분석)

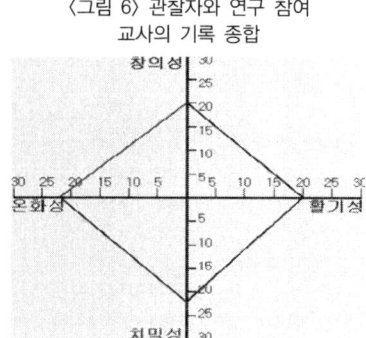

〈그림 6〉 관찰자와 연구 참여
교사의 기록 종합

분석결과를 살펴보면 연구 참여 교사는 자신의 수업에 대해 활기성과 창의성이 온화성과 치밀성에 비해 다소 부족하다고 느끼고 있는 것으로 판단된다.

연구자와 연구 참여 교사의 수업분위기 분석결과를 종합해보면, 창의성과 활기성이 다른 것에 비해 낮게 나타남에서 공통점을 찾을 수 있다.

창의성은 독창적, 개방적, 융통성, 자율성, 모험성, 대담성 등을, 활기성은 능동적, 진취적, 활기참, 자신감, 적극적, 활동적, 외향적 특성을 갖는 수업을 말한다.

연구 참여 교사의 수업 내용을 살펴보면

교사: 뭐 두 글자? 일어서 얼른……. 숙제 검사를 맨날 하는데 안 해오냐? 엉? 잘 해왔네. 뭘 구경을 해! 안했어?

교사: 김OO, 대답하고 일어나야지, 첩어! 외운 거 두 가지 얘기해봐? 기억 안나? 복습 했어 안했어? 첩어라는 말 기억나 안나? 기억이 안나? 기억나는 사람? 첩어? 어? 첩어 두 가지 이야기 해봐?

교사: 14과 한번만 읽어봐! OO이 읽으면 따라 읽는 거야! 일어나서

읽어야지 크게! 책 들고!

교사: ……. 공책 펴봐 여러분 조사해온 거. 한사람씩 세울 테니까
　　　한 가지씩 얘기해봐 조사해온 거~, 이○○! 대답이 어야? 어?
　　　음……. 조사해온 것 중에 하나 야기해봐!

연구 참여 교사는 발언 중에 눈에 띄는 발언이다. 연구 참여 교사는
수업 중 학생들의 예의 있는 행동을 중시한다. 자세를 바르게 하며,
교사의 지시에 순응하고, 단순 질문에 대해 학생들이 답변할 것을 요
구하고 있다.

수업분위기 분석법을 통해 연구 참여 교사의 수업에서 몇 가지 개
선점을 찾아본다면,

첫째, 수업 태도에 대한 엄격한 기준보다는 학생들이 자율적, 개방
적으로 수업에 참여할 수 있는 학습 분위기의 전환이 필요하다. 학생
들의 수업 태도에 대해 매우 엄격한 기준을 세우고 있기 때문에 학생
들 중에서는 연구 참여 교사의 발언과 행동에 따라서 눈치를 보는 경
우가 있었다. 이러한 수업분위기는 창의성과 활기성을 낮추는 결과를
초래한다. 그러므로 연구 참여 교사는 학생 스스로 학습 분위기를 이
끌어 나갈 수 있는 분위기를 조성해야 할 필요가 있다. 교사의 감화
를 통해 좋은 수업태도를 갖게 하는 것이 한 방법이 될 수 있다.

둘째, 학생들의 반응 언어에 대해 인정하고 수용할 필요가 있다.
연구 참여 교사는 예측하지 못한 학생들의 반응 언어에 대해 즉각적
지적이나 훈계를 하고 있다. 자발적인 반응 언어의 표출은 학생들의
수업 참여도의 반증이기도 하다. 수업 중에 일어나는 학생들의 자발
적인 발언을 수용하고, 이를 수업의 맥락으로 이끌어간다면, 보다 자
율적이고 창의적인 수업이 이루어질 수 있을 것이다. 연구 참여 교사

는 학생들을 지목하여 어떤 특별한 활동을 요구할 경우 학생의 개방
적인 발언과 활동을 이끌어낼 수 있는 질문의 개발할 필요가 있다.
또한 왜 그렇게 발언하게 되었는가를 말하게 하되, 수업 내용과 연관
하여 이끌어가는 방법을 개발할 필요가 있다.

3) 자리이동분석법

연구 참여 교사의 45분간 수업 중 교사의 이동 기록을 통해 수업
중 교사의 수업 중 이동 형태와 학생들의 반응 대해서 분석하였다.

〈그림 7〉 자리이동분석법

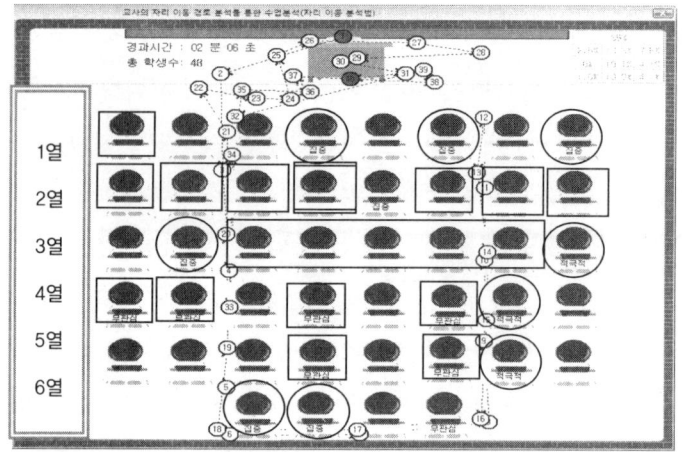

연구 참여 교사의 수업 중 이동 경로를 보면 〈그림 7〉과 같다.[21]
수업 초기 과제 검사를 위해 교사가 반 전체를 순회한 것을 제외하고,
교사는 수업 중 내내 칠판 앞에서 주로 강의를 하였고, 시선은 전반

---

21) 연구 참여 교사의 녹화된 영상을 통해 머문 시간과 관계없이 교사의 이동 경로를
    입력한 것이다. 교단에서 주로 3~5걸음 정도의 단순한 이동은 입력하지 않았다.

적으로 학생들의 5열과 6열에 집중되어 있었다. 학생들의 경우 ○으로 표시된 학생들은 교사의 수업에 집중과 관심을 적극적으로 보인 학생들이며, □로 표시된 학생들은 무관심과 집중이 안 된 학생들을 나타낸다.

　관찰 결과 2열과 3열의 학생들 대부분은 수업 초기에는 교사의 수업에 관심을 보이다가, 20여분이 지나 교사의 집중적인 강의가 이루어지자 집중력이 떨어지는 것을 관찰할 수 있었으며, 특히 2열의 경우는 1명의 학생을 제외하고 대부분의 학생들의 관심이 다른 열에 비해 현저히 떨어지는 것을 관찰할 수 있었다.

　〈그림 7〉에서 보면 연구 참여 교사의 수업은 주로 교실의 앞부분에서 이루어지고 있으며, 지나치게 한 곳에 머물러 주로 판서와 강의식 수업을 하고 있음을 알 수 있다.

　자리이동분석법을 통해 개선점을 찾아본다면,

　첫째, 시야의 사각지대에 있는 학생들에 대한 관심이 필요하다. 교실 앞 쪽에 머물다보면 시선이 자연스럽게 교실의 뒤편에 있는 학생들이나, 혹은 앞 쪽의 학생들에게 머무는 등 한정된 시야를 갖게 되기 쉽다. 시선이 한 곳에 집중되다보면 시야의 사각지대에 놓여 있는 학생들은 자연스럽게 수업에 관심과 집중이 떨어지게 된다. 그러므로 연구 참여 교사는 전체적으로 학생들을 관찰하고 시선을 마주침으로써 사각지대의 범위를 좁힐 필요가 있다.

　둘째, 강의식 수업에서 탈피하여 전체 학생들의 관심을 모을 필요가 있다. 강의식 수업은 이해력이 부족한 학생은 강의 내용을 이해하지 못해 집중력이 떨어지기 쉽고, 학습자의 수업태도가 수동적이기 쉬운 단점을 가지고 있다. 그러므로 연구 참여 교사는 다양한 수업 설계를 고려해야 하며, 교단 선진화 장비 등을 이용하여 판서를 대체

하여 학생들의 집중력을 높이고 칠판에서 머무는 시간을 줄여 학생들
을 고루 관찰할 수 있는 동선을 계획하는 것이 필요하다.

셋째, 학생들의 자리이동도 고려할 수 있다. 한문 수업에 관심과
집중을 보이는 학생들의 자리 위치를 각 열에 고루 배치한다면, 교사
의 시선 범위를 넓혀 사각 지대에 놓이는 학생 수를 줄일 수 있을 것
으로 보인다.

Ⅳ. 결론

이상으로 연구자는 Flanders의 언어상호작용 분석법과, Tuckman
의 수업분위기 분석법, 그리고 자리이동분석법을 활용하여 연구 참여
교사와 학생간의 언어상호작용, 수업분위기, 교사의 수업 중 이동 등
수업 전반을 체계적으로 기록하고 분석하였다.

분석 결과, 연구 참여 교사에게서 수업 개선을 위한 몇 가지를 발견
할 수 있었다.

첫째, 학생들의 창의적 사고를 이끌어 내기 위한 추론적 발문의 개발
둘째, 질문 후 학생들의 답변을 기다리는 여유와 답변 유도 방식 변화
셋째, 교과 진도보다는 학생의 생각과 적절한 긴장 속의 발표 분위기 조
성을 위한 노력
넷째, 학생들의 자발적 발표에 대한 인정과 수용 및 칭찬
다섯째, 수업 중 교사의 시야에서 벗어난 학생들에 대한 적절한 조치

등을 들 수 있다. 이 개선점들은 연구 참여 교사의 수업이 잘못되었
다는 지적이 아니라 더 좋은 수업을 만들기 위한 자료 제공의 의미를

갖는다.

본 분석 자료들이 그 수업 전체를 말해주는 것은 아니다. 단지 중학교 한문교사의 수업을 같은 한문교사로서 관찰하고, 이를 분석하여, 연구 참여 교사의 수업에서 개선점을 찾아보려 시도의 결과이다.

앞에서 언급하였지만, 연구 참여 교사는 위 분석법에 대해 전혀 알지 못한 상태였으며, 평소에 해왔던 수업을 연구자에게 제공하여 수업에 대한 문제점이나 개선점을 찾아 좋은 수업을 이루려는 생각을 가지고 있다. 연구 참여 교사는 수업관찰을 통해 스스로 인식하지 못했던 것들을 분석 자료를 통해서 인식하고, 그 인식을 바탕으로 더 효과적인 수업계획을 세울 수 있다. 그러므로 본 연구는 관찰과 분석에 그치는 것보다는 그 결과를 연구 참여 교사에게 제공하여, 수업을 보다 좋은 수업으로 개선하게 할 수 있는 자료로서의 역할을 수행할 때 비로소 그 의의가 있다.

앞으로 연구자는 이 개선점들을 연구 참여 교사에게 제공하여 수업의 변화를 모색하려 한다. 그러나 2차 연구를 수행하기 위해서는 다음 몇 가지 연구가 필요하나.

첫째, 수업 분석 자료의 신뢰도와 객관성을 높여야 한다. 수업분석과 개선점은 관찰자의 일방적인 시각에서 이루어진 것일 수도 있다. 그러므로 위 내용은 연구 참여 교사는 물론, 제 3자의 관찰과 분석을 통해 서로간의 다른 시각과 공통점을 찾을 필요가 있다. 수업의 관찰 기록의 신뢰도와 객관성을 높이기 위해 2인 이상이 2번 이상의 관찰 기록을 통해 분류항목별 빈도수의 일치도, 곧 스콧 계수(Scott's coefficient)를 측정이 필요하다.

둘째, 질문지를 작성하여, 수업 개선점에 대한 연구 참여 교사의 의견을 수렴하고, 수업을 변화시키기 위한 방법을 모색해야 한다.

셋째, 관찰자는 2차 혹은 3차에 걸쳐 연구 참여 교사의 수업 분석을 통해, 연구 참여 교사의 수업 형태가 어떻게 변화되어 가는지를 추적 관찰하여야 한다.

위 선행 연구 작업의 수행은 연구 참여 교사의 수업 분석에 보다 객관적이고 신뢰성 있는 결과물을 제공할 것이며, 연구 참여 교사의 수업 변화에 대한 관찰은 한문교사들의 수업 분석과 개선에 기초적인 자료로서의 역할을 충분히 제공할 것으로 판단된다.

참고문헌

주삼환(1998), 『수업 관찰과 분석』, 원미사.
변영계·김경현(2007), 『수업장학과 수업분석』, 학지사.
이용숙 외(2008), 『교육현장 개선과 함께하는 실행연구방법』, 학지사.
김연수(2007), 「한시 교육에서의 구성주의 교수·학습 방법 연구」, 박사학위 논문.
김재영(2008), 「한문과 교수-학습 모형 연구」, 한국교원대 박사학위논문.
백광호(2007a), 「사고구술을 통한 한문과 독해양상 연구」, 『한자한문교육』 제18집, 한국한자한문교육학회.
_____(2007b), 「한문과 교육과정의 '읽기' 영역에 관한 고등학교 교실 수업 분석」, 『한자한문교육』 제19집, 한국한자한문교육학회.
_____(2008), 「수업 개선을 위한 고등학교 한문 교사의 자기 수업 분석」, 『한문교육연구』 제30호, 한국한문교육학회.
이화진(2006), 「교실 수업 개선을 위한 수업 분석과 동료 장학」, 한국교육과정평가원.
_____(2007), 「교원수업 전문성 발달 지원 프로그램 개발연구」, 한국교육과정평가원.
허병기(1997), 「장학의 본질이탈 : 개념적 혼란과 실천적 오류」, 『교육학 연구』 35권 3호, 한국교육학회.
한국교육과정평가원(2005), 「비디오 관찰을 통한 수업 분석 및 수업 방법 개선 연수」.
_____(2006), 「교수-학습 개선을 위한 수업 컨설팅 어떻게 할 것인가?」.
당진교육청(2007), 「수업 혁신을 선도하는 컨설턴트 및 지역장학요원」.

이 글은 『漢文學論集』 제28집(근역한문학회, 2009)에 수록한 논문을 재수록한 것이다.

[부록]

준거	내 용
제1준칙	교사나 학생의 언어가 둘 이상의 분류 항목 중 어느 것으로 하면 좋을 지가 확실하지 않고 망설여질 때는 제5항목으로부터 멀리 떨어진 항목을 선택한다. 단 제10항목은 이 준칙에 해당되지 않는다.
제2준칙	교사와 학생의 언어를 분류하는 것은 매 3초마다 한 번씩 하기로 되어 있는데 만일 3초 동안에 하나 이상의 분류 항목이 나타나면 모든 항목을 기록하도록 한다. 즉 분류 항목이 변할 때마다 기록하도록 한다.
제3준칙	제6항목의 지시는 그 지시가 결과적으로 학생들의 어떤 행동을 유발하는 것을 관찰할 수 있거나 또는 예견될 수 있는 교사의 말이어야 한다.
제4준칙	어떤 질문을 하고 이 질문에 답변할 학생을 지명하면 대부분의 경우 제4항목으로 분류된다.
제5준칙	교사가 책을 읽어 가면서 설명을 하면 이는 강의의 일부로 보고 교사의 책을 읽는 행동까지도 합쳐서 제5항목을 기록하나, 교사가 범독을 하면 작업이나 시범과 마찬가지로 취급하여 제10항목을 기록한다.
제6준칙	만일 3초 이상에 걸쳐서 침묵이 계속되거나 웃거나 또는 혼돈된 상태에서 교사와 학생의 언어 상호 작용이 분명치 않으면 각 3초마다 제10항목을 기록한다.
제7준칙	판서를 계속하거나 토론, 실험, 작업 등이 오래 계속되어서 제10항목을 계속적으로 기록해야 할 경우에는 관찰기록부의 비고에 문장으로 부기하여 둔다.
제8순칙	교사가 학생의 맞는 답변을 반복하면 이것을 하나의 칭찬으로 보고 제2항목으로 분류한다.
제9준칙	만일 한 학생이 이야기하고, 이어서 딴 학생이 이야기하면 9와 9, 8과 9 또는 8과 8 사이에 제10항목을 기록한다.
제10준칙	교사가 학생이 말한 것을 반복하되 반복에 그치는 것이 아니라, 이를 이용하여 강의를 계속하거나 토론에 이용한다면 이 반복 부분은 제3항목으로 분류한다.
제11준칙	제9항목이 3초 이상 계속되는 동안에 교사가 '으흥, 그래서'와 같은 말을 하면 9와 9 사이에 제2항목을 기록한다.
제12준칙	학생에게 창피를 주거나 학생을 비꼬는 것이 아닌 교사의 농담은 제2항목으로 분류한다. 만일 한 학생을 웃음거리로 만드는 결과를 가져온다면 이는 제7항목으로 분류한다.
제13준칙	교사의 좁은 질문은 그 다음에 8을 기록하는 전조이다.
제14준칙	교사의 질문에 대하여 여러 학생이 한꺼번에 답변을 하면 이 답변은 8에 해당한다.

漢文科 教育課程의 '읽기' 領域에 관한 高等學校 教室 授業 分析

白光鎬

I. 序論

"교실 수업을 관찰하고 연구하는 일은 대단히 중요하다. 공식적으로 계획되고 채택된 교육과정 상의 목표나 내용이 최종적으로 해석되고 시행되는 국면이 교실 수업이기 때문이다."[1]

授業 觀察은 교실에서 행해지는 '수입'을 직접적으로 관찰하는 것이다. 수업이야말로 학교에서 시행하는 여러 가지 활동 가운데 가장 중심이 되는 것임은 누구도 否認할 수 없을 것이다. 학교 교육의 효과는 수업의 효과 여하에 달려 있다. 학교 교육은 매 시간 수업이 어떻게 이루어지느냐에 따라 소기의 목적을 달성할 수도 있고, 부실해질 수도 있다.[2] 이러한 중요성을 감안하면, 수업에 관한 연구가 매우 활발하게 이루어져야 하겠다.

教科의 教育課程을 연구하는 방법은 흔히 세 가지 수준에서 이루어

---

1) 우리교육(2006), 6면.
2) 변영계(2000) 참조.

진다고 볼 수 있다. 국가 수준에서 제정된 문서로서의 '계획된 교육과
정', 수업 속에서 교사에 의해 구체적으로 시행되는 '전개된 교육과
정', 아동 개개인에게 나타나는 교육적 결과로서의 '실현된 교육과정'
이 그것이다.3) 이 중 적어도 두 가지는 교실을 관찰하지 않으면 연구
할 수 없는 것이다.

『중·고등학교 한문 선택과목 교육과정 개정 시안 연구 개발』에 의
하면, 한문과에서의 '읽기'는 '한문을 句讀에 맞게 끊어서 소리 내어
읽고, 바르게 풀이하는 것'이다. 또한 고등학교 한문 교육의 기본적인
목표는 '讀解 能力의 伸張'에 있다.4) 그러므로 이제는 漢文科에서의
'읽기'에 대한 본격적인 연구가 진행되어야 하며, 독해 교육의 구체적
인 방안을 위한 연구 토대가 마련되어야 하겠다.

이에 筆者는 고등학교 한문 수업 중 '읽기' 영역에 관련된 교수·학
습 활동을 분석하고, 분석한 결과를 통해 드러난 '읽기' 영역의 教
授·學習 要素를 찾고자 한다. 이러한 연구 결과는 개정된 한문과 교
육과정의 구체적인 실행 방안의 기초 자료가 될 수 있다. 또한 '한문
학의 지식 체계가 교육과정 상의 내용 및 활동으로 변용되는 다층적
이고 다차원적인 과정에 작용하는 요인을 이론적으로 규명하고 체계
화시키는 작업'을 한문교육학의 핵심 과제로 상정했을 때,5) 교실에서

---

3) 곽병선(1983) 참조.
4) 한국교육과정평가원(2006), 58면.
　　"중학교『한문』, 고등학교『한문Ⅰ』,『한문Ⅱ』의 〈한문〉 영역에서 '읽기'는 한문
　학습에서 가장 기초가 되는 부분이다. 한문을 제대로 이해하려면 무엇보다도 먼저
　한문을 <u>구두에 맞게 끊어서 소리 내어 읽고 바르게 풀이</u>할 수 있어야 하기 때문이
　다."(밑줄은 필자가 추가한 것임)
　　"고등학교『한문Ⅰ』은 중학교 한문 교육의 성과 위에서 고등학교 한문교육용 기
　초 한자 900자를 중심으로 중학교『한문』에 비해 <u>보다 심화된 한문 독해 능력의
　신장</u>에 중점을 둔다."(밑줄은 필자가 추가한 것임)

漢文이란 언어 재료를 학습자에게 어떻게 가르치는지에 대해 사실적
으로 기록하고 그 의미를 찾아가는 본 연구는 이와 같은 과제를 해결
하기 위한 端草가 될 수 있다.

Ⅱ. 理論的 背景

1. 敎室 授業 觀察

　교육과정의 실행은 '문서 수준의 교육과정—구체적인 학습 자료로
서의 교과서—교사의 실제 수업—학생의 학습'이라는 일련의 단계 속
에서 연구되어야 한다. 그래야 교육과정이 실행되는 양상을 총체적으
로 파악할 수 있다.[6] 특히 '교사의 실제 수업'이나 '학생의 학습'이 이
뤄지는 교실 수업 연구가 매우 중요하다고 할 수 있다.

　하지만 수업과 관련된 연구 성과가 많다고 이야기하기는 힘들다.
그 이유는 뭘까? 이에 대한 해답을 찾는 데 도움이 되는 연구가 있어
서 일부분을 인용하여 소개하겠다.

　　"교실 공간의 중요성을 감안할 때 우리나라에서 교실 수업에 대한
　　연구가 활발하게 이루어지지 않은 것은 기이한 현상이라고 할 수 있
　　다. 한국의 연구자들은 교육 문제에 대해 연역적이고 처방적인 글쓰
　　기를 좋아한다. 반면에 현실에 대한 심층적 관찰, 이해, 숙고를 통한
　　귀납적 진단은 드물다. 그 결과 교육 연구와 교육 현장은 서로 분리되
　　어 겉돈다. 많은 연구자들은 서구의 최신 이론에는 輸入商의 촉각을

---

5) 김왕규·원용석·한은수·김동규(2006), 261면.
6) 정혜승(2002), 5면.

곤두세우면서도 한국의 교실에서 벌어지는 사소한 일상성에는 별 관심이 없다. 수업 연구는 뻔하고 사소해 보이며 연구 대상으로서 갖는 신비감이 희소하다. 정작 교실 수업 연구가 활성화되지 못하는 진짜 이유는 교실 수업 연구가 어렵기 때문인지도 모른다."[7]

위 글을 쓴 연구자는 수업 연구가 활발하게 이루어져야 함을 이야기하면서, 수업 연구가 활성화되지 못한 이유를 '교실 수업 연구가 어렵기 때문'으로 조심스럽게 진단한다. 교실 수업에 관한 연구는 교과의 내적 기반을 다지기 위해 반드시 필요하다. 그러나 다른 사람에게 수업을 공개하기를 꺼려하는 교단의 분위기나 수업 관찰과 그 경험의 공유에 대한 지식의 부족 등의 이유로 인해 활발히 연구되진 못하고 있다.

이 연구에서 教室 授業 觀察에 대한 모든 것을 다룰 수는 없다. 다만 이해를 돕기 위해 '교실 수업 관찰'에 포함된 용어에 대한 검토를 통해 '교실 수업 관찰'의 대략적인 내용을 짚고 가겠다.

1) 教室

교실은 가르치는 방이라고 풀이할 수 있다. 먼저 '교실'이란 단어에 쓰인 각 글자를 살펴보기로 하겠다. 教室의 教는 셈에 쓰이는 나뭇가지를 엇갈리게 놓은 모양인 爻[8], 어린아이를 본뜬 子, 막대기를 오른

---

7) 이혁규(2001), 1~2면.

8) 김언종(2005), 135~136면.
　"爻에는 몇 가지 해석이 있다. 첫째, 아이들에게 계산을 가르칠 때 사용하는 산가지라는 것이다. 이 산가지는 나무나 대나무가지로 만들었다는데 젓가락 모양을 떠올리면 될 것이다. 옛날에는 어렸을 때부터 禮, 樂, 射, 御, 書, 數를 가르쳤다. 이에 의하면 教의 본뜻은 산수 가르치기가 될 것이다. 두 번째는 이 爻를 네 가닥의 끈으로 보고 끈 잇기를 가르친다는 의미로 보는 것이다. 세 번째는 이 爻를 이

손에 들고 있는 모양을 본뜬 攵을 합한 글자이다. 아이들에게 매를 때리며 셈을 가르친다는 의미이다. 이것으로만 풀이하면, '매로 때려 가르치다'에서 추출한 '가르침'이 본뜻이다.9) 여기서 爻는 소리를 나타내는 부호이기도 하다.10)

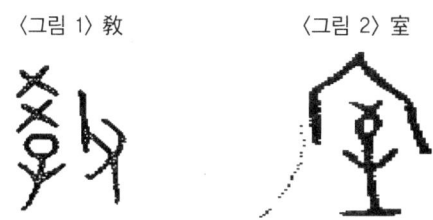

〈그림 1〉教   〈그림 2〉室

'室'은 宀과 至를 합한 글자이다. 宀은 지붕과 기둥의 상형으로 '집'이 본뜻이다. 至의 맨 아래 '一'은 표적이고 나머지 부분은 화살 矢를 거꾸로 놓은 모양의 변형으로, 본뜻은 '화살이 목표에 꽂히다'에서 추출한 '이르다'이다. 따라서 '室'의 본뜻은 사람이 밖에서 돌아와 이를 곳, 즉 '집'이 되며 '방'은 파생된 뜻이다.11)

교실은 학교 안에서 교수·학습이 진행되는 방이다.12) 교실은 매우 복잡한 일련의 상호 작용이 지속적으로 일어나는 공간이다. 교실 내

중으로 덮은 지붕의 상형으로 보는 것이다. 이에 의하면 爻는 일반인의 접근이 어려운 '은밀한 장소'라는 의미를 가지게 되고 子는 보통 아이들이 아니라 왕공귀족들의 자제를 의미하며 막대기를 들고 교육하는 사람은 고위관직인 師傅가 된다. 고대사회에 있어 '지식'의 효용과 독점성을 염두에 두면 이 해석도 상당히 일리 있는 해석으로 보이지만 지붕의 상형자 가운데 유례가 없음이 유감이라 하겠다."

9) 김언종(2005), 135면, 710~711면.
10) 이락의 저, 박기봉 역(1994), 95면.
11) 김언종(2005), 667~668면.
12) 敎室 : 學校里進行敎學的房間(漢語大詞典 5권 448면). 學藝를 敎授하는 部 (大漢和辭典 5권 504면).

의 생활이 매우 바쁘고 빠르게 변하기 때문에 교사는 이에 맞는 다양한 역할을 수행한다. 한 차시 수업 시간에 교실 내에서 많은 일들이 일어나기 때문에 이를 모두 기록하면 분량이 매우 많아진다. 따라서 교실 수업 관찰을 준비할 때는 무엇에 주의를 기울일지 초점을 잡는 것이 가장 먼저 필요하다.

2) 授業

수업은 학업을 주는 일이라고 풀이할 수 있다. 授業의 授는 본 글자가 受이다. 甲骨文과 金文을 통해서, 受의 아래위 부분은 주고받는 손을 본뜬 것이고, 가운데의 '冖'은 '盤'의 상형임을 알 수 있다. '盤'은 고대 사회에서 다양한 용도로 사용되었는데, 주로 제사에 쓰던 祭需를 담는 용도에서 차츰 일상생활에서 음식을 담는 용도로 사용되었다고 한다. '(盤을) 주고받음'이 본뜻이다. 뒷날 扌를 더한 '授'를 만들어, 줌(授)과 받음(受)을 구분하였다. 授業의 業은 '여러 개의 갈고리가 달린 나무로 만든 틀'의 상형이다. 많은 물건을 걸어둘 수 있는 쓸모 있는 도구라는 설과 編磬, 編鐘 같은 악기 등을 걸도록 만든 걸개라는 설이 있다. 모두 나무로 만든 쓸모 있는 도구라는 공통점이 있다.[13] 후에 와서는, 담장을 쌓을 때 쓰는 판자나 글을 쓰는 널빤지를 가리켰다. 그 의미가 확장되어 學業, 業務, 産業, 職業 등에서 '일'이란 뜻을 갖게 되었다.[14]

수업은 학업을 전수하는 것이다.[15] '수업'이란 용어는 흔히 '교수'

---

13) 김언종(2005), 136~137면, 858면.
14) 이락의 저, 박기봉 역(1994), 567면.
15) 授業 : 傳授學業(한어대사전 6권 694면). 學問을 さずける. "師者, 所以傳道授業解惑也" 『師說』(대한화사전 5권 267면).

라는 용어와 혼용하여 사용하는데, '수업'과 '교수'를 영어와 대비시켜 보면, 수업은 'instruction'으로, 교수는 'teaching'으로 구분하여 사용하는 것이 일반적인 관례이다.[16] '敎授'는 교사가 중심이 되어 교과 내용을 학습자에게 전달하는 역할을 강조한 말이고, '學習'은 학습자가 전달된 지식을 자신의 행동 변화를 수반하도록 내면화시키는 역할을 강조한 말이다. 敎授는 교사의 가르침으로, 수업의 한 부분일 뿐 전부는 아니다.

교사와 학습자는 가르치고 배우는 내용을 매개로 하여 삼각관계를 형성한다. 이 삼각관계를 고려할 때, 수업은 '의도한 목표를 달성하기 위해 교사의 교수 활동과 학습자의 학습 활동이 교육 내용이나 교수 매체를 통해서 상호 작용을 하는 일련의 과정'이라 말할 수 있다.[17]

3) 觀察

관찰은 자세히 보고 살피는 것이라고 풀이할 수 있다. 과학적이든 비과학적이든 모든 탐구의 시작은 기본적으로 관찰로부터 시작된다.[18] 觀察의 '觀'은 '백로'를 상형한 雚과, 사람의 눈을 강조해서 상형한 見[19]을 합친 글자로, 그 뜻은 '자세히 살핌'이다. '察'의 윗부분 ⌒은 집의 상형인데 여기서는 제사를 거행하는 家廟나 宗廟이다. 아랫부분 祭는 뒷날 본뜻이 '제사'로 굳어졌지만, '고기(月)를 손(又)으로

---

16) 주삼환 외(1999), 13면.

17) 위의 책, 16~17면.

18) 김아영(2000), 7면.

19) 見은 目 아래 人을 받친 글자로 한 사람이 눈을 크게 뜨고 앞을 바라보고 있는 모습에서 눈을 크게 강조한 상형이다. 본뜻은 '가까이에서 눈으로 자세히 보다'정도로 풀 수 있을 것이다.

들어 신(示)에게 바치는 모양'을 상형한 글자다. 다른 제사도 그렇지
만 종묘나 가묘 제사의 祭需에 조금도 하자가 있어선 안 되므로 찬찬
히 살펴야 한다는 의미에서, '살피다'가 察의 본뜻이 되었다.[20]

관찰은 잘 살펴보는 것이다.[21] 보다 구체적으로 말하면, 관심의 대
상이 되는 사물이나 사건 또는 행동 등에 주의를 집중하고 거기에서
얻은 정보를 처리하여 기술하는 것이다. 인간은 이렇게 감각기관을
통해서 들어오는 정보를 가지고 현실을 파악하기 때문에, '관찰'은 과
학적 연구의 첫 단계이자 중요한 과정이다.[22] '관찰법'은 시각, 청각
등 관찰자의 감각을 통해 관찰 대상의 행동 특성을 직접 살피는 체계
적인 연구 방법이다.[23]

2. 漢文科 敎育課程에서의 '읽기'

2006년에 개정 발표된 한문과 교육과정에 따르면, 한문과의 영역
별 목표를 '한문'과 '한문지식'의 두 영역으로 나누어 제시한다. 이러
한 변화는 이번 개정의 가장 두드러진 특징으로, 한문 교육의 무게
중심이 한자·한자어에서 상대적으로 한문으로 이동했음을 보여준
다.[24] 또한 '한문' 영역의 중영역은 '읽기', '이해', '문화'로 제시하고,
'한문지식'의 중영역은 '한자' '어휘', '문장'으로 제시하고 있다.[25]

---

20) 김언종(2005), 117면, 64면.
21) 觀察 : 審視 ; 視察 ; 察看(한어대사전 10권 364면). よく しらべみる. 審視. "巡
   問而觀察之." 『周禮』(대한화사전 10권 348면).
22) 김아영(2000), 7~8면.
23) 성태제 · 시기자(2006), 41면.
24) 윤재민(2007), 23면.
25) 한국교육과정평가원(2006), 48면.

보다 자세히 들여다보자. 개정된 한문과 교육과정에 의하면, 漢文은 한자로 이루어진 文語體의 문장을 통칭하여 부르는 말로 文言文으로만 사용된다. 우리가 접하는 한문은 일반적으로 특정 작품 또는 저술의 형태로 먼저 존재하는 것들이다. 이들은 대개 散文-여기서의 '산문'은 한시와 대립되는 개념으로서의 산문-과 漢詩의 두 종류로 이루어진다. 여기에는 한문 단문까지 포함된다.26) 한문 '읽기' 영역은 이 세 종류의 글에 대해 하위 내용 요소로 '소리 내어 읽기', '끊어 읽기', '바르게 풀이하기'의 세 가지 활동으로 나누어 제시된다.

한문과 교육과정의 '읽기' 영역에 대한 보다 자세한 내용은 교육과정 해설서가 발간되어야 알 수 있겠지만, 개정된 교육과정의 '읽기'는 단순한 읽기를 의미하는 것이 아니라 읽어서 풀이할 수 있는 읽기를 의미한다고 볼 수 있다. 이렇게 본다면, '읽기', '이해', '문화'로 구분된 중영역의 진술은 오해가 발생할 수 있다. 따라서 개정된 교육과정의 해설서 작업을 진행할 때, '읽기', '이해', '문화'로 구분하였을 때의 '읽기' 영역은 '읽어서 이해하여 풀이하기' 수준까지의 '읽기'라는 것을 구체적이고 조작적으로 진술할 필요가 있다. 이러한 진술이 추가되어야 비로소 중영역으로 제시된 '이해' 영역은 '내용과 주제를 이해하고, 각 종류의 글이 갖는 특수한 표현 방식과 문체, 형식, 특징을 이해하고 감상하기' 수준까지의 '이해'임이 명확해질 것이다. 물론 개정된 교육과정의 '이해' 영역에 대한 진술 또한 구체적이고 조작적으로 추가될 필요가 있다.

개정된 교육과정에 제시된 '이해'에 관한 보다 심화된 논의는 '읽기'를 다루는 본 논문의 범위를 벗어나는 것이므로 論外로 하겠다. 다만

---

26) 위의 책, 57면.

'읽기'에 관한 본 연구처럼, '이해'에 관한 연구가 이어져야 할 것임은
두말할 나위가 없다.

Ⅲ. 硏究 方法 및 節次

필자는 연구 대상인 수업의 면밀한 관찰과 기록을 위해 質的 硏究
方法을 취한다. 특히 교실 수업을 자세히 관찰하고 이를 통해 수업을
분석하기 위해 문화기술적 연구[27]의 하나인 微視文化記述的 硏究 方
法(micro-ethnographic research method)을 이용한다. 미시문화기술
적 연구 방법은 사회 집단의 삶 전체를 기술하기 보다는 특정한 상황
(연구 범위)에서 관찰 대상의 직접적이면서 구체화된 장면에 초점을
둔다.[28] 분석의 초점이 관찰 대상의 직접적인 상호 작용에 있기 때문
에 교실을 연구하는데 적절한 방법이다.[29]

본 연구는 평범하고 일상적인 한문 수업을 통해 진행되어야 하기
에, 공개 수업처럼 '보여주는 수업'이 아니라 '평소 수업'을 공개할 수
있는 교사가 필요하다. 자기의 수업을 타인에게 공개한다는 것은 쉽

---

27) '문화기술적 연구(ethnography)'는 국내에서 '문화기술지', '민족지', '민속지',
'문화기술적 연구', '일상생활 기술적 연구' 등으로 번역된다. ethno가 '인종, 민족'
이라는 뜻이고, graphy가 '화법, 서법, 기록법'이나 '…誌, …記'의 뜻이다. 그러니
까 ethnography는 특정한 민족, 집단에 대해서 최대한 객관적으로 기술한 글을
말한다고 볼 수 있다.

28) 조영달(2001), 72~73면 참조.
    조영달은 'Macro-ethnography'를 '거시 기술적 연구', 'Micro-ethnography'를
'미시 기술적 연구'로 번역하였는데, 필자는 'ethnography'를 문화기술적 연구로
통일하여 진술하고자 하기에, 본 논문에서는 'Micro-ethnography'를 '미시문화
기술적 연구'로 수정하였음을 밝힌다.

29) 이혁규(1996), 25면.

지 않은 일이라서 연구 대상을 찾기가 어려웠다. 다행히 서울 강북의 고등학교에 근무하는 한문 교사에게 수업을 관찰해도 좋다는 허락을 받았다.

연구 대상 교사는 20년 이상의 교육 경력을 가진 한문 교사로(2006년 현재), 학년 부장 겸 특별활동부장을 맡고 있다. 교육대학원 한문 교육 전공으로 석사 수료를 하였다. 차분하고 안정된 분위기에서 수업을 진행하며, 학교 업무로 바쁜 와중에도 수업 시간에 학생들의 한문 독해 능력 신장을 위해 열과 성을 다해 수업을 진행했다. 교직 경력이 오래되었지만, 같은 교과를 가르치는 교사들의 모임이나 연수에 참가하여 교과에 대한 자기 연찬도 게을리 하지 않았다. 그럼에도 불구하고 본인의 수업에 대해 스스로 부족하다고 느끼고, 동영상을 촬영하여 연구할 만큼 특별한 것도 없는 수업 운영을 하고 있다고 겸손해 했다.

연구는 관리자와 해당 교사, 학생의 연구 허락을 받은 후 2006년 9월 초순부터 시작하여 12월 초까지 진행되었다. 2006년 8월말에 학교를 방문하여 연구 허락을 받고, 수업을 관찰하기 위한 학급을 선정하고, 학기 초에 정해진 교과 학습 진도 계획서를 참고하여 '읽기' 교수·학습 활동을 관찰할 수 있는 촬영 일정을 짰다. 2006년 12월과 2007년 1월 동안 자료 정리를 하였고, 2007년 2월부터 종합적인 자료 분석 작업에 착수했다. 본 연구의 분석대상은 녹화한 수업 자료 가운데 '읽기' 교수·학습 활동이 드러난 부분이다.

자료는 參與 觀察, 授業 錄畵, 敎師 面談을 통해 수집하였고, 그 외에 문서 수집 등의 방법을 병행했다. 수집된 자료는 연구가 진행됨에 따라 자료의 혼돈을 피하기 위해 조직화했다. 자료 분석은 우선 전사한 자료를 반복하여 읽으면서 교사의 수업 활동 가운데 '읽기' 영역과 관련된 내용을 찾는 것부터 시작했다. 분석하는 중에 '읽기' 교수·학습 요소와 관련된 특징적인 활동이 드러나면 그 교수·학습 요소에 대한 개념적인 범주를 메모하면서 분류하였다. 이러한 방법으로 총 4차시의 수업 동영상을 전사하고, 전사 자료에서 '읽기' 교수·학습 요소와 관련된 것을 찾아내고, 다른 자료와의 비교를 통해 '읽기'에만 해당되는 요소를 분석했다.

Ⅳ. 漢文科 授業에서의 '읽기' 敎授·學習 活動

이제 수업을 관찰하여 전사한 자료를 대상으로 어떤 '읽기' 교수·학습 활동이 이루어지는지 분석해 보겠다.[30] 우선 수업의 흐름을 살펴 보자.

첫째, 이 교사의 수업은 우선 본문의 자구를 익히는 것으로 시작한다. 이는 학생들에게 문장 해석으로 안내하기 위한 前 段階라고 할수 있다. 아울러 개별 문장들이 어떤 구조를 가지고 있는지 살핀다. 이러한 활동을 〈文型 習得〉으로 범주화할 수 있다.[31]

둘째, 〈문형 습득〉 활동을 마치면, 학습 대상이 되는 글을 전체적으로 해석하고, 해석을 머리 속에 떠올리며 읽어, 문장을 자연스럽게 익히는 단계로 넘어간다. 교사는 이 단계에서 문장 풀이를 어떻게 해야 자연스러운지에 관해 지도한다. 교사는 다음 단계로 본문을 소리 내어

---

30) 지면 관계 상, 수업 전사 자료는 생략하고 특징적 국면이 드러난 상황만 제시하겠다.

31) 국어사전에는 '文型'을 '언어 요소가 문장 속에서 어떻게 배치되고 결합되는지를 형식화하고 규칙화하여 분류한 글의 유형'(표준국어대사전)으로 정의되어 있다. 이 글에서는 '文型'을 '문장의 풀이를 위한 字句나 문장의 構造'로 개념 규정한다.

읽은 후, 학생들이 크게 소리 내어 따라 읽게 하되 여러 번 되풀이하게
한다. 되풀이하면서 자연스럽게 읽게 되면, 외부에 드러난 의미를 파악
하는 읽기 단계를 넘어 드러나지 않은 의미를 파악하는 읽기 단계에
이른다. 이러한 활동을 〈文章 熱讀〉으로 범주화할 수 있다.32)

　이제 이와 같은 분석 결과가 각 수업 장면에서 어떻게 드러나는지
제시하겠다.

1. 文型 習得 活動

1) 본문에 나온 字句를 익히기

　　#1. 字와 句를 익히는 활동(2006.10.13. 금요일 7교시 수업전사자
　　　료 중에서)
　　교사 : (칠판에 본문의 일부-有一士人이 下往嶺南奴僕家라.-를 판
　　　　　서한다.) 자, 첫 번째 문장을 시작해 보죠.
　　교사 : 자. 보자. 유일사인이 하왕영남노복가라. 우선 고유명사를
　　　　　보면, 영남이 있죠? 표시해 두고.
　　　　　자. '하왕'에서 '왕'은 무슨 자야? 가다. '노복'이 나오네요?
　　　　　무슨 노? 노비 노, 무슨 복? 종복. 노비죠. 종의 집. '하왕'
　　　　　그러면 무슨 뜻이야? 내려간다의 뜻이죠? 내려가는데 어딜
　　　　　내려가? 영남의 노복의 집에 내려가는 거지. 누가? 한 선비
　　　　　가. 근데 이 있을 유는 뭘까? 어떤 정도로 풀이하면 되죠.

　본문에 나온 字와 句를 익히는 것은 문장을 학습할 때 가장 먼저

---

32) 이 교사의 수업에서 문형을 습득한 뒤의 활동은 크게 읽고, 반복해 읽고, 자세히
　　읽어 보는 활동이다. 이 모든 활동은 열심히 글을 읽는 모습이기에 '熱讀'이라는
　　용어를 사용하여 범주화하고자 한다.

수행되는 활동이다. 위 전사 자료는 수업의 도입 부분으로, 본문을
해석하기 위해 본문의 자구를 먼저 익히고 있음을 알 수 있다. 먼저
고유어를 구별하고, 해석 순서에 따라 낱글자를 풀이한다. 이 교사는
특히 자구 풀이를 진행할 때 질문하기 전략을 주로 사용한다. 물론
수업의 다른 장면에서도 질문하기 전략이 사용되지 않는 것은 아니지
만, 특히 자구 풀이를 진행할 때 질문하기 전략이 주로 사용된다. 이
는 한자의 음과 뜻을 조사해 오는 과제가 학생들에게 미리 예습으로
주어지기 때문에 이를 확인하는 목적도 있음을 알 수 있다. 이와 같
은 활동이 본문에 나온 자구를 익히는 활동에 해당한다고 볼 수 있다.

2) 虛辭 등을 학습하여 문장의 구조를 파악하기

> #2. '허사 파악하기' 활동(2006.10.13. 금요일 7교시 수업전사자료
> 중에서)
> 교사 : 그기녀제시증지 하는데. '제'는 제목이지만, 시를 짓다라고
> 해석할 수 있어요. '제시'는 시를 짓다. '증'은 뭐야? 주다.
> 그녀가 시를 써 주었다. 문장 뒤 갈지자 뭐로 쓰여? 대명사
> 로 쓰인다고 이야기 했죠. 이 남편을 가리키는 거지. 이 남편
> 을 가리키는 게 본문에서 뭐뭐 있지? 부, 촌한, 이것으로 답
> 할 수 있겠죠? 던지고 죽였다고 했어. 뭘 던져?
> 학생 : 몸.
> 교사 : 그렇지, 그럼, 강물에 몸을 던져서 죽은 것이네.

문장의 구조를 파악하는 데 도움이 되는 정보는 '허사', '문장 내 위
치에 따라 달라지는 한자의 적절한 풀이' 등일 것이다. 위의 전사 내
용을 보면 문장의 구조를 파악하는 데 도움이 되는 정보를 안내하는
부분이 있다. "문장 뒤 갈지자 뭐로 쓰여?"라고 질문하는 부분이다.

이 발문은 문장 속에서의 허사를 짚어 주고, 그 허사가 어떤 역할을 하는지 밝힌 뒤에, 본문의 다른 표현들과 연관시켜 파악하게 하는 것이다. 이와 같은 활동이 문장의 구조를 파악하는 활동에 해당한다고 볼 수 있다.

2. 文章 熱讀

1) 문장의 해석을 위해 逐字的으로 풀이하기

> #3. '逐字 풀이' 활동(2006.10.20. 금요일 7교시 수업전사자료 중에서)
>
> 교사 : 황아국인이 생장본국하여 거선산지척인데 이불견진면목이 가호아? 문장이 길 때는 글자 하나하나를 잘 분석해야 합니다. 자, 먼저 이 긴 문장에서 전체적으로 보면, '황'이 나오죠. '황'은 하물며죠. 호응하는 것은 문장 끝의 '호'. 하물며 뭐뭐 이겠는가? 이런 뜻이에요.
>
> 그 다음에 '아국인'하면 뭐예요? 우리나라 사람. 그 다음 '생장'이란 말은 날 생이고. 길 장 말고 뭐 있지? 식물이 생장하잖아 뭐야?
>
> 학생 : 자란다.
>
> 교사 : 그렇지. 태어나 자란다.
>
> (중략)
>
> 교사 : 여기 보자. (딱딱딱) 긴 문장이지만. 주목. 주목. 해석할 수 있어야지. 주목.
>
> 교사 : 수업 때 선생님이 해석하는 과정을 잘 봐야 돼, 이 과정을 놓치면 어떻게 돼? 해석을 외우려고 듭니다. 해석은 외우려고 하면 안 돼. 외워지는 게 아니고. 해석하여 나가는 과정을 여러분들이 배워야 돼. 그래야 저절로 외워지는 것이지.

외우는 게 아니야.

교사 : (글자 한 글자 한 글자를 손가락으로 가리킴) 하물며 본국에 태어나 자라서 신선에 사는 산을 가까운 거리에 두어서 참모습을 보지 못하는 것이 옳은 일이겠는가?

교사 : 반어법이죠? 앞의 것과 연결해서 보죠. 자. 여기 봐? 손놓고. 필기시간 줄 테니까.

교사 : (해석을 지도할 때 지시봉으로 한 글자씩 가리키며 풀이함). 나는 중국인이 우리나라에서 태어나 금강산을 한번 보길 원한다고 들었다. 하물며, 하물며가 왜 있을까? 중국인도 이러는데, 그 나라에 태어난 사람은 당연히 봐야한단 뜻이죠. 그래서 이런 표현을 쓴 것이죠.

문장의 해석을 위해 이 교사가 취한 방법은 '逐字 풀이'이다. 축자 풀이는 글을 해석하거나 번역할 때 원문에 쓰인 글자 하나하나의 뜻을 그대로 좇아 풀이하는 것이다. 수업 과정에서, 교사는 학생들에게 '문장의 풀이를 할 땐 고개를 들어 칠판을 주목할 것'을 특히 요구하고 있다. "칠판을 보지 않아서 풀이하는 과정을 놓칠 경우, 풀이 자체를 외우려고 하기 때문"이다. 그래서 교사는 "문장 자체를 외우는 것이 아니라 풀이하는 과정을 익혀서 풀이하는 방법을 배워야 함"을 강조한다.

또한 "문장이 길 때는 글자 하나하나를 잘 분석해야" 한다고 강조한다. 이 또한 긴 문장일수록 외워서 하는 풀이가 통하지 않고, 문장 보는 법을 익혀서 풀이를 해야 함을 강조한 것으로 분석할 수 있다. 이 교사는 이러한 점을 매우 강조한다. 위의 전사 내용을 보면, 문장을 풀이할 때 지시봉이나 손가락으로 한 글자씩 짚어가며 풀이하거나, 풀이 순서를 글자 아래에 ①, ②, ③, ④, ⑤ 등으로 표시하고 있음을

확인할 수 있다. 이와 같은 활동이 문장의 해석을 위해 축자적으로
풀이하는 활동에 해당한다고 볼 수 있다.

2) 바르게 끊어 읽기를 위해 소리 내어 큰 소리로 따라 읽기

> #4. '큰 소리로 따라 읽기' 활동(2006.10.13. 금요일 7교시 수업전
> 사자 중에서)
> 교사 : 자, 선생님 따라해 보세요. 큰 소리로 따라합니다.
> 교사 : 유일사인이
> 학생 : 유일사인이
> 교사 : 어떤 한 선비가
> 학생 : 어떤 한 선비가
> 교사 : 하왕, 하왕 영남노복가니
> 학생 : 하왕 영남노복가니
> 교사 : 영남의 종의 집에 내려갔다.
> 학생 : 영남의 종의 집에 내려갔다.

본문의 해석을 학습한 뒤에는 소리 내어 따라 읽기 활동을 했다.
교사가 먼저 본문이나 본문의 풀이를 읽으면, 학생들은 큰 소리로 따
라 읽는다. 특히 본문을 읽을 때 끊어 읽을 부분에서 정확한 토를 달아
읽게 되면, 한 글자 한 구절이 눈에 선하게 떠올라 외우기에 매우 쉽
다. 또한 읽는 글의 종류에 따라 흥취와 감정에 어울리는 가락을 넣어
노래를 하듯 읽으니 눈과 마음에 글이 각인되어 쉽게 잊히지 않는
다.[33] 현재의 한문 수업의 소리 내어 읽기가 서당에서 음의 고저를
달리 하며 읽던 수준엔 미치지 못 하겠지만, 소리를 내어 읽는 활동은
한문과에 있어서 매우 유의미한 교수·학습 활동이라 할 수 있다.

---

33) 허호구(1997), 182면.

3) 학습자가 문장을 익숙하게 보기 위해 반복하여 따라 읽기

#5. '반복하여 따라 읽기' 활동(2006.10.27. 금요일 7교시 수업전사
　　자료 중에서)

교사 : 자 주목, 자, 해석합니다. 따라서 읽습니다.

교사 : 오문하니

학생 : 오문하니

교사 : 중국인은 원생 고려국하여 일견금강산이라.

학생 : 중국인은 원생 고려국하여 일견금강산이라.

교사 : 나는 중국인이 고려국에 태어나 금강산을 한번 보기를 원한
　　　　다고 들었다.

학생 : 나는 중국인이 고려국에 태어나 금강산을 한번 보기를 원한
　　　　다고 들었다.

(중략)

교사 : 자, 한번만 더 하고 시켜 보겠습니다. 준비해라. 처음 시킬
　　　　때 여러분들이 나와서 해보는 게 좋죠. 자, 여운아. 너?

교사 : 나는 중국인이 고려국에 태어나

학생 : 나는 중국인이 고려국에 태어나

(중략)

교사 : 해볼 사람? 발표 안 한 사람 중에 누가 할 거야? 최인영 해봐.

〈한 학생이 발표하기 위해 교실 앞으로 나옴〉

교사 : 시켜서 하면 이제 안 되는 거야. 해 봐. 자 짚어가면서.

학생 : (글자를 짚어가면서 해석함) 나는 중국인이 고려국에 태어나
　　　　금강산 한번 보는 것을 원한다고 들었다. 하물며 우리나라
　　　　사람이 본국에서 태어나고 자라 신선이 사는 산을 가까운
　　　　거리에 두고 참모습을 보지 못하는 것이 옳겠는가?

교사 : 잘하네!

(중략)

교사 : 이렇게 자구 설명을 적어놓고 해석하는 건, 문장의 구조를
　　　 먼저 이해하라는 거예요. 문장의 구조를 여러분들이 이해하
　　　 면, 글자 뜻만 암기하면 되는 거예요. 자, 기본적으로 문장
　　　 의 구조를 이해하지 못하면, 해석을 무조건 외울 수밖에 없
　　　 어요. 자, 그러면 지우고서 한번 해보죠.

학생A : 어?

학생B : 헉. 아. 없어 이제.

교사 : 그래야 이제 해석을 하는 거지. 여러분의 능력은 충분히 할
　　　 수 있어요. 집에서도 시험 공부를 이렇게 하는 거야. (해석
　　　 순서나 풀이 정보를 모두 지움) 자, 따라 하는 거야.

교사 : (지시봉으로 글자를 짚어가며 다시 함께 읽음)나는 중국인이

학생 : 나는 중국인이

교사 : 고려국에 태어나

학생 : 고려국에 태어나

교사 : 금강산 한번 보기를 원한다고 들었다.

학생 : 금강산 한번 보기를 원한다고 들었다.

(중략)

교사 : 이번엔 내가 짚기만 할 테니까, 여러분들이 천천히 해석해보
　　　 면 되겠습니다.

학생 : (교사가 글자를 짚어 나가면, 학생들이 함께 해석함.)

　이 교사는 다른 수업에서도 마찬가지이지만, 50분 수업 동안 본문
을 여러 차례 반복하여 읽는다. 본문을 배우는 중간 중간에 자구 학
습을 하다가도 문장의 처음부터 다시 풀이하는 활동을 반복한다. 문
장의 해석을 마친 후엔 본문을 반복적으로 읽는다. 최소한 네 번 이
상 읽는다. 우선 판서 내용이 그대로 기재된 상태에서 교사가 교과서
의 토가 달린 곳을 기준으로 먼저 소리 내어 읽고 풀이하면, 학생이

따라 한다. 다음에 학생은 풀이만 따라 한다. 그 뒤 학생 1~2명이 나와서 소리 내어 읽고 풀이한다. 이때의 해석은 지시봉으로 글자를 짚어 가면서 축자적으로 풀이하는 것을 원칙으로 한다. 이제 판서된 내용 가운데 본문만을 남겨 두고 다른 내용—개별 한자의 음과 뜻, 중요 내용 표시, 어구 풀이 등—을 모두 지운다. 본문만 남겨진 상태에서 다시 교사가 짧게 끊어 읽으면, 학생이 따라 한다. 그 다음엔 교사가 지시봉으로 글자를 짚어 나가고, 학생이 그에 따라 해석한다. 이렇게 진행할 경우, 최소한 네 번을 반복하여 읽게 된다. 그럼, 이렇게 여러 차례 반복해서 읽는 이유는 무엇일까? 반복해서 읽는 활동을 통해, 문장 해석을 어렵게 느끼지 않고 글귀를 입에 익숙하게 할 수 있기 때문이다.

4) 문장의 표면에 드러나지 않은 의미까지 파악하기

#6. '드러나지 않은 의미까지 파악하여 읽기' 활동(2006.10.13. 금요일 7교시 수업전사자료 중에서)

교사 : 어떤 한 선비가 영남의 종의 집에 내려갔다. 여기서 알아야 될 상식이 있는데, 어, 옛날의 선비. 지방의 선비들은 과거를 보러 한양에 와서 과거에 합격해 벼슬을 살게 돼. 그러면, 시골의 집을 이사할까? 놔두고 갈까? 놔두고 가지. 옛 사람들은 살아온 터전을 소중하게 여겨서 이사를 함부로 다니지 않았어. 그래서 선비의 집은 그대로 놔두고, 종들에게 관리를 맡기고, 서울에 와서 벼슬을 살아. 10년이고 20년이고 30년이고. 하다가 벼슬을 그만두게 되면 다시 고향으로 가는 거야. 낙향하는 거지. 지금 여기 나오는 선비도 시골 집에, 그 종에게 관리를 맡긴 집에 가는 거지.

#7. '드러나지 않은 의미까지 파악하여 읽기' 활동(2006.10.13. 금
　요일 7교시 수업전사자료 중에서)

교사 : 자, 됐네. 다시 본문으로 돌아가서, 나이가 어린데, 재주 용모
　　　모두 뛰어났다. 노비인데, 노비의 재주가 뭔지 모르겠지만,
　　　뒤의 내용에 나오는데, 한시를 지어요. 당시에 한시를 지으면
　　　굉장한 실력을 갖춘 거죠. 선생님도 못 지어, 한시. 한시를
　　　지었다는 것은 노비이지만 재주가 아주 뛰어난 것이죠.
　　　'이' 뭐야? 말이을 이. 그럼 다음의 '이'는 뭐야? 이게 문제요.
　　　먼저 '속'은 뭡니까? 어디어디에 속하다. 마을 촌. '한'은 나라
　　　이름 한으로 조사되었지? 그런데 보통 남자를 말해요. 사내
　　　들. '촌한'은 뭐야, 야 이 촌놈아 할 때의 촌놈이야. 이미 촌놈
　　　에게 속해 있다. 여기서 촌놈에게 속해 있다라는 말은 무슨
　　　의미일까?

학생 : 결혼했다.

교사 : 그렇지. 결혼했다. 그럼, 이상하네. 결혼했다고 하지 왜 속해
　　　있다고 할까? 노비잖아. 노비라는 개념은 말이죠. 사람이
　　　아냐, 물건이야. 내 재산으로 매매할 수 있는 물건이야. 매
　　　매할 수 있는 것들이 무슨 결혼이야? 그래서 주인이 노비들
　　　은 그냥 짝을 맺어줘 버려. 왜? 애를 많이 낳으라고. 애를
　　　낳으면 뭐야? 또 노비 되잖아. 그래서 그냥 사는 거지, 결혼
　　　이 아냐. 아주 천한 신분이라는 거지. 이미 촌놈에게 속해
　　　있다는 거야. 그런데 주인의 입장에서는 남의 여자라는 생
　　　각이 안 들고 내 재산인 거지.

　漢文은 그것이 가진 고유의 특성 상 한 글자, 한 단어, 한 구절 등
이 특정한 의미를 가지고 문장 속에 사용되는 경우가 많다. 그것이
典故일 수도 있고, 심오한 思想을 담고 있을 수도 있고, 시대 배경을
가리킬 수도 있다. 그래서 축자 풀이만 가지고선 그 글의 의미를

100% 이해하기 힘든 경우가 많다. 위의 두 가지 자료를 보면, '시골 집에 내려간' 이유와 '속했다'라는 표현에 대한 설명이 있다. 학습자 는 이러한 배경까지를 염두에 두고 풀이해야 본문의 의미를 제대로 학습했다고 볼 수 있으며, 본시 학습에서 이르고자 하는 학습 목표를 성취했다고 할 수 있다. 문장을 이해하는 활동은 이렇게 드러나지 않 은 의미까지 파악해 읽는 활동까지 포함됨을 알 수 있다.

V. 論議 및 結論

이상으로 고등학교의 일상적인 한문 수업을 살펴보았다. 이러한 수 업 분석을 통해 다양한 논의를 끌어낼 수 있을 것이다. '이 수업에는 학생들의 시선을 단숨에 끌만한 학습 자료가 사용된 것도 아니며, 최 신의 교수·학습 방법이 쓰이지 않았다. 구태의연한 수업'이라고 말 할 수도 있고, '한문 수업에서 일반적으로 실시되고 있는 수업, 이른 바 白墨 授業, 맨손 수업의 전형'이라고 말할 수도 있으며, '아무 도구 나 특이한 교수·학습 방법이 사용되진 않았지만, 수업이 물 흐르듯 자연스럽게 진행된 수업'이라고 말할 수도 있다. 전적이든 부분적이 든 이 수업에 관련된 진술이며, 모두 맞는 말일 것이다.

이러한 진술에는 말하는 사람의 관심이 반영되어 있다. 이 관심의 표출을 통해 말하는 사람이 수업의 어떤 점을 중요하게 생각하며 어 떤 수업이 좋은 수업이라고 생각하는지를 드러내기도 한다. 즉 말하 는 사람의 가치관이나 관점에 따른 수업 평가가 이루어지는 것이다.

필자는 분석 대상인 수업을 평가하고자 하는 것은 아니다. 이 수업 을 통해 수업 중 행해진 활동을 보고, 본 것을 기록하고, 기록한 것을 분석하여 그 활동들이 어떤 의미를 가지는지 생각해 보고자 한다. 즉 수업의 잘잘못을 따지거나 교수·학습 방법의 개선 방안을 이야기하려는 것이 아니라, 교육과정이 최종 실현되는 '수업'이 교사와 학생에게 어떤 의미가 있는지를 살펴보고자 한다.

본 연구는 고등학교 한문 수업을 관찰하고, 수업 시간에 이루어지는 다양한 활동 가운데 특히 '읽기'에 관련된 부분에 집중하여 유의미한 교수·학습 활동을 찾고, 이를 분석함으로써 수업 활동 중에 드러난 '읽기' 교수·학습 요소를 발굴하고자 한다. 이러한 연구 결과는 개정된 한문과 교육과정의 구체적인 실행 방안의 기초 자료가 될 수 있다.

분석 결과, 본 연구 대상인 수업에서 '읽기' 교수·학습 활동은 ⅰ) 본문에 나온 字句를 익히기, ⅱ) 허사 등을 학습하여 문장의 구조를 파악하기, ⅲ) 문장의 해석을 위해 逐字的으로 풀이하기, ⅳ) 바르게 끊어 읽기를 위해 소리 내어 큰 소리로 따라 읽기, ⅴ) 학습자가 문장을 익숙하게 보기 위해 반복하여 따라 읽기, ⅵ) 문장의 표면에 드러나지 않은 의미까지 파악하기 활동으로 크게 구성됨을 알 수 있다. 물론 이러한 구분이 수업 중에 엄밀하게 구분되어 이루어진다고 확언할 수는 없다.

이러한 활동을 통해 '字句 學習', '構造 把握', '解釋', '聲讀', '復讀', '精讀'이라는 '읽기' 교수·학습 요소를 발굴할 수 있다. 이 가운데, '聲讀'은 '出聲讀書'를 줄여서 이르는 말이다. 곧 글을 읽을 때 黙讀을 하지 않고 소리를 내어 緩急을 조절하여 읽으면서 글의 뜻을 마음 속으로 黙會하며 읽는 방법을 말한다.[34] 한국어에서도 소리 내어 읽기 활동을 한다. 이때의 소리 내어 읽기는 한국어 학습 초기에 바

---

34) 허호구(1997), 175면.

르게 읽는 훈련을 위한 활동으로 읽기에 능숙한 독자가 되면 대부분 소리 내어 읽지 않고 묵독을 한다. 그러나 한문은 능숙한 독자가 되어서도 성독하는 것을 권장하며 실제로 성독하는 것을 습관으로 삼는다. 이는 무슨 이유에서인가? 한문을 읽을 때 묵독을 지양하고 성독을 하는 이유는 무엇보다 성독이 장기 기억을 위한 효율적인 방법이기 때문일 것이다.

'復讀'은 문장을 반복하여 읽는 것이다. 반복하여 읽음으로써, 끊어 읽기를 익히고 문장이 익숙하게 된다.

'精讀'은 辭典에 따르면 '뜻을 새겨가며 자세히 읽음', '여러 모로 살펴 정밀하게 읽음'으로 정의되어 있다. 이 글에서는 외부에 드러난 의미를 파악하는 읽기 단계를 넘어 표면에 드러나지 않은 의미를 파악해 읽는 것을 '정독'이라 命名하고자 한다.

이러한 연구 결과는 기존의 한문과 교수·학습 요소와 구별되는 점을 찾기 어려울 수도 있지만, 연역적으로 지정된 교수·학습 요소가 아니라 귀납적으로 도출된 교수·학습 요소라는 점에서 의의를 찾을 수 있다.

교실 수업이 너무나 일상적인 활동이라는 것 때문에 교실 연구의 결과는 뻔하고 사소하다고 豫斷할 수 있다. 그 결과 연구 대상으로서의 '수업'은 다른 영역에 비해 연구하고 싶은 신비감이 훨씬 덜하다고 여길 수 있다. 그러나, 교실은 교사와 학생이 소통하는 가장 주요한 공간이며, 교사와 학생이 가장 많은 시간을 보내는 마당이다. 따라서 교실과 교실 수업을 이해하려고 노력하는 것은 교육과 관련된 모든 이에게 꼭 필요하다. 본 연구는 한문과 교육에 있어 너무나 일상적인 활동들로 인해 으레 그러려니 하는 수업의 요소를 객관적인 수업 분석을 통해 도출했다는 점에서 의의를 찾을 수 있다.

또한 이 글에서 도출된 여섯 가지 세부 교수·학습 요소는 다음과 같은 '읽기'의 교수·학습 목표로 바로 연결될 수 있을 것이다. '읽기' 교수·학습 요소에 따른 교수·학습 목표를 제시하면서 이 글을 마치겠다.

1) 字句 學習 : 문장 속의 모르는 한자의 음과 뜻을 알고, 어구 풀이를 할 수 있으며, 다양한 방법으로 字句를 익힌다.

2) 構造 把握 : 허사 등 문장 안의 문법적인 내용을 파악하고, 표현상의 특징을 숙지한다.

3) 解釋 : 축자적 방법을 통해 문장을 풀이할 수 있고, 문장과 문장, 문단과 문단 간의 관계를 이해한다.

4) 聲讀 : 구두를 바르게 끊고, 소리 내어 읽는다.

5) 復讀 : 같은 글을 여러 번 읽고, 자연스럽게 음독한다.

6) 精讀 : 문장, 문단의 주요 내용을 파악하고, 지식·경험·문맥·단서 등을 활용하여 드러나지 않은 의미를 추론한다.

참고문헌

곽병선(1983), 『교육과정』, 배영사.

김아영(2000), 『관찰연구법』, 교육과학사, 7면.

김언종(2005), 『한자의 뿌리』, 문학동네, 135면, 710~711면.

김왕규·원용석·한은수·김동규(2006), 「한문과 교과 교육 내용 체계 및 내용 교재 개발」, 『한자한문교육』 제17집, 한국한자한문교육학회, 261면.

박영목·한철우·윤희원(2001), 『국어과 교수학습론』, 교학사, 59면.

백광호(2006), 「識字 이후의 한문 수업을 어떻게 할 것인가」, 『2006 여름연수자료집』, 전국한문교사모임.

변영계(2000), 『수업장학』, 학지사.

성태제·시기자(2006), 『연구방법론』, 학지사.

우리교육(2006), 『수업 관찰, 분석, 비평의 실제』, 〈2006 여름 우리교육 아카데미〉

자료집, 6면.

윤재민(2007), 「漢文 敎科의 '性格'을 둘러싼 몇 가지 문제」, 『한문교육의 향후 과제
와 개정 한문과 교육과정의 이해』, 경기도 중등한문과교육연구회 정기총회 자
료집, 23면.

이락의 저·박기봉 역(1994), 『한자정해』, 비보출판사, 95면.

이혁규(1996), 『중학교 사회과 교실수업에 대한 일상생활기술적 사례 연구』, 서울대
학교 박사논문, 25면.

이혁규(2001), 「사회과 교실수업 연구의 동향과 과제」, 『사회과학교육연구』 제4호,
한국교원대학교 사회과학교육연구소, 1~2면.

정혜승(2002), 『국어과 교육과정 실행 요인의 작용 양상에 관한 연구』, 고려대학교
박사논문, 5면.

조영달(2001), 『한국 중등학교 교실 수업의 이해』, 교육과학사.

주삼환 외(1999), 『수업관찰과 분석』, 원미사, 13면.

한국교육과정평가원(2006), 『중·고등학교 한문 선택과목 교육과정 개정 시안 연구
개발』, 연구보고 CRC2006-31.

허호구(1997), 「漢文聲讀考」, 『국문학논집』 제15집, 단국대학교, 175면.

이 글은 『漢字漢文敎育』 제19집(韓國漢字漢文敎育學會, 2007)에 수록한 논문을 재수록한 것이다.

한문 학습자의 誤譯 양상 연구

윤조현

Ⅰ. 서론

한문 학습자들이 문장을 독해하는 과정에서 범하는 오역의 양상은 한문 교과의 교수-학습 과정에서 매우 중요한 가치를 지닌다. 이 오역의 양상과 원인을 분석하여 얻은 결과로 한문 학습자의 독해 과정을 이해할 수 있고, 한문 독해가 어떠한 과정을 거쳐서 학습되며 습득되는가에 대한 단서도 확인할 수 있기 때문이다.

한문 독해에서 학생들이 처음 접하게 되는 문장은 단문이다. 한문 문장을 바르게 읽고 풀이하며, 이해하고 감상할 수 있는 능력을 기를 수 있는가의 여부가 단문 학습 과정에서 결정된다고 해도 과언이 아닐 것이다. 다른 영역에서보다 단문 영역 학습에서 학생들의 학습 곤란도와 양상을 면밀히 관찰해야 하는 이유가 여기에 있다. 단문 영역 학습에서 한문 학습의 기초 능력을 습득하지 못하고 흥미를 잃게 되면 이후의 한문 학습은 학생에게 他者化 될 것이기 때문이다.[1] 그러

---

1) 김경익(2009), 63면.

므로 이 연구에서는 한문 단문을 중심으로 한문 학습자의 誤譯 양상
과 원인을 살펴보고자 한다.

학습자의 독해 과정을 총체적 · 심층적으로 파악하기 위해 질적 연
구 방법으로 연구를 수행하고자 한다. 양적 연구 방법이 아닌 질적
연구 방법으로 접근하는 것은 학습자들이 단문 독해 과정 중에 발생
하는 오역의 빈도를 분석하여 계량화 하는데 목적이 있는 것이 아니
라, 단문 독해 과정, 특히 오역이라는 블랙박스를 열고 그 속의 총체
적인 양상과 원인을 파악하고 드러내는 것을 목적으로 하기 때문이
다.2) 이러한 연구로 얻어지는 결과는 '한문교사가 무엇을 어떻게 가
르쳐야 하는가?'3)라는 질문에 시사점을 줄 수 있을 것이다. 그리고
그동안 한문과 교수-학습 과정에서 잠재적으로 인식되어 왔던 한문
학습자의 오역 양상과 원인을 파악하고 범주화하여, 교사와 학생이
한문 문장을 효율적으로 교수-학습할 수 있는 자료를 생성해 내는데
도움이 될 수 있을 것이다.

한문 교과에서의 연구 중에서 誤譯과 관련된 연구물을 찾기가 쉽지
않다. 그러나 한문 독해에 관한 연구는 여러 분야에서 다양하게 진행
되었는데 내용에 따라 분류하면 허사에 관한 연구,4) 현토에 관한 연
구,5) 문장 구조에 관한 연구,6) 읽기나 聲讀에 관한 연구7) 등이 있
다. 연구 방법에 의한 분류로는 문헌 연구, 실험 연구, 질적 연구 등
으로 분류할 수 있다.8)

---

2) 김연수(2006), 9면.

3) 백광호(2007b), 3면.

4) 장기성(1998); 나광록(2000).

5) 송병렬(1999); 이병혁(2000); 이상하(2006).

6) 최승호(1990); 김경수(2003).

7) 백원철(1997); 임명호(2003); 남궁원(2008); 신두환(2008); 심재경(2008).

한문 교과의 선행 연구들은 한문 독해와 관련하여 양적, 질적으로 유의미한 성과가 있었다. 그러나 몇 가지 부분적인 한계를 드러내기도 했다. 첫째, 한문 독해와 관련하여 현장 지향적인 연구가 아닌 이론적인 연구에 치우친 경향이 있다. 둘째, 한문 독해와 관련된 요인을 전체적으로 파악하지 못하고 부분적인 요인만 다룬 연구가 많았다. 셋째, 학습의 주체인 학습자의 독해 과정을 파악하지 못하고 독해와 관련된 학습자의 반응을 제시하지 못한 연구가 대부분 이었다. 이에 본 연구는 한문 독해에 관한 선행 연구의 성과와 한계를 참조하여 한문 학습자의 오역 양상을 관찰하고 원인을 분석하고자 한다.

Ⅱ. 誤譯의 범주

1. 한문 번역과 오역

誤譯의 사전적인 정의는 '잘못 번역 함, 또는 잘못된 번역'[9]이다. 그러나 한문 교과에서는 '문장을 번역한다.'라고 하지 않고, '문장을 독해한다.' 또는 '문장을 풀이한다.'라고 말한다. 번역을 잘못하거나 독해를 잘못했을 때 '오역'이라는 표현은 공통으로 사용할 수 있지만 '번역'과 '독해'는 일정한 차이가 있음을 알 수 있다.

번역은 번역 대상 언어로 된 텍스트를 해체(deconstruction)하여 번역 목표 언어로 다시 재구성(reconstruction)하는 행위이다.[10] 이는

---

8) 한문 독해에 관한 연구 중에서 문헌연구에 속하는 연구로는 각주 4)~7)에서 열거한 연구 등이 있고, 실험 연구는 변영안(1994) 등이 있으며, 질적 연구는 백광호(2007a); 백광호(2007b); 김재영(2008); 이명희(2009) 등이 있다.

9) 국립국어연구원(2000), 『표준국어대사전』, 4485면.

원문 텍스트를 자국어의 언어 체계에 맞추어 해체하거나 또는 그 반대의 작업에서 번역이 비롯된다고 보는 것이다. 그러므로 번역은 원문 텍스트에서 출발하여 이상적인(혹은 완전한) 목표어 텍스트로 이행하는 '과정(process)'이라고 할 수 있는데 이 '과정'을 도식화 하면 〈표 1〉과 같다.

〈표 1〉 번역의 과정

[원문 텍스트] → 번역 텍스트1 → 번역 텍스트2 → 번역 텍스트3 → 번역 텍스트n …〉 [목표어 텍스트]

번역에서의 '과정'이란 학습자, 또는 독자의 번역 행위 과정보다는 목표어 텍스트로 나아가는 번역 텍스트(결과물)들의 '산출 과정'이라고 할 수 있다. 이러한 과정에서 오역이 발생하게 되는데 한문 번역에서의 오역은 일반적으로 典故 활용처의 확인과 이해, 當代의 역사 사실과 문화의 이해, 다양한 한문 양식의 이해가 불충분하여 발생한다.11) 이외에도 한문 원전의 난해성, 전근대 시기 어문 분리에 따른 표기체계의 이중성, 한문 고전 작자와 현대 번역자 사이의 사유방식과 독서 범위와 독서량의 차이12) 등으로 오역이 발생하기도 한다.13)

2. 한문 독해와 오역

독해는 독자가 글을 읽고 의미를 재구성하는 과정, 또는 글을 읽어

---

10) 이은규(2008), 102면.

11) 진재교(2008), 3~22면 참조.

12) 진재교(2008), 3면.

13) 한문 번역에 대한 자세한 논의는 진재교(2008), 이상하(2006) 등의 글 참조.

서 뜻을 이해하는 과정을 가리킨다.[14] 따라서 한문 독해는 '학습자가
한문을 읽고 풀이하여 이해하는 활동'[15]이라고 규정할 수 있으며, 한
문 독해에서의 오역은 '학습자가 한문을 잘못 읽고 풀이하여 잘못 이
해하는 활동'이라고 할 수 있다. 번역에서는 이상적인 결과물에 중점
을 두었다면, 독해에서는 독자, 또는 학습자가 주체이며 이들이 글을
읽고 이해하는 '과정'에 중점을 둔다.

　한문을 번역하거나 독해함에 있어서 典故의 확인이나, 당대의 역사
나 문화의 이해 그리고 한문 양식의 이해 등이 필수적이고 중요한 것
은 사실이다. 그러나 한문을 학습하기 시작하는 단계에 있는 학습자
들이 범하는 오역은 한문에 대한 기초적인 지식, 그리고 언어적인 지
식의 부족에서 起因한다고 할 수 있다.[16] 오역의 원인에는 학습자,
교수자, 텍스트, 교육과정, 수업방법 등 수많은 요인이 작용하기 때
문에 한문 교과에서 오역의 원인을 한문에 대한 기초적인 지식이나
언어적인 지식의 부족만으로 한정지을 수는 없지만, 한문에 대한 기
초적인 지식이나 언어적인 지식은 정규 교육과정에서 한문을 독해하
기 시작하는 학습자들에게 기본이 되는 요소라고 할 수 있다.

---

14) 서울대학교 국어교육연구소(1998), 『국어교육학사전』, 214면.

15) 백광호(2007b), 39면.

16) 박유리는 한문을 올바르게 번역하기 위해서 알아야 할 문법적인 지식으로, 한문
　　의 구조에 대한 이해, 한문의 품사 특히 허사에 대한 바른 이해, 한문의 관용적인
　　문장 구성에 대한 이해를 지적했다. 박상우는 한문을 제2언어로 규정하고 한문 독
　　해에서 대조 분석 가설에 의한 문법적 난이도에 따라 학습자가 직면할 어려움을
　　6등급으로 분류하였다. 박유리(1994); 박상우(2008) 참조.

Ⅲ. 연구 방법

1. 연구 설계 및 기간

이 연구는 2009년 4월 초 예비 연구를 시작으로 11월 초 후속 연구까지 질적 연구 방법으로 진행되었다.[17] 기간별 연구 과정을 정리하면 〈표 2〉와 같다.

〈표 2〉 연구 기간

기간	연구 단계	관찰 내용	관찰 학교 및 학급, 차시
4월 6일~10일	예비 연구	속담과 격언	N고등학교 2학년 4학급 4차시
6월 1일~10일	본 연구	단문(격언)	H중학교 2, 3학년 8학급 8차시
7월 9일~17일		단문(격언)	S중학교 3학년 4학급 8차시
11월 3일~4일	후속 연구	단문(격언)	H중학교 2, 3학년 6학급 6차시

2. 연구 참여자 특성

1) 참여 교사

이 연구는 교수–학습 방법이나 수업 모형에 따라 달라지는 독해 결과를 확인하거나 검증하는 연구가 아니기 때문에 수업 방법에 따라 연구 참여 교사를 구분하지 않고, 일반적인 한문 수업 상황에서 단문 독해

---

17) 이 연구는 예비 연구, 본 연구, 후속 연구로 진행되었다. 예비 연구는 현장에 대한 이해와 연구 방법에 대한 적용이 목적이었고, 본 연구에서는 예비 연구 결과를 수정 보완하여 오역의 양상을 관찰, 분석하였다. 후속 연구는 본 연구의 결과를 토대로 오역의 원인에 대한 교수–학습 계획을 세워 수업 현장에 적용하고 그 결과를 확인하였다. 본고에서는 '본 연구' 과정을 중심으로 기술하여 오역의 양상과 원인을 파악하는데 주안점을 두고자 한다.

수업을 진행하는 교사를 선정하였다. 참여교사의 특성은 〈표 3〉과 같다.

〈표 3〉 연구 참여교사의 특성

참여교사	재직 학교	참여교사 특성	참여 방법
A교사	서울 소재 H중학교	경력 7년 한문 교사	수업 관찰, 면담
B교사	서울 소재 D중학교	경력 7년 한문 교사	면담
C교사	서울 소재 S중학교	경력 4년 한문 교사, 개정 한문과 교과서 집필	수업 관찰, 면담
D교사	경기도 소재 N고등학교	경력 14년 한문 교사, 개정 한문과 교과서 집필	수업 관찰

2) 참여 학생

A교사가 근무하고 있는 H중학교는 서울의 중심부에 위치하고 있다. 그러나 학교 주변이 군부대와 재개발 지역으로 둘러싸여 있어서 학생들의 학습 여건이 좋은 편은 아니다. H중학교 학생들은 1, 2, 3학년에서 일주일에 한 시간 씩 한문을 배우고 있지만 수업에 대한 집중도가 낮고 학업 성취도가 높지 않다는 것을 알 수 있었다. C교사가 근무하고 있는 S중학교는 서울 외곽에 위치하고 있다. 이 학교 역시 학생들의 전체적인 학력 수준이 낮은 편이다. 연구 참여 교사와의 면담을 통해서 살펴본 두 학교의 학생들은 생활, 경제적인 여건이 넉넉하지 않고, 학력 수준도 다른 지역의 학생들에 비해 떨어진다는 유사함을 갖고 있다. 또한 한문 교과와 수업에 대한 호응은 좋은 편이나 한문 과목에 대한 학업 성취도와 수업에 대한 열의는 부족함을 알 수 있었다.

3. 자료 수집과 분석

1) 자료 수집

(1) 학습자의 개별 학습지

개별 학습지는 단시간 내에 많은 사례수를 확보할 수 있고, 연구자가 의도한대로 학습지를 구성할 수 있으며 학습자의 반응 결과물을 시각적으로 확인할 수 있다. 또한, 평소 학습자들에게 익숙한 수업 보조 텍스트로써 학습지 투입에 대한 별도의 교육이 필요하지 않고, 자연스러운 수업 과정 중에 결과물을 확보할 수 있다는 장점을 가지고 있다.

(2) 참여교사와 학습자 면담

교사와 학생의 면담은 학습자의 개별 학습지와 함께 중요한 자료 수집 방법이다. 수업 관찰이나 학습지 분석만으로는 알기 어려운 교사와 학습자의 사고와 견해를 깊게 파악할 수 있다는 점에서 유의미한 자료를 수집할 수 있다.[18] 면담 방법은 일반적으로 많이 사용하고 있는 반구조화 된 면담[19] 방법을 택하였다. 연구에서는 연구자가 자료의 수집과 분석 과정에서 의문시되었던 문제를 메모해 두었다가 교사와 학생의 면담을 통해서 질문에 대한 답을 얻을 수 있었다.

(3) 수업 관찰

두 연구 참여교사가 수업한 내용은 캠코더를 이용하여 녹화하였다. 이 연구는 학습자의 수업 과정에 초점이 맞춰져 있는 것이 아니라 독

---

18) 김연수(2006), 73면.
19) 면담의 종류와 기법에 대한 내용은 김영천(2007) 참조.

해한 결과물을 분석하는 데 그 목적이 있기 때문에 연구자가 직접 교실 수업 현장에 참여하지는 않았다. 그러나 학습자들의 독해 과정과 연구 참여 교사의 교수 내용을 파악하기 위해서 수업 녹화를 부탁하였다. 수업 녹화 내용은 필요한 경우 전사하여 학습지 분석을 위한 보조 자료로 활용하였다.

2) 자료 분석

학습자의 개별 학습지, 연구 참여교사와 학생의 심층 면담, 수업 관찰, 그리고 문헌 연구를 통해 자료를 수집한 후 자료 분석을 실시하였다. 양화된 자료가 아닌 언어적 자료 또는 문서화된 자료들을 분석하고, 연구의 목적이 기술과 이해라는 측면에서 질적 연구에서의 분석은 양적연구와는 다른 특징을 갖는다. 가장 구별되는 특징은 자료의 수집과 분석이 분리되지 않고 상호 보완적으로 이루어진다는 것이다.[20] 이 연구에서는 예비 연구에서부터 후속 연구까지 자료의 수집 단계에서 문제가 발생했을 경우에는 계획을 수정·보완하여 자료의 수집과 분석 과정을 반복하였다.

생성된 자료를 분석하기 위한 방법으로 개방적 코딩(open coding)[21]을 사용하였다. 개방적 코딩의 절차는 크게 세그멘팅, 초기 코드의 발견, 심층 코드의 생성이라는 세 단계로 이루어지며 이 절차에 의해 수집한 자료를 분석하였다.

---

20) 김영천(2007), 461~462면 참조.
21) 개방적 코딩은 일반적인 도식 또는 미리 개발된 코딩 목록에 따라서 자료들을 코딩하는 것이 아니라 자료들을 분석적 귀납 방법을 통하여 분석하는 방법이다. 코딩은 수집된 자료의 의미에 기초하여 철저하게 귀납적으로 이루어지며 자료 속에 함축된 의미에 맞는 주제나 용어를 연구자가 직접 찾아내거나 만들어내는 방법이다. 김영천(2007), 475면.

Ⅳ. 誤譯의 樣相과 원인

1. 끊어 읽기의 未熟

한문으로 된 옛 글들은 대부분 단어, 구절, 문장을 구분하지 않고
모두 붙여 쓰는 게 일반적이었다. 그러나 글을 읽을 때는 문장과 문
장 사이 및 문장 내의 구절과 구절들 사이를 적당하게 끊어서 읽는
것이 일반적인 방법이었다.22) 문장을 끊어 읽을 수 있다는 것은 문장
의 의미 단위로 구를 나누어 읽을 수 있음을 말한다. 이때 문맥에 맞
게 현토하여 읽게 되는데 현토 학습의 효능에 대해서는 사실 대부분
의 한문 학습자들이 당연한 것으로 여겨 그다지 문제시하지 않았
다.23) 현재 사용되고 있는 교과서를 보더라도 현토에 대한 언급이 없
고 7차 한문과 교육과정 해설서에서도 '현토'라는 용어와 교수 방법이
제시되어 있지 않다. 이 때문에 수업 현장에서는 현토를 看過하거나
이에 대한 교육이 제대로 이루어지지 않고 있는 것이 사실이다. 현토
에 대한 A교사의 인식을 확인해 보기로 한다.

> [A23] A : 수업을 하다가 보니까 그런 것 같아요. …(중략)… 그러니
> 까 이런 끊어 읽기, 그다음에 현토 달린 것에 대해 그렇게 크
> 게 영향을 받지는 않는 것 같더라고요. 그리고 우리가 문장을
> 읽을 때, 예를 들어 '靑出於藍이 而靑於藍이라'이렇게 하잖아
> 요. 전공자들 같은 경우는 해석이 된다는 가정 하에 현토를 붙
> 이니까……. 그런데 학생들의 경우는 우리가 하는 방식으로 현
> 토를 하면 헷갈릴 수 있는 요인이 있을 것 같아요.
> [심층 면담 전사-참여 교사 A-20090821]24)

---

22) 교육과학기술부(2007), 중학교 교육과정 해설(Ⅴ), 164면.
23) 송병렬(2006), 172~173면 참조.

학생들이 문장을 풀이할 때 현토의 유·무에 크게 영향을 받지 않을 것이라는 A교사의 인식은 C교사에게서도 비슷하게 나타난다.[25] 그러나 교사들의 생각과는 다르게 학생들은 문장 해석에 현토를 이용하고 있었으며 '현토'라는 용어를 알고 있지는 않았지만 '말을 이어주는 것'이라고 현토의 기능에 대해서 막연하게 인식하고 있었다.

아래의 〈그림 1〉은 현토가 제시되지 않은 문장이고 〈그림 2〉는 현토가 제시된 문장이다. 〈그림 1〉의 학습지는 '사람이 사람을 사랑하고 사람이 가는 곳엔 항상 사람이 있다'라고 풀이하였으며, 현토가 있는 〈그림 2〉의 학습지는 '사람을 사랑하는 사람은 사람이 항상 갈 사람이다'라고 독해하여 현토인 '~는'을 살려서 해석하고 있다.[26] 즉, 현토가 있는 문장의 경우, 오역을 하더라도 현토에 맞게 독해하려는 경향을 보이고 있다.

〈그림 1〉 끊어 읽기에 대한 개별 학습지

원 문	愛	人	者		人	恒	愛	之		
음 뜻 풀이순서	사랑(애)	사람(인)	사람(자)		사람(인)	항상(항)	사랑(애)	갈(지)		
해 석 1	사람이 사람을 사랑하고				사람이 가는 곳엔 항상 사람이 있다.					
해 석 2	사람을 사랑하는 사람은 다른사람도 항상 그사람을 사랑한다.									

---

24) 본 연구에서 연구 참여 교사와 학생의 면담, 수업 관찰 등으로 수집한 자료의 명칭 표기 방식은 '자료 생성 방법–자료 생성의 주체–자료 제작 일시' 등의 순서를 따라 표기하였다.

25) [C52] C : 요즘 새로 나온 1학년 교과서를 보니까 그게 있더라고요. 현토와 구두점 해놓은 거요. 띄어쓰기도요. 그런 거 보면 나름대로 의미는 있는 거 같은데 학생들이 현토가 있고 없고는 별로 못 느끼는 거 같아요. 이번에 해석을 시켜보니까요. [심층 면담 전사–참여 교사 C–20090716]

26) 학습자들의 독해 결과물인 학습지를 살펴보면, 어느 한 가지 원인으로 오역을 한 경우보다는 여러 가지 원인이 복합적으로 작용했음을 볼 수 있다. 예시한 학습지들은 여러 가지 오역의 원인 중에서 논의하고자 하는 오역의 원인에 초점을 맞춰서 서술하였다.

〈그림 2〉 끊어 읽기에 대한 개별 학습지

원 문	愛	人	者	는	人	恒	愛	之	니라.	
음 뜻	사랑 애	사람 인	사람 자		사람 인	항상 항	사랑 애	갈 지		
풀이순서	2	1	3		4	5	7	6		
해 석 1	사람을 사랑하는 사람은 사람이 항상 갈 사랑이다									
해 석 2	다른사람을 사랑하는 사람은 다른 사람이 항상 사랑한다									

현대의 언어 학습에서 문장 분석과 문법 이론이 사용되기 시작하면서 한문 학습에서의 현토 학습의 효용성은 그 중요성을 인정받지 못하고, 그저 관습적으로 쓰여 온 것이 사실이다. 이는 현토의 효용성에 대해 그다지 관심을 갖지 않아서이지, 현토가 아무런 의미가 없다는 뜻은 아니다.[27] 그러나 학습자도 현토의 기능을 제대로 알지 못하고 '말을 이어 주는 것' 정도로 인식하고 있다. 현토의 역할과 기능에 대한 교수-학습이 필요하며 학습자가 현토의 기능을 익혀서 자연스럽게 한문 독해에 사용할 수 있도록 해야 할 것이다.

현토와 더불어 학습자의 독해 결과에 영향을 줄 수 있는 요소는 '끊어 읽기'[28]이다. 전통적인 읽기 방법인 聲讀이나 교실 현장의 교수-학습 과정에서는 현토나 구두점이 있는 곳이 아니더라도 의미에 맞게 끊어 읽기를 하고 있다. 문장을 끊어서 읽을 수 있다는 것은 문장의 의미 파악이 전제되어야 가능하지만, 초보적인 한문 학습자들에게는 읽기 과정에서 의미에 맞게 分節하여 읽기 지도를 하는 과정이 필요하다.

---

27) 송병렬(2006), 172~173면 참조.

28) 본고에서 기술하는 '끊어 읽기'는 현토와 구두법으로 제시된 문장을 독해하는 의미 단위로 좀 더 세분하여 끊어 읽는 것을 말한다. 문장으로 예시하면 다음과 같다.

> 원문 : 學而時習之不亦說乎
> 현토 : 學而時習之면 不亦說乎아.
> 끊어 읽기 : 學而∨時習之면 不亦∨說乎아.

　　C교사는 학생들에게 개별 학습지의 독해 결과를 발표하게 한 후 원하는 독해 결과가 나오지 않자 끊어져 있지 않은 문장을 斜線으로 끊고 다시 문장 독해를 유도하기도 하였다.29) 교사가 제시한 사선의 의도를 파악하지 못하고 여전히 오역을 하는 학생들이 있기는 하지만 문장을 끊어서 제시한 후의 결과물을 보면 상당수의 학생들이 향상된 독해 결과를 보였다.

〈그림 3〉 끊어 읽기에 대한 개별 학습지

원　문	安	貧	/ 樂	道
음　뜻	편안히여길안	가난할 빈	즐길 락	도리 도
풀이순서	2	1	4	3
해 석 1	가난을　편안히 여겨　도리를　즐긴다.			
해 석 2	가난함을　편안히 여기고 · 도리를 즐겨라			

　　〈그림 3〉에서 '해석1'은 끊어 읽기 표시를 하기 전의 결과이고, '해석2'는 끊어 읽기를 표시(/) 한 후의 독해 결과이다. 끊어 읽는 부분을 표시하기 전에는 '가난을 편안히 여겨 도리를 즐긴다.'라고 독해를 했지만, 교사의 끊어 읽기 지도가 있은 후에는 '가난함을 편안히 여기

---

29) T : 그러면 선생님이 문장을 끊어줄 테니까 해석2에 다시 한 번 해석해 보세요. 변화가 없으면 그냥 그대로 쓰면 되고요.(C교사는 '安貧樂道'를 安貧 / 樂道로 끊어서 표시하고 있다.)
　　…(중략)…
　　T : 이것을 이렇게 끊어서 해석했더니 자기는 해석이 좀 달라졌다 하는 사람 있나요? ○○는 이거 해석 어떻게 했어?
　　S : 가난을 편안히 여기고 도리를 즐긴다.
　　T : ○○이가 어떻게 했냐면 여기에서 끊으니까 '가난을 편안히 여기고', 여기에서 끊었어. 그리고 '도리를 즐긴다.' 이렇게 해석했네.
　　[수업 전사—S중학교 3학년 9반—20090709]

고, 도리를 즐겨라.'라고 독해하였다. 이는 '해석2'에서 좀 더 향상된
독해 결과를 보였다고 할 수 있다.

2. 多義語에 대한 혼란

한문 문장을 독해하는데 가장 기본이 되는 것은 한자의 음·뜻을
아는 것이다. 한자의 形·音·義를 아는 것에서부터 여러 가지 음과
뜻을 가진 한자, 문맥에 따라 음과 뜻이 바뀌는 한자 등을 바르게 알
고 활용하는 것이 필요하다. 요즘은 정규 교육과정의 한문 교과와는
별도로 초등학교나 사교육 시장에서 한자교육을 받는 학생이 꾸준히
늘고 있다. 그러나 어느 정도 상위 급수의 한자 자격증을 가지고 있
는 학생 즉, 문장에 쓰인 한자의 음과 뜻을 알고 있는 학생들도 문장
을 제대로 해석하지 못하는 경우가 많다. 오역의 원인은 다양하겠지
만 한자를 알고도 해석에 어려움을 겪는 학생들은 한자의 대표 음·
뜻만 알고 있기 때문이다.

〈그림 4〉 다의어에 대한 개별 학습지

원문	無	道	人	之	短	하고	無	說	己	之	長	하라
음 뜻	없을 무	길 도	사람 인	어조사 지	짧을단	하고	없을 무	말씀 설	몸 기	어조사 지	길장	
풀이순서	4	2	1	3	5		10	7	6	8	9	
해석	사람의 길의 짧음이 없고 말씀의 긴것도 없다											
이해	자신의 단점을 생각해라											

〈그림 5〉 다의어에 대한 개별 학습지

원문	無	道	人	之	短		無	說	己	之	長	
음 뜻	마음(무)	밀(도)	사람(민)	갈(지)	짧을(단)		마음(무)	말씀(설)	몸(기)	갈(지)	긴(장)	
풀이순서												
해석1	짧은 길면 사람이 가지 않고 말씀이 길면 몸이 가지 않는다.											
해석2	다른 사람의 단점을 말하지 말아라, 자신의 장점을 말하지 말아라											

〈그림 4〉는 예비 연구에서 고등학교 2학년 학생이 독해한 결과이고, 〈그림 5〉는 본 연구에서 중학교 3학년 학생이 독해한 결과이다. 두 학습자의 결과를 보면 모두 한자의 多義性을 파악하지 못하고 독해했음을 알 수 있다. 본 연구에 참여했던 학생들은 '한자 하나하나의 뜻이 달라서' 문장 독해에 어려움이 있었다고 말하기도 하였다.30) 다른 문장으로 한자의 여러 가지 뜻을 적어서 제시해 보기도 했지만 문장에 맞는 적절한 뜻을 찾지 못하고 오역하는 경향을 보였다.

한자는 원칙적으로 하나의 글자가 하나의 음을 가진다. 그러나 인류의 문화가 날로 발달하고 사회가 복잡해짐에 따라 하나의 한자가 여러 가지 음과 뜻을 가지는 경우가 생겨났다.31) 그러므로 한문 문장의 독해는 문장에 사용된 한자의 뜻을 바르게 아는 것에서부터 시작된다고 할 수 있다. 한자의 다의어에 대한 교수·학습 방법으로 자전을 활용하는 방법이 유용할 수 있다.

3. 품사의 이해 부족

한문의 특성 중 하나는 문장 안에서의 쓰임에 따라 한자의 품사가 결정된다는 것이다. 한문 교사나 한문에 익숙한 사람들의 경우에는

---

30) [H69] S1 : 그거(無道人之短 無說己之長) 어려웠어요.
　　…(중략)…
　　[H75] S1 : 한자 하나하나의 뜻이 달라서…….
　　…(중략)…
　　[H78] R : 그래서 어려웠나보구나. 여기 5명이 '無道'를 '길이 없다'라고 했네. 이걸 왜 '길이 없다'라고 했을까?
　　[H79] S4 : '길 도'랑 '없을 무'니까요. 뜻이 더 있을 줄은 몰랐어요.
　　[그룹 면담 전사-H중학교 학생-20090610]
31) 교육과학기술부(2007), 175면.

간과할 수 있는 부분이지만 초학자들은 품사를 결정하지 못하여 문장 해석에 상당한 어려움을 겪는다. "학생들이 문장을 독해할 때 어려워하는 것이 무엇인가?"라는 질문에 면담에 참여한 B교사와 C교사는

[A74] B : 그런 거 있잖아요. 품사. 한 글자가 여기서는 동사로 쓰이고 저기에서는 형용사로 쓰이고 그런 품사의 활용을 학생들이 굉장히 어려워해요. 한자를 알고 문장 구조가 쉽다고 해도 학생들이 해석한 것을 보면 말이 안 되게 하는 경우가 많아요.
… (중략) …
제가 수업을 해본 경우에는 학생들이 한자의 음·뜻을 알고 있더라도 품사 활용을 제대로 하지 못해서 오역을 하는 경우가 가장 많았던 것 같아요. 그래서 선생님들은 당연히 알겠지 하고 넘어가는 부분을 학생들이 굉장히 어려워하는 것 같아요.
[심층 면담 전사-참여 교사 B-20090821]

[C30] C : 학생들이 어려워하는 것이 어조사, 그러니까 의미가 여러 가지인 경우하고, 그 다음에 '일백 백'자 같은 것을 그대로 풀이하는 경우가 많았고요. 그리고 行자 같은 경우, 그러니까 이번 개정교육과정에 따르면 동사도 되고 명사도 되고 이런 건데 行實과 같이 명사로 변환한 거라서 학생들이 그런 변환하는 능력이 좀 떨어져요.
[심층 면담 전사-참여 교사 C-20090716]

라고 말하면서 학생들의 경우 한문의 특성인 품사의 활용을 이해하지 못하고, 그러한 이유로 문장 독해에 어려움을 느낀다고 인식하고 있다. 연구 참여교사 C는 수업 중에 학생들이 품사의 활용을 하지 못하자 다음과 같은 방법으로 문장 독해를 지도했고,

[C30] C : '安貧樂道' 같은 경우는 뭐랄까…….제가 2가지로 학생들

에게 설명을 해줬어요. 처음에는 '편안할 안', '가난할 빈', '즐거울
락', '도리 도', 아니면 '길 도' 이렇게만 알려줬는데 이렇게 하면 학생
들이 도저히 변환을 못시켜요. 두 번째는 '편안히 여길 안', '가난할
빈', '즐길 락', 아니면 '즐긴다', '도리 도' 하면서 '도리'라는 게 무언지
부연설명을 해줬더니…….

[심층 면담 전사 − 참여 교사 C-20090716]

이렇게 지도하자, 한자의 품사를 변환하지 못하여 어색한 풀이를 했던
다른 학급의 학생들보다 향상된 독해 결과를 확인하기도 했다고 한다.

대부분의 학생들이 한문은 일정한 품사가 없고 위치에 따라서 품사
가 바뀌는 사실을 인지하지 못한다. 〈그림 6〉을 보면 우선 '百'을 숫
자 100으로 인식하고 '모든', 또는 '다수'의 뜻으로 사용된다는 것을
알지 못했다. 또한 '行'을 '행하다'라는 동사로 알고 '행실'이나 '행위'
라는 명사로 쓰인다는 것을 알지 못하여 '효도는 백번 행해야 근본이
있다.'라고 풀이하였다.

〈그림 6〉 품사에 대한 개별 학습지

원 문	孝	는	百	行	之	本	也	라.	【참고】
음 뜻	효도 효		일백 백	행할 행	어조사 지	근본 본	어조사 야		也(야) : 어조사(~이다) 土
풀이순서	1		2	3	4	5	6		
해 석 1	효도는 백번 행해야 근본이 있다.								
해 석 2	효는 모든 행실의 근본이다.								

단어는 그 자체만으로는 완전한 의미를 형성하지 못하고 문장 속에
위치할 때 그 의미가 온전하게 드러날 수 있다. 단어는 어휘의 체계
안에서 다른 단어들과 가지는 관계 아래에서만 자신의 의미를 구성할
수 있기 때문이다. 따라서 한문의 어휘를 유형적으로 파악하는 것은

어휘력의 향상뿐만 아니라 문장의 이해에도 긴요한 것이다.[32]

4. 허사의 쓰임에 대한 갈등

虛辭는 어휘적 의미가 없거나 그다지 실재적이지 않고, 實辭에 붙어서 단지 문법적 의미만을 나타내는 단어를 말한다. 허사는 그 주된 기능이 문장 안에서의 문법적 기능이므로 기본적으로 문장에서의 쓰임과 관련하여 이해해야 한다.[33] 학습자들이 한문을 독해하는 과정에서 어렵다고 생각하는 것 중의 하나가 바로 허사의 쓰임이다. 스스로 문장을 독해하는 과정에서 어떤 것이 어려웠냐는 질문에

> [S62] S1 : 어조사 같은 거요.
> [S63] R : 어조사라면 之자 같은 거?
> [S64] S1 : 네.　　　[그룹 면담 전사-S중학교 학생-20090716]

> [H123] S1 : 어조사 그런 거랑 다른 뜻 있는 거요.
> 　　　　　…(중략)…
> [H143] S5 : 해석순서요, 그리고 뜻 많은 한자, 그리고 어조사…….
> 　　　　　[그룹 면담 전사-H중학교 학생-20090610]

'之'와 같은 어조사 즉, 허사의 쓰임이 어려웠다는 학생들의 반응을 확인할 수 있었다. 이는 오역의 원인 중에 허사가 차지하는 비중이 적지 않다는 것을 알 수 있다. 학생들의 이러한 반응은 교사들도 공감하는 부분이기도 했으며 문장 독해에 필요한 기본적인 지식은 가르

---

32) 교육과학기술부(2007), 185면.
33) 교육과학기술부(2007), 184면.

칠 필요가 있을 것이라는 의견을 보이기도 했다.34)

아래의 〈그림 7〉은 우선 문장의 구조를 파악하지 못하여 '青出於
藍'을 '쪽빛에서 나오는 푸른 빛은'이라고 풀이를 했으며 허사인 '於'
와 '而'의 쓰임을 구별하지 못하여 오역을 하고 있다. 특히 '而'의 경
우에는 역접으로 쓰인다는 것을 알지 못하고, '말이을'이라는 의미가
'말을 이어준다'는 뜻이 있는 것으로 오인한 경우이다. 학습지 분석
과정에서 이러한 사례가 자주 있었다.

〈그림 7〉 허사에 대한 개별 학습지

원 문	天	下	之	水	는	莫	大	於	海	이라.	【참고】
음 뜻	하늘천	아래하	어조사	물수		법을막	큰 대	어조사	바다해		莫(막): 없다.~하지 말라. 於(어): ~에서, ~보다. ~에(게)
풀이순서	1	2	3	4		8	7	6	5		
해 석 1			하늘아래 물은 큰 바다가 없을것이다.								
해 석 2											

학습자들에게는 1차적으로 허사가 문맥에 따라 다양하게 해석될 수
있다는 인식을 심어줘야 한다. 그러나 허사는 문장을 이어주고 끊어
주는 역할도 담당하고 있다. 한문에서 허사는 실사와 더불어 문장을
구성해 주는 중요한 언어조직의 하나로 문장 안에서 각 단어의 문법
적 관계를 나타낸다. 허사에 대한 문법적인 이해가 선행되지 않고는
한문의 바른 이해가 어렵다고 할 수 있다.35) 허사의 기능과 쓰임에

---

34) [A84] B : 예를 들어서 우리가 흔히 가르치는 '말이을 이', '어조사' 그런 것들을
몰라요. 그래서 기본적인 문법지식은 학생들한테 어느 정도는 가르칠 필요는 있을
것 같아요. 제가 볼 때는 학생들이 옥편에서 여러 가지 음·뜻을 찾고 거기에 맞춰
서 문장을 해석하려고 해도 잘 안 되는 건 문장에 어조사나 그런 것들이 들어가면
힘들어 하고…
  [심층 면담 전사-참여 교사 B-20090821]
35) 박기수(2003), 229면.

대한 지속적인 교수-학습이 필요하다.

5. 문장 구조 결정의 곤란

한문을 학습하기 시작하는 학생들은 처음 접하는 문장에 막막함을
느낀다. 한자의 음과 뜻을 알고도 쉽게 독해를 하지 못하고, 독해를
했으나 의미가 통하지 않는 어색한 문장을 만든다. 그 원인 중 하나
는 문장의 구조를 결정하지 못하고 恣意的으로 한자의 뜻을 조합해서
문장을 완성하기 때문이다. 옥편을 활용하여 수업을 했다는 B교사의
경우, "학생들이 옥편을 활용해서 한자의 음과 뜻을 찾으면 독해를
잘 할 수 있지 않겠는가?"라는 질문에 학생들은 다음과 같은 또 다른
어려움에 직면하게 된다고 말하고 있다.

> [A84] B : 그래도 잘 안돼요. 저는 문장 세 개를 주로 음·뜻은 비워
> 두고 조별로 학생들한테 직접 옥편을 찾아서 해석을 해봐라 했어요.
> 음·뜻을 찾는 것은 어느 정도 해요. 그런데 해석해봐라 하면 학생들
> 이 헤매기 시작하더라고요. 거기에서 걸리는 건 음·뜻이 아니라 문장
> 구조 그러니까 문장에서 주어, 서술어가 어떤 것인지 잘 모르고……
> …(중략)…
> 또 문장 구조가 우리말 어순하고 다르니까 잘 안 되는 것 같아요.
> [심층 면담 전사-참여 교사 B-20090821]

학생들의 학습지를 보면 간단한 문장에서도 문장 구조를 파악하지
못하고, 자의적으로 문장을 구성해서 문장의 의미를 살리지 못한 학
습지가 많았다. 〈그림 8〉은 문장의 구조가 복잡하지 않은 주술확장
구조이다. 한자의 음·뜻을 제대로 알았으나 문장 구조를 파악하지

못하여, '바람이 스스로 오면 맑다'라고 오역하고 있다.

〈그림 8〉 문장 구조에 대한 개별 학습지

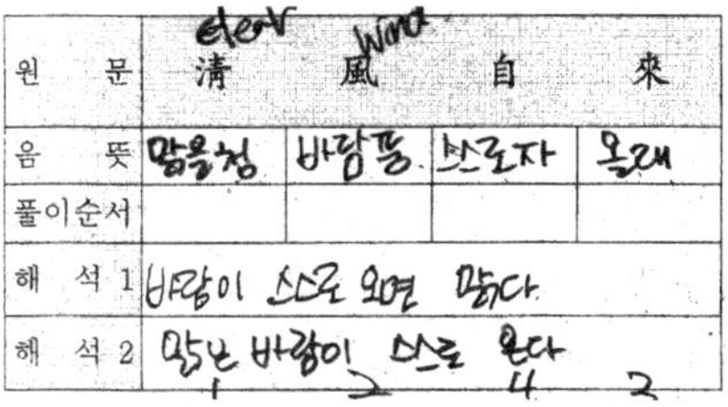

원 문	淸 clear	風 wind	自	來
음 뜻	맑을청	바람풍	스스로자	올래
풀이순서				
해 석 1	바람이 스스로 오면 맑다.			
해 석 2	맑은 바람이 스스로 온다			

학생들이 수업시간에 작성한 개별 학습지를 가지고 면담을 진행한 결과, 몇 몇의 학생들은 어순이나 문장의 구조를 생각하며 독해하기보다는 '말 만들기'를 하고 있었고36) 다른 학생들의 경우에는 문장 구조 즉, 해석 순서를 알지 못해서 독해하는데 어려웠다고 토로하였다.

언어 학습에서 언어의 특징을 알고 체계를 정확하게 익힌다는 것은 언어 사용에 있어서 중요한 일이다. 특히 한문은 어미의 활용이 없고, 굴절도 없이 문장 내에서 그 단어의 위치에 따라 직능과 의미가 달라짐으로 한문 문장을 풀이하는 데 있어서 문장 구조를 정확히 익히는 것은 어느 언어 교과보다 중요한 일이라고 할 수 있다. 그러므로 이러한 한문 문장의 일반적인 특징을 파악하고, 기본 문형의 학습이 이

---

36) [S225] R : 少年易老學難成은 들어본 적이 있니?

　　[S226] S1 : 아니요.

　　[S227] R : '늙은이는 배움이 어려워 성공하기에 소년이 더 쉽다' 이렇게 했네?

　　[S228] S1 : 네.

　　[S229] R : 그런데 여기에서는 앞에서부터 해석할 생각을 안 하고 중간부터 해석했을까?

　　[S230] S1 : 왠지 말을 만들다보면요. 말을 만드는 게 이렇게 생각하는 것이 더 쉬워서요.

　　[그룹 면담 전사-S중학교 학생-20090716]

루어진 후에 점차 확장된 문형으로의 교수-학습이 필요할 것이다.[37]

6. 문장의 수사법에 대한 인식 부족

한문에서의 수사법은 문장의 표현과 의사 전달의 효과에 착안하여 문장의 감상을 돕는 것으로 음운 효과를 고려한 압운과 평측, 문체, 그리고 표현 기법 등을 들 수 있다.[38] 흔히 한문에서의 수사법은 한시에서만 제한적으로 사용된다고 인식될 수 있는데 한문은 형식미와 운율미를 살려서 표현하기 때문에 수사적인 기법을 사용한 예가 많다. 그러나 학습자가 한문을 독해하는 과정에서 문장 전체를 살피지 못하고 漢字 하나하나의 뜻을 파악하는데 얽매이는 경우가 있다.

〈그림 9〉와 〈그림 10〉은 '不如'가 사용된 동일한 비교형 문장이다. 대부분의 학생이 해석을 하기는 했으나 문장의 의미를 제대로 살리지는 못했다. 〈그림 9〉는 '不如'의 쓰임을 알지 못해서 '백번을 싸워 백번을 이기는 것은 하나가 같이 참지 않는다'라고 풀이를 했고,

〈그림 9〉 문장의 수사법에 대한 개별 학습지

원 문	百	戰	百	勝	은	不	如	一	忍	이라
음 뜻	일백 백	싸울 전	일백 백	이길 승		아니 불	같을 여	한 일	참을 인	
풀이순서	1	2	3	4		8	7	5	6	
해 석 1	백번을 싸워		백번을	이기는것은		하나가 같이 참지 않는다.				
해 석 2	백번을 싸워		백번을	이기는것은		한번 참는 것과 같지 않다				

---

37) 교육과정 해설에서는 '단어의 짜임을 문법적 기능에 따라 이해하게 되면, 단어를 보다 쉽게 이해하여 어휘 학습의 효과를 높일 수 있을 뿐만 아니라 나아가 이를 문장의 짜임을 이해하는 데에 활용할 수도 있을 것'이라고 하여 단어의 짜임에서 문장의 짜임으로 나아가는 학습 방법을 제시하고 있다. 교육과학기술부(2007), 181면.

38) 교육과학기술부(2008), 『고등학교 교육과정해설서⑬한문』, 63면.

〈그림 10〉은 逐字풀이를 하여 '백번 싸워 백번 이기는 것은 한 번 참는 것과 같지 않음이라'라고 독해했으나 문장에서 나타내고자하는 비교의 의미를 전달하기에는 부족하다.

〈그림 10〉 문장의 수사법에 대한 개별 학습지

원문	百	戰	百	勝	은	不	如	一	忍	이라.
음 뜻	일백 백	싸울 전	일백 백	이길 승		아니 불	같을 여	한 일	참을 인	
풀이순서	1	2	3	4		8	7	5	6	
해석1	백번 싸워 백번 이기는 것은 한번 참는 것과 같지 않음 이라.									
해석2	백번 싸워 백번 이기는 것은 한번 참는것만 못하다.									

물론 한자의 음·뜻을 파악하는 단계에서 전체적인 의미를 파악하는 과정으로 나아가는 것이 그릇된 것은 아니지만 문장 표현에 자주 활용되는 단어와 수사적인 형태를 파악하지 못하고 오역하는 경우가 있다. 이러한 상황은 교사의 다음과 같은 대답에서도 확인 할 수 있다.

[A72] R : 학생들이 문장 독해를 잘 하지 못하는 이유는 또 어떤 것이 있을까요?
[A73] A : 학생들이 문장 구조를 좀 어려워하는 것 같아요. 그리고 한문 문장은 대부분 앞·뒤 구절이 대우가 되는 게 많잖아요. 학생들이 그런 것만 제대로 파악하더라도 해석하는 데 도움이 될 것 같아요.
[심층 면담 전사-참여 교사 A-20090821]

중·고등학교 교육과정에 제시된 수사법에는 比喩, 對偶, 誇張, 倒置, 連鎖, 漸層, 重疊, 比較 등이 있다. 특히 중·고등학교 한문 교재에 실려 있는 단문들 중에는 대우를 사용한 문장들이 많다. 학습자가 이러한 수사법을 인지하고 문장 독해에 임한다면 좀 더 쉽게 한문 독해에 접근할 수 있을 것이다.

이상과 같이, 한문에 대한 기초적인 지식이나 언어적인 지식의 부족으로 인해 발생하는 오역의 양상과 원인을 살펴보았다. 그러나 연구를 진행하면서 위와는 다른 범주에서 오역의 원인을 찾을 수 있었다. 그 중 몇 가지 원인을 제시하면 다음과 같다.

첫째, 한문 텍스트의 문제이다. 한자−한자어−한문으로 이루어진 제7차 한문과 교육과정의 체재에 따라 대부분의 교과서도 한자−한자어−한문이라는 단원 구성 방식을 따르고 있다. 또한 본문의 문장들은 전·후 맥락 없이 단문만 제시된 경우가 대부분이다. 이러한 텍스트의 체재는 학습자가 문장을 학습할 수 있는 기회를 지연시키며, 학습자의 흥미를 떨어뜨려 문장 독해를 저해하는 요인으로 작용할 수 있다.

둘째, 수업시수의 문제이다. 제7차 교육과정에서 한문 교과는 중학교 재량활동 선택과목으로 컴퓨터, 생활외국어, 환경, 기타 과목과 함께 편성되어 있다. 국가 수준 교육과정의 편제에 따른 중학교 한문과의 교과 위상은, 중학교에서 位階的인 한문 교육을 실천할 수 없는 외적 요인으로 작용하고 있다.[39] 이는 결과적으로 한문 독해 능력의 저하, 또는 오역의 원인으로 이어질 수 있다.

셋째, 교과인식에 대한 문제이다. 입시위주의 교육현실에서 입시에 큰 비중을 차지하고 있지 않은 한문 교과의 경우, 학생들의 자발적인 수업 참여를 기대하기 힘들다. 또한, 그동안 한문 교과가 한자나 한자어 위주의 교육에 비중을 두고 있어서 학생이나, 학부모, 사회에서 한문 교과에 기대하는 요구도 그것에 맞춰있는 것이 현실이다.

넷째, 수업 방법이다. 한문 문장을 풀이할 수 있는 능력을 기르고

---

39) 김왕규·김경익(2009), 2면.

신장시키기 위해서는 학습자 주도적인 교수-학습 방법이 요구된다. 특히 한문과 수업에서 지식을 전달하기 위한 교사위주의 수업 방법으로는 학습자가 문장을 읽고 풀이 할 수 있는 능력을 기르게 하는데 분명 한계가 있다.

위와 같은 몇 가지 원인들은 한문 오역에 직접적인 원인으로 작용하지는 않지만 학생들의 독해 능력 향상을 위해서 반드시 개선되고 보완되어야하는 중요한 요인이라고 할 수 있다. 이러한 원인들은 학습자의 학습지 분석을 통해서는 파악할 수 없으며, 개인이나 또는 짧은 시간에 해소 방안을 마련할 수도 없다. 원인과 해소 방안에 대한 구체적인 논의는 후속 연구를 기대한다.

V. 결론

이 연구는 "한문 학습자가 오역을 하는 원인이 무엇일까?"라는 의문에서 출발하였다. 그 원인을 밝히기 위해 수업 관찰과 개별 학습지 분석, 교사와 학생 면담, 한문 독해에 관한 문헌 연구 등의 방법을 통해 誤譯의 양상과 원인을 파악하고 그 원인을 줄이기 위한 방안을 모색하였다. 이러한 연구 결과로 그 동안 한문과 교수-학습 과정에서 잠재적으로 인식되어 왔던 한문 학습자의 오역 양상과 원인을 파악하고 범주화여 수업 현장에서 한문 문장을 교수-학습하는데 실질적인 자료를 제공하고자 하였다. 연구 과정과 성과를 정리하면 다음과 같다.

II. 誤譯의 범주에서는, 한문 교과에서의 오역을 '한문으로 된 글을 우리말로 옮길 때 잘못 옮기는 것'이라고 정의하고 한문 번역과 독해, 그리고 한문 번역에서의 오역과 한문 독해에서 오역의 개념을 정리해 보았다.

Ⅲ. 연구 방법은 연구를 수행하는 방법과 과정에 대한 기술이다. 한문 학습자들이 한문 문장을 독해하는 '과정'을 관찰하기 위해서 질적 연구방법으로 연구를 진행하였다. 자료 수집은 수업 관찰, 교사와 학생의 면담, 학습자의 개별 학습지를 통해 이루어졌고 문헌 연구를 통해 이론적인 배경을 보충하였다. 생성된 자료를 분석하기 위한 방법으로 개방적 코딩(open coding)을 사용하였다. 분석의 절차를 거친 후 범주화된 코딩 주제에 따라 학습자의 개별 학습지를 분석하고 동일한 오역의 양상을 보이는 학습지를 분류하여 오역의 양상 및 원인을 분석하는 근거 자료로 삼았다.

Ⅳ. 誤譯의 양상과 원인에서는 자료 분석을 통해 한문에 대한 기초지식과 언어적 지식의 부족으로 인한 오역의 원인을 6가지로 범주화 하여 기술하였다.

이 연구는 수업 관찰과 개별 학습지, 심층 면담, 문헌연구 등의 방법을 통해 한문 학습자가 독해 과정에서 誤譯하는 양상과 원인을 밝히고 수업 현장에서 한문 독해 능력을 신장시키기 위한 효율적인 교수-학습 방안을 모색하려는 의도로 계획되었다. 연구 결과, 그 동안 한문과 교수-학습 과정에서 잠재적으로 인식되어 왔던 한문 학습자의 오역 양상을 범주화하고, 오역의 원인을 파악 할 수 있었다.

이와 같은 연구는 한문(학) 교수 학습 과정에서 학습자의 산출물과 반응 자료에 주목했다는 점, 연구의 결과가 현장 한문 교실 수업의 개선에 활용된다는 점, 그리고 한문 교사들에게 친근하게 읽혀지고 수용된다는 점에서 의의를 찾을 수 있을 것이다.[40] 그러나 한문 산문

---

40) 김왕규(2008), 333면.

과 한시의 독해 과정을 살피지 못하였다. 또한 오역을 줄일 수 있는 방안을 한문에 대한 기초적인 지식, 언어적인 지식이라는 제한된 요인으로 접근하였다. 부족한 점에 대한 후속 연구가 이어져서 한문을 학습하는 학습자들의 한문 독해 능력이 향상되기를 기대한다.

참고문헌

1. 교과서 및 자료

교육인적자원부 고시 제2006-75호 및 제2007-79호에 따른 중학교 교육과정 해설
 (Ⅴ), 교육과학기술부, 2007.

교육인적자원부 고시 제2007-79호에 따른 고등학교 교육과정해설서⑬, 교육과학기
 술부, 2008.

2. 논저

1) 단행본

국립국어연구원(2000), 『표준국어대사전』, 두산동아.

서울대학교국어교육연구소(1998), 『국어교육학사전』, 대교출판.

김영천(2006), 『질적연구방법론』Ⅰ, 문음사.

송병렬(2006), 『새로운 한문교육의 지평』, 문자향.

2) 학위 논문

김연수(2006), 「한시 교육에서의 구성주의 교수·학습 방법 연구」, 고려대학교 대학
 원 박사학위 논문.

김재영(2008), 「한문과 교수-학습 모형 연구」, 한국교원대학교 대학원 박사학위
 논문.

나광록(2000), 「高等學校에서의 漢文虛辭 및 文型教育 方案에 대한 研究」, 조선대
 학교 교육대학원 석사학위 논문.

박상우(2008), 「제2언어로서 한문 읽기 교육」, 한국교원대학교 대학원 석사학위 논문.

백광호(2007b), 「한문과 수업의 독해 양상에 관한 관찰 연구」, 고려대학교 대학원
 박사학위 논문.

이명희(2009), 「한문과 '끊어 읽기' 수업 사례 연구」, 한국교원대학교 교육대학원
 석사학위 논문.

3) 일반 논문

김경수(2003), 「漢文 解釋을 위한 語順의 構造 分析」, 『한문교육연구』 제20호, 한국
    한문교육학회.

김경익(2009), 「단문영역 평가요소와 평가도구」, 2009년 전국한문교사모임 여름자
    주연수 자료집.

김왕규(2008), 「한문교육학 연구자로서의 교사와 교수, 그 변화와 省察의 한 局面」,
    『한자한문교육』 제21집, 한국한자한문교육학회.

김왕규·김경익(2009), 「중학교 재량활동 선택 과목 '한문' 이수 정도에 따른 고등학
    교 학생들의 한문 학력차 해소 방안」, 2007년도 한국학술진흥재단 기초연구지
    원 인문사회분야 결과보고서.

남궁원(2008), 「고등학교 한문과 읽기 교육의 문제」, 『한자한문교육』 제21집, 한국
    한자한문교육학회.

박기수(2003), 「제7차 교육과정에 의한 고등학교 한문 교과서에 나타난 개사 연구」,
    『한자한문교육』 제10집, 한국한자한문교육학회.

박유리(1994), 「오늘날 한국의 한문 번역의 문제점과 개선 방안에 대하여」, 『부산한
    문학 연구』 제8집.

백광호(2007a), 「사고 구술을 통한 한문과 독해 양상 연구」, 『한자한문교육』 제18
    집, 한국한자한문교육학회.

백원철(1997), 「漢文科 學習의 傳統的 朗讀法에 對하여-漢文科 學習의 效果的 一方
    案의 摸索」, 『한문교육연구』 제11호, 한국한문교육학회.

변영안(1994), 「漢文 讀解力 伸張을 위한 段階的 文型 指導 方案」, 『한자한문교육』
    창간호, 한국한자한문교육학회.

송병렬(1999), 「현토 교육의 유용성과 토의 문법적 성격」, 『한문교육연구』 제13호,
    한국한문교육학회.

신두환(2008), 「朗讀과 漢文敎育」, 『한자한문교육』 제21집, 한국한자한문교육학회.

심재경(2008), 「中學校 漢文科에서의 읽기 敎育」, 『한자한문교육』 제21집, 한국한
    자한문교육학회.

이병혁(2000), 「전통 한문 교육-한문 현토를 중심으로-」, 『한자한문교육』 제6집,
    한국한자한문교육학회.

이상하(2006), 「한문학습 및 번역에 있어서 현토의 문제」, 『민족문화』 제29집, 한국
    고전번역원.

이은규(2008), 「한문 번역 자료와 의역의 정도」, 『언어과학연구』 제47집, 언어과학회.

임명호(2003), 「한문 끊어 읽기 교육에 관한 연구-허사를 중심으로-」, 『한자한문교

육』제11집, 한국한자한문교육학회.

장기성(1998), 「한문의 독해력 신장을 위한 허사와 문형학습지도에 관한 연구」, 『한문교육연구』제2호, 한국한문교육학회.

진재교(2008), 「한문고전 번역의 특수성의 안과 밖」, 『민족문화』제32집, 한국고전번역원.

최승호(1990), 「구조유형의 탐색활동을 통한 한자·한자어·한문에로의 단계별 지도 방안」, 『한문교육연구』제4집, 한국한문교육학회.

이 글은 『漢文學論集』제30집(근역한문학회, 2010)에 수록한 논문을 재수록한 것이다.

漢文科 授業에 드러난 學習 樣相에 관한 연구

白光鎬

Ⅰ. 들어가며

> 아이들과 교사와 함께 숨결을 나누는 일로부터 나의 관찰은 시작된다.
> 무엇인가를 보려고 하기 전에 그 교실과 함께 호흡하는 것이다.
> 교실 앞쪽의 창 측에 붙어서면 내 몸의 의식은 이미 교실 속에 있다.
> (중략) 수업은 살아있는 것이다.
> 내가 교실 속에서 한명 한명의 아이와 교사와 共振하지 않는 한
> 살아있는 관찰은 불가능하다.
> −『수업이 바뀌면 학교가 바뀐다』 중에서−

授業은 교사가 가진 교과 지식을 학생과 함께 나누는 장이다. 또한 교사 자신에게 축적된 삶의 지혜를 나눠 주는 장이기도 하고, 성숙한 사회인이 되기 위해 필요한 소양을 길러 주는 장이기도 하다. 중학교나 고등학교에 근무하는 교사는 주로 교과 수업 시간을 통해 학생들과 소통한다. 그래서 필자의 교과 교육에 대한 관심 또한 교사와 학생이 소통하는 장인 교실에서의 수업에 대한 관심으로 좁혀져 왔다.

필자의 수업에 대한 관심은 다른 사람의 수업을 관찰하는 연구로
이어진다. 他人의 수업을 관찰하다 보니, 그 수업에서 배울 점이 보
이기 시작한다. 연구를 위해서 타인의 수업을 보기 시작했지만, 그
수업을 통해 필자의 수업 개선까지 생각하게 된다. 그래서 타인의 수
업을 보는 것처럼 本人의 수업을 들여다 볼 생각을 갖게 되고, 실천
에 옮긴다. 본인의 수업을 직접 보니 타인의 수업을 볼 때 느낀 부족
한 점보다 훨씬 많은 부족한 점을 발견하게 되고, 본인의 부족한 점
을 채우기 위해 수업 방식을 변화시키려 노력한다. 이러한 노력은 수
업을 통해 자기 자신을 啓發하는 과정이기도 하다.

이렇게 하다 보니, 수업 중 교사로서의 모습을 볼 수 있을 뿐만 아
니라 필자가 담당한 학생들에게도 관심이 가기 시작한다. 학생들은
교사가 원하는 대로 따라오지 않는다. 그래서 葛藤이 생긴다. 갈등이
오래 지속될수록 수업은 힘들어진다. 가능한 학생들이 많이 참여할
수 있는 수업으로 방향을 잡아 준비한다. 이 과정을 거치면서 학생들
이 교사의 가르침을 어떻게 그들의 것으로 만들어 가는지 궁금해진
다. 그래서 그에 대한 궁금증을 해결할 수 있는 방법을 찾기 시작한
다. 이러한 노력은 수업을 하고 있는 현재에서 출발하지만, 앞으로
수업해야 할 미래를 준비하기 위한 것이기도 하다. 교사라면 교직에
몸을 담고 있는 동안 수업을 해야 할 것이고, 거기에서 어떤 즐거움
이나 보람을 찾지 못한다면, 앞으로의 남은 삶이 행복하지 않을 것이
自明하기 때문이다. 누구에게나 마찬가지이지만, 행복은 나중에, 다
른 장소에서 찾을 수 있는 것이 아니다. 교사 또한 마찬가지이다. 자
신이 현재 서 있는 교실 현장에서 즐거움이나 보람을 찾아야 하는 것
이다. 이를 위해 필자는 수업을 받는 학생들이 수업에서 어떻게 배움
을 경험하는지 찾게 되었다.

학생들에 대한 관심 전환은 교육의 주된 패러다임 변화와 無關하지 않다. 교육의 주된 패러다임이 구성주의적 패러다임으로 전환되면서, 교육 연구의 무게 중심이 敎授 중심에서 學習 중심으로 이동하였다.[1] 교수 중심의 수업에서 교사는 자기 분야의 전문 지식을 학생들에게 잘 주입하여 전달하는 '送油管'의 역할을 수행하고 학생은 주어진 지식을 수동적으로 받아들이는 '消費者'의 역할을 수행했다면, 학습 중심의 수업에서 교사는 학생의 지식 구성 과정을 안내하고 촉진하는 학습의 '助力者'의 역할을 수행하고, 학생은 자신의 학습을 능동적으로 구성하는 '生産者'의 역할을 수행한다. 따라서 이제는 교사가 잘 가르치려면 어떤 방법과 기술을 동원해야 하는가에 관련된 論議보다는 학생들 자신이 어떻게 배움을 경험하고 그들의 지식이 어떻게 구성되는지에 관한 논의가 필요한 때이다.

Ⅱ. 研究 方法

이 연구는 고등학교에 재학 중인 학습자가 한문 시간에 경험하는 '배움'을 탐구하는 것을 목적으로 한 질적 연구이다. 질적 연구에서의 글쓰기가 양적 연구에서 사용되는 실증주의적인 글쓰기 양식을 따라야 하는가에 대한 다양한 비판이 나오고 있으며, 그에 대한 대안으로 사실적 글쓰기(realistic tale), 고백적 글쓰기(confessional tale), 인상적 글쓰기(impressionalist tale) 등 몇 가지 새로운 글쓰기 방식이 나오고 있다.[2] "양적 연구를 통계와 숫자의 놀이라고 비유하고 질적 연

---

1) 박민정(2007), 265면.
2) 김영천(2006), 624~655면.

구를 언어와 표현의 유희라고 비유"하듯이[3] 이 논문의 글쓰기 방식
또한 질적 연구에서의 글쓰기 특징을 갖출 수 있도록 하기 위해 연구
참여자의 사용 언어를 그대로 노출시키기도 하고, 필자의 이해를 기
반으로 한 비유적 표현을 부분적으로 사용하기도 한다.

이 연구는 오랜 기간의 觀察이나 학생들과의 面談 등이 필요하다.
이를 위해선 연구 대상에게 접근이 용이해야 하기에 필자가 재직 중
인 학교에서 담당하는 학생들을 연구 대상으로 한다. 연구 대상인 학
생들이 다니는 학교는 학년별로 300여 명의 학생이 재학 중인 경기도
의 한 專門系 高等學校이다. 주로 인근에 거주하는 학생들 가운데 전
문계고 전형으로 대학에 진학하려는 학생들이나 대학에 진학하지 않
고 곧바로 취업하려는 학생들이 입학한다. 최근 학교 주변에 신도시
가 생겨 이전에 비해 성적이 한층 더 우수한 학생들의 입학이 점차
늘고 있다. 이 연구에 참여한 학생들은 1학년 특성화과의 한 학급에
재학 중인 학생들로, 일반 학과에 다니는 학생들에 비해 수업에 대한
참여도가 비교적 높은 편이다. 해당 학급의 학생 인원은 28명이다.
이 가운데 한 학생을 집중 관찰 대상으로 선정하고자 한다.

학기 초, 필자는 수업 중에 적극적으로 발언하는 학생들이나 수업
에 집중하는 학생들을 눈여겨보며, 관찰할 학생을 찾았다. 事前에 여
러 명의 학생을 주요 관찰 대상 후보로 念頭에 두고, 수업이 진행되
는 동안 그 학생들의 발언과 활동을 관찰했다. 이렇게 해서 연구에
참가할 만한 학생들을 이 연구의 참여자로 선정했다.

이 연구의 자료 수집은 학습일지, 수업 관찰, 면담을 통해 이루어
진다. 수업 분석은 학습자들이 어떤 학습 경험을 하는지 심층적으로

---

3) 김영천(2006), 624면.

이해하기 위해 'commentary' 방법을 활용한다. 이와 같은 방법을 활용하는 주된 목적은 학생의 학습 양상과 그들의 학습 경험을 알기 위함이다. 여기서 학습 경험이라 함은 수업 시간에 학생이 겪게 되는 행동이나 생각의 의미 있는 변화이다. '의미 있는 변화'는 교사가 안내하는 교과 내용을 함께 나누고, 이를 통해 뭔가를 얻거나 자신이 기존에 가지고 있던 생각이 바뀌게 되는 것이다.

집중 관찰 학생으로 정해진 학생은 한문 수업을 받은 후 자신이 뭘 배웠는가를 學習 日誌에 적는다. 수업 시간에 배운 것을 요약해서 기재하고, 자신의 소감을 1~2줄 정도 추가한다(〈그림 4〉 참조). 그런데 이와 같은 방식으로 기재한 학습일지의 내용이 매우 단조롭고 간략하여, 이 내용만으로는 수업 중에 무엇을 배우게 되는지를 파악하기 힘들었다. 그래서 수업 중 진행된 내용과 학생의 머릿속에서 일어난 생각을 5분 간격으로 기재하게 했다(〈그림 1〉 참조). 이 방식은 자세히 기재하는 데 따른 장점은 있지만, 결과적으로 학생이 수업에 몰입하는 것을 방해하는 단점이 있었다. 결국 5분 간격으로 기재하는 형식은 유지하되 기재하는 시점을 수업이 끝난 식후 쉬는 시간으로 조정하여, 수업 받은 것을 최대한 회상하며 기재하도록 했다.

授業 觀察은 학습일지만으로 학생의 배움을 분석하기가 쉽지 않아서 추가적으로 실시한 방법이다. 필자의 수업을 듣는 학생들을 연구 대상으로 하기 때문에, 수업하는 현장에서 직접 학생들을 관찰하는 것이 사실상 어렵다. 그래서 비디오로 촬영한 후 동영상을 통해 수업을 관찰했다.

캠코더는 교실 뒤쪽이 아니라 교실 앞쪽 출입문 옆에 설치한다. 교사를 보기 위해 수업을 촬영하는 것이 아니라, 학생의 학습 양상을 보기 위해 수업을 촬영하는 것이기 때문에 앞쪽에 설치한다. 캠코더

〈그림 1〉 학습일지 1

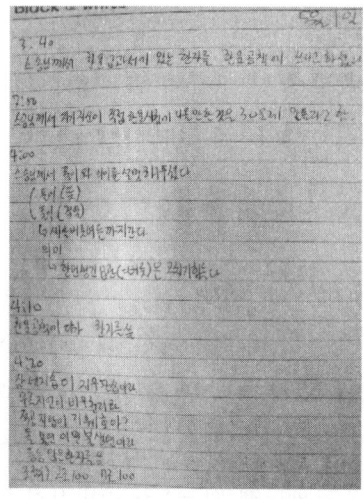

의 주요 촬영 대상은 집중 관찰 학생 및 집중 관찰 학생과 같은 모둠에 속한 학생들이다. 학생들은 以前에도 가끔 수업 촬영을 했기 때문에, 낯설어 하거나 부자연스럽게 생각하지 않고 평소대로 자연스럽게 수업에 임했다.

面談은 주로 교사의 수업 방식과 학생들의 배우는 행위에 대한 질문으로 구성된다.4) 논의를 보다 풍부하게 하기 위해, 집중 관찰 학생뿐만 아니라 집중 관찰 학생의 모둠 학생들도 면담에 참여하게 했다. 집중 관찰 학생은 수업 시간 중 학습에 집중하는 성훈이와 수업에 적극적으로 참여하지만 성적은 그렇게 높지 않은 창빈이다.5) 참여자들의 동의를 얻어 면담 내용을 녹음한다. 주로 반구조화된 형태의 면담을 진행하되, 면담의 방향과 내용을 전적으로 통제하기보다 참여자들의 반응에 따라 새로운 질문을 던지기도 한다. 한 시간 정도 진행된 면담 중에 자유롭게 이야기 나눌 수 있는 분위기를 조성해서 참석자들이 형식에 구애됨 없이 편하게 이야기할 수 있도록 했다.

---

4)   〈표 1〉 면담지

① 자신의 수업 태도를 자평해 본다면?
② 1학기 동안 한문 시간에 뭘 배웠나요?
③ 수업 시간에 배운 한문 내용이 평소에 도움되는지?
④ 강의식 수업과 네 명이 한 팀을 이뤄서 하는 협동학습 중 선호하는 유형은? 그 이유는?
⑤ 한문 학습 면에서 협동학습의 효과는? (있다, 없다), 그 이유는?
⑥ 강의식 수업과 협동학습에서 본인의 참여도는? (적극적이다/아니다) 그 원인은?
⑦ 강의식 수업과 협동학습을 비교할 때, 한문 학습에 대한 동기 유발 면은?

5) 이 글에 나오는 인칭 등의 고유명사는 모두 假名이다.

수업 중 언어 표현이 어떻게 전개되는가를 파악하기 위해 수업 중 발언을 분석하는 방법이 사용되기도 하는데, 특히 발언의 유형과 횟수에 주목하는 경우가 있다. 예를 들면, 많은 인원이 참여했나를 파악하기 위해 '전원 발언하기' 횟수를 세기도 하고, 상호 작용의 정도를 측정하기 위해 '발표 학생의 발언 횟수'나 '무응답 횟수' 등을 세기도 한다.6) 이러한 양적 접근은 수업의 맥락을 가볍게 넘길 수 있는 위험 요소를 배제할 수 없다. 한편, 발언의 질을 분석할 수도 있다. 예를 들면, 교사와 학생, 학생과 학생의 소통은 어떻게 이루어지고 그것이 개별 학생의 배움을 어떤 방식으로 도약시키는지에 관해서 살펴보거나, 교사의 설명이나 질문이 교과 내용과 구조에 어떻게 연결되는지, 학생의 기존 지식과 수업에서 얻어진 배움이 그들의 사고 형성에 어떻게 관련되는지 등을 살펴보는 것이다.

이 연구에서는 수업 동영상을 함께 보며 回想을 통해 학생들의 구체적인 학습 경험을 들여다보고 그 순간에 가졌던 각자의 내면의 생각을 파악하기 위해 '수업 코멘터리' 방법을 도입한다. 이 방법은 연구 참여자들이 한문 수업에서 겪은 학습 경험에 대한 총체적인 이해를 위해 도입한 방법이다.

'comment', 'commentary'는 '(시사 문제 등의) 논평이나 어떤 문제, 서적, 인물, 상태에 대해 설명하거나 해설하거나 비평하는 것'을 의미한다. 특히 'comment'에 '~에 관한 사람, 사물, 장소'를 뜻하는 '-ary'가 붙은 'commentary'는 라디오나 TV 용어로 사용될 때는 '(시사 문제, 스포츠 등의) 해설이나 실황 방송'을 의미하기도 한다. 최근에는 영화 DVD 타이틀의 보급에 따라 Audio Commentary7)를 수록하는 것이

---

6) 자세한 내용은 백광호(2008), 217~244면 참조.
7) DVD는 한 개의 영상물에 2개 이상의 오디오 트랙을 수록하는 것이 가능하다.

유행하면서 일반 대중들에게 익숙해진 용어이기도 하다.

오디오 코멘터리는 감독이 영화를 '해설'하는 것에 국한되지는 않는다. 출연 배우들이 감독과 함께 영화 촬영 당시의 에피소드나 특정한 화면에 대한 본인들의 연기 의도 등에 대해 이야기하는 형식일 수도 있다. 코멘터리는 대개 수다를 떠는 분위기에서 진행되기 때문에, 참가자들은 평소보다 대중을 의식하지 않고 평상시처럼 이야기하게 된다. 수업에 대한 학습 경험을 함께 나누는 것도 교사와 학생이 수업 중에 대화하는 방식, 즉 질문하고, 대답하고 평가하는 방식이 아니라, 일상적으로 대화하는 방식, 즉 질문하고 대답하고 수용하는 방식으로 자연스러운 분위기를 연출할 수 있는 장점이 있다.

'음성 해설'은 다양한 분야에서 활용되는데,8) 이 글에서처럼 '수업 분석'에도 활용될 수 있지 않을까 생각된다. 교사와 학생이 함께 앉아 그들이 주인공인 수업을 보면서, 수업 시간에 어떤 배움을 경험하는

그래서 이 기능을 통해 작품을 구입해 준 소비자에게 제공하기 시작한 것이 '오디오 코멘터리'이다. 가장 일반적인 형식은 감독을 비롯한 스텝이나 배우가 작품에 대해 본인의 肉聲으로 해설하는 방식이다. 해당 영상을 함께 보면서 이야기하기 때문에 감독의 의도나 배우들의 연기를 이해하지 못했거나 오해한 부분에 대해 그들의 의도대로 영화를 감상할 수 있다. 이는 마치 시청자가 감독과 배우들과 함께 인터뷰를 하는 효과를 얻는다고 할 수 있다. 수업을 보는 것도 영화를 보는 것과 마찬가지란 생각이 들어서, 이 연구에 '영화 코멘터리'를 응용한 '수업 코멘터리'를 도입해 보았다.

8) 음성 해설의 내용은 결국 누가 출연하느냐, 무슨 말을 하느냐에 따라 달라지기 때문에, 그 활용 양상은 다양하다. 예를 들자면 실화를 다룬 영화에서 그 모델이 된 실존 인물을 직접 데려다 놓고 음성 해설을 녹음할 수도 있다. 이 경우, 영화 시청자는 그들의 생생한 증언을 느껴볼 수 있고, 영화와의 차이점에 대해서도 알 수 있다. 시대극처럼 고증이 중요한 분야에서는 고증 전문가를 불러다가 영화의 고증에 대한 해설을 들을 수도 있다. 감독의 해설 트랙에 평론가나 영화 기자가 인터뷰어 역할로서 참여할 수도 있다. 이 경우 인터뷰어로서 적절한 질문이 던져진다면 종종 감독의 단독 해설보다도 알찬 코멘터리가 나올 수도 있다.

지를 나누는 것이 '수업 commentary'이다.

　'수업 코멘터리'가 수업 분석의 한 가지 방법으로 이론적으로 정립된 것은 아니지만, 학생들의 경험이나 학습 양상을 분석하기에 적절한 방법이라 생각되어 이 연구에 도입하고자 한다. 다만 학생들이 '수업 코멘터리'에 자연스럽게 참여하기 위해서는 수업 당사자인 교사가 직접 참여하기보다, 제3자인 연구자가 수업을 받은 학생들과 함께 '수업 코멘터리'를 진행하는 것이 보다 충실한 자료를 얻을 수 있으리라 생각된다.

　면담 내용과 수업 코멘터리 내용을 모두 전사하여 분석 자료로 활용한다. 자료 분석은 다음 과정을 거친다. ⅰ) 전사된 자료를 반복해서 읽으며 연구 참여자들의 경험을 이해하려 노력하고, ⅱ) 의미에 따라 구분한 단락에서 대표적인 핵심 어구를 활용하여 코딩 작업과 범주화를 한 후, ⅲ) 범주화된 핵심 주제들을 중심으로 관련되는 내용을 선정하여 연구 텍스트를 작성한다. 이러한 과정은 線條的(linear)이거나 一回的인 작업이 아니라 수차례 반복하고 보완하는 순환적인 작업이다. 연구 결과물이 나오면, 연구 참여자들이 열람하고 잘못 기술된 부분이 있나 검토한다. 이러한 과정을 거침으로써 그들의 학습 경험을 보다 풍부하게 이해할 수 있고 심층적으로 밝힐 수 있다.

Ⅲ. 研究 結果 및 論議

　'수업 코멘터리' 대상이 된 수업은 2008년 6월 즈음의 수업이다. 이 수업의 단원명은 〈세상을 울린 효심〉이다. 총 2차시 수업으로 진행되는데, 1차시 수업을 코멘터리 대상으로 한다. 학습 목표는 '단문 풀이를 통해 익힌 한문 해석 지식을 바탕으로 하여 하나의 완전한 漢文 題材를 해석하고, 이를 통해 民譚의 특성을 이해하고 효녀 지은 이야기가 전해주는 교훈을 안다'이다.[9]

필자는 가르치는 단원의 특성에 따라 協同學習 방법으로 수업을 진행하기도 하고, 講義式 敎授法으로 수업을 진행하기도 한다. 이 단원은 글감의 분량이 많은 반면, 강의식으로 전달할 만큼 어려운 내용이 아니라서 협동학습을 통한 수업으로 계획한다. 본문에 나온 한자의 음과 뜻을 익히고, 본문 풀이까지 익히는 것을 주요 학습 목표로 삼는다.

필자는 平常時의 한문 수업에서 학생들이 크게 두 가지를 얻을 수 있기를 기대한다. 이 두 가지 얻음은 '학습자의 의미 있는 변화'라 통칭할 수 있다. 이 표현은 앞에서 언급했던 '배움을 통한 도약'이라고도 말할 수 있다. 두 가지 가운데 첫째는 재미있는 수업을 통해 한문에 대한 관심을 지속하거나 확대할 수 있는 의식의 변화가 있기를 기대한다. 둘째는 본문에 나온 한자를 익힘으로써 일상생활에서 사용되는 한자 어휘를 발견하고 이를 통해 자신의 어휘력을 신장시킬 수 있기를 기대한다.

1. 수업 들여다보기

打鐘과 동시에 교실에 들어온 교사는 책상에 아직 엎드려 자는 학생들에게 일어나라고 말한다. 잠에서 깨어나는 학생들을 주시하며, 나머지 학생들에게 진도를 확인하는 질문을 한다. 교실 앞문과 교탁 사이에는 수업을 녹화하기 위한 캠코더가 설치되어 있다. 캠코더는 집중 관찰할 모둠에 맞춰져 있고, 학생들은 네 명씩 모둠을 구성하여

---

9) 신표섭 외(2006), 80면.

앉아 있다. 학생들의 인사를 받은 교사는 각 모둠에서 학습지 배분을 담당하는 학생을 교탁 앞으로 나오도록 안내하면서 수업을 시작한다.

수업은 협동학습의 일반적인 절차에 따라 진행된다. 모둠별로 개별 학습지를 배부하고 정해진 시간 안에 각자 학습지를 해결한다. 배부 되는 개별 학습지는 본문 내용을 크게 네 등분하여 모둠원 각자 작성 하도록 되어 있다. 본문에 나온 한자의 음은 제시되어 있다. 학생들 은 부록의 '한자 음훈표'를 보면서 한자의 올바른 뜻을 적은 후, 각자 본문 풀이를 한다. 학습지에는 '나의 풀이'가 있고 '모둠 풀이'가 있 다. 이때는 모둠원들끼리 상호 협력하기보다 각자 작성하는 것을 원 칙으로 하고, 의문사항은 교사에게 질문한다.(〈표 2〉 참조).

〈표 2〉 개별 학습지의 일부분

효녀지은 漢文 短文 자료(1) ( )반 ( )번 이름( )													
일	구	불	승	곤	고		취	부	가	청	매	신	위	비	
日	久	不	勝	困	苦	하고	就	富	家	請	賣	身	爲	婢	하여
득	미	십	여	서		궁	일	행	역	이	기	가			
得	米	十	餘	石	하고	窮	日	行	役	於	其	家	라		

나의 풀이	
모둠 풀이	

개별 학습지 작성을 완료한 모둠은 교사에게 '마침' 신호를 보내고, 교사는 해당 모둠에 가서 완료되었음을 확인한다. 가장 먼저 학습지 작성을 마친 모둠의 학생들이 칠판 앞으로 나와 자신이 작성한 것을 칠판에 옮겨 적는다. 그동안 다른 모둠은 동료들과 협력하여 개별 학 습지를 검토한 후, 앞에 나온 모둠의 발표를 기다린다. 이 때 교사는

발표하는 모둠 외의 모둠에 가서 학습지를 천천히 검토하여 완료 여부를 확인한다. 혹 다른 학생에 비해 활동이 느린 학생들은 개별적으로 도움을 준다.

교사가 모둠 옆을 지나갈 때, 학생들은 "이 글자는 부록에 나와 있지 않은데요?", "向하고 食은 뜻이 어떻게 연결되나요?", "耶는 어떻게 풀이해요?"라고 묻는다. 때로는 '중학교용 기초 900자'에 나와 있는 한자를 보면서 찾다 보니, 수록되지 않은 漢字라면서 투덜대는 학생도 있다.

발표를 맡은 모둠의 학생들이 칠판에 옮겨 적기를 마친 후, 각 모둠의 학생들은 자신이 학습지에 쓴 내용과 비교하여 다르게 기재된 것을 발견하면 손을 들어 발표한다(〈그림 2〉 참조). 칠판의 풀이가 맞는지, 각 모둠의 학생들이 발표한 풀이가 맞는지, 두 풀이가 모두 맞는지는 교사가 판단해 최종적으로 확정한다(〈그림 3〉 참조). 교사는 각 구절의 발표가 끝날 때마다 본문의 음과 정확한 풀이를 한 번씩 따라 읽게 한다. 학생들은 교사가 풀이해주는 것을 〈모둠 풀이〉와 비교하면서 相異한 부분이 있으면 고쳐 적는다. 마지막으로 교사는 모든 학생들에게 칠판을 보게 한 후, "이제 종칠 때까지 계속 읽을 거니까, 눈으로는 본문을 짚어 나가는 선생님 막대기를 보고, 입으로는 크게 따라한다. 알았지?" 하고는 2~3번 내리 읽는다. 학생들은 큰 소리로 따라 한다. 그렇게 수업이 마무리된다.

〈그림 2〉화면 캡쳐한 발표 장면 〈그림 3〉화면 캡쳐한 칠판 내용

2. '수업 코멘터리'를 통해 드러난 한문 학습 양상

이제 학생들의 학습 양상에 대해 살펴보고자 한다. 구체적인 학습 양상에 대한 이해를 돕기 위해 '수업 코멘터리'에 참여했던 학생들의 특성을 간략히 기술하겠다.

창빈은 2반 학생들과의 첫 한문 시간에 운명적으로 만난 학생이다. 이 연구는 2008년 1월에 構想을 시작했다. 처음 연구 계획을 세울 때는 한 학생을 선정하여 그 학생의 1년여 동안의 한문 학습 경험을 함께 알아보고자 했다. 하지만 재직 중인 학교의 실정을 고려해 볼 때, 연구가 과연 가능할지 알 수 없는 불안감을 지울 수 없었다. 그래서 여차하면 다른 학교의 한문 교사에게 도움을 요청하려 했다. 3월, 2반의 첫 한문 시간에 한 학생을 만났다. 이 학생은 다른 학생들이 수업 시간에 보여주는 보통 정도의 관심 정도보다 훨씬 높은 관심을 수업 시간 내내 유지했다. 이 학생이 창빈이다. 창빈이는 필자가 겪어보지 못한 유형의 학생이다. 먼저 질문을 하는 학생! 그 학생을 통해 학생들이 수업 때 겪는 한문 학습 경험을 살펴볼 수 있으리라 생각했다. 한 달 동안의 탐색 기간을 끝내고, 그 학생에게 학습일지를 쓰게 했다. 〈그림 4〉는 창빈이가 처음으로 써 낸 한문 학습일지이다.

〈그림 4〉 학습일지 2

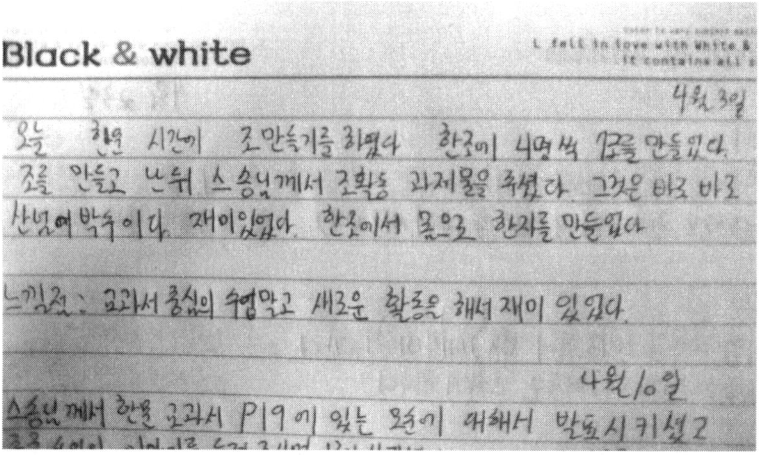

성훈은 수업 시간에 조용하다. 개학하고 얼마 있지 않아서 전체 조회 시간에 '3년 장학금'을 받는 것을 보고 1학년 전체 1등으로 입학한 학생이라는 것을 알게 되었다. 처음에 성훈이를 집중 관찰 학생으로 생각했는데, 말이 없고 수업 시간에 주어진 것만 하는 것을 보고 그 생각을 접었다. 성훈이는 예상대로 수업 시간에 주어진 과제를 성실하게 수행하며 이해도 빨랐다.

수호는 성훈이처럼 수업 시간에 조용하다. 이 조용한 학생은 수업 시간에 육체는 교실에 있는데 정신은 교실 밖으로 나가는 '遺體離脫'을 한다. 특히 교과서 본문 학습 등 예정된 진도를 나갈 때는 자주 '유체이탈'을 한다. 하지만 한자 맞추기 게임을 하거나 수업 내용과 관련된 재미있는 이야기를 해줄 때면 어느새 정신과 육체가 하나 되어 수업에 잘 참여한다. 집중력이나 이해도는 높은데, 수업 참여도는 낮다. 평소 수업을 하면서, 수호를 수업에 늘 끌어들이려면 어떻게 해야 할지를 생각한다.

교사: 수호는 지금 뭐 하는 거야?

수호: 뭔가를 찾고 있는데요.

교사: 공부를 하긴 하네요.

수호: 네.

교사: 여러분들 부록 보고 음, 뜻 적는 활동을 하면서 뭔가 배우는 것 같나요? 아니면 그냥 베끼는 것 같아요?

학생들 : 그냥 베끼는 것 같아요.

교사 : 그래? 그럼, '한자를 알았다'라는 생각이 들려면, 뭘 해야 한자를 알게 되지? 예를 들면, 각 모둠에서 한 것을 함께 맞춰 볼 때 알게 되나?

성훈 : 아니요. 시험 공부할 때요.

교사 : 그럼, 시험 공부할 때 말고 수업할 때는 알게 된 게 없네?

창빈 : 네, 그냥 베껴 쓰는 거예요.

성훈 : 아니, 줄거리요.

교사 : 아, 줄거리나 해석하는 거? 어쨌든 한자는 배운 게 없네?

성훈 : 네, 한자 하나하나는요.

교사 : 그래 한자 하나하나는 머리에 안 들어오고 그냥 베낄 뿐이 다……

창빈 : 네.

성훈 : 아! 저, 그러니까 한자 하나하나의 뜻은 아니고 문장의 뜻이요.

교사 : 그렇지, 그렇지만 '기록할 기'만 알지, 그것을 기억하지 못하 네. 그지?

필자가 참여자들과 가진 1시간여 동안의 수업 코멘터리를 통해 확실히 알게 된 것이 있다. 그것은 수업 시간에 학생들에게 일어나고 있는 일은 필자가 생각하는 것과 완전히 다르다는 사실이다. 코멘터리를 하기 전까지 필자가 가지고 있던 생각은 대부분의 학생들이 필자의 안내에 따라 학습을 경험하고 있으리라는 생각이었다. 즉, 학생들이 필자의 의도대로 학습 목표에 순조롭게 도달하고 있다고 생각했다. 그러나 코멘터리를 한 후, 필자는 학생들에 대해 착각하고 있다는 것을 알게 되었다. 이제라도 알게 된 것이 다행이라 할 수 있지만, 이 연구를 하지 않았다면 계속 나만의 착각에 빠진 채 수업했을 터이다.

1) 擧一隅, 不以三隅反, 又擧一隅

> 교사 : 여기 女子는 뭐라고 풀이해야 할까? 발표한 성재는 '여자'로 풀이했네?
>
> 학생들 : 여자 맞는데요.
>
> 교사 : 그래? 그렇다면 여기서 잠깐. 좋아, '단군왕검' 배울 때 '率徒 三千'을 배웠지? 그때 너희들이 '率'을 풀이할 때, 너희들에게 익숙한 비율의 '율'로 해석해서 애를 먹었었는데, 그때 해석을 '거느리다'로 바꾸니까 자연스러웠잖아. 기억나?
>
> 학생들 : …….
>
> 교사 : 아직 이해 안 되나 보다. 그럼, 격언 배울 때 '無道人之短'을 풀이할 때 너희들이 국어사전에서 '無道'를 찾더니 사전에 나온 대로 '도리에 어긋나다'로 풀이했잖아? 그때 해석이 어땠지?
>
> 학생들 : 이상했죠.
>
> 교사 : 그래, 이상했지. 그래서 선생님이 너희들에게 '道'는 '말하다'의 뜻도 있다고 알려줬잖아. 그래서 '무도'를 말하지 않다, 그리고 無는 勿의 뜻을 가진다고 말해주면서, '말하지 말라'로 풀이했지. 아직도 모르겠어?
>
> 학생들 : …….
>
> 교사 : 앞뒤 등장인물을 잘 따져 봐. 이제 알 만한데.
>
> 광영 : 아! 주인공이네요. 주인공, 딸.
>
> 교사 : 그래. 無道와 비슷한 경우인데, 여기서 '女子'를 여자로 풀이하면 어색하지. '딸자식', 줄여서 '딸'이라고 풀이해야지.

필자는 현재 근무하고 있는 학교에서 교직을 시작했다. 올해로 10년 넘게 가르치고 있지만, 잘 가르치고 있는지 여전히 확신이 서지 않는다. 요즘은 필자의 수업을 자주 녹화해서 들여다본다. 필자의 수업하는 모습도 보고 함께 배우고 있는 학생들도 보기 위해서이다. 녹화하는 것은 그저 녹화 버튼만 누르면 되지만, 녹화한 수업을 보면서 뭔가 의미를 찾는 작업은 쉽지 않다.

이 글에서 소개한 한문 수업은 협동학습을 통해 학생들에게 본문 해석을 익히게 하는 수업이다. 필자의 수업에 협동학습을 도입하게 된 것은 강의식으로 수업을 진행할 경우 학생들이 지루해 하고 꾸벅꾸벅 조는 경우가 많기 때문이다. 매년 여름 실시되는 전국한문교사 모임 자율연수에서 '협동학습으로 하는 한문 수업'을 접하고 조금씩 수업에 접목하고 있다. 확실하진 않지만, 이 방법을 통해 신나게 배우는 학생도 있을 것이고, 강의식 수업을 더 좋아하는 학생도 있을 것이다. 한 가지 확실한 것은 강의식 수업보다 협동학습으로 진행하는 수업을 할 때, 학생들이 보다 적극적으로 참여한다는 점이다.

한 귀퉁이를 들어주니 세 귀퉁이를 알아채는 학생들만 교실에 있다면 좋을 것이다. 그렇다면 '배움으로의 의미 있는 도약'은 어느 과목의 수업에서든 일어날 것이다. 하지만 현실은 그렇지 못하다. 그렇다고 한 귀퉁이를 들어서 세 귀퉁이를 알지 못하는 학생들을 탓하며 다시 가르쳐 주지 않는다면,[10] 그 노둔한 학생들은 어찌해야 하는가? 한 귀퉁이를 들어 세 귀퉁이를 알아채지 못한다면, 한 귀퉁이를 더 들어줘야 하지 않겠는가? 위의 코멘터리에서 보듯이 女子처럼 쉬운 어휘를 풀이하지 못한다고 해서 그냥 넘어가는 것이 아니라, 이전에

---

10) 子曰, "不憤不啓, 不悱不發. 擧一隅, 不以三隅反, 則不復也."(『論語』「述而」)

배웠던 것을 떠올리게 하여 학생들이 스스로 알 수 있도록 안내하는 것이야말로 한 귀퉁이를 더 들어주는 것이다. 효성스러운 딸의 어머니에 대한 지극한 효도를 배우고서도 그것을 형제 관계, 사제 관계, 친구 관계에 확장시킬 줄 모른다면, 다시 하나씩 더해가며 친절하게 알려줘야 하겠다.

2) 學而時習? 學而不習!

교사들은 학생들이 이해할 수 있도록 가르치고 있다고 믿거나, 이 정도면 이해했으리라고 생각하고 다음 진도를 진행하는 경우가 많다. 그런데 학생들이 수업 시간에 들은 것을 완전한 자신의 것으로 얻었음을, 또는 최소한 이해했음을 어떻게 알 수 있을까? 성훈이의 이야기를 들어보자.

> 교사 : 지금 '부록'을 보고 제시된 음에 따라 한자의 뜻을 베끼고 있
> 잖아?
> 성훈 : 네.
> 교사 : 그런데, 너희 말대로 하면 베끼고 있는 동안에는 공부가 안
> 되네?
> 성훈 : 네.
> 창빈 : 그냥.
> 교사 : 그런데, 예를 들어서, '달 감(甘)' 자를 찾을 때, '감'이라는
> 음에 해당하는 여러 개의 한자 가운데 '달다'라는 뜻을 가진
> 한자를 고르면서 한자를 익힐 수 있다고 생각했는데, 아니야?
> 성훈 : 네.
> 교사 : 예를 들어서 '쓸 고(苦)' 자를 보고, 그것을 통해 '아, 쓸 고
> 자는 이렇게 쓰는구나.'를 알게 되고, 음도 익히고 뜻도 익히

　　　는 게 안 되나?

창빈 : 안 되죠.

교사 : 그래?

창빈 : 그렇게 빨리 안 되죠.

성훈 : 한 번에 안 되죠. 그러니까 「送人」을 배울 때, '雨歇長堤草色
　　　多'면 비 우, 그칠 헐을 배우는 게 아니라, '우헐(雨歇)', 비가
　　　그치다를 배우죠. 그리고 시험 볼 때, 비 우, 그칠 헐을 외우
　　　는 것이죠.

교사 : 아아아아아. 우헐, 비가 그치다를 배우지, 비 우 그칠 헐은
　　　안 배운다? 그럼 너네는 학습지로 배울 때는 풀이 방법만을
　　　얻어가지 개별 한자의 음과 뜻은 얻어가지 않았네?

학생들 : 그렇죠.

교사 : 그런데 협동학습 말고 강의식 수업할 때 비 우 그칠 헐을 나
　　　에게 배우잖아, 그럴 땐 어때?

수호 : 글씨를 선생님께서 써주시는 게 나아요. 그때는 한 번이라도
　　　보니까 학습지 하면서 그 글자의 뜻을 베낄 때보다는 낫죠.

　필자는 학생들에게 漢字의 음과 뜻을 설명해 주진 않는다. 대부분
의 수업에서 그렇게 한다. 학생들이 부록이나 본문 아래에 나온 한자
의 음과 뜻을 보고 스스로 찾아가면서 적는 활동을 통해 한자를 배울
것이라고 짐작했다. 아니, 확신했다. 어떻게 그런 확신을 했을까? 학
생들에게 한자의 음과 뜻을 물어보는 확인 작업을 거치기 때문에, 그
런 확신을 갖게 되었다. 하지만 성훈이의 이야기를 듣고, 그것이 필
자의 착각임을 알게 되었다.

　성훈이의 입장에서 곰곰이 생각해 본다. 성훈이는 교사가 지시한 만
큼만 수행한다. 또 교사가 뭔가를 물었을 때 대답에 필요한 만큼만
수행한다. 수행했지만 학습을 한 것은 아니다. 學習은 '學'을 한 후

'떫'을 해야 하는데, 필자의 수업에선 '떫'하는 단계를 찾아 볼 수 없다. 그렇기 때문에 성훈이는 정기고사를 준비하면서 그 '떫'을 하게 된다.

성훈은 우리 학교에서 전교 1등을 하는 비교적 '모범적'인 학생이다. 물론 성적만으로 학생을 판단할 수는 없다. 하지만 이 정도로 성실한 학생이 자신이 무엇을 배우고 무엇을 말하고 있는지 스스로 이해하지도 못한 채로 교사의 지시에 따라 충실하게 반응한 것일 뿐이라니. 성훈이보다 수업에 대한 집중력이나 관심이 낮은 학생들은 어떻게 수업 시간을 보냈을까 헤아려 본다. 필자가 지금까지 이 학생들에게 무엇을 배우게 하고 무엇을 얻게 했는지 반성해 본다.

3) 理解와 暗記

교사 : 창빈아. 지금 다른 애들은 다 했는데 넌 뭘 쓴 거야?

창빈 : 안 쓴 거 쓰는 거예요.

교사 : 아, 애들 거 베끼는 거야?

창빈 : 네, 광영이 것도 베끼고. 성재 것도 베끼고.

교사 : 응. 그리고 여기서 세 명이서 뭘 의논한 거야?

창빈 : 그때……. 그건 모르는 한자가 제가 있어서 친구들에게 물어 본 건데,

교사 : 으응, 그래. 모르는 한자 물어봤어?

창빈 : 네.

교사 : 그럼 그 질문을 통해 모르는 한자의 뜻을 이해는 했네?

창빈 : 이해요? 그렇죠. 알아먹었죠.

교사 : 그럼 뜻을 외울 수도 있었니?

창빈 : 네?

학생들의 배움은 어떻게 형성될 수 있을까? 학생들이 한문 시간에 교사로부터 전해 받은 것을 '실제로' 이해하고 자신의 것으로 얻어 가

도록 하기 위한 좋은 방법은 무엇이 있을까? 여러 가지가 있겠지만, 수업 시간에 배운 내용을 주기적으로 반복하는 방법이 있다. 예를 들어 해당 차시에 배운 '新習漢字'를 수업 시간 중에 5분 또는 10분 정도의 일정한 시간마다 반복해서 보여주는 식이다.

또 다른 방법으로 학생들이 글자의 뜻을 찾고 그것을 베끼는 수준에서 그치는 것이 아니라, 관련 단어를 학생 스스로 찾아서 말하게 하거나 쓰게 하는 방법이 있다. '관련 단어를 찾을 수 있다'는 것은 그 글자의 음이 학생에게 수용되는 것에서 그치는 것이 아니다. 그것은 배운 글자가 학생의 머리에 수용된 후, 학생이 가지고 있거나 새롭게 얻은 내용을 배경 지식으로 하여 다시 외부로 표출되는 것이다. 즉, '배움의 의미 있는 도약'이 일어난다.

'기록할 기'를 배우는 상황을 예로 들어 보자. '記'라는 형태 정보와 '기'라는 음 정보를 가지고, '기록하다'는 뜻을 베끼는 수준에서 그친다면, '도약'이 일어날 수도 있고 일어나지 않을 수도 있다. 그러나 '매일 기록하다'라는 뜻을 가진 '日記'라는 단어를 스스로 떠올릴 수 있다면, 그래서 그 단어를 말하거나 쓸 수 있다면, '記'는 이해되었다고 볼 수 있다. 물론 '記'를 '이해' 수준에서 '기억' 수준으로 옮겨 주는 것은 또 다른 문제이다. '記'를 '기록할 기'로 달달 외우기만 할 경우, '日記'라는 새로운 정보를 거쳐 저장되는 것보다 記에 대한 기억이 오래 가지 않을 것이다. 이것은 日記는 학생들에게 익숙한 것인 반면, 記는 학생들이 매일 겪는 세상과 깊은 관련을 갖지 못할 수도 있기 때문이다. 이때 記를 기억하는 것은 단기 기억, 또는 맹목적인 기억일 뿐이다.[11]

---

11) 여기서 '맹목적인 기억'이라 함은 학생들이 자신의 행위를 통해 실제로 발견한 지식이 아니라 전달된 지식을 의미한다. 맹목적인 기억은 배움의 의미 있는 도약

학생들로 하여금 수업을 통해 成就感을 느끼게 하려면, 교사는 어떻게 가르쳐야 할까? 이 문제는 강의식 수업이냐 협동학습이냐가 중요한 것이 아닐 것이다. 학생들이 수업 시간에 무엇인가를 이해하려고 노력하고, 교사를 통해 안내된 것에 대해 적극적으로 생각하고, 그것을 자신의 것으로 삼을 수 있도록 노력하게 하는 방법을 찾는 것이 더 중요한 것 같다. 또 학생들이 얼마나 이해했는지 점검하며, 어떻게 해야 그들의 학습을 도와줄 수 있느냐가 더 중요한 것 같다.

중학교든 고등학교든 한문 시간이 학생들에게 인기 있는 수업 시간이 되기는 쉽지 않다. 물론 인기 있는 수업이 일명 '입시과목'이라 할 수 있는 국·영·수 수업을 의미하는 것은 아니다. 인기 있는 수업이 되려면 학생들이 그 수업을 寤寐不忘하며 기다려야 할 것이다. 기다렸던 그 수업을 통해 뭔가 한 가지라도 자신의 것으로 얻어가는 것을 경험하는 수업이다. 한문 수업으로 보면, 학생들이 한 글자라도 더 알려 하고, 한 문장이라도 더 풀이해 보려 하는 수업일 것이다.

이러한 수업 시간은 교사들의 희망 사항이며 도달하기 힘든 이상향과 같은 것이다. 하지만 학생들에게 한문 시간을 통해 배운다는 것이 어떤 것인가를 경험하게 하는 것이 불가능한 일은 아닐 것이다. 배움은 성적 향상처럼 눈에 보이는 성장을 통해서 경험하는 것만은 아니다. 자신이 알고 있는 것에서 한 단계 도약한다면 그것이 배움을 경험하는 것이다. 그 도약의 증거를 성적 향상에서만 찾아낼 수 있는 것은 아니다. 도약의 증거는 수업 시간에 보이는 학생들의 초롱초롱한 눈빛일 수도 있고, 교사에게 스스럼없이 던지는 자발적인 질문일 수도 있다. 수업에 의문을 가지기 시작하면 그 의문점이 어떤 방식으

에 큰 도움이 되지 못하며, 오래 지속되지도 못한다.

로 해결이 되건 간에 그 과정에서 정보를 습득하고, 이를 토대로 다음 배움에 대한 동기를 부여받을 수 있게 된다. 위에서 창빈이의 질문은 바로 그런 역할을 하는 것이다.

오히려 문제가 되는 것은 교사의 질문이다. 교사가 학생들에게 '예'나 '아니오'만으로 대답할 수 있는 질문만을 던지는 것은 교사 스스로 어두컴컴한 동굴에서 횃불을 스스로 꺼 버리는 것과 같다. 교사는 학생들이 교사의 질문에 대해 골몰히 생각하여(minds-on) 답변할 수 있는 질문을 해야 한다. 그래야만 수업이라는 미지의 동굴에서 길을 찾을 수 있는 횃불을 환하게 밝힐 수 있다.

필자는 창빈이의 수업 코멘터리를 통해 학생들이 필자의 수업에서 무엇을 얻는지 파악하고 있지 못하다는 것을 알게 되었다. 창빈이에게 1년 간 학습일지를 쓰게 하고 거기에 대한 댓글을 달아주면서, 수업 시간에 궁금한 것이나 이해하지 못하는 것이 생기면 반드시 질문할 것을 강조했다. 창빈이는 늘 알았다고 대답했다. 창빈이는 실제로 가끔 질문을 했다. 하지만 그 질문은 창빈이의 앎과는 별개였다. 창빈이와의 면담을 통해 학생들이 수업 받은 내용을 이해했는지 이해하지 못했는지를 스스로 아는 것이 매우 어렵다는 것을 알게 되었다.

4) 白日之夢

교사 : 수호야. 이때 뭐 생각했어? 선생님이 질문했는데. 계속 머리를 만지던데. 그냥 생각한 거야?

수호 : 아, 뭐지?

교사 : 잘 생각해봐.

수호 : 아, 저거 머리를 자르고 와서, 아, 왜 이렇게 머리가 짧아졌냐 하며 어색했어요. 그래서 하루 종일 그랬어요. 어색해서

요. 며칠 가요.

교사 : 수호는 다른 교과에 비해 많이 참여하는 편이야?
수호 : 많이 참여하는 편인데요.
교사 : 그럼 그 이유가 뭘까?
수호 : 할 건 해야죠.
교사 : 맨 앞에 앉았기 때문에?
수호 : 맨 앞에 앉아서 하는 것도 있구요, 다른 수업 시간과는 다르
    게 내가 해야 할 게 있고, 뭘 물어보면 답변도 해야 하고 하
    니까요.

교사 : 수호는 뭘 빨리 하네.
수호 : 저는요, 일단 친구들이 하면 그것을 보고 해요.
교사 : 그래? 선생님 설명 안 듣고 나중에 따로 하는 거야?
수호 : 아, 설명은 들어요. 근데 정리하는 것은 친구들 것을 보고
    하는 게 더 편해요.

협동학습에서 사용하는 여러 가지 교수 학습 방법 가운데 하나가
'개별 학습지'이다. 모둠별로 분배된 학습지를 다시 개인별로 분배하
여 자신의 역할을 수행한다. 그런데 이 학습지는 뭔가 새로운 지식을
자신의 것으로 만들게 하기 보다는 '시간 때우기'로 활용되거나 교사
로 하여금 학생들이 뭔가를 알게 되었다고 믿게 할 뿐이다. 학습지는
다른 학생들에 비해 주의 집중력이 상대적으로 낮은 학생들을 수업에
끌어들이기 위한 방법이지만, 학습 기능이 높은 아이들을 힘들게 하
는 방법이 될 수도 있다. 위의 코멘터리에서 알 수 있듯이 수호는 개
별 학습지를 본인이 하는 경우보다 다른 모둠의 것을 보고 하는 경우
가 많다.

수업은 대개 칠판에 해당 단원명이나 학습 목표를 적은 후 시작된

다. 할 일을 설명하고 유인물을 배부한다. 학생들의 주의를 집중시키기 위해 확인하는 질문도 자주 한다. 질문할 때는 몇 명의 학생만을 지명해서 묻는 경우가 대부분이다. 즉 학생 모두의 개별적인 수업 참여도를 파악하며 수업을 진행하긴 힘들다. 수호는 자신에게 질문이 도착했을 때 대답할 수 있을 정도의 주의를 가진 '파수꾼'만을 머릿속에 세워 두고, '유체이탈'을 해서 다른 세계로 간다. 한문 수업 시간에 종종 이런 일이 발생한다. 수호의 육체는 교실에 있지만, 수호의 마음은 수호가 생각하는 어떤 다른 곳에 있다. 수호가 특별히 심각한 어려움을 가진 것은 아니다. 대부분의 학생이 수호처럼 수업 시간에 진행되는 내용에 주의를 기울이지 않을 수도 있다. 어떻게 보면 가장 주의를 기울여야 할 학생들이 가장 주의를 기울이지 않는다. 교사의 질문에 어떻게 답을 해야 하는지 아는 학생들에게는 질문하지 않아도 된다. 하지만 어떤 수업이든 이런 학생들이 다수를 차지할 순 없을 것이다. 그렇다면 우리 교사들은 다수를 차지하는 학생들을 어떻게 해야 할지 고민해야 한다. 고도의 집중력을 기르지 못한 학생들이나 오래 집중하지 못하는 학생들에게 어떻게 해야 학습이 일어나게 할 수 있을지에 대한 고민은 그 학생들을 관찰하는 것에서부터 해결을 위한 실마리를 풀 수 있다.

수호에게 질문을 했을 때 수호의 정신은 다시 교실로 돌아왔다. '유체이탈'을 한 다른 몇몇의 학생들도 수호에게 간 그 질문이 자신에게도 올 수 있음을 직감한 머릿속 '파수꾼'의 신호로 인해 정신이 교실로 돌아온다. 강의식 수업을 진행할 때면 돌발 질문이나 수업 기법의 반전을 통해 이러한 과정을 반복했는데, 협동학습을 통해 수업을 진행할 땐 상대적으로 그렇지 않아도 되는 경우가 많다. 즉 협동학습으로 진행할 때 수업 집중도가 높다. 이러한 이유때문인지 모르겠지만,

수호는 강의식 수업이 더 좋다고 한다.

> "협동학습은 모르는 걸 서로 공유하는 면에서 좋은 것 빼고는 좋은
> 점 없어요. 조마다 멍청한 아이들이 한둘씩 끼어 있어서 힘들어요. 게
> 다가 각자 맡겨진 일들 하느라고 모둠 내 다른 친구 신경 쓸 겨를이
> 없어요. 저는 협동학습도 좋고 강의식 수업도 좋은데, 강의식 수업은
> 수업만 들으면 되지만, 협동학습은 제가 해야 할 일이 있어서 힘들어
> 요, 그래서 싫어요."(수호 면담 전사본)

강의식 수업을 하건 협동학습을 통한 수업을 하건, 수업 시작 후
얼마 지나지 않아 자기도 모르는 사이에 정신이 교실을 슬그머니 빠
져 나가는 학생들에게는 '變化球'를 던져줘야 한다. '예'나 '아니오'로
답할 수 있는 질문을 계속 하거나 전달식 강의를 계속 진행하다가도,
학생들의 주의를 집중시킬 수 있는 질문을 던져야 한다. 그 질문이
설령 수업 진도와 크게 관련이 없다 하더라도 그 질문을 통해 학생들
은 다시 수업에 빠져들 수 있다. 이러한 변화구가 5~7분마다 한 번
씩 던져진다면, 그리고 교사가 자신이 던진 질문에 교사 스스로 대답
하지 않고 학생들의 대답을 기다릴 수 있다면, '유체이탈'하는 학생들
이 보다 줄어들 것이다.

Ⅳ. 맺으며

지금까지 한문 시간에 학생들이 경험하는 학습에 대해 살펴보았다.
필자는 이 연구를 계획했던 초기에는 특정 학생을 정하여 그 학생에
게 학습일지를 쓰게 하고, 그 학생의 수업 받는 모습을 녹화하고, 그

것을 통해 한문 학습 경험에 대해 살펴보고자 했다. 그런데 필자의
연구 역량이 부족한 탓인지, 학습일지를 쓰게 하는 방법이 잘못된 것
인지, 수업 집중 관찰 대상을 잘못 정한 것인지, 학습일지와 그 학생
의 수업 동영상만으로는 연구하는 데 한계가 있었다. 그래서 집중 관
찰 학생을 포함하여 몇몇 학생과 동시 면담을 하여 무엇인가를 찾고
자 했다. 또한 면담 외에 학생들과 수업한 그 장면을 가지고 보다 밀
도 있게 이야기를 나눌 방법은 없을까 고민하다가, TV에서 가끔 봤던
'코멘터리'를 떠올리게 되었다. 그래서 녹화한 수업 가운데 한 차시
수업 동영상을 골라 면담한 학생들과 '수업 코멘터리'를 시도한 것이
다. 이 연구는 부족하나마 시도한 결과를 보고한 것이다.

　한문 교사라면 한번쯤 자신의 교과에 대한 정체성에 관해 고민한
적이 있을 것이다. 다음 글을 보자.[12]

　　　질문 : 여러 선생님들께 여쭙습니다. 한글전용화시대를 살아가고
　　　　　　있는 우리가 왜 한문을 교육해야 하며 우리의 다음 세대는
　　　　　　왜 한문교육을 받아야만 하는가. 대학 시절 내내 고민해야
　　　　　　했던 문제였고 지금 역시 이 문제에 대해 쾌히 답변하는 것
　　　　　　은 여간 어려운 문제가 아닙니다. 여러 선생님들께서 혹여
　　　　　　이 문제에 고민을 다함게 하셨을 텐데 답변 기다려봅니다.
　　　　　　수능에 나오지도 않는 과목을(정확히 말하자면 선택불필
　　　　　　요). 그리고 실용적이지도 않은 이 과목을 왜 배워야 하는가
　　　　　　에 대한 학생들의 질문에 선생님들께선 어떻게 답변하시는
　　　　　　지 꼭 말씀해 주시길 기대합니다.
　　　답변 : 저 또한 선생님과 같은 생각을 많이 했답니다. 그런데 선생

---

12) http://chamsil.eduhope.net/bbs/view.php?board=hanmun_6_3&id=4519&
　　pa ge=1 (김○○ 교사의 '한문교육 왜 필요한가?'라는 질의에 대한 허○○ 교사의 답변)

님 이런 생각은 혹시 안 해보셨나요? 한글을 읽고 쓸 줄 알면 되지 왜 굳이 학교에서 일주일에 7시간 가까이 국어 관련 수업을 들어야 할까? 더하기 빼기 곱셈 나눗셈 할 줄 알면 되지, 수학은 왜 그렇게 보충까지 해가며 배워야 할까? 영어는 학교에서 기본만 배우고, 그 다음은 필요한 사람만 배우면 되지, 왜 전 국민이 영어의 노예가 되어야 할까?

국·영·수 교사 그 누구도 자신의 과목을 왜 배워야 하는지 교사가 증명하지 않습니다. 제가 직접 물어보면 한 두 마디 외에 더 답변하는 국·영·수 선생님은 없었습니다. 그들은 증명하지 않습니다. 학생들도 물어보지 않습니다. 그렇다면 왜 우리 한문교사만 우리 한문을 왜 배우는지 증명해야 할까요? (中略) 선생님! 우리 교사가 배워야 할 근거를 제시 못해 우리 한문이 이렇게 주변 교과로 밀려난 것만은 아닙니다. 우리 그동안 잘 해 왔습니다. 열심히 가르쳤고요. 저는 예전에 학생들에게 어휘력신장, 전통문화 계승이니, 가치관 확립이니 온갖 수사여구를 가져다 붙여 한문의 필요성을 말했습니다. 하지만 요즘은 그렇게 하지 않습니다. 그냥 "동아시아 한자문화권 대한민국에 살고 있는 한 사람으로서 기본 소양을 기르는 거란다."라는 정도로 말을 하지요. 그리고 이렇게 학생에게 반문합니다.

"국·영·수가 왜 중요하지? 대학 때문에? 그러면 대학교 갈 때 국·영·수 안 들어가도 중요할까? 만약 국·영·수가 그리 중요하다면 대학 입시를 떠나서도 중요해야 하지 않을까? 안 그래? 중요하고 필요하고는 상대적인 거란다. 대학 입시를 떠나면 아마 한문이 훨씬 중요할 걸! 한문은 한마디 말로도 삶의 많은 교훈을 주거든. 자, 수업하자! 선생님이 1년 동안 왜 한문을 배우는지 차근차근 알려줄게. 내가 한문을 좋아하듯이, 너희들도 이제 한문을 좋아하게 될 거야."

한문 교사로서 정체성을 고민하는 것도 중요하지만, 정체성에 대한 自問보다는 전공 교과인 한문을 통해서 중·고등학교 학생들에게 배움을 경험하게 하려면 어떻게 해야 하는지에 관해 먼저 自問할 필요가 있다. 이러한 문제에 대한 고민이 지금까지 부족했던 이유는 아마도 교사가 가르치기만 하면 학생들은 배울 것이라는 전제가 교사 각자의 마음속에 깔려 있었기 때문이 아닐까 한다. 그렇기 때문에 '왜 가르쳐야만 하는지'에 대해서만 고민하려 한 것이 아닐까 생각된다.

왜 가르쳐야 하는가에 대한 답은 의외로 간단하다. 국가에서 후속 세대들의 성장 단계에 따라 가르칠 필요가 있는 것을 교육과정으로 설계해 두었고, 거기에 과목이 있기 때문에 가르치는 것이다. 교과가 대내외적으로 처한 상황이 열악할수록, 한문을 통해 배움을 경험하게 하고 배움의 실제에 다가가게 하려면 어떻게 도와야 하는지를 고민해야 한다. 학생들이 재미있고, 신나게 '學'하고 '習'해서 이를 통해 자신의 의미 있는 도약으로 이어지도록 해야 한다.

교사는 학생을 만나는 최전선인 '수업'에 대해 완벽하게 알 수 있도록 공부해야 할 것이다. 수업에 대한 공부는 교사로 임용되기 전에만 필요한 것이 아니다. 오히려 교사가 된 뒤에 실전에서의 경험을 바탕으로 한 수업 공부가 필요하다. 수업을 통해 학생들과 진정으로 만나게 되길 희망한다.

학생들이 한문 수업을 받으면서 겪는 어려움이나 학습 양상에 대한 이번 연구를 바탕으로 하여, 교사들은 한문 수업을 하면서 어떤 어려움을 겪고, 그 어려움을 해결하기 위해 어떤 노력을 하는지에 대한 고민을 향후 연구 과제로 삼고자 한다.

참고문헌

김영천(2006), 『질적연구방법론1』, 문음사.

박민정(2007), 「프로젝트 기반 수업을 통한 대학원 학생들의 학습경험에 관한 연구」, 『敎育課程硏究』 제25권 제3호, 한국교육과정학회, 265~288면.

백광호(2008), 「授業 改善을 위한 高等學校 漢文 敎師의 自己 授業 分析」, 『漢文敎育硏究』 제30호, 한국한문교육학회, 217~244면.

서근원(2006), 「수업의 이해와 오해」, 『2006학년도 제주교육대학교 초등교육연구원 학술세미나 자료집』, 제주교육대학교 초등교육연구원.

서근원(2007), 『수업을 왜 하지』, 우리교육.

신표섭·이병주·강경모·이윤찬·백광호·허시봉(2006), 『고등학교 한문 교사용 지도서』, 대학서림.

이혁규(2007), 『수업, 비평을 만나다』, 우리교육.

한국교육과정평가원(2005), 『비디오 관찰을 통한 수업 분석 및 수업방법 개선 워크숍 자료집』, 연구자료 ORM2005-47-2.

사토마나부(佐藤学) 지음, 손우정 옮김(2005), 『수업이 바뀌면 학교가 바뀐다』, 에듀케어.

이 글은 『漢字漢文敎育』 제22집(韓國漢字漢文敎育學會, 2009)에 수록한 논문을 재수록한 것이다.

情意的 領域을 부과한 漢文科 授業이 학업성취도 및 情意的 領域에 미치는 효과

이 미 애

Ⅰ. 서론

1. 研究의 必要性 및 目的

현대는 산업화의 결과로 물질적인 풍요는 누리고 있는 반면 道德性의 상실과 가치관의 혼란으로 많은 사회적인 문제가 발생하고 있다. 일부 학교의 이야기지만 지성과 人性敎育의 장이 되어야 할 학교에서 교사가 통제할 수 없는 제멋대로의 학생들 속에서 수업은 진행되고 있다. 또한 날마다 그 심각성이 커져 가는 청소년 비행 문제가 속출하고 있다. 그러면 이러한 현상들이 왜 일어날까? 여러 가지 이유가 복합적으로 작용하고 있겠지만 그 중의 하나로 지금까지의 교육은 교수와 평가에 있어서 인지적 영역의 학습에 편중되어 정의적·인성영역에 대한 학습은 소홀히 했으며, 정의적 영역의 학습은 인지적 영역학습의 부산물쯤으로 가볍게 여겨왔기 때문이다.

이러한 교육현실을 감안할 때 우리조상들의 얼과 삶의 방식, 여러 가지 교훈과 경구, 고사성어와 격언, 속담 등에 담긴 뜻의 현대적 인식과 비판을 통한 올바른 가치관과 바람직한 태도 및 습관 형성, 자아존중, 올바른 인성, 사회성 및 가치관 형성 등 정의적 영역이 부과된 학습이 필요하다고 생각한다.

따라서 본 연구의 목적은 학생들에게 올바른 인성과 가치관을 함양해 주기 위해서 한문과 교육목표 중에서 정의적 영역에 속하는 "한문 기록에 담긴 先人들의 삶과 지혜를 이해하여 건전한 가치관과 바람직한 인성을 함양하며 전통문화를 이해하고 계승·발전시키려는 태도를 지닌다."(교육부, 1999: 160)는 교육목표에 의거하여 중학교 3학년 한문 교과서에서 정의적 영역의 학습요소를 추출하고 이를 직접 현장에 적용하여, 이러한 수업으로부터 남녀별로 정의적 영역이 어느 정도 길러지는지를 실증적으로 분석하여 그 학습효과를 규명하는 데 있다.

Ⅱ. 한문과 교육과정에서의 정의적 영역

1. 情意的 領域의 槪念

情意的 領域을 일컫는 용어들은 매우 다양하게 사용할 수 있는데 김부윤은 정의적 특성이란 "감정이나 정서를 나타내는 전형적인 인간의 속성으로 정의"하였고(김부윤, 1993: 191), 또한 허형은 정의적 행동이란 "지적행동과 구별되는 말로써 동기·태도·자아개념·흥미·가치관 등을 통틀어 말한다."(허형, 1986: 299)고 하였다. Bloom은 情意的 領域을 제반 흥미, 태도, 자아관 등의 복잡한 복합개념이라고 정의하고 있으며, 또한 그는 情意的 領域이 학습자의 학업성취도에 미치는 영향이 25% 정도나 된다고 하였다(중앙교육평가원, 1987: 15).

동양적 의미에서 情意的 領域은 性情陶冶의 領域으로 파악할 수 있다. 그러나 동양의 많은 선지자들은 꼬집어서 情意的 領域이란 말을 사용하지 않았지만 그 의미는 깊이 인식하고 있었고 그들은 가장 중요하다고 판단한 情意的 領域에 대해 많은 학문적 연구와 성과를 보였으며 이의 실현으로 사회를 바로 잡고자 했다. 論語와 孟子의 전편을 일관하는 것이 사람으로서 마땅히 실천해야 할 仁義之德이었다(박정도, 1999: 9-50). 그리고 우리나라에서도 小學·明心寶鑑·童蒙先習·擊蒙要訣·啓蒙篇·四字小學 등의 책을 통하여 知와 德과 行을 겸비한 전인으로서의 인간 육성을 강조하였다(김종운, 2001: 45-28).

따라서 情意的 領域의 교육은 학교에서 학생들이 겪는 넓은 범위의 경험을 다루고, 일반적으로 인성과 개인적·사회적 발달, 감정, 정서, 도덕, 윤리 등을 강조하는 교육 프로그램이라 할 수 있으며(한국교원대학교 부설 교과교육공동연구소, 2001: 484), 정의적 영역의 종류에는 흥미, 태도, 성취동기, 자아개념, 포부수준, 의지, 용기, 주의력, 습관형성, 인성, 도덕성, 가치관, 사회성 등이 있다(김정환·김기정·이용환, 2001: 60-74).

2. 漢文科 教育課程에서의 情義的 領域

제7차 중학교 한문과 교육과정에 근거하여 중학교 한문과 정의적 영역을 분석한다. 제7차 교육과정에서 설정한 中學校 漢文科 教育의 目標(교육부, 1999: 160 참조) 중 교육과정상 정의적 영역에 해당되는 목표는 "선인들의 삶과 지혜를 이해하고 건전한 가치관과 바람직한 인성을 함양한다."와 "한문 기록에 담긴 전통문화를 이해하고 계승·발전시키려는 태도를 지닌다."이다(권혁대, 2000: 172). 본 논문에서도 이 2개의 항을 중심으로 한자어와 한문 영역에서 정의적 영역을 다루게 될 것이다.

한문과 교육과정의 내용을 바탕으로 하여 한자어와 한문 영역에서 情意的 領域에 해당하는 부문을 抽出하여 재구성하면 〈표 1〉과 같으며, 건전한 가치관과 올바른 인성의 함양을 위하여 漢字語 및 漢文을 읽고 뜻을 알아 주제나 교훈 및 선인들의 삶과 지혜를 이해하고 건전한 價値觀과 올바른 人性을 內面化하여 생활태도, 학습태도, 자아존중 및 교우관계 등에서 행동으로 올바르게 실천하거나 또는 실천하고자 노력하는 자세에 중점을 두고 한문과 정의적 영역의 수업목표를 설정하였다.

그리고 漢文科目의 敎授·學習 方法이 단순히 우리의 고전문화만을 敎授 學習하는 것이 아니라 교육과정 구성의 방향에서 추구하는 人間像을 실현하기 위한 방법(박영호, 2000: 16)으로 되어야 하므로 다양한 수업 방법과 멀티미디어의 활용 등을 통해 한자·한자어·한문의 3개 영역이 가능한 한 통합적인 지도가 될 수 있어야 하며, 敎授 學習資料는 바람직한 인간성을 구현하고 實生活에 활용도가 높으며 전통문화의 이해와 올바른 가치관을 확립하는 데 도움이 될 수 있어야 한다(정재철, 1999: 67-68)고 했다.

따라서 본 연구에서도 제7차 교육과정에서 권고하는 다양한 교수·학습 방법과 자료를 활용하고, 이를 통해 바람직한 人間像과 건전한 價値觀이 형성되도록 한문과 수업에서 강조하였다.

〈표 1〉 중학교 한문과 교육과정에서의 정의적 영역 및 수업목표

교육과정에서의 정의적 영역		수 업 목 표
영역	내 용	
한자어	한자어 익히기 · 한자어의 음과 뜻 알기 · 고사성어의 속뜻 알기	· 한자어의 음과 뜻, 속뜻을 알고 주제나 교훈을 이해하여 내면화한다.
	가치관 형성하기 · 선인들의 삶과 지혜를 이해하고 가치관 형성하기	· 선인들의 삶과 지혜를 이해하고 건전한 가치관을 형성하는 태도를 기른다.
한 문	한문 익히기 · 문장을 읽고 뜻 알기 · 문장 구조를 통해 문장 풀이하기	· 문장을 읽고 뜻을 알아서 주제나 교훈을 이해하고 건전한 가치관과 올바른 인성을 내면화하여 실생활 속에서 실천한다.
	한시 익히기 · 시구 및 한시를 풀이하고 감상하기	· 시구 및 한시를 풀이하고 제재 및 주제를 명확히 파악하여 종합적으로 감상·비판할 수 있다.
	한문 활용하기 · 격언·속담, 명언·명구를 일상생활에 활용하기	· 격언·속담, 명언·명구를 일상생활에서 적시 적소에 활용하며 교훈을 이해하고 내면화하여 실천한다.
	가치관 형성과 전통문화 계승·발전시키기 · 선인들의 삶과 지혜를 이해하고 가치관 형성하기 · 전통문화를 이해하고 계승·발전시키려는 태도 지니기	· 선인들의 삶과 지혜를 이해하고 올바른 가치관을 형성하는 태도를 기른다. · 전통문화를 이해하고 계승·발전시키려는 태도와 행동을 보인다.

Ⅲ. 연구의 방법 및 절차

1. 연구의 방법

1) 연구문제 및 설계

(1) 연구문제

첫째, 정의적 영역을 부가한 한문과 수업이 학생들의 학업성취도에 어떤 영향을 미칠 것인가?

즉, 정의적 영역을 부가한 한문과 수업을 받은 실험집단이 인지적

전통적 한문과 수업을 받은 통제집단보다 학업성취 사후점수가 더 높게 나올 것이라는 연구가설을 세우고 집단간 학업성취도 수준을 비교함으로써 한문과 정의적 영역을 부가한 수업이 학습자들의 학업성취도에 미치는 효과를 실증적으로 검정해보고자 한다.

둘째, 정의적 영역을 부가한 한문과 수업과 인지적인 전통적 한문과 수업이 정의적 영역 전체 및 남녀학생들의 한문에 대한 학습태도, 생활태도, 자아존중감 및 교우관계에게는 어떤 영향을 미칠 것인가?

즉, 정의적 영역을 부가한 한문과 수업이 학생들의 태도·사고·가치관·자아·사회성·실천적인 행동 등에 효과가 있을 것으로 인식하고 정의적 영역 전체 및 성별효과를 집단별 분석을 통해 이를 실증적으로 검정해보고자 한다.

셋째, 정의적 영역을 부가한 한문과 수업이 정의적 영역 전체 및 남녀학생들의 학업성취도(상·중·하)에 따라서 어떤 영향을 미칠 것인가?

즉, 학업성적과 정의적 영역간의 관계를 고찰하기 위한 것으로 즉, 정의적 영역이 부가된 한문과 수업을 적용했을 때 학업성적차이에 따라 학생들의 정의적 영역 전체 및 남녀별로 한문에 대한 학습태도, 생활태도, 자아존중감 및 교우관계에 미치는 효과가 어떠한지를 실증적으로 검정해보고자 한다. 이때 학업성적차이는 학업성취도 사전검사 점수를 백분율에 따라 3등분하여 상위, 중위, 하위성적집단으로 분류하였다.

(2) 연구설계

연구의 실험설계는 〈표 2〉와 같으며, 집단의 사전설문지 및 사전학업성취도 검사는 두 집단이 실제로 비슷한지 여부, 즉 동질성 검정은 실험전·후의 학습효과를 비교 분석하는 기준을 삼기 위해 실시하였다. 그리고 실험집단에서는 실생활과 관련된 자료를 적용한 정의적 영역을 부가하는 수업이 실시되었고 통제집단은 인지적인 전통적 수업을 실시하였다. 실험 전, 후에 동일한 종류의 설문지를 이용해 정의적 영역을 부가한 수업에 따른 학생들의 학습효과를 고찰하였다.

〈표 2〉 연구의 실험설계

집단	사전설문지	사전학업성취도	수업방법	사후설문지	사후학업성취도
실험 집단	R1	R2	X1	R5	R6
통제 집단	R3	R4	X2	R7	R8

2) 설문지 구성 및 신뢰도 검정

정의적 영역의 설문은 四 領域으로 나누어 부정과 긍정문항으로 구성하여, 부정문항에 대한 대답은 역으로 환산하여 분석하였으며 설문에 대한 신뢰도 검정에서도 〈표 3〉과 같이 .6 이상의 내적 일관성을 나타내고 있다.

〈표 3〉 설문지 문항 및 신뢰도 검정

정의적 영역	문항 수	통제집단 Cronbachα		실험집단 Cronbachα	
		사전	사후	사전	사후
전 체	36	0.7633	0.7813	0.7937	0.8293
한문에 대한 학습태도	9	0.6512	0.6582	0.7269	0.8706
생활태도	9	0.6225	0.6124	0.6721	0.6773
자아존중감	9	0.6811	0.6909	0.6350	0.6044
교우관계	9	0.7911	0.7387	0.8520	0.7932

3) 조사대상 및 자료분석방법

본 연구의 실험대상은 대구광역시 ○○군에 소재한 H중학교 3학년 남녀공학 2개 학급을 각각 실험집단과 통제집단으로 하였으며, 실험집단은 남녀 각각 17명씩 34명이고, 통제집단은 남자 18명 여자 16명인 34명으로 구성되었으며, 실험수업은 2003년 3월부터 12월까지 실시하였다.

본 연구의 통계적 분석은 SPSS/WIN 10.0프로그램을 사용하여 양 집단별 평균의 차이를 알아보기 위해 대응표본 T-검정(T-test)과 학업성취도 상·중·하 집단별로 정의적 영역에 차이가 있는지를 살펴보기 위해 일원분산분석(one-way ANOVA)을 실시하였다.

2. 연구절차

1) 한문과 정의적 학습요소 추출

한문과 정의적 학습요소 추출은 연구자가 지도하고 있는 中學校 3學年 漢文敎科書(동화사, 2003)에서 1과부터 13까지 추출하되 한문에 대한 학습태도는 수업방법과는 상관없이 한문과 수업으로부터 얻어지는 결과로 생각하고 연구자는 별도로 학습요소를 추출하지 않고 생활태도, 교우관계, 자아존중감을 중심으로 관련이 있는 내용을 추출해 보면 〈표 4~6〉과 같다.

〈표 4〉생활태도와 관련된 정의적 학습 요소

정의적 학습요소	구 분
修身 齊家 治國 平天下	개인·가정생활
三遷之敎	가정·개인생활
愛人者 人恒愛之	학교생활
修身者 先正其心	개인생활
君子 求諸己 小人 求諸人	개인생활
忠言 逆於耳 而利於行	개인생활
先則制人後則爲人所制	개인생활
見善從之	개인·학교생활
師生之間 尤當以禮義爲先 師嚴生敬 各盡其道	학교생활
先公後私	학교생활
殺身成仁	사회생활
不義而富且貴 於我 如浮雲	개인·사회생활

〈표 5〉교우관계와 관련된 정의적 학습 요소

정의적 학습요소	구 분
莫逆之友	이해심·교우
貧賤之交 不可忘	의리
於我善者 我亦善之 於我惡者 我亦善之.	선행·봉사
知己之友	이해심
與人相約會 必先往 雖風雨 必不食言	신뢰성
無道人之短 無說己之長	배려
相識 滿天下 知心 能幾人	이해
愛人者 人恒愛之	사랑·우애
水至淸則無魚 人至察則無徒	유연성·협동

〈표 6〉자아존중감과 관련된 정의적 학습 요소

정의적 학습요소	구 분
靑雲之志	자아정체성
立身揚名	자아정체성

初學 先須立志	자아정체성
日就月將	노력 · 성실
晝耕夜讀	성실 · 근면
狐假虎威	사리 · 분별성
莫交三公 愼吾身	수신
不義而富且貴 於我 如浮雲	청렴
學而時習之 不亦說乎	면학 · 노력
君子 求諸己 小人 求諸人	수신
螢雪之功	노력 · 끈기
智者 成之於順時 愚者 敗之於逆理	지혜
忠言 逆於耳 而利於行	반성
但知有己 不知有他人 不是小病	이기심
百戰百勝 不如一忍	인내

2) 교수-학습 지도안의 실제 예시

(1) 교과서명 : 동화사, 중학교 한문 3

(2) 단원의 소개

A. 대단원명 : 재미있는 성어여행

B. 소단원명 : 주제가 있는 성어(Ⅱ)

(3) 본 시안 원문 제시

> 讀書. 晝耕夜讀. 燈火可親. 好讀書 不求甚解.
> 教育 百年大計. 三遷之教. 至要 莫如教子.
> 學然後 知不足. 教然後 知困.

(4) 교수 – 학습과정

단계	단계별 활동내용	교수 – 학습 과정 교사	학생
도입	·선행학습검토 ·학습동기 유발	·인사를 하고 출결사항을 점검한다. ·전시내용을 요약 정리한다. ·과제물을 점검한다.	·인사를 하고 출결사항을 점검받는다. ·경청하고 듣는다. ·전시내용을 발표한다. ·과제물을 제출한다.
도입	·수업목표	·한자와 한자어의 음과 뜻을 익힌다. ·고사성어의 뜻을 알고 언어생활에 활용할 수 있다. ▶한자성어 및 단문의 음과 뜻, 속뜻을 익혀 어려움 속에서도 부지런히 배운 사람들의 경험을 통해 자신에게 용기를 주고 성취할 수 있는 의지력을 기른다.	·수업목표를 익힌다.
전개	·본문의 음과 뜻 및 문장 이해	·학생을 지목하여 새로 나온 한자의 뜻과 음을 먼저 읽게 하고 나머지 학생은 따라 읽게 한다. ·본문을 판서한다. ·본문의 독음을 따라 읽게 한다. ·본문 문상을 뜻풀이한다. ·讀書의 뜻은? ·晝耕夜讀의 뜻은? ·燈火可親의 뜻은? ·好讀書 不求甚解의 뜻은? ·敎育의 뜻은? ·百年大計의 뜻은? ·三遷之敎의 뜻은?	·지목 받은 학생이 일어나 읽고 나머지 학생은 따라 읽는다. (好 求 甚 育 計 遷 困 壹 貳 參 拾 續 篇 熱 硯) ·학생들은 본문의 독음을 따라 읽는다. ·본문 문장의 뜻풀이 내용을 정독하고 파악한다. ·책을 읽다. ·낮에는 밭 갈고 밤에는 책 읽는다. ·등불을 가까이 한다. ·독서를 좋아하되 글의 뜻을 까다롭게 따지지 않는다. ·가르치고 기른다. ·백년의 계획 ·세 번 이사하며 가르침
전개	·정의적 영역의 학습요소 투입 ·본문내용에 대한 자신의 경험과 관련하여 발표하기	·학생들에게 미리 과제로 부과된 본문 한자어의 뜻을 통해 자신의 실생활 속에서 직·간접경험 한 것을 조사·발표하게 하여 정의적 영역을 함양시킨다. ·晝耕夜讀, 螢雪之功–어려운 환경을 극복하고 훌륭하게 된 사	·본문 내용의 현실적 인식과 비판을 통해 실생활 속에서의 경험이나 자료를 통한 간접경험을 조사 및 발표함으로써 정의적 영역의 중요성을 인식한다. ·어려운 환경을 극복하고 훌륭하게 된 사람들의 사례를 자

전개	· 본문내용의 현실적 인식과 비판 · 정의적 영역 함양 · 필수학습요소	람들의 사례를 자신의 체험담이나 자기주변 인물들을 조사하여 느낀 점을 발표하자. · 三遷之敎에서 과연 오늘날 자식 공부를 위해 세 번 이사한 경우 어떠한가 서로 토론해보자. · 이 단원을 통하여 자신에게 가장 감명을 주는 문장을 발표해보자.	신이나 주변에서 조사하여 발표한다. · 三遷之敎가 오늘날 과연 바람 직한지 아닌지 서로 토론한다. · 자신이 가장 감명을 받은 문장을 발표하고 이유를 설명한다. · 정의적 영역에 대한 긍정적인 태도를 함양한다.
	· 본문연구. 한걸음 더	· 한자 및 한자어의 활용을 설명한다. · 한자의 음과 뜻 · 한자어의 짜임 설명	· 한자 및 한자어의 활용의 설명을 듣고 필기한다.
정리	· 본시학습정리 · 차시예고 및 과제제시	· 요약 및 필수학습요소의 주안점을 강조한다. · 연습문제를 풀게 하고 질문을 받는다. · 차시예고를 하고 과제물을 부과한다.	· 요약 및 필수학습요소를 숙지한다. · 연습문제를 풀고 모르는 것이 있으면 질문한다. · 차시 예고를 통해 과제물을 부과 받는다.

(5) 정의적 영역이 부가된 학습요소의 실제

정의적 학습요소 예시			
대단원	재미있는 성어 여행	소단원	주제가 있는 성어(Ⅱ)	1차시
수업목표	한자성어 및 단문의 음과 뜻, 속뜻을 익혀 어려움 속에서도 부지런히 배운 사람들의 경험을 통해 자신에게 용기를 주고 성취할 수 있는 의지력을 기른다.		
활동시간	15~20분	학습형태	학생중심
정의적 학습요소	생활태도	자아존중감	교우관계
	○	○	

– 예시자료 1
1. 螢雪之功, 晝耕夜讀: 역경을 이겨내고 꾸준히 학문을 닦은 보람.

우리 주변에는 어려움을 극복하고 훌륭하게 된 사람들의 사례들이 매스컴이나 책 속에서 많이 소개되고 있습니다. 그 중에서 몇 해 전 서울대학교 인문학부 수석을 차지하며 입학한 장승수씨는 螢雪之功의 장본인 중 한 사람입니다. 그는 경제적으로 어려운 환경 속에서 의식주를 해결하기 위해 노동에 매달렸습니다. 건설현장에서 힘든 가운데 학업에 열중하여 당당하게 대학생이 되었습니다.
– 위의 내용을 읽고 나의 가족이나 친척 또는 주변에서 어려움을 극복한 사람의 사례를 조사하여 발표해 보자.

- 예시 자료 2

2. 三遷之敎: 맹자의 어머니가 맹자에게 훌륭한 교육환경을 만들어 주기 위해 세 번 이 사한 일

맹자 어머니는 맹자를 교육시키기 위해 세 번 이사를 하였다. 처음에는 무덤가에 집을 옮겼으며 두 번째는 시장근처로 이사했으며 세 번째는 학교 근처로 이사를 하여 결국 맹자가 글 읽는 소리를 듣고 공부를 하였다고 했다. 또한 맹자가 어린 시절에 집을 떠나 공부를 하다가 집으로 돌아오자 그때 어머니는 베를 짜다가 옆에 있던 칼로 끊어버렸다. 맹자가 놀라 그 이유를 묻자 "네가 학문을 그만둔다는 것은 내가 짜던 베를 끊어버리는 것과 마찬가지라고 했다. 그렇다면 여러분들은 과연 오늘날 입장에서 맹자 어머니의 자식 교육열에 대해 어떤 견해를 가지고 있는가? 서로 토론해 보자.

찬성하는 이유 :

반대하는 이유 :

필수학습요소

— 이 단원을 배우면서 자신이 가장 좋아하는 한자성어는 무엇인지 발표해 봅시다.

Ⅳ. 분석 및 결과

1. 동질성 검정

1) 학업성취도 사전검사 수준

學業成就度 事前檢查는 2학년 한문성적 평균 점수로 대체하여 사용하였다. 집단별 학업성취 수준의 차이를 알아보기 위한 사전 검사 결과 그 평균과 표준편차는 〈표 7〉과 같으며, 그에 대한 통계적 분석 결과 양 집단 간에는 학업성취 사전검사 점수 상에 유의수준 0.05에서 통계적으로 의미 있는 차이를 드러내지 않아 동일한 집단임이 확인되었다($p > 0.05$).

<표 7> 집단별 학업성취 사전검사 수준

집단	N	M	SD	t	p
실험집단	33	78.4058	18.7887	0.416	0.680
통제집단	33	75.7755	17.1028		

주) N=표본수, M=평균, SD=표준편차, t=t값, p=유의확률 값

2) 정의적 영역 사전검사 수준

통제집단과 실험집단 간의 實驗 前 全體 情意的 領域에서는 유의수준 0.05에서 통계적으로 유의미한 차이를 보이지 않았다. 그리고 양 집단 간 한문에 대한 학습태도 및 생활태도, 자아존중감, 교우관계 각 정의적 영역별로는 한문에 대한 학습태도($p<0.05$)를 제외하고는 통계적으로 유의미한 차이를 보이지 않았다. 분석결과는 다음의 <표 8>과 같다.

<표 8> 집단별 정의적 영역의 사전검사 수준

구분	집단	N	M	SD	t	p
전체	통제집단 사전	34	120.0294	9.1170	0.908	0.370
	실험집단 사전	34	117.9118	10.6923		
한문에 대한 학습태도	통제집단 사전	34	27.8824	3.0127	3.478	0.001
	실험집단 사전	34	25.2353	4.3209		
생활태도	통제집단 사전	34	29.3529	2.9324	-1.504	0.142
	실험집단 사전	34	30.6471	3.5665		
자아존중감	통제집단 사전	34	27.5294	4.6465	-0.643	0.525
	실험집단 사전	34	28.2059	4.3539		
교우관계	통제집단 사전	34	35.2941	4.3799	1.231	0.227
	실험집단 사전	34	33.8235	5.4909		

따라서 두 집단은 통계적으로 유의미한 차이를 보이지 않음에 따라 同質性 集團이라 결론 내릴 수 있다.

2. 가설검정

1) 수업방법별 학업성취도에 미치는 효과

假說 1 : 실험집단이 통제집단보다 학업성취도 사후검사 점수가 더 높을 것이다.

학업성취도의 사전검사는 2학년 종합 한문성적으로 조사하였으며, 사후검사는 동일한 두 학급을 실험집단과 통제집단으로 나누어 3학년 학기말 종합 성적으로 조사하였다. 〈표 9〉와 같이 사후한문성적만으로 두 집단의 수업방법별 학업성취도 효과를 비교하고자 한다.

〈표 9〉 수업방법별 학업성취도 효과

집단	N	M	SD	t	p
실험집단	34	73.8735	18.7294	1.045	0.303
통제집단	34	69.5441	20.3704		

수업방법별 학업성취 수준을 〈표 9〉와 같이 분석해 본 결과 유의수준 0.05에서 통계적으로 유의미한 차이는 나타나지 않았다($p > 0.05$). 그러나 통제집단에 비해 실험집단의 한문성적 평균이 4.3294점 향상되었다.

2) 수업방법별 정의적 영역에 미치는 효과

假說 1 : 정의적 영역을 부가한 한문과 수업이 정의적 영역 전체 및 남녀별로 한문에 대한 학습태도, 생활태도, 자아존중감, 교우관계에 미치는 효과에는 유의미한 차이가 있을 것이다.

(1) 정의적 영역 전체 효과 비교

두 집단의 授業方法別 情意的 領域에 미치는 전체효과 및 남녀학생간에 어떠한 영향을 미치는지를 알아보기 위해 사전 사후 설문지 검사로서 T-검정을 통하여 나타낸 결과는 〈표 10〉과 같다.

〈표 10〉 정의적 영역 전체효과 비교

집단	구분	검사	M	SD	N	t	p
실험집단	전체	사전검사	117.9118	10.6923	34	-3.175	0.003
		사후검사	123.6765	11.5384			
	남자	사전검사	117.4706	9.6379	17	-2.530	0.022
		사후검사	124.8824	11.4939			
	여자	사전검사	118.3529	11.9370	17	-1.904	0.075
		사후검사	122.4706	11.8063			
통제집단	전체	사전검사	120.0294	9.1170	34	-1.262	0.216
		사후검사	121.7059	11.0523			
	남자	사전검사	120.0000	10.1402	18	-0.697	0.495
		사후검사	121.5556	11.9520			
	여자	사전검사	120.0625	8.1443	16	-1.314	0.208
		사후검사	121.8750	10.3336			

〈표 10〉에서 알 수 있는 바와 같이 두 집단의 정의적 영역 전체효과를 비교해 보면, 실험집단은 유의수준 0.05에서 통계적으로 유의미한 차이를 나타내고 있으며, 통제집단은 유의수준 0.05에서 통계적으로 유의미한 차이를 나타내지 않고 있다(p〉0.05).

또한 남녀학생별로 살펴보면, 실험집단은 남학생들이 유의수준 0.05에서 통계적으로 유의미한 차이가 있는 것으로 나타나고 있다. 이에 비하여 통제집단은 남녀학생 모두 통계적으로 유의미한 차이가 없는 것으로 나타나고 있다.

(2) 정의적 영역 각 요인별 및 남녀학생 간 효과 비교

실험집단과 통제집단이 한문에 대한 학습태도, 생활태도, 자아존중감, 교우관계 전체 및 남녀학생 간에 어떤 영향을 미치는가는 〈표 11〉과 같다.

〈표 11〉 정의적 영역 각 요인별 및 남녀학생간 효과 비교

요인	집단	구분	검사	M	SD	N	t	p
한문에 대한 학습태도	실험집단	전체	사전검사	25.2353	4.3209	34	−3.415	0.002
			사후검사	28.7353	5.5010			
		남자	사전검사	25.7059	5.0468	17	−2.149	0.047
			사후검사	29.4706	6.1555			
		여자	사전검사	24.7647	3.5449	17	−2.889	0.011
			사후검사	28.0000	4.8348			
	통제집단	전체	사전검사	27.8824	3.0127	34	−4.667	0.000
			사후검사	28.7059	3.5035			
		남자	사전검사	28.3333	2.9506	18	−5.359	0.000
			사후검사	29.5000	3.2585			
		여자	사전검사	27.3750	3.0957	16	−1.698	0.110
			사후검사	27.8125	3.6555			
생활태도	실험집단	전체	사전검사	30.6471	3.5665	34	−0.076	0.940
			사후검사	30.7059	4.1380			
		남자	사전검사	30.2941	3.3683	17	−0.806	0.432
			사후검사	31.2353	4.1300			
		여자	사전검사	31.0000	3.8243	17	0.826	0.421
			사후검사	30.1765	4.2017			
	통제집단	전체	사전검사	29.3529	2.9324	34	−0.590	0.559
			사후검사	29.7941	4.2695			
		남자	사전검사	29.1667	2.8952	18	0.091	0.929
			사후검사	29.0556	4.9879			
		여자	사전검사	29.5625	3.0544	16	−1.322	0.206
			사후검사	30.6250	3.2429			
자아존중감	실험집단	전체	사전검사	28.2059	4.3539	34	−2.664	0.012

			사후검사	30.4412	4.1793		
		남자	사전검사	28.5294	3.9389	17	−1.726	0.104
			사후검사	30.7059	4.7271		
		여자	사전검사	27.8824	4.8332	17	−2.001	0.063
			사후검사	30.1765	3.6782		
	통제집단	전체	사전검사	27.5294	4.6465	34	−0.713	0.481
			사후검사	28.0000	5.0212		
		남자	사전검사	28.2778	4.0989	18	−0.058	0.954
			사후검사	28.3333	4.7897		
		여자	사전검사	26.6875	5.1990	16	−1.020	0.324
			사후검사	27.6250	5.4022		
교우관계	실험집단	전체	사전검사	33.8235	5.4909	34	0.034	0.973
			사후검사	33.7941	4.6501		
		남자	사전검사	32.9412	5.6841	17	−0.349	0.732
			사후검사	33.4706	4.4175		
		여자	사전검사	34.7059	5.3123	17	0.686	0.503
			사후검사	34.1176	4.9860		
	통제집단	전체	사전검사	35.2941	4.3799	34	0.221	0.826
			사후검사	35.1471	4.7427		
		남자	사전검사	34.3333	5.0527	18	−0.341	0.737
			사후검사	34.6667	4.9468		
		여자	사전검사	36.3750	3.3040	16	0.762	0.458
			사후검사	35.6875	4.6003		

〈표 11〉에서 알 수 있는 바와 같이 한문에 대한 학습태도 전체에서는 두 집단 모두 통계적으로 유의미한 차이를 나타내고 있다($p < 0.05$). 남녀학생별로 살펴보면, 실험집단은 남녀학생 모두 통계적으로 유의미한 차이를 보이고 있으나 평균 변화량에서는 여학생 3.2353점 보다 남학생 3.7647점이 더 크게 나타나고 있다. 이에 반하여 통제집단에서는 여학생들은 통계적으로 유의미한 차이가 없으나 남학생집단에서 통계적으로 유의미한 차이가 나타나고 있다.

生活態度 전체에 대한 사전 사후 검사의 비교에서 두 집단 모두 통계적으로 유의미한 차이를 나타내고 있지 않다(p〉0.05). 또한 두 집단 남녀학생 간에도 모두 생활태도에서 통계적으로 유의미한 차이를 나타내고 있지 않다.

自我尊重感 전체에 대한 사전 사후검사의 비교에서 두 집단 중 통제집단은 통계적으로 유의미한 차이를 나타내지 않으나 (p〉0.05) 실험집단은 통계적으로 유의미한 차이를 나타내고 있다(p〈0.05). 남녀별로 살펴보면, 실험집단에서는 남녀 두 집단 모두 통계적으로는 유의하지 않으나 평균의 변화량에 있어서는 남자 2.1765점, 여자 2.2941점으로 여자학생집단이 더 높게 나타나고 있다. 이에 반하여 통제집단에서는 남녀 모두 통계적으로 유의미한 차이를 나타내고 있지 않다.

交友關係 전체에 대한 사전 사후검사의 비교에서 두 집단 모두 통계적으로 유의미한 차이를 나타내지 않고 있다(p〉0.05). 남녀학생집단별로 살펴보면, 실험집단에서는 두 집단 모두 통계적으로 유의미한 차이를 발견할 수 없다.

3) 學業成績差異에 따라 정의적 영역에 미치는 효과

> 假說 2 : 정의적 영역을 부가한 한문과 수업이 학업성적 차이에 따라 정의적 영역 전체 및 남녀별로 한문에 대한 학습태도, 생활태도, 자아존중감, 교우관계에 미치는 효과에는 유의미한 차이가 있을 것이다.

(1) 學業成績差異에 따른 정의적 영역 전체효과

學業成績 差異에 따른 정의적 영역[1)]에 대한 전체효과를 〈표 12〉를

통하여 분석하면 다음과 같다.

〈표 12〉 學業成績 差異에 따른 정의적 영역의 효과 비교

정의적 영역	구분	학업성적	N	M	SD	F	p
전체효과	전체	상	14	8.1429	11.5416	0.547	0.584
		중	9	3.6667	7.8102		
		하	10	4.7000	12.1751		
	남자	상	5	10.0000	13.4907	0.171	0.844
		중	6	−7.1667	7.1391		
		하	6	5.5000	16.0966		
	여자	상	9	7.1111	11.0504	1.585	0.242
		중	3	−3.3333	2.5166		
		하	4	3.5000	3.1091		
한문에 대한 학습태도	전체	상	14	4.1429	5.2162	0.789	0.464
		중	9	5.0000	7.7942		
		하	10	1.7000	5.3759		
	남자	상	5	2.0000	4.5826	1.439	0.270
		중	6	7.6667	8.4063		
		하	6	1.3333	7.1461		
	여자	상	9	5.3333	5.4083	2.170	0.154
		중	3	−0.3333	1.5275		
		하	4	2.2500	0.9574		
생활태도	전체	상	14	0.5714	4.5694	1.342	0.277
		중	9	−2.0000	3.9370		
		하	10	1.2000	4.9171		
	남자	상	5	1.0000	4.5277	0.770	0.482
		중	6	−0.8338	4.1673		
		하	6	2.6667	5.7504		
	여자	상	9	0.3333	4.8477	1.446	0.271
		중	3	−4.3333	2.5166		
		하	4	−1.0000	2.5820		

1) 한문교과와 관련된 정의적 영역 연구에 대해서는 정미정(1998); 심호택(1998); 김일환(1999); 권혁대(2000); 양경수(2002); 이미애(2003) 참조. 그리고 정의적 영역에 대한 이론적 연구에 대해서는 한종하·박경숙·배호순(1982); 오만록 (1984); 중앙교육평가원(1987); 나숙자(1992); 김부윤(1993); 이승희(1999); 한국 교원대학교 부설 교과교육연구소(2001) 참조.

		상 중 하	14 9 10	3.2143 2.1111 0.8000	5.9766 4.9610 3.1903	0.679	0.515
자아존중감	전체						
	남자	상 중 하	5 6 6	5.0000 2.1667 −0.1667	6.0000 5.7417 3.1885	1.417	0.275
	여자	상 중 하	9 3 4	2.2222 2.0000 2.2500	6.0782 4.0000 2.9861	0.002	0.998
교우관계	전체	상 중 하	14 9 10	0.2143 −1.4444 1.0000	5.2941 2.8771 6.4636	0.547	0.584
	남자	상 중 하	5 6 6	2.0000 −1.8333 1.6667	6.5574 2.9269 8.4774	0.635	0.545
	여자	상 중 하	9 3 4	−0.7778 −0.6667 0.0000	4.5765 3.2146 1.8257	0.056	0.946

〈표 12〉에서 알 수 있는 바와 같이 정의적 영역이 부가된 수업을 적용했을 때 學業成績差異[2]에 따라 情意的 領域 全體效果에서 집단별로 통계적으로 유의미한 차이가 없는 것으로 나타나고 있다.

學業成績差異에 따른 學習態度, 生活態度, 自我尊重感 및 交友關係 각 영역별 全體에 미치는 效果를 분석한 결과 모두 통계적으로 유의미한 차이가 나타나지 않았다.

그러나 비록 통계적으로 유의미한 차이가 나타나지 않았다 할지라도 정의적 영역이 부가된 수업을 적용했을 때 정의적 영역 전체효과에서는 상위성적집단이 중위 및 하위성적집단보다 더욱 肯定的인 效

---

2) 學業成績 水準은 學業成就度 事前檢査 점수를 백분율에 따라 3등분하여 90.00~100.00점까지를 상위, 70.00~89.99점까지를 중위 그리고 0.00~69.99점까지를 하위성적집단으로 분류하였다.

果가 있음을 나타내고 있다. 특히 한문에 대한 學習態度 효과에 있어
서 중위성적집단의 효과가 제일 크고, 生活態度 효과에서는 하위성
적그룹이 효과가 제일 크며, 自我尊重感 효과에서는 하→중→상위
성적집단으로 갈수록 효과가 크게 나타나고 있으며, 交友關係효과는
하위성적집단이 효과가 제일 큼을 나타내고 있다.

〈표 12〉에서 나타난 學業成績 差異에 따른 정의적 영역 전체효과
를 〈그림 1〉을 통하여 살펴보면 다음과 같다.

〈그림 1〉에서 살펴보면, 정의적 영역 전체효과에서 상위성적집단
이 제일 효과가 큰 것으로 나타났다. 이는 정의적 영역이 부가된 한
문과 수업으로부터 중·하위성적집단보다 상위성적집단이 더욱 긍정
적인 효과를 받고 있음을 의미한다.

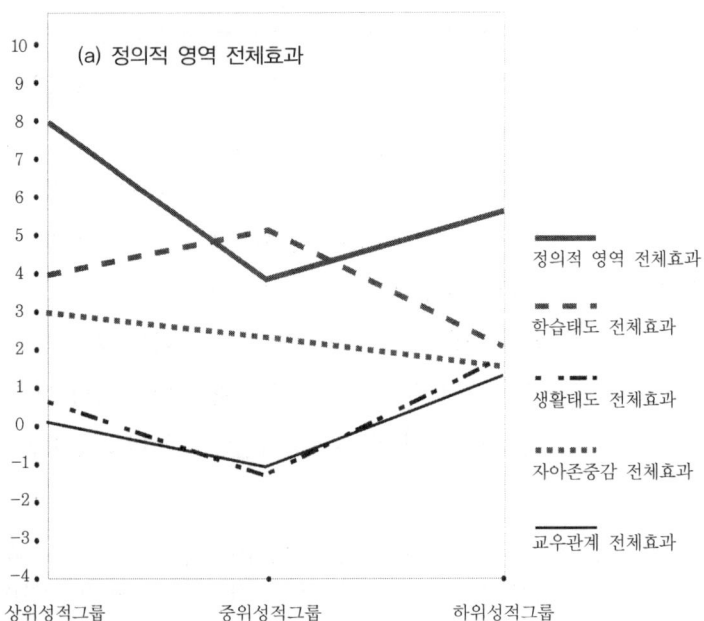

〈그림 1〉 학업성적 차이에 따른 정의적 영역 전체효과

한문에 대한 學習態度效果는 중위성적집단이 가장 효과가 크게 나
타났다.

生活態度效果에서는 하위성적집단이 가장 큰 효과를 보이고 있는
데 그 이유를 살펴보면, 중위나 상위성적집단에서는 바른 생활습관이
잘 형성되어 있어 평소에 과제물을 제때에 잘 제출하며 지각 등을 하
지 않지만 下位成績集團은 평소에 과제나 준비물 등을 잘 챙겨오지
않는 경향이 있었는데 정의적 영역이 부가된 학습요소를 통해 습관의
중요성·언행일치의 중요성을 실생활에서 강조함으로써 더욱 긍정적
인 효과가 나타났으리라 생각된다.

自我尊重感效果에서는 하→중→상위성적집단으로 갈수록 효과
가 더 크게 나타났다. 그 이유를 살펴보면 中·上位成績集團들은 학
습에 대한 의욕과 긍정적인 행동으로 자신의 부정적이고 소극적인 자
아를 적극적으로 개선하려는 의지가 하위성적집단에 비해 더 높게 나
타난 것으로 생각한다.

交友關係效果는 하위성적집단이 효과가 제일 높은 것으로 나타났
다. 이는 학업성적이 낮은 학생들이 교우관계에 있어서는 좋다는 것을
의미하고 있다. 중위성적집단에서 교우관계효과가 낮게 나타난 것은
좋은 성적을 얻어 상위집단으로 도약하고자 하는 의욕과 욕심이 이기
적인 행동과 태도로 나타나 교우관계에 영향을 미쳤다고 생각된다.

(2) 學業成績 差異에 따른 정의적 영역 성별효과

① 男學生의 情意的 領域 效果

먼저 남학생의 경우, 〈표 12〉에서 살펴보면, 정의적 영역 전체효과
에서 상위성적집단이 제일 효과가 큰 것으로 나타났다.

한문에 대한 學習態度효과에서는 중위성적집단의 학생들이 더 긍정적인 영향을 받고 있는 것을 알 수 있다.

生活態度효과에서는 하위성적집단의 학생들이 긍정적인 효과를 받고 있다는 것을 알 수 있으며, 自我尊重感효과에서는 하위→ 중위→ 상위성적집단으로 갈수록 自我尊重感효과가 개선되고 있다.

交友關係효과에서는 상위 및 하위성적집단의 학생들이 중위성적집단의 남학생들보다 개선되고 있음을 알 수 있다.

〈그림 2〉에서 살펴보면, 정의적 영역 전체효과에서 상위성적집단의 남학생이 제일 효과가 큰 것으로 나타났다.

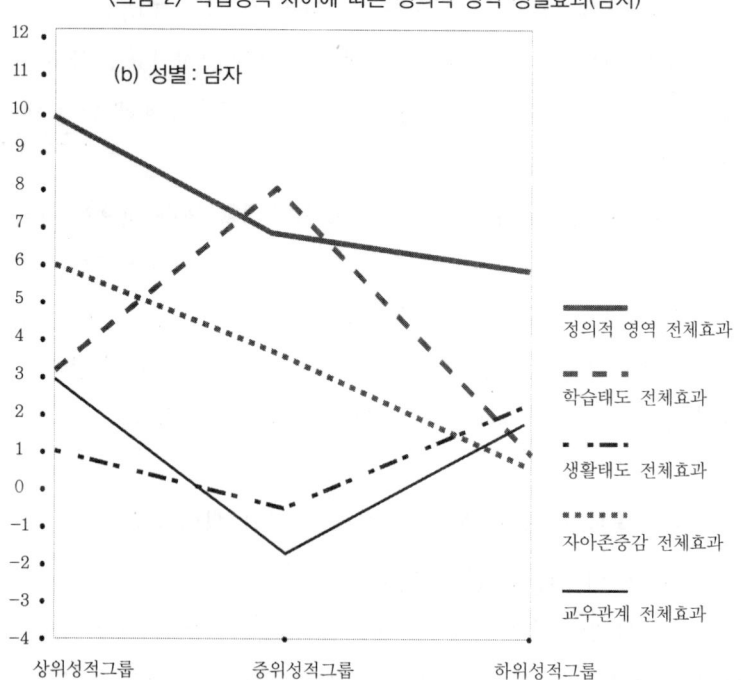

〈그림 2〉 학업성적 차이에 따른 정의적 영역 성별효과(남자)

〈그림 2〉의 학업성적 차이에 따른 남학생의 한문에 대한 學習態度를 살펴보면 中位成績集團이 가장 긍정적인 효과를 나타내고 있으며, 學業成績 差異에 따른 남학생의 生活態度效果인 개인생활, 가정생활, 사회 및 학교생활에서 下位成績集團의 학생들이 정의적 영역이 부가된 한문과 수업으로부터 더 肯定的인 효과를 받고 있다는 것을 알 수 있다. 또한 남학생의 自我尊重感效果에서는 정의적 영역이 부가된 한문과 수업으로부터 하위 → 중위 → 상위성적집단으로 갈수록 자아존중감효과가 개선되고 있다.

〈그림 2〉에서 알 수 있는 바와 같이 學業成績 差異에 따른 남학생의 交友關係效果는 정의적 영역이 부가된 한문과 수업으로부터 상위 및 하위성적집단의 학생들이 중위성적집단의 남학생들보다 개선되고 있음을 알 수 있다. 交友關係효과에서 중위성적집단의 학생들의 효과가 제일 낮은 이유는 설문 내용 중 친구들 간의 협동적인 학습을 묻는 문항으로 인하여 학습에 있어서 도움을 주고받을 수 있는 下位와 上位成績集團의 學生들의 效果가 더 크게 나타나가나 또는 좋은 성적을 얻어 상위성적집단으로 도약하고자 하는 의욕과 욕심이 이기적인 행동과 태도로 나타나 交友關係효과에 영향을 미쳤다고 생각된다.

② 女學生의 情意的 領域 效果

여학생의 경우도 〈표 12〉에서 알 수 있는 바와 같이 정의적 영역 전체 및 각 영역별 효과에서 집단별로 통계적으로 유의미한 차이가 없는 것으로 나타나고 있다. 여학생의 정의적 영역 전체 및 각 영역별효과를 살펴보면 다음과 같다.

〈표 12〉에서 알 수 있는 바와 같이 여학생의 정의적 영역 전체효과에서 상위성적집단이 제일 효과가 큰 것으로 나타났다. 이는 정의적 영역이

부가된 한문과 수업으로부터 중·하위성적집단보다 상위성적집단이 정의적 영역 전체효과에서 더욱 긍정적인 효과를 받고 있음을 의미한다.

한문에 대한 學習態度효과에서는 상위성적집단의 학생들이 하위 및 중위집단학생들보다 더 긍정적인 영향을 받고 있는 것을 알 수 있다.

生活態度효과에서는 상위성적집단의 학생들이 중위 및 하위성적집단 학생들보다 긍정적인 효과를 받고 있다는 것을 알 수 있으며, 自我尊重感효과에서는 집단별로 거의 비슷하게 효과가 나타나고 있다. 그리고 교우관계효과도 정의적 영역이 부가된 한문과 수업으로부터 세 집단이 거의 비슷한 효과를 나타내고 있으나 하위성적집단의 학생들이 상위 및 중위집단학생들보다 더 긍정적인 영향을 받고 있는 것을 알 수 있다.

〈표 12〉에서 나타난 학업성적 차이에 따른 여학생의 정의적 영역 전체 및 각 영역별효과를 〈그림 3〉을 통하여 살펴보면 다음과 같다.

〈그림 3〉 **學業成績 差異**에 따른 정의적 영역 성별효과(여자)

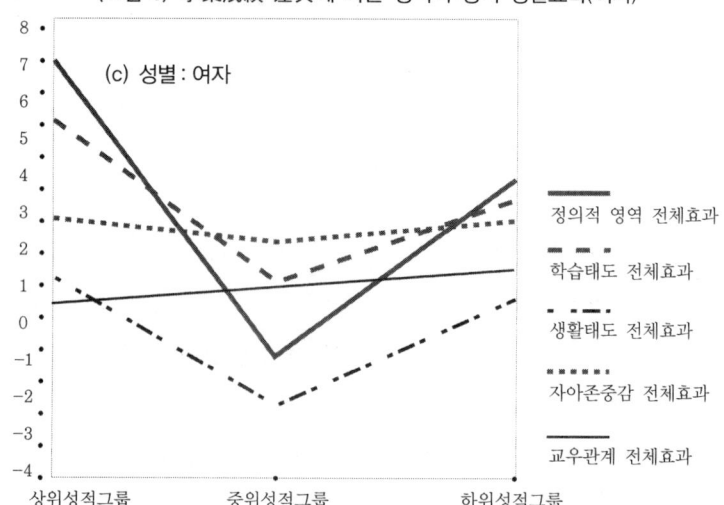

〈그림 3〉에서 알 수 있는 바와 같이 여학생의 정의적 영역 전체효과에서 상위성적집단이 제일 효과가 큰 것으로 나타났다. 이는 정의적 영역이 부가된 한문과 수업으로부터 중·하위성적집단보다 상위성적집단이 정의적 영역 전체효과에서 더욱 긍정적인 효과를 받고 있음을 의미한다.

〈그림 3〉에서 알 수 있는 바와 같이 학업성적 차이에 따른 여학생의 한문에 대한 學習態度效果에서는 上位成績集團의 학생들이 정의적 영역이 부가된 한문과 수업으로부터 하위 및 중위집단학생들보다 더 긍정적인 영향을 받고 있는 것을 알 수 있다. 生活態度效果에서는 上位成績集團의 학생들이 정의적 영역이 부가된 한문과 수업으로부터 中位 및 下位成績集團 학생들보다 肯定的인 효과를 받고 있다는 것을 알 수 있다. 自我尊重感效果에서는 정의적 영역이 부가된 한문과 수업으로부터 집단별로 거의 비슷하게 나타나고 있다. 交友關係效果도 정의적 영역이 부가된 한문과 수업으로부터 세 집단이 거의 비슷하게 나타나고 있으나 하위성적집단의 학생들이 상위 및 중위집단학생들보다 더 긍정적인 영향을 받고 있는 것을 알 수 있다.

V. 結論

본 연구는 한문교과가 학생들로 하여금 올바른 인성과 가치관을 형성하는데 도움을 주고 여러 社會 病理的인 問題點들을 해결할 수 있는 대안적인 교과목으로 적합하다는 일반적인 명제에 대하여 표본을 달리하여 男女別로 정의적 영역의 학습효과를 실증분석을 하였다는 데 그 의의를 둘 수 있다.

연구 결과, 學業成就度에 미치는 效果에서는 실험집단이 통제집단 보다 학업성취도 사후검사 평균점수가 4.3294점 더 높게 나타났다.

情意的 領域에 미치는 效果에서는 실험집단만 통계적으로 유의미한 차이가 있는 것으로 나타났다. 性別效果에서는 실험집단 남학생만 통계적으로 유의미한 효과가 있는 것으로 나타났다.

漢文에 대한 學習態度 전체 효과에서는 두 집단 모두 통계적으로 유의미한 차이가 있는 것으로 나타났으며, 性別效果에서는 실험집단 여자만 통계적으로 유의미한 차이가 있는 것으로 나타났다. 自我尊重感 전체 효과에서는 두 집단 중 실험집단만 통계적으로 유의미한 차이가 있는 것으로 나타났으며, 성별효과에서는 두 집단 모두 통계적으로 유의미한 차이가 없는 것으로 나타났다.

生活態度와 交友關係 전체 및 성별효과에서는 두 집단 모두 통계적으로 유의미한 차이가 없는 것으로 나타났다.

學業成績差異에 따라 情意的 領域 全體 및 性別效果에서는 두 집단 모두 통계적으로는 유의미한 차이가 없는 것으로 나타났지만, 전체 효과에서 상위성적집단이 더욱 긍정적인 효과가 있는 것으로 나타났으며, 성별효과에서도 남녀 모두 상위성적집단이 제일 효과가 크게 나타났다.

학업성적 차이에 따라 각 영역별로 미치는 효과를 살펴보면, 生活態度 領域에서는 下位成績集團 학생들이 중위 및 상위성적집단 학생들보다 더 긍정적인 영향을 받고 있다는 걸 발견하였다. 그 대신 배운 바를 內面化를 통해 행동으로 실천하는 요인들로 묶은 學習態度와 自我尊重感 領域은 하위성적집단의 학생들보다는 中位 및 上位成績集團 학생들에게서 더 효과가 높았다. 그리고 交友關係 領域에 있어서 중위, 상위, 하위성적집단으로 갈수록 그 효과가 높게 나타났다. 그러나 이를 남녀별로 각각 분석하면 전체효과와 다른 결과가 나타나고 있는데, 향후 연구에서는 남녀별 표본수를 증가시켜 보다 정밀한 연구와 분석의 필요성을 제기하였다는데 그 의의를 둘 수 있다.

따라서 이제까지는 한문과목이 기타 과목의 도구교과로서 중요한 역할을 한다는 연구물이 많이 나왔듯이 정의적 영역을 부가한 한문과 수업이 학생들의 他 敎科目의 學業成就 등에 어떠한 영향을 미치는지에 대해서 미래 연구 과제로 남겨 두며, 앞으로 학년별·지역별·문화 환경적 특성 등에 따라 어떠한 결과가 나타나는지 많은 연구가 있기를 기대한다.

참고문헌

교육부(1999), 「중학교 교육과정 해설(Ⅴ)-외국어(영어), 재량활동, 한문, 컴퓨터, 환경, 생활외국어-」, 서울: 대한 교과서 주식회사.

권혁대(2000), 「한문과 정의영역 평가모형 제시」, 『청람어문교육학』제22집, 한국교원대학교.

김부윤(1993), 「정의적 영역에 관한 연구」, 『청람수학교육』제3집, 수학교육연구소, 한국교원대학교.

김일환(1999), 「한문교과의 인성교육적 특성과 수업방안」, 『교육연구』제15집, 공주교육대학교.

나숙자(1992), 「수학사와 수학을 응용해서 정의적 목표를 강조한 수업으로 인한 수학 학습효과의 고찰」, 이화여자대학교 교육대학원 석사학위논문.

박영호(2000), 「한국에서의 한문교육의 현황과 과제」, 『한문교육연구』제14호, 한국한문교육학회.

심호택(1998), 「한문교육에서의 주제지도의 방향」, 『한문교육연구』제12호, 한국한문교육학회.

양경수(2002), 「한문교과의 정의적 영역 연구-제6차 고등학교 한문Ⅰ교과서를 중심으로」, 강원대학교 교육대학원 석사학위논문.

오만록(1984), 「학업성취의 누적경험이 정의적 특성의 변화에 미치는 영향」, 고려대학교 대학원 석사학위논문.

이미애(2003), 「중학교 한문과 정의적 영역의 학습효과에 관한 연구」, 『한문교육연구』제20호, 한국한문교육학회.

이상진·최상근·박장렬(2003), 「중학교 한문 3」, (주)동화사.

이승희(1999), 「STS수업이 중학생의 정의적 영역에 미치는 영향」, 연세대학교 교육
대학원 석사학위논문.

정재철(1999), 「제6·7차 한문과 교육과정의 비교 연구」, 『한문교육연구』 제13호, 한
국한문교육학회.

정충영·최이규(2002), 「SPSS WIN을 이용한 통계분석」, 무역경영사.

중앙교육평가원, 「정의적 특성의 평가방법」, 『연구보고 87-3』, 1987.

한국교원대학교 부설 교과교육공동연구소(2001), 「평가연구」, 『연구보고 RR 99-Ⅳ
상』, 한국교원대학교.

한종하·박경숙·배호순(1982), 「중등학생의 지적·정의적 발달 특성 조사연구」, 한
국교육개발원.

이 글은 『漢字漢文敎育』 제20집(韓國漢字漢文敎育學會, 2008)에 수록한 논문을 재수록한 것이다.

제4부
한문과 현장교육연구자료 분석

漢文科 現場敎育硏究 資料分析Ⅲ

－漢字 漢字語의 敎育硏究를 中心으로 ②

鄭愚相

Ⅰ. 序言

本稿는 韓國敎員團體總聯合會에서(1975年에서 1989年까지) 15年間 全國的으로 實施한 現場敎育硏究論文 發表大會에서 優秀論文으로 當選된 漢文分科의 硏究論文 49編을 蒐集하여 "漢字 漢字語의 硏究", "漢文文章의 硏究"로 兩大別하고, 다시 그 主題와 內容에 따라 分析하였다. 이 論文들이 全國 現場敎育硏究大會에서 優秀한 論文으로 入賞될 때까지는 여러 가지 어려운 段階를 거쳐야 한다. 우선 現場 敎師들이 이 論文을 作成하는 過程에서는 時間的으로나 經濟的으로 매우 힘든 與件 속에서 이루어지게 되고, 硏究作成된 論文은 各道의 敎育會에서 實施하는 論文審査에서 優秀論文으로 選拔되어야 하며, 選拔된 論文은 다시 敎總에서 實施하는 全國 現場敎育硏究大會에서 優秀論文으로 當選되어야 한다. 여기에서 分析한 論文들은 이러한 段階를 거쳐서 選拔된 論文들이기 때문에 漢文科의 現場敎育硏究論 文으로는 매우 價値있는 것들이다.

本稿는 "漢字 漢字語의 硏究"와 "漢文文章의 硏究"分野 中에서 漢

文文章의 研究는 『島巖 柳豊淵博士 回甲記念論文集』에 이미 發表하였고, 『漢字와 漢字語의 研究分野』中에서 그 一部는 『鳳竹軒 朴鵬培博士 停年記念論文集』에 發表하였고, 나머지 마지막 부분을 本稿에 發表한다.

Ⅱ. 漢字와 漢字語의 教育研究

漢字와 漢字語教育에 關한 研究論文은 모두 21編이다. 이것을 주제로 內客에 따라 分類하면 다음과 같다.

番	主題別 分類	編類
1	漢字의 構造와 漢字學習	7
2	漢字의 段階的 學習	3
3	漢字의 部首先行學習	2
4	漢字의 쓰기 指導	2
5	漢字語 學習	3
6	其他	4
	計	21

위의 分類表 중에서 1, 2의 10編은 上記한 바 있는 『鳳竹軒 朴鵬培博士 停年記念論文集』에 發表하였고, 나머지 '3. 漢字의 部首先行學習' 2編, '4. 漢字의 쓰기 指導' 2編, '5. 漢字語 學習' 3編, '6. 其他' 4編, 都合 11編의 要約과 結論을 이 論文集에 發表하기로 한다.

1. 漢字의 部首先行學習

年度	主題	硏究者	地域	page
'82	部首活用을 通한 類推活動이 初期 漢字學習 能力伸張에 미치는 影響	深海錫	서울 城東	203~300
'86	部首 先行學習이 漢字理解力 伸張에 미치는 影響	崔鴻淳 徐永錫	서울 瑞草	719~823

1) 部首活用을 通한 類推活動이 初期 漢字學習 能力伸張에 미치는 影響

〈深海錫 : 서울 杏堂女子中學校 敎師, 1982〉

(1) 要約

① 言語의 社會性이나 恣意性으로 보아 漢字學習의 要求를 實現시켜야 하나 學校現場에서는 아무튼 가장 疏忽한 敎科이며 皮相的으로 指導될 수밖에 없는 要件이기에 相對的으로 漢文科의 學業成就度는 낮은 實情이다.

이에 本 硏究에서는 '讀書千遍其義自現'式의 指導方法을 脫皮하여 初期漢字 學業者들에게 表音文字의 特徵을 살려 視覺的 映像效果를 높이고, 學習動機를 誘發할 수 있는, 部首를 活用한 方法들이 初期 漢字學習 機能伸張에 效果的이라는 判斷 아래 本 硏究를 試圖하게 된 것이다.

② 이를 達成하기 위한 目的으로

初期 漢字學習의 成就動機를 誘發하고 機能을 伸張시키기 위하여

a) 部首를 活用한 指導要素로 學習機能을 높이기 위한 體系的인 指導段階를 樹立하고,

b) 部首를 利用한 視覺資料를 開發活用함으로써 類推活動을 圖謀하며,

c) 部首를 適用한 敎授-學習方法을 探索하여 效果的인 指導方案을 강구하는 데 目的이 있다.

③ 위의 研究 目的에 關聯된 理論的 背景으로는 漢字學習의 原理와 部首指導의 效果, 視覺資料에 의한 部首字 指導方案과 漢文科 學習指導의 方向 등을 살펴보았고 先行 研究를 考察하였다.

다음으로 對象學生들의 實態와 學父母의 見解를 分析 檢討하여 아래와 같은 實行假說을 세우고 實行하였다.

④ 實行 假說은,

> 가. 部首를 活用하는 指導要素를 抽出하여 分析 提示한다.
> 나. 部首를 活用하는 敎授-學習體系를 構案한다.

로 설정하였다.

⑤ 實行 假說 "가"의 實行

本 研究에 適用될 中學校 1學年의 基礎漢字 350字에 대한 學習要素를 抽出하기 위하여

a) 基礎漢字의 部首別 分布狀況을 調査하고

b) 部首字를 六書別로 分析하였으며

c) 部首의 位置別 分類로 漢字의 構造를 多角的으로 分析하였다.

⑥ 實行 假說 "나"의 實行

單元別 指導內容을 探索하고 部首를 活用한 學習資料를 投入하여 類推活動을 强化하고 學習機能을 伸張시키는 方案으로

a) 初期 漢字學習 指導計劃을 樹立하고

b) 敎授-學習課題의 授業模型을 適用하였으며

c) 部首活用 漢字學習資料를 投入하였다.

⑦ 實行 假說에 依據 研究推進한 結果를 土臺로 前後左右 比較分析한 結果는 다음과 같다.

a) 漢文科의 學力檢査

中間檢査에서 實驗班이 比較班보다 1.7点이나 낮은 平均差를 보이
던 것이 事後檢査에서는 오히려 3.7点이나 上廻하고 있으며 CR 3.68
로 意義있는 差를 보여 주고 있다.

b) 漢字理解 把持力 檢査

把持力의 効果는 最終 37個月 後에 實驗班이 比較班보다 +21.3%
높게 나타나 部首活用으로 視覺映像에 刺戟을 强化한 것으로 보아진다.

c) 類推力 評價

實驗班의 경우 部首類推나 字義類推가 60% 以上을 通過하고 比較
班보다 部首類推가 47.9%, 字義類推도 39.2%를 상회함은 部首活用
을 통한 類推活動이 初期 漢字學習에서 成就되었음이 立證되었다.

d) 字典活用能力 調査

事前檢査에서 10% 水準으로 不足하였으나 事後檢査에서는 75.5%
水準에 比較班보다 무려 65.3%의 높은 差를 보이고 있어 部首活用이
字典活用能力을 向上시키는데 매우 効果的임을 시사해 주었다.

e) 漢文科에 대한 興味度 調査와 觀察 面接에 의한 結果로 보아서도
漢字學習의 成就動機가 이룩되었고 部首를 活用한 音·義類推過程을
관찰할 수 있었으니 初期 漢字學習의 機能이 伸張된 結果로 본다.

(2) 結論

本 硏究는 中學校 1學年을 對象으로, 部首를 活用하여 初期 漢字學
習의 機能伸張을 위한 現場硏究로써 嚴格한 統制 없이 다만 實行을
통하여 얻어진 變化를 比較分析한 結果에 따라 다음과 같은 結論을
얻게 되었다.

① 基礎漢字인 350字에 대하여 學習要素를 抽出하기 위한 多角的

인 分析은 漢字學習의 方向 設定에 많은 도움을 준다.

② 部首를 活用한 教授-學習課題 授業模型의 適用은 漢字學習 成就動機誘發에 效果的이다.

③ 初期 漢字學習에서 部首活用을 통한 類推活動은 形·音·義를 익히는 最善의 方法이었으며, 發展的으로 漢字의 構造와 字源까지도 익힐 수 있다.

④ 部首活用 漢字學習資料의 投入은 興味誘發을 促進하는 多樣한 學習過程을 構案하여 學習機能을 높이는 지름길이다.

⑤ 部首의 活用은 筆順 익히기뿐만 아니라 書寫能力까지 向上된다.

⑥ 字典活用 能力은 部首 理解와 正比例한다.

따라서 本 研究를 逆行하면서 어린 學生들과 親熟해지고 격의없이 따르는 분위기가 造成 되었으며 본교에 每月 實施하는 「英語單語와 基礎漢字」 評價에 熱을 올리는 모습을 바라볼 때 意味 있는 研究였다고 본다.

2) 部首 先行學習이 漢字理解力 伸張에 미치는 影響

〈崔鴻淳, 徐永錫 : 서울교대부속초등학교 교사, 1986〉

(1) 要約

本 研究는 文華傳乘과 豊富한 言語生活을 위해서 必要한 漢字를 가장 科學的이고 合理的으로 指導할 수 있는 指導方法과 指導資料의 開發 適用을 研究의 目的으로 하고, 이를 達成하기 위하여 첫째, 學習漢字의 選定과 部首分析, 둘째, 部首先行學習 指導方法의 研究를 實行의 目標로 設定하였다.

本 研究의 推進을 위하여 뒷받침 되어야 할 理論的 根據로는 漢字

學習의 中核概念인 部首先行學習의 特殊性에 關한 生成過程의 原理
에 對한 興味誘發의 效率性理論을 糾明하고, 이미 糾明된 先行研究
에서 本 研究와의 關聯性의 限界를 明確히 하여 本 研究推進의 斬新
性과 考慮点을 分明하게 하였다.

　本 研究는 研究者들의 担任學級인 서울教大 附屬國民學校 3학년 1
班과 2班 兒童 120名을 對象으로 1980.10~1981.9(1學年) 其間에 推
進한 研究內容은 다음과 같다.

　가. 研究內容의 要約

　① 學習漢字의 選定과 分析內容으로서

　a) 한글 表記 漢字語別 使用頻度를 調査하였더니 現行 國民學校 國
語敎科書(1~6學年, 全 12卷)에 나오는 한글 表記 漢字語數는 무려
3,385 單語나 되었고,

　b) 漢字別 使用頻度 및 語彙形成 回數를 調査한 結果로는 3學年까
지의 敎科書에 나오는 漢字語는 557個이고 使用된 漢字數는 625字
가 되었으며,

　c) 學習漢字의 選定基準으로는 1~3學年에 나오는 漢字語의 漢字
로서 4~6學年까지 繼續 表記되는 漢字中에서 ① 使用頻度가 높고(10
回 以上), ② 語彙形成 回數가 많아(7回 以上) 轉移價가 높은 것으로
하여 300字의 漢字를 選定하였다.

　d) 部首의 分析으로 總 部首 214個 중에서 學習漢字 300字에 使用
된 部首는 116部首이며, 文字部首中에 象形 部首는 67.02%로 가장
많았고 部首를 六書別로 分類한 결과는 다음과 같았다.

六書別	象形	指事	會意	形聲	文字 아닌 部首	計
部首數	63	10	15	5	23	116

e) 學習漢字를 部首別로 分類하고 다시 116部首의 使用頻度를 調查한 結果는 다음과 같다.

使用頻度	1	2	3	4	5	6	8	9	11	12	13	16	계
部首數	55	25	13	9	4	2	2	1	2	1	1	1	116

部首가 1~2回 使用된 것은 全體部首의 68.96%나 되므로 部首指導가 先行되면 漢字의 理解力 伸張에 많은 影響을 줌이 나타났다.

② 部首先行 教授-學習 方法의 研究內容으로는

a) 部首先行學習 過程의 模型 定立 및 通用

b) 指導事項 및 內容의 詳細化

c) 學習漢字의 部首別 指導計劃 樹立 및 推進

d) 部首先行學習을 위한 學習資料로는

ⅰ) 部首字 圖解資料

ⅱ) 部首字의 位置 指導資料

ⅲ) 部首字의 筆順 指導資料

ⅳ)『오늘의 部首 공부』책자

ⅴ) 視聽覺 器機 補助 資料 등을 製作, 活用하였다.

나. 研究 結果의 要約

① 漢字 理解力에 의한 調查 分析

事前檢查에서는 研究班과 比較班의 評價의 差가 1.00, CR=0.45, P〉0.10으로 意義가 없었으나, 事後檢查에서는 平均의 差가 7.3, CR=4.15, P〈0.001로 意義 있는 差를 나타냄으로써 研究班의 漢字理解力이 높게 나타났다.

② 漢字語 解釋力에 의한 調査 分析

80点 以上이 硏究班은 86.67%, 比較班은 55.0%로 31.67%의 差가 나타났고 59点 以下는 硏究班이 3.33%, 比較班이 18.34%로 15.01%의 差로 硏究班의 漢字語 解釋力이 높게 나타났다.

③ 字典活用能力 變化 分析

字典 活用 能力이 事前·事後의 學習에 의한 變化度가 硏究班은 70.33%, 比較班은 9.83%로 60.50%의 많은 差를 나타내 硏究班의 字典活用 能力이 優秀함을 나타냈다.

④ 漢字理解 持續度 分析

學習한 後 3個月이 經過한 때 學習內容 記憶狀態를 調査한 結果 硏究班은 忘却率이 15.00%였고 比較班은 忘却率이 38.34%로서 硏究班이 漢字理解 內容을 오래 記憶하고 있음이 나타났다.

⑤ 造語力 調査 分析

漢字 1字에 對한 平均造語力이 硏究班은 4.8字, 比較班은 3.3字로 1.5字의 差를 보임으로써 硏究班이 比較班보다 造語能力이 높게 나타났다.

⑥ 新習漢字의 類推力 分析

새로 익히는 漢字의 部首 類推力은 硏究班이 61.67%, 比較班은 11.67%로 硏究班이 50%나 類推할 수 있는 能力이 있는 것으로 나타났다.

⑦ 漢字學習에 對한 興味 調査 分析

'部首에 담긴 뜻을 알게 되어 漢字學習이 재미있다'라고 생각하는 아동이 3月에는 6.67%였으나 7月에는 95.00%로 本 硏究의 指導한

後에는 漢字學習에 의한 關心과 興味가 많아졌다.

⑧ 漢字學習에 對한 學父母 意見分析

研究班이나 比較班의 學父母가 모두 80% 以上이 漢文教育이 必要하다고 하였으며, 漢字學習方法으로는 從來의 暗記式보다 科學的이고 效果的인 方法으로 指導되기를 바라고 있다.

(2) 結論

本 研究의 主題解決을 위하여 適用 實行된 研究內容에서 밝혀진 結論을 통하여 다음과 같은 結論을 얻을 수 있었다.

① 國民學校 教科書는 한글로 表記된 漢字語가 매우 많으므로(國語教科書 총 3,385單語), 漢字는 國語教育 및 아동들의 言語生活에 많은 影響을 미친다.

② 國民學校에서 漢字를 指導할 때에는 國語 教科書를 分析하여 漢字의 使用頻度가 높고 語彙形成 범위가 넓은 漢字를 學年 水準에 맞게 選定하여 지도함이 國語學習 및 日常 言語生活에 도움을 준다.

③ 部首는 그 活用(結字) 범위가 넓고, 部首가 지니고 있는 意味는 漢字理解에 核心的 役割을 하므로 漢字를 指導할 때에 部首指導는 필수적이며 先行돼야 한다.

④ 本 研究에서 制作 活用한 「오늘의 部首 공부」資料는 짧은 時間에 많은 量의 漢字를 效率的으로 學習할 수 있었기 때문에 이러한 組織的인 資料를 더욱 研究 開發하여 活用하여야 한다.

⑤ 視覺的 資料는 記憶의 持續을 强化시켜 주었고 部首가 다른 文字와 結字되는 指導에는 T.P資料가 매우 效果的이고 아동들이 흥미를 갖게 되므로 이러한 視聽覺 資料를 많이 活用하는 方法이 바람직하다.

⑥ 漢字를 六書別로 分類하면 象形漢字가 그 半數가 넘으므로 部首字의 形成文字를 徹底히 指導하면, 다른 많은 漢字도 興味있고 쉽게, 빨리 理解할 수 있게 된다.

⑦ 部首의 筆順原則을 理解하면 複雜한 漢字도 빨리 쓸 수 있고, 또 바르고 아름답게 쓰게 되므로 筆順指導는 漢字學習의 필수 要件이 된다.

⑧ 部首의 意味, 部首의 位置를 識別하게 되면 字典活用能力 → 漢字構成原理 把握 → 漢字의 音과 뜻의 類推力 → 造語力이 伸張된다.

⑨ 本 硏究에서 適用한 「實驗A」와 「實驗B」에서 比較班의 「實驗B」 方法인 재래의 注入式, 暗記式 方法은 時間과 努力의 낭비가 많았으므로, 硏究班의 「實驗A」 方法인 科學的이고 能率的인 部首先行學習의 方向으로 改善되어야 한다.

2. 漢字 쓰기 指導

年度	主題	硏究者	地域	page
'75	중학교 漢字 바르게 쓰기 指導方案	김재덕	慶南 馬山	87~182
'77	한자 바르게 쓰기에 關한 指導方案 硏究	章用鉉	서울 城北	939~988

1) 중학교 漢字 바르게 쓰기 指導方案

〈김재덕, 경남 마산여자중학교 교사, 1975〉

(1) 중학교 1학년생의 漢字 바르게 쓰기 부진 요인은

① 劃順 疎忽, 眼球운동 및 눈과 손의 共應作用 不足으로 因한 必要없는 劃의 加減, 構造의 反轉, 劃의 同轉과 方向의 錯覺, 類似漢字

의 識別誤認, 變則的인 音價 및 劃數의 混同 등을 들 수 있고,

② 교육과정 시간이 제한되어 있어 실제지도시간이 넉넉지 못하였으며,

③ 基礎學力의 不足 때문에 興味를 잃은 학생이 많고 따라서 自主的 학습이 제대로 이루어지지 않았으며,

④ 客觀式 平價方法의 하나로 주로 선다형 출제가 많은 관계로 쓰기의 必要性을 절실히 느끼지 못하고 교사 또한 별로 강조해서 지도하지 않았다는 점을 들 수 있다.

(2) 이들 요인을 제거하고 바르게 쓰기 技能伸張을 위한 학습지도 방안을 摸索하여 10개월간 실시하였는데 그 內容은 이러하였다.

① 기본 劃의 理解 및 쓰기 지도

기본 劃의 回轉, 方向 뻗는 順序를 명확히 하고자 눈과 손의 共應 운동을 활발히 전개시켰으며 字形을 빨리 한 눈에 파악하기 위해 圖表와 文字카드를 순서 개념을 무시하고 닮은 것끼리 서로 맞추게 하는 訓練을 실시하였다.

② 漢字바르게 고쳐 쓰기 실시에 따른 改善 方案

類似漢字에 대한 분간력을 기르고 構造反轉 및 劃의 어긋난 回轉을 校正하도록 지도함으로써 誤記된 漢字를 바르게 쓸 수 있었다.

③ 쓰기 자세의 敎率的인 지도

글짓기, 글씨 技能 경진대회, 課題의 個別化를 통한 쓰기 지도로써 意慾을 환기시키고 變則的인 音價 및 劃數지도를 실시하여 국어학습에도 橫的인 영향을 주기 때문에 이해, 기능 등 分析目標別로 評價會를 개최하였다.

(3) 본 연구의 指導方案대로 10개월간 實施한 後에 그 傾化 상황의 반응은?

① 漢字쓰기 학습발달 상황

漢字학습에 기본이 되는 劃, 劃順, 部首, 構造, 字形의 상호 유기적인 관련지도를 통해 한자쓰기의 기능면에서 현저한 成長을 가져왔다.

② 硏究實行以前의 기준이 되는 3월에 비하여 7월에는 글씨가 현저하게 洗鍊되고, 構造의 균형이 바로 잡히고 類型別 학습장을 活用한 결과 점차적인 향상을 가져왔으며, 특히 構造의 反轉이나 類似漢字에 대한 識別 能力이 洗鍊되었다.

③ 漢字쓰기에 대한 의욕이 고조되었고, 여러 가지 학습 습관의 부진한 요인이 제거되었으며, 興味와 關心을 기울여 자발적으로 학습에 임하는 자세가 바르게 잡혔다.

④ 본 학습지도 방안은 국어교육뿐 아니라 여타 과목에도 학습 효과면에서 연쇄적인 반응을 가져왔다.

2) 한자바르게 쓰기에 關한 指導方案硏究

〈章用鉉 : 서울 상계여자중학교 교사, 1977〉

(1) 中學校 第一學年 漢字 바르게 쓰기 不進 要因

① 漢字 基礎의 側面에서

a) 劃順 쓰기의 疏忽로 因한 漢字 解得이 어렵다.

b) 眼球運動 및 눈과 손의 共同作用 不足으로 因한 必要 없는 劃의 加減이 생기어 混同이 되었다.

c) 構造의 反轉, 劃의 回轉과 方向의 錯覺으로 因한 混同이 생기었다.

d) 類似한 漢字의 識別 誤認으로 생기는 混同이 있었다.

e) 變則的인 音價 및 劃數의 混同을 들 수 있다.

② 教科時間 配當의 制限과 時間的 側面에서

a) 文教部 漢字教科 時間配當이 制限되어 있어 그 時間으로는 實際 指導時間이 不足되고 있다.

b) 學生들의 學力評價에서 客觀的 評價方法을 導入 選多型 出題로 學生들은 O, X로 答하는 關係上 쓰기의 必要性을 切實히 느끼지 않고 있으며, 教師들도 別로 쓰기 指導를 強調하고 있지 않는 点을 들 수 있다.

(2) 바르게 쓰기 指導 伸張을 爲한 學習指導 方案과 그 內容

① 基本劃의 理解 및 쓰기 指導

a) 漢字의 基礎技能의 熟達을 爲하여 漢字 基本劃 指導를 하였다.

b) 漢字의 바른 順字의 劃順쓰기를 위하여 劃順 圖表化와 劃의 完成 指導 카드에 依한 指導를 하였다.

c) 漢字의 構造 把握과 均衡을 바로 잡기 爲하여 方眼學習帳 및 罫線學習 完成과 白線學習帳으로 指導하였다.

d) 漢字의 解得과 분간력을 돕기 爲하여 部首의 圖表化와 圖表카드에 依한 部首指導를 하였다.

e) 漢字 製字의 根本을 理解하기 爲하여 製字 動機에 依한 文字指導를 하였다.

② 漢字 바르게 고쳐쓰기 指導

a) 漢字의 識別能力을 돕기 爲하여 類似漢字識別 指導를 하였다.

b) 漢字의 構造 反轉, 方向, 位置의 錯覺을 바로 잡기 위하여 構造 反轉, 回轉의 識別 指導를 하였다.

c) 漢字 筆順에 對한 記憶力을 살피고 劃의 漏落을 막기 爲하여 文字 構造의 細分 및 假劃 造作 指導를 하였다.

③ 漢文學習의 成熟動機 育成을 爲한 效率的인 指導

a) 音價의 着角으로 因한 混同을 막기 爲하여 變則的인 音價指導를 하였다.

b) 漢字의 活用을 爲하여 作文 指導를 하였다.

c) 漢字쓰기의 興味를 갖게 하기 위하여 글씨技能競技大會를 開催하였고 쓰기 연마로 因한 性格指導를 하였다.

d) 規則的인 바른 學習態度의 育成을 爲하여 效率的인 課題物의 個別指導를 實施하였다.

(3) 本 硏究 指導方案에서 얻은 變化 狀況의 反應

① 漢字學習의 基本이 되는 劃, 劃順, 部首, 構造, 字形의 相互 有變的 關聯態度를 通하여 漢字쓰기의 指導面에서 顯著한 伸張을 가져 왔다.

② 類型別 學習帳을 使用한 結果 漸次的인 쓰기의 向上을 가져 왔으며 特히 構造의 反轉이나, 類似한 漢字의 識別能力이 洗練되었다.

③ 漢字 쓰기에 對한 意慾이 高潮되었고 여러 가지 學習習慣이 不進한 要因이 除去되었으며 興味와 關心을 기울여 自發的으로 學習에 임하는 姿勢가 바르게 잡혔다.

④ 本 學習 指導方案은 國語敎育뿐만 아니라 다른 敎科에도 學習效果面에서 進鎖的인 좋은 反應을 가져왔다.

3. 漢字語 學習

年度	主題	研究者	地域	page
'75	관심과 흥미를 모으는 한문 지도가 자주적 학습태도 형성에 미치는 영향–漢字語 읽기를 중심으로–	김광철	남인천	
'85	基本生活 漢字語 開發資料에 依한 假階別 指導가 漢文科 基礎能力 伸張에 미치는 影響	金泳敦	仁川	969~1066
'87	漢字 漢字語 學習 資料 開發을 通한 漢文과 學力伸張	최강렬	慶南 統營	621~746
	高等學校用 基礎漢字의 프로그램 課題學習을 通한 語彙力 伸張	張基聖	大邱	491~554

1) 관심과 흥미를 모으는 한문 지도가 자주적 학습태도 형성에 미치는 영향 –漢字語 읽기를 중심으로–

〈김광철 : 남인천여자중학교 교사, 1975〉

(1) 요약

① 실천 과정의 요약

한문(漢字 漢字語 포함)에 대한 이해와 기초 실력을 갖추지 못한 중학교 1학년 학생들에게 한문교육의 필연성을 재인식하고 "한문은 어렵다"라는 고정 관념을 타개하기 위한 학습의 일환으로 적절한 자료를 제작하고 활용하여 흥미와 관심 갖게 하여 쉽게 접근할 수 있는 학습방법을 시도하여 5개월간 연구한 내용을 요약하면,

a) 한문 학습의 효율을 위한 제반 자료를 제작 활용하여 "어렵다"는 관념과 인식을 타개 하는데 주력 했고,

b) 스스로(自主的) 예습할 수 있는 학습태도를 갖게 하기 위하여 읽기 급수제를 실시했다.

c) 국어의 바른 이해를 위하여 漢字語 중심의 短文 짓기를 실시했다.

d) 漢字生活에 대한 기초적 적응력 도모를 위하여 新聞資料를 제공하여 적극 활용하여 漢字語에 대한 의욕을 환기시켜서 스스로 익힐 수 있다는 自信感과 보람을 느끼게 했다.

② 실천 결과의 요약

실행 중점의 실천 및 지도 결과,

a) 漢文科 학습에 대한 관심과 흥미를 느끼게 되었으며,

b) 종래의 수동적이고 침체된 학습 분위기에서 능동적이고 활동적인 변화를 가져 왔고,

c) 漢字語 短文化 學習은 어휘의 바른 개념형성을 위하여 效果的이었으며,

d) 읽기 급수제 실시로 인하여 漢文학습에 대한 솔직한 참여의식과 책임감이 높아졌다.

e) 신문 자료의 제공은 확실히 國·漢文 간행물을 접하는 데 自信感과 의욕을 높일 수 있었다.

f) 自主的 하습방법의 신장으로 不足힌 時間에 대한 문제를 效果的으로 충당할 수 있었다.

g) 따라서 社會의 文字生活의 早期的 적응을 爲한 漢字語 읽기지도는 본 연구의 내용과 의도가 접근 되었다고 본다.

(2) 제언

漢文科에 대한 교육적 효과를 위하여 본 연구를 진행하면서 보다 아쉬웠던 점을 요약하면,

① 漢文科 교과서는 漢字말 外에 보다 쉽고 정서성이 풍기는 故事 격언 등의 삽입이 있었으면 도움이 되겠다.

② 단원의 내용을 이해하는 데 도움이 되는 천연색 사진이나 삽화의 삽입이 아쉽다.

③ 교재에 사용 된 자형은 명조체 활자만 있어서 字形이나 字順의 이해를 爲하여 붓글씨로 된 본보기의 사진이 있었으면 도움이 되겠다.

④ 漢文교육의 일관성 있는 학습지도를 위하여 기초적이고 참고가 되는 文形面의 보충 교재를 덧붙였으면 효과적으로 익힐 수 있겠다.

⑤ 주당 1시간 실시에서 오는 부족한 문제점 해결을 위하여 국어과를 비롯하여 각 교과 시간에도 적절한 지도 강구책이 요망된다.

⑥ '76년도에 국민학교 국어 교과서에 한자병기에 기대를 걸어 본다.

2) 基本生活 漢字語 開發資料에 依한 假階別 指導가 漢文科 基礎能力 伸張에 미치는 影響

〈金泳敦 : 仁川女子中學校 敎師, 1985〉

(1) 要約

學生들은 漢字에 興味를 느끼지 않고 있으며 必要性도 認定하지 않고 있을 뿐더러 指導 敎師들은 構造的인 學習이나 合理的인 생각보다도 어렵다는 先入見만 가지고 漢字語나 漢文을 學習시키고 있어 獨立된 낱자로만 가르치고 指導못한 部分은 家庭 學習으로 돌려 課題로 부과하는 程度의 漢文 指導 方法에서 탈피하기 爲한 손쉬운 方法의 하나로 學生들에게 興味를 줄 수 있는 우리 주변의 基本 生活 漢字를 抽出하여 敎科書 內容의 漢字와 함께 가르치되 漢字語의 構造 分析을 通한 段階的 學習을 指導하며 漢字語의 構造를 바르게 理解함으로써 漢字語의 뜻을 正確히 把握하고 漢字語彙를 國·漢文 混用으로 日常 用語化하여 生活 漢字語를 쉽게 活用함으로써 漢字에 對한 理解力을 伸張시킬 수 있지

않을까 생각하여 本 硏究를 着手했는데 그 實踐 內容은,

첫째로, 中學校 學生에게 가르쳐야 할 基本 生活漢字語를 敎科書, 新聞, 看板, 學校生活用語, 家族生活用語 等에서 446字를 選定하여 中學校 學生의 成就度에 맞추어 理解 可能하고 活用이 可能한 漢字語를 抽出했으며,

둘째로, 基本 生活 漢字語의 構造的 分析 指導 資料를 作成하기 爲하여 抽出된 基本 生活 漢字語로 다시 主述 構造, 修飾 構造 等 6個 分野로 나누어 再構成하여 學生들이 文型에 맞는 基本 生活 漢字語를 익히기 쉽게 指導 資料를 開發했다.

셋째로, 基礎 漢字의 活用 頻度를 調査하여 頻度에 따른 漢字 級數 카드를 六書別로 또한 漢字語 構造分析 種類別로 만들었고, 漢字 活用을 極大化하기 爲해 造語카드 等 視聽覺資料를 만들어 時·空을 가리지 않고 언제, 어디서든지 스스로 學習하여 漢字에 대한 恐怖나 距離感을 解消하고 親密度를 더하며 日常 生活에서 漢字語에 對한 興味와 活用度를 높였으며,

넷째로, 基本 生活 漢字語의 指導 資料 活用을 通한 學習을 展開하기 爲하여 理解的 指景에 探索된 實踐模型을 選定하여 問題 意識, 構造 分析, 反復, 大替, 整理評價의 段階的 學習을 3月부터 7月까지 指導하면서 얻어진 硏究 結果를 分析하면,

① 漢文科에서 對한 興味에서는 '普通이다', '재미있다', '第一 재미있다'가 硏究前 43%가 77.3%로 增加되었고,

② 讀解力 伸張에서는 硏究前 班의 平均 差가 0.3이 硏究後 6.5, $p < 0.005$로 意味있는 發展을 했으며,

③ 漢文科 綜合 學年에서도 硏究前보다 硏究後가 10% 上向으로 CR 3.31, $p < 0.005$로 意味있는 伸張을 나타냈다.

④ 基本 生活 漢字語의 活用度를 알아보면 '漢字는 어렵기만 하고 別로 價値가 없다'는 學生이 46%에서 21%로 減少되는 反面, '漢字는 日常 生活에서 꼭 必要하다'가 25%에서 42%로 增加됨을 볼 때 漢字는 자기네들을 괴롭히는 教科라는 생각보다는 必要한 教科로 바뀌어져 가고 있음을 알 수 있다.

(2) 結論

基本 生活 漢字語 指導 資料 開發과 活用을 通한 漢文科 基礎 學力을 伸張시키기 爲하여 1984년 9월부터 基本 生活 漢字語를 抽出하여 構造的인 指導資料와 漢字語 級數카드 資料를 開發하여 二學年學生 123名에게 段階的인 學習 指導를 實踐한 結果를 通하여 結論을 내리면 다음과 같다.

① 基本 生活 漢字語의 構造 原理를 說明하는 데 自律的이고도 能動的인 視聽覺資料를 積極 活用하여 興味있고 參與度 높은 授業을 展開함으로써 보다 活潑한 學習 意慾과 成就 動機를 높일 수 있었다.

② 學生들에게 漢字 實力을 認定해 주는 漢字 級數 復興 制度를 實施하여 週一回 確認하고 昇級 査定을 거치게 한 結果 이에 자극을 받아 漢文課에 慾心을 가지고 自律的으로 공부하는 氣風을 길러 주게 되었다.

③ 六書의 原理에 依한 漢字 指導는 興味를 誘發시키는 學習 指導 方法이었으며 字意 把握에 正確을 기할 수 있었다.

④ 漢字語 및 漢文 文章을 記號를 使用하여 構造型別로 分類하고 視覺化한 漢字語 構造 分析 學習을 反復함으로써 文法 實力面에 높은 實效를 거둘 수 있었다.

⑤ 漢字語의 構造를 分析하여 하나의 圖表化한 文型으로 指導하는

方法이 漢字語 理解를 促進시키는 데 주효했을 뿐 아니라 分析的이
고 科學的 學習態度로 바꾸어 놓을 수가 있었다.

⑥ 本 硏究의 實踐 課題를 適用하여 指導한 後로는 硏究前의 漢文
科 기피 현상에서 自信感을 가지고 意慾的으로 漢文 공부에 臨하는
態度를 보이고 있으며 實力面에서도 硏究班 集團이 越等하게 나은 隔
差를 보여주고 있어 本 硏究가 漢字語 指導에 매우 意義있는 것이었
다고 말할 수 있다.

3) 漢字 漢字語 學習資料 開發을 通한 漢文科 學力伸張

〈최강렬 : 경남 통영군 한신중학교 교사, 1987〉

(1) 要約

① 實踐 過程의 要約

漢文(漢字 漢字語 包含)에 對한 이해와 기초 實力을 갖추지 못한 1학
년 학생들에게 漢文 敎育의 필연성을 再認識하고 "漢文은 어렵다"라
는 고정 관념을 打開하기 爲한 學習의 一環으로 適切한 資料를 제작
하고 活用하여 흥미와 관심을 갖게 하여 쉽게 接近할 수 있는 學習方
法을 試圖하여 5個月間 硏究한 內容을 要約하면,

a) 漢文 學習의 효율을 위한 諸般 資料를 製作 活用하여 "어렵다"
는 관념과 認識을 타개하는 데 注力했고,

b) 스스로(自主的) 예습할 수 있는 학습 態度를 갖게 하기 爲하여 실
감할 수 있는 學習 資料를 동원했다.

c) 漢字의 바른 理解를 위하여 漢字語 段階的 部首 지도를 실시했다.

d) 文字生活에 대한 基礎的 適應力 圖謀를 위하여 新聞 資料를 提
供하여 積極 活用하여 漢字語에 依한 의욕을 환기시켜서 스스로 익

힐 수 있다는 자신감과 보람을 느끼게 했다.

② 實踐 結果의 要約

實行重要의 實踐 및 지도 결과,

a) 漢文科 學習에 對한 관심과 흥미를 느끼게 되었으며,

b) 從來의 受動的이고 침체된 학습 분위기에서 能動的이고 活動的인 變化를 가져왔고,

c) 漢字語의 順解的 學習은 어휘의 바른 概念 형성을 위하여 效果的이었으며,

d) 읽기 급수제 실시로 因하여 漢文 學習에 處한 솔직한 參與 意識과 責任感이 높아졌다.

e) 新聞 資料의 提供을 確實히 國·漢文 간행물을 接하는데 자신감과 意慾을 높일 수 있었다.

f) 自主的 학습 방법의 伸張으로 부족한 시간에 대한 문제를 效果的으로 說明할 수 있었다.

g) 따라서 社會의 文字 生活의 早期的 적응을 위한 漢字語 읽기 지도는 本 研究의 내용과 의도가 접근되었다고 본다.

4) 高等學校用 基礎漢字의 프로그램 課題學習을 通한 語彙力 伸張

〈張基聖 : 大邱女子高等學校 敎師, 1978〉

(1) 結論

漢字의 프로그램 課題學習을 通한 效果的인 漢文學習指導를 위한 方法을 수행하였는데 다음과 같은 結果를 얻었다.

① 基礎漢字 및 新出漢字 음과 訓을 바르게 理解하고 造語하는 習慣이 形成되었다.

② 視聽覺 學習資料의 活用으로 漢文學習에 興味를 갖고 올바른 理解로 漢字訓讀力이 伸張되었다.

③ 漢字生活 擴充指導로 因하여 學習의 폭을 넓히고 日常言語生活을 원활히 하여 學力向上의 要素를 이루었다.

④ 外的 報償의 强化로 敎師와 學生間의 원활한 人間關係가 맺어졌다.

⑤ 基礎漢字의 專移性, 連語性, 移位性에 따른 指導로 受動的인 學習感度에서 能動的인 自律學習感度로 변화하였다.

⑥ 프로그램 課題 提示 指導로 家庭學習이 極大化되어 學習方法의 改善은 勿論 부진아가 줄어졌다.

⑦ 漢字의 理解는 國語學習과 關聯이 있고 生活과 直結되며, 추상적인 것보다 具體的이어서 그 뜻을 自身이 알고 있을 때, 興味를 가지므로 漢字를 分析 理解하여 指導한 것이 效果的이었다.

⑧ 漢字는 一字一字를 學習하는 것보다 다른 字와 관련지어 學習하고 活用하는 것이 自然스럽고 能率的임은 프로그램 學習課題 資料의 開發 및 活用으로 實證되었다.

⑨ 漢文에 對한 理論과 論理的인 思考能力이 伸張되었으며, 特히 프로그램 課題學習의 造語面은 매우 興味있는 것으로 굳어졌다.

(2) 提言

① 高等學校 漢文指導는 文型指導만 다룰 것이 아니라 音과 訓 中心으로 構造를 관련지어 일관된 체계속에서 學習이 되도록 하여야 한다.

② 漢文科 敎科時間 配當時數를 國語의 言語 現實에 맞게 조정하고 學力考査에 配點比率을 높여 他敎科와 均衡이 維持되도록 하여야 한다.

③ 文章의 單語를 分析讀解한 후 全體 文章을 綜合的으로 理解하도록 指導하여야 한다.

④ 漢文科의 學習效果의 增大를 위해서는 무엇보다도 먼저 科學的 側面에서 水準 높은 教育資料를 開發해야 할 것이다. 그리하여 漢文 教育의 실효를 提高하는 길이 더욱 要求된다고 본다.

4. 其他

年度	主題	研究者	地域
'76	教育用 漢字의 簡體字制定을 促求하기 위한 比較研究	이재권	
'77	프로그램을 通한 漢字 音訓指導方法이 漢字力 伸張에 미치는 影響 -漢文入門期學生을 中心으로-	吳三杓	全北長水
'78	國語學力 向上을 위한 低學年 漢字學習指導에 關한 研究	張喜久	全南
'79	聯想法의 通用과 級數別 카드의 活用方案研究 -中學校 漢字學習을 中心으로-	韓敬柱	慶南南海
'83	글자놀이를 通한 效果的인 漢字學習指導	金斗泳	全南高興
'88	漢字및 漢字語의 形態分析의 接近을 통한 意味理解力 伸張	金榮宰	全南光州

1) 教育用 漢字의 簡體字制定을 促求하기 위한 比較研究

〈이재권〉

(1) 分析과 要約

위의 여러 分野에 걸쳐서 略字問題에 對하여 檢證하여 보았다. 이 것을 大體的으로 要約해 보면,

① 繁字를 略字化하는 公式的인 制定이 없어도, 사람들이 저절로 쉽고 簡單한 略字를 쓰려는 趨勢는 누구도 이를 가로막지 못한다는 것을 알았다.

② 繁字와 略字 사이에는 어느 程度의 努力과 時間의 浪費가 强要 되는가를 알았다.

③ 가뜩이나 어렵다는 漢字익히기가 簡體化되지 못함으로써 學習

成就度를 늦춘다는 것을 알았다.

④ 單純히, 漢字를 몇 字 程度 안다는 말이 얼마나 模糊한 말인지 알 수 있었고, 또한 領域別로 엄청난 差異가 있음을 알 수 있었다.

⑤ 大學에서의 略字의 使用度를 無視한, 高等學校의 正字만의 指導가 얼마나 不合理한가를 알았다.

⑥ 東洋三國이 각기 다른 字形을 標準字로 定함으로써, 共通文字의 異質化 現象을 알았다.

(2) 略字制定의 當否問題에 對한 結論

學生들의 부담을 줄여 주고, 學習을 能率化하기 爲하여는 반드시 略字制定이 하루속히 이루어져야 한다. 그 理由는 앞에서도 여러 곳에서 言及되기는 하였지마는 여기에서 簡單히 要約하려 한다.

① 略字의 公式的인 使用으로 學生의 부담을 줄여 줄 수 있다.

② 中國과 日本의 略字를 參酌하여 그 最大公約數를 取함으로써 共用文字의 本質을 살릴 수 있다.

③ 大學과 高等學校의 敎育을 有機的으로 關聯지을 수 있다.

④ 한 가지의 뜻을 가진 여러 가지 字形이 使用됨으로써 理解에 支障을 주고, 뜻이 誤傳되는 것을 막을 수 있다.

⑤ 字劃이 簡單해짐으로써 視覺的인 障碍를 막을 수 있다.

⑥ 字形을 統一함으로써, 活字의 字母數를 줄여 印刷文化 내지 機械化에 寄與할 수 있다.

위와 같은 理由를 考慮할 때 漢字의 略字化는 期必코 이루어져야 할 時急한 課題가 아닐 수 없다.

2) 프로그램을 通한 漢字 音訓指導方法이 漢字力 伸張에 미치는 影響
-漢文入門期學生을 中心으로-

〈吳三杓 : 全北 長水中學校 敎師, 1977〉

(1) 結論

"學校 敎育은 常識의 水準을 넘어서 一定하게 組織된 槪念의 意味를 理解하고 說明하는 學習指導가 매우 重要하다"고 한다.

이제 學校 敎育에서의 漢文敎育도 旣成世代에서 理解하고 있는 常識的인 漢字理解力만으로 書堂式 暗記위주의 學習을 할 수는 없다.

이에 本 硏究에서는 漢字가 言語學的 側面에서 갖는 그 特殊性을 살려 프로그램 資料를 製作, 學生들 스스로 프로그램을 處理해 가는 동안 漢字를 익히도록 하는 方法을 擇하여 實驗에 임하였던바 앞에서 檢證 結果에서와 같이 效果的인 反應을 보였다. 그 結果를 要約하면,

① 漢字 音訓 指導는 漢字의 起源을 그림풀이(圖說化)와 解說을 하여 프로그램으로 엮는 資料를 學生 스스로 處理해 가면서 學習하는 指導方法이 從來의 傳統的 一齊學習으로 漢字를 學習하는 方法보다 學習한 漢字의 把持量이 顯著히 높았다.

② 프로그램으로 漢字를 學習하는 方法은 漢文敎科 基礎學力을 신장시켰다.

③ 특히 無試驗으로 進學한 異質集團의 漢字 學力 不進을 막고 偏差를 줄여 同質集團 學力 構成을 이루게 하였다.

④ 프로그램으로 漢字를 익히는 方法은 入門期인 中學生들에게 매우 好意的인 反應을 나타내어 一般的으로 漢文(漢字) 공부가 어렵다든지 興味가 없다든지 하는 인상을 전혀 나타내고 있지 않다.

3) 國語學力 向上을 위한 低學年 漢字學習指導에 關한 硏究

〈張喜久 : 全南 光州 陽山國民學校 敎師, 1978〉

(1) 硏究 結果의 要約 및 結論

漢字하면 "어렵고 복잡하다"는 것이 一般的이며 常識的인 先入見이다. 또한 漢字敎育은 一定한 知的水準의 成長이 이룩된 연후에 實施해야 된다는 이른바 晚期敎育의 주장이 全般的인 意見인 것 같다.

그러나 숱한 理論的 探究結果나 先行硏究를 적어 分析 檢討해 본 結果, 事物에 대한 의문과 記憶力이 가장 旺盛한 國民學校 1學年때부터 그것도 可能限 그 以下에서 指導하는 것이 가장 效果的이며 妥當하다는 正反對의 結論에 도달하게 되었다.

이에 本 硏究의 一次年度인 1976年에는 여러 가지 理論과 先行硏究를 주도 면밀히 硏究 檢討 分析한 것을 바탕으로 하여 敎師, 學父母 700名을 對象으로 設問紙를 通해 意志傾向과 要求傾向을 調査分析하여 基礎的 試案을 잡았다.

또한 二次年度인 1977年에는 國民學校 1學年을 對象으로 하여 프린트化 하여 만든 「漢字學習(指導)書」를 製作, 指導할 漢字 108字를 抽出하여 活用 指導해 보았다. 위 1학년에서의 漢字指導의 方法的 內容으로는 그림化 하여 指導하는 것이 入門期 指導方法으로는 가장 效果的이며, 점차 發達段階에 맞게 多樣한 資料를 啓發活用하는 것이 바람직하다는 結論에 도달하게 되었다. 이것으로 因해 入門期 漢字指導의 無限한 可能性의 어떤 '模型'을 提示한 바 있고, 國語學力 向上面에서도 漢字 指導班이 學級平均 74.78点인 데 反하여 比較班이 71.93点으로 2.85点이 높았던 것으로 나타나 漢字를 指導함으로써 國語學力 向上에 다소 도움을 주었던 것으로 發表한 바 있었다. 이것의 內容一部가 朝鮮日報(1977年 11月 22日字 4面)에「掛圖로 배우는 漢字」라고 紹介된 바 있고, 全南每日新聞(1978년 2월 22日字 4面)에「漢字敎育 思考力을 높인다」라고 紹介된 바도 있었다.

이에 二次年度인 今年度에는 國民學校 二學年을 對象으로 "國民學校 低學年用 國漢混用 國語敎本"을 編輯發刊하였고, 그에 必要한 二學年用 漢字 學習掛圖와 5個 種目의 漢字 學習 카드를 製作活用하여 指導함으로써 漢字學習 指導는 國語 學力 向上에 크게 영향을 주었다는 確證的인 結論에 到達하게 되었다. 이에 그 內容을 要約하면 다음과 같다.

① 調査分析을 통한 結論
a) 國民學校에서의 漢字敎育을 77.89%가 찬성하고 있으며,
b) 指導할 漢字를 500字 이내에서 指導해 줄 것을 62.47%가 희망하고 있는 것으로 나타났고,
c) 適用對象도 4學年 理想에서 指導해 줄 것을 79.56%가 겸하고 있는 것으로 나타났다.
d) 常用漢字와 비교적 字形이 쉬운 漢字를 먼저 指導해 줄 것을 74.54%가 願하고 있었고, 낱자가 아닌 낱말(單語)로 指導해 줄 것을 64.32%가 바라고 있었으며, 指導할 時間도 國語時間과 병행해서 指導해주길 57.79%가 願하고 있었다.
e) 또한 敎師만을 對象으로 한 調査에서는「音」과「訓」을 同時에 指導해 주길 78.08%가 희망하였고, 學父母만을 對象으로 한 調査에서는 82.0%가「略字制定」을 願하고 있는 것으로 나타났다.

위의 調査內容으로 보아 敎師와 學父母 約 80%가 根本的으로 國民學校에서의 漢字指導를 願하고 있을 뿐만 아니라, 漢字指導의 必要

性을 절감한데서 나온 것으로 풀이되어 매우 호의적인 반응을 보이고 있다.

그러나 4學年 以上에 지도해 주길 바라고 있음을 一般的인 常例에 準한 常識的인 생각으로 1973年度에 改編된 敎育課程이 追求하는 바의 世界的 추세인 "敎育의 早期化"를 잘 모르고 있는 데서 나온 것으로 이는 한글 專用과 國漢混用으로 갈팡질팡하는 30年間 우리 語文敎育이 주는 병폐이기도 한 것이다.

日本도 한 때는 漢字 廢止 運動이 거론되어 그네들의 「가나」만으로 語文敎育을 했던 결과, 그 모순의 심각성이 發見되어 다시금 漢字敎育을 실시하게 되었고, 급기야는 小學校 1學年때부터 漢字指導를 計劃的이며 劇的으로 實施하고 있을 뿐만 아니라, 그것도 부족하여 幼稚園에서부터 漢字指導를 하고 있다는 것이다. 때문에 二次大戰에서 敗亡했던 日本이 과거 39年 동안에 세계 第1級의 科學技術 所有國이 되었다는 사실은 世界的인 言語學的 「촘스키」나 水平思考로 有名한 「노모노」博士의 이야기에서 여실히 證明되어진다.

漢字의 本産地인 中國이나, 日本과 같이 1000여 년 이상 漢字文化圈에 젖어있는 우리가 이로 미루어 볼진대, 漢字指導는 記憶力이 가장 旺盛한 國民學校 1학년 때부터 해야만 가장 타당하는 理論的인 主張이 成立되어질 때 종래의 漢字 晚期 敎育說은 이제 바꾸어져야 하겠다는 생각이다.

② 實行檢證을 通한 結論
a) 漢字指導面에서,
ⅰ) 풍부한 學習資料를 動員하여 발달 단계에 맞는 4단계 학습·지도방법은 아동의 흥미를 最大限 誘發시켜 한자학습·지도의 극대화

를 도모할 수 있었다. 우리 仙人들이 일반적으로 適用하였던 읽고, 쓰고, 외우는 3R式 지도방법은 극도로 발달한 물질문명에 대처하기가 극히 어렵다는 것은 지식을 구조화 시켜야 된다는 현대학습 이론에 違背된다는 사실이다.

위의 3R式 지도방법보다는 그림으로 漢字의 뜻을 이해시키고 한자로 字形을 익숙시키며 한자의 生成 구성 원리의 일부에 접근시켜 한자학습 카드를 通해, 漢字學習掛圖를 通해, 國語敎本을 通해, 指導하는 方法은 兒童의 흥미를 誘發시키고 語彙를 풍부하게 해 주었다.

四段階 · 學習 · 指導 方法은 劃一的인 것 같으면서도 複合的인 意味를 내포하고 있는 바,

의 연속이었다. 이는 Bruner가 말한 敎育을 螺旋形으로 해야 한다는 理論에 附合되는 것으로 言語技能을 연마하고 伸張시키는데 아주 좋은 方法이었다.

ii) 漢字는 劃數의 많고 적음을 가리지 않고 常用 漢字부터 指導하는 것이 가장 바람직했었다.

一般的으로 비교적 字形이 쉬운 漢字를 골라서 指導함이 妥當하다는 기초조사가 있었다. 또한 이것은 常識的이며 共通的인 見解이다. 그러나 國定 國語敎科書에 나오는 漢字(常用漢字)를 指導할 漢字를 선정 指導해 본 結果, 字形이 쉬운 漢字는 의외로 금방 잊어버리고 비교적 字形이 복잡한 「國旗」「飛行機」를 오래 그리고 쉽게 기억하는 傾向이었다.

따라서 한자교육은 字形의 難易를 고려할 것이 아니라(勿論 極히 어려운 漢字는 例外이지만) 敎科書內의 漢字와 文敎部 1,800字 中 日常生

活에 널리 쓰이며 비교적 轉移價가 높은 漢字라면 劃數의 많고 적음을 가리지 않고 指導하는 것이 바람직했었다.

iii) 音, 訓 同時 指導는 올바른 漢字 解得을 위해 매우 바람직했으며 낱말 뜻풀이의 지름길이었다.

오늘날 漢字指導는 有音無訓의 方向이 되어진 감이 없지 않다. 우리 先人들이 막연히 「읽기, 쓰고, 외우는」 指導方法 면에서는 다소 결함이 있었다 할지라도 音, 訓을 동시에 지도했던 內容面은 좇아야 할 것이다는 結論을 얻었다. 그 理由인즉 英語의 history는 바로 그자체가 「國史」라는 言語이지만 한글로 「국사」라고만 表記해 놓으면 「國士」인지 「國事」인지 「國社」인지 「國師」인지 도무지 알 수가 없다는 것이다. 이것이 우리 國語의 취약점이면서도 特殊性일진대, 音과 訓을 동시에 指導함으로써 특별히 낱말뜻풀이를 하지 않고도 어휘를 充分히 이해할 수가 있었다.

이와 같이 한자를 지도하지 않음으로써 「국어」를 「우리나라의 말」이라고 쓴 것을 맞았다고 치더라도 "대한민국 읽은 책" "공부할 책" "우리가 배우는 책" "공부하는 책" "우리나라 교과서" "우리가 배운 국어책" "우리들이 공부한 것" "교과서" 등의 誤謬의 傾向을 엿볼 수 있으니 「국어」를 「國語」라고만 指導할 것이 아니라 「나라國, 말語, 혹은 말씀語」라고 많은 資料를 동원하여 充分한 動機를 부여하여 가면서 반드시 音과 訓을 동시에 지도했어야 했다.

iv) 漢字를 指導함으로써 造語力이 向上되었고, 語彙가 풍부해졌다.

많은 語彙를 알지 못하고서는 올바른 말을 만들어 내지 못하는 것이다. 社會가 복잡하고 과학화가 되어가면 갈수록 새로운 말은 자꾸만 만들어져야 되고 旣存의 語彙는 점차 消滅되어 가는 것이 言語進化의 法則인 것이다. 그런데 가뜩이나 多元化 되어가고 있는 現代社

會에서 科學文明이 發達되어가면 갈수록 새로운 말이 계속해서 나오고 있는데, 말을 모르고 造字, 造語의 原理에 適應하지 못하면 할수록 落後된 生活이 될 수밖에 없는 것이다. 때문에 뜻있는 분들은 漢字 指導를 않음에 따라서 造語力이 상실되어 社會 적응력에 떨어져 學生 亂暴化 現象은 두드러지고 있다고 痛感하고 있지 않은가?

이를테면 日(날일)字를 提示하고 말을 만들게 했더니 "일터, 일찍, 일층, 일으키다, 일 년, 일어나다" 등 웃지 못 할 誤謬傾向은 造字, 造語의 原理를 전혀 모르면 까막눈이 되고 만다는 무서운 사실을 指導過程에서 발견하게 되었다.

漢字로 日(날일)字를 올바로 指導하고 나서 말을 만들어 보게 했더니 "월요일, 내일, 일본, 조선일보, 전남일보"에 適應하게 되었고「일기는 매일매일 쓰니까 이 "날日"을 써야 하겠네요」라는 등 造語力이 급격히 向上되게 되었고, 풍부한 어휘를 획득하게 되었다.

v) 新聞에서 알고 있는 漢字 찾아보기와 新聞 社說 Scrap하기는 漢字를 復習시키는데, 社會 適應力을 기르는데 아주 좋은 方法이었고, 兒童의 關心과 興味를 불러 일으키는 데 아주 적절한 資料였다.

每月 1回씩 실시해 보았던 新聞의 漢字 찾기와 每週 2~3會씩 新聞 社說 Scrap하기는 學習한 漢字를 復習시키고, 學校와 社會現場과의 긴밀한 關係를 유지하고, 國語敎科書에서 익힌 한글과 漢字와의 關係를 스스로 터득하는데 매우 좋은 機會의 場이었다.

特히「新聞社說 Scrap」하기는 兒童의 發達段階를 고려하여 아직은 좀 무리하지 않겠는가? 의문을 가져 보았지만 이것은 어디까지나 어른들의 皮相的인 생각이었다. 그것은 內容파악이나 文章 理解가 아닌 알고 있는 漢字 찾기에 불과하였으므로 兒童의 저항감이나 부담감은 조금도 없었다. 漢字를 指導하는 立場에서는 누구나 손쉬운 資

料로서 꼭 적용해 볼만한 것이라고 自信있게 말하고 싶다.

　b) 教科學力 向上面에서,

　ⅰ) 漢字를 指導하므로서 國語學力이 크게 향상되었다.

　入學期 1學年에서는 漢字를 實驗指導함에 따라 漢字指導班의 國語學力이 比較班 보다 2.85点이 높았던 것으로 나타났다. 이는 아직은 基礎段階로서 漢字를 指導함에 따라 國語學力이 크게 向上되었다는 어떤 確證的인 結論을 내릴 수 없었다. 다만 指導漢字 어휘를 똑바로 理解하게 되어 多少 도움을 주었던 것으로 풀이된다. 그러나 二學年에 가서는 비교적 漢字語彙의 頻度가 많고, 一學年의 그것보다는 비교적 高次元의 낱말뜻 내지는 바른 國語 解得으로 因해 國語學力이 크게 向上 되었다는 確證的인 結論에 달했다.

　漢字指導班이 比較班의 그것보다는 一次 檢證에서 6.27点이 높았으며 二次 檢證에서는 무려 9.32点의 높은 向方을 가져오게 되었다. 또한 낱말뜻 理解面에서도 漢字指導班이 比較班보다 54.99点이 높았던 점이나, 學級兒童 80%가 바른 造語力을 구사하게 되었으니, 國語教育의 正道이다. 國語學力 向上의 지름길은 漢字指導에 있음을 實驗指導를 通해 確信할 수 있었다.

　ⅱ) 漢字를 指導함으로써 算數科를 비롯한 他 教科 學力에도 도움을 주고 있는 것 같았다.

　本 研究의 二, 三次年의 實驗適用이 國語科에 限했기 때문에 漢字를 指導함에 따라 國語科外의 他教科學力 向上에 큰 보탬을 주었다고는 할 수 없으나, 多少 도움을 주어 指示 言語 理解나 文章 理解에 影響을 준 것으로 풀이된다. 이의 研究는 本 研究推進 五個年 計劃 中 四次年에 좀더 면밀한 資料를 分析하여 볼 課題라 보아진다.

4) 聯想法의 通用과 級數別 카드의 活用方案硏究
- 中學校 漢字學習을 中心으로 -

〈韓敬柱 : 慶南 南海女子中學校 教師, 1977〉

(1) 結論

本 硏究의 根幹을 이루고 있는 聯想式指導法과 級數別 카드式 指導法 그리고 學習指案의 改善方案等은 모두 漢字六書에 基盤을 두고 있다. 中學校 初級 學年에 있어서는 무엇보다 基礎漢字指導가 중요하다.

그러므로 六書的 理解法을 빨리 터득하는 것이 좋은 指導方法이라고 본다. 漢字는 六書에 不合한 것이 한 字도 없다고 한다.

六書에 依한 聯想法을 알고 六書를 通한 級數別카드를 使用하며 綜合改善된 指導案을 使用하여 指導에 임하게 된 것이다. 그리하여 一年 四個月 동안 實際로 實施한 後의 變化와 反應을 比較해 본 結果 다음과 같은 結論을 얻었다.

① 漢字를 理解하는데 먼저 六書의 象形과 指事를 通하여 視覺的 推理的 聯想을 얻어 수수께끼式 說明文에 連結시키고 音과 새김을 읽으면서 字義를 터득하도록 指導하였다.

② 六書原理에 立脚하여 漢字를 分解結合하면서 漢字의 構成을 理解하고 音과 訓을 暗記하도록 하였다.

③ 漢字의 根本字源을 聯想法式으로 說明文을 익혀 學習한 結果 忘却하는 率이 적었다.

④ 自學自習할 수 있는 카드의 資料를 使用하여 學習의 自律性이 높아졌다.

⑤ 授業의 展開에 있어서 第一次時 聯想式 指導에 있어서는 漢字字體를 풀어 그림式으로 結合하거나 또 學生들끼리 몸과 손발을 써서

글자 模樣을 만들어서 글자를 理解하는데 推理力을 길렀다.

⑥ 音과 訓의 讀解力을 기르기 爲하여 간단한 단문을 지어 "가자 가자 감나무 오자 오자 온나무"式으로, 해넘어간다 저물묘(杳), 해돋는다 동녘동(東) 式으로 興味爲主 授業으로 成果를 高揚하였다.

⑦ 漢字 쓰기에 苦心하던 學生들은 圖示化된 筆順法을 익혀 筆記의 能率이 向上되었다.

⑧ 漢字資料使用을 위주로 한 授業으로 漢文時間을 莫然하게 생각하고 꺼리던 學生들의 授業態度가 改善되었다.

⑨ 漢文科指導에 腐心하던 他科目專攻의 敎師들의 새 指導案이 마련되었다.

⑩ 級數別 카드의 活用으로 學習不進兒의 指導 및 評價에 크게 供與되었다.

⑪ 聯想法 카드 및 掛圖 그리고 O.H.P資料 級數別 카드의 備遺로 漢文指導에 必要한 科學的인 資料가 大幅 增加되었다.

5) 글자놀이를 通한 效果的인 漢字學習指導

〈金斗泳 : 全南高興女中 校監〉

(1) 要約

漢文科 學習에 對한 興味程度가 매우 낮고 또한, 漢文科 學力도 매우 深刻하게 低下된 狀態에 直面하고 있어 이를 克服할 수 있도록 科學的이고 興味를 誘發할 수 있는 敎授-學習方法의 探索이 切實하여 問題를 提起하여 硏究의 目的으로,

① 글자놀이에 알맞게 敎材를 再構成하는 方法을 밝히고,

② 글자놀이에 適合하도록 再構成된 資料로 敎授-學習을 展開하는 要領을 밝힌다.

로 하고 이를 達成하기 위한 實行重点의 導出을 위한 問題 所在의 把握(基礎調査)은 研究 對象 學生과 敎師를 相對로,

a) 漢文科 學力 實態

b) 漢文科에 對한 興味 程度

c) 漢文科 指導 實態

d) 字典 所持 實態 등을 調査했고 學父母를 相對로 漢文科에 대한 關心度를 調査했다. 위의 調査分析 結果 漢文科를 担當한 非專攻敎師들의 無計劃的인 課題學習과 書堂式 授業의 實施로 漢文을 어렵게만 생각하게 되어 漢文科에 興味가 없고, 그 結果 甚한 學力 低下現象이 나타난 것으로 問題의 所在가 把握되어, 非專攻 敎師라도 自信을 가지고 指導할 수 있도록 敎材를 再構成하고, 再構成된 資料로 興味있는 敎授-學習指導를 實施하면 問題가 解消될 것이라는 假定下에 다음과 같이 實行重点을 設定하였다.

① 글자놀이에 알맞게 學習할 內容을 再構成한다.

② 再構成한 學習內容을 글자놀이로 指導한다.

研究者가 在職하고 있는 高興女子中學校 3學年 2個學級을 研究對象을 標集하여 各各實驗群과 比較群으로 兩分 諸條件을 同一하게 統制하고 다만, 實驗群에 대하여는 1983.3.2~1983.7.24까지 約 5個月間 위의 實行 重点을 다음과 같이 實踐했다.

a) 글자놀이에 알맞게 學習單元의 內容을 再構成하고,

b) 再構成된 資料를 바탕으로 掛圖資料와 카드資料를 製作 授業에 活用했다.

c) 再構成된 學習內容을 掛圖資料와 카드 資料를 活用하여 다음 課程으로 글자놀이 學習을 試圖하였다.

 i) 破字놀이

ⅱ) 部數놀이

ⅲ) 連字놀이

ⅳ) 造語놀이

ⅴ) 强化段階

위와 같은 漢文 글자놀이 學習實踐은 다음과 같은 結果를 얻게 되었다.

a) 漢字 類推力의 顯著한 向上을 가져왔다.

b) 學習內容의 把持力 減少를 防止할 수 있었다.

c) 漢字 理解力에 있어서 意義있는 向上을 보여 주었다.

d) 造語力 向上도 뚜렷했다.

e) 月末考査 結果 漢文科 成績에도 크게 影響을 미쳤다.

f) 漢文科 學習에 對한 興味를 갖게 되었다.

結局 一線現場이라는 時空的 制約 때문에 完全히 統制된 狀況이 아니므로 全的으로 信賴할 수는 없지만, 本 研究의 實踐을 通하여 漢文科 學習에 대한 興味를 불러 일으켰고, 同時에 漢文科 學力 向上에도 進展을 가져왔다고 要約되었다.

(2) 結論

① 學習內容을 놀이 資料로 再構成하는 過程에서 敎師가 漢文科 指導에 自信을 갖게 되어 自信있는 授業이 되었다.

② 掛圖資料와 카드(card)資料는 經費, 製作 및 投入過程이 容易하고 活用度가 높아 言語의 反復學習에 效果的이라고 생각되었다.

③ 漢文科敎授-學習指導는 글자놀이를 活用하여 興味를 誘發시키는데 適切했으며 學習效果도 大端히 컸다.

④ 「破字놀이→部數놀이→連字놀이→造語놀이」過程의 指導는

構造를 本質로 하고 音, 訓, 形의 三要素를 特徵으로 하고 있는 漢字 指導에 가장 알맞은 指導方法이다.

⑤ 漢字의 놀이 學習은 興味와 變化를 주면서 學習者가 成功感과 自信感을 맛보는 敎授-學習이었다.

⑥ 漢文科 學習은 그 指導方法의 改善만 先行되면 時間과 精力을 節約하면서 能率的으로 學習效果를 올릴 수 있다고 생각했다.

⑦ 글자놀이 過程의 學習은 學習者에게 漢字學習을 하는 方法을 習 得시키고 아직 배우지 않은 漢字의 部首, 音訓의 類推力이 培養되어 自發的 學習의 機會를 擴張시켰다.

6) 漢字 및 漢字語의 形態分析의 接近을 通한 意味理解力 伸張

〈金榮宰 : 光州農高 敎師, 1988〉

(1) 結論

어려운 漢字를 쉽고 재미있게 가르쳐야 되겠다는 問題點을 解決하기 위하여 漢字構造의 分析的 指導資料를 作成하고 이의 指導方法을 摸索 하여 實踐한 結果 學習에 對한 興味度가 伸張되어 漢字의 字音, 字意의 理解와 筆順 및 쓰기 能力(字形 構造) 伸張에 크게 도움이 됨을 알게 되었고, 이와 같은 指導過程을 통해 理解된 漢字理解의 바탕위에 現代 言語學習法을 適用하여 漢字語(成語)의 構造와 表現形式에 익숙할 수 있는 段階的인 指導法을 開發하고 實踐한 결과 漢字語(成語)의 讀解技 能과 造語力 向上에 매우 效果的이었음을 發見하게 되었다.

① 本 研究에서 作成된 六書의 語源的 指導資料는 異說이 있는 字 源考證에 치우치지 않고 學習效果가 있도록 再構成하여 作成된 것이 었으므로 이 敎材物의 適用 結果 어려운 漢字를 재미있게 學習시키 며 字音, 字意를 확실히 理解하는데 큰 成果를 거두었다. 또한 漢字

는 어렵다고 생각하기 쉬운 學習者들에게 漢字, 漢文學習은 쉽고도 재미있다는 信念을 가지게 하는데 큰 도움이 되었다.

② 圖解式 漢字指導와 字源풀이를 통한 構造的 漢字指導는 字音·字意의 理解를 長期化하며 漢字의 結合原理를 理解시키는데 매우 效果的인 指導方法임을 알게 되었다.

③ 字源풀이를 通한 類似字 및 關聯字의 構造的인 對比指導는 反復學習의 效果를 거둘 수 있고 漢字의 理解를 확실히 하여 記憶을 長期化하는데 有效한 좋은 方法임을 알게 되었다.

④ 學習者의 漢字쓰기 類型을 調查하여 字劃構造의 分析을 通한 基本劃 쓰기 資料를 토대로 段階的이며 具體的인 指導를 한 結果, 字劃이 갖추어진 바른 漢字를 쓸 수 있게 하는데 도움이 되었다.

⑤ 連結式 細分發音法으로 字形을 分析하여 익히게 함으로써 漢字의 字形을 확실히 理解하여 바른 漢字를 쓸 수 있는 能力을 기를 수 있는 좋은 方法임을 發見하였다. 또한 바른 筆順指導는 字形構造를 分析하여 指導하는 것이 복잡하고 쓰기 어려운 漢字를 筆順에 맞게 쉽게 쓸 수 있게 하는 지름길임을 알게 되었다.

⑥ 漢字는 漢字語 構成의 基本이 되며 漢字語(成語)와 漢文을 理解하는 構造를 反復·對替·索出學習을 통한 段階的 學習法이 漢字語의 理解와 讀解技能 및 造語力 伸張에 가장 좋은 現代的 言語學習法이 될 수 있음을 알게 되었고 또한 效果的이었다.

Ⅲ. 結論

漢字文化圈에서 生活하고 있는 우리는 言語文化의 形成이나 傳統

文化의 構成이 거의 漢字에 根據하고 있음을 잘 알고 있다. 이러한 言語나 文化를 올바르게 理解하고 繼承發展시키려면 漢字 漢文敎育의 硏究나 實行이 철저히 이루어져야 한다. 科學文明이 눈부시게 發展하고 있는 現代敎育에서 敎育 方法이나 敎育 內容이 舊態依然할 수만은 없는 處地이며, 이 漢字 漢文敎育을 現代化하는 데 소홀할 수가 없는 것이다. 그러므로 從來의 無條件 외우는 漢字學習方法을 벗어나 科學的이며 效果的인 學習方法이 硏究되어야 한다. 이 論文에 소개한 硏究報告書들은 이러한 漢字敎育의 새로운 局面을 開拓하고 開發하려는 論文들이다. 漢字와 漢字語 敎育에 關한 硏究報告書 21編 中에서 마지막 11編인 漢字의 部首先行學習 2編, 漢字의 쓰기 指導 2編, 漢字語學習 3編, 其他 4編의 要約과 結論을 揭載하였다.

이제까지 漢文科 現場敎育硏究資料分析 3回에 걸쳐서 發表하였다. 第 1回는 『島巖 柳豊淵博士 回甲記念論文集』에 「漢文文章의 硏究」에 관한 硏究論文 28編을 分析하여 그 結論을 소개했고, 第 2回는 『鳳竹軒 朴鵬培博士 停年記念論文集』에 「漢字 漢字語의 硏究」 21編 중 10編을 分析하여 그 要約과 結論을 소개하였다. 그리고 본고에서 「漢字와 漢字語의 硏究」 11編을 分析하여 그 要約과 結論을 소개했다.

以上 3回에 걸쳐 發表한 49編의 論文들은 1975年以後 15年間에 걸쳐서 敎總에서 實施한 現場硏究 發表大會에서 優秀論文으로 選拔된 論文이기 때문에 漢字敎育을 새롭게 硏究 開發하고자 하는 분들에게 크게 이바지할 수 있는 좋은 先行硏究資料가 된 것으로 믿는다.

이 글은 『漢文敎育硏究』 제6호(韓國漢文敎育學會, 1992)에 수록한 논문을 재수록한 것이다.

한문과 수업론 논저목록

金慶洙(1968), 「漢文敎科와 그 指導案」, 『漢文敎育硏究』 1, 韓國漢文敎育學會, 217~243면.

김동규(2009), 「수업 관찰과 분석을 통한 중학교 한문 교사의 수업 개선 연구」, 『한문학논집』 28, 근역한문학회, 223~253면.

金鍊秀(2006), 「漢詩 敎育에서의 구성주의 교수·학습 방법 연구」, 고려대학교 박사학위 논문.

김연수(2008), 「논술 교육을 시도한 고등학교 한문 수업에 관한 사례연구」, 『한문교육연구』, 30, 한국한문교육학회, 179~215면.

金載暎(2008a), 「漢文科 敎授-學習 方法의 體系化 方案」, 『한문교육연구』 29, 한국한문교육학회, 129~157면.

金載暎(2008b), 「漢文科 敎授·學習 模型 硏究」, 한국교원대학교 박사학위 논문.

白光鎬(2005), 「學生 主導的 學習을 위한 敎室 授業 事例 硏究」, 『漢字漢文硏究』 창간호, 고려대학교 한자한문연구소, 149~173면.

白光鎬(2007), 「漢文科 敎育課程 '읽기' 領域에 관한 高等學校 敎室 授業 分析」, 『한자한문교육』 19, 한국한자한문교육학회, 49~75면.

白光鎬(2008), 「漢文科 授業의 讀解 樣相에 관한 觀察 硏究」, 고려대학교 박사학위 논문.

백광호(2009), 「漢文科 授業에서 드러난 學習 樣相에 관한 연구」, 『한자한문교육』 22, 한국한자한문교육학회, 89~121면.

白光鎬(2011), 「漢文科 授業硏究의 動向과 課題」, 『한문교육연구』 37, 한국한문교육학회, 241~266면.

卞英安(1994), 「漢文 讀解力 伸張을 爲한 段階的 文型 指導 方案」, 『한자한문교

育』창간호, 한국한자한문교육학회, 127~151면.

嚴璿鎔(2008), 「漢文科 敎室授業 硏究의 動向과 課題」, 『漢文敎育硏究』 31, 韓國漢文敎育學會, 209~243면.

嚴璿鎔(2011), 「學習者 中心 漢文 讀解 戰略 硏究」, 한국교원대학교 박사학위 논문.

윤조현(2010), 「한문 학습자의 오역(誤譯) 양상 연구」, 『한문학논집』 30, 근역 한문학회, 467~494면.

李明熙(2009), 「漢文科 '끊어 읽기' 授業 事例 硏究」, 『한문교육연구』 32, 한국 한문교육학회, 219~270면.

이미애(2008), 「情意的 領域을 부과한 漢文科 授業이 학업성취도 및 情意的 領域에 미치는 효과」, 『한자한문교육』 20, 한국한자한문교육학회, 49~75면.

鄭愚相(1992), 「漢文科 現場敎育硏究 資料分析 Ⅲ -漢字 漢字語의 敎育硏究를 中心으로 ②-」, 『한문교육연구』 6, 한국한문교육학회, 45~77면.

韓殷洙(2007), 「構成主義 字源 學習法을 活用한 漢字 敎授-學習 硏究」, 한국교 원대학교 박사학위 논문.

▌필자 소개

김경수 전 중앙대학교 국어국문학과   윤조현 김포 제일고등학교
김동규 경기 낙생고등학교   이명희 충북대학교 사범대학 부설고등학교
백광호 전주대학교 한문교육과   이미애 대구 고산중학교
변영안 전 진주여자중학교   정우상 전 서울교육대학교 국어교육과
엄선용 대전 중앙고등학교

▌한국한문교육학회 창립 30주년 기념 한국한문교육연구총서 간행위원회

간행위원장 : 윤재민
간 행 위 원 : 김왕규, 김연수, 송혁기, 백광호, 권경순

韓國漢文敎育學會 創立 30週年 紀念
韓國漢文敎育硏究叢書 7

한문과 수업론

2012년 7월 6일 초판 1쇄 펴냄

편　자 백광호·엄선용
발행인 김흥국
발행처 도서출판 보고사

등록 1990년 12월 13일 제6-0429호
주소 서울특별시 성북구 보문동7가 11번지 2층
전화 922-5120~1(편집), 922-2246(영업)
팩스 922-6990
메일 kanapub3@chol.com
http://www.bogosabooks.co.kr

ISBN 978-89-8433-154-9 93710
정가 20,000원